SECONDE SÉRIE
DE LA
BIBLIOTHÈQUE
LATINE-FRANÇAISE

traductions nouvelles

DES AUTEURS LATINS

AVEC LE TEXTE EN REGARD

DEPUIS ADRIEN JUSQU'A GRÉGOIRE DE TOURS

publiée

PAR C. L. F. PANCKOUCKE

OFFICIER DE LA LÉGION D'HONNEUR

C. JULIUS SOLIN

POLYHISTOR

Traduit pour la première fois en français

PAR M. A. AGNANT

Ancien élève de l'École normale
agrégé des classes supérieures

PARIS
C. L. F. PANCKOUCKE, ÉDITEUR
RUE DES POITEVINS, 14

1847

SECONDE SÉRIE

DE LA

BIBLIOTHÈQUE
LATINE-FRANÇAISE

DEPUIS ADRIEN JUSQU'A GRÉGOIRE DE TOURS

publiée

PAR C. L. F. PANCKOUCKE
OFFICIER DE LA LÉGION D'HONNEUR

IMPRIMERIE PANCKOUCKE,
rue des Poitevins, 14.

CAIUS
JULIUS SOLIN

POLYHISTOR

TRADUIT POUR LA PREMIÈRE FOIS EN FRANÇAIS

PAR M. A. AGNANT

Ancien élève de l'École normale
agrégé des classes supérieures.

PARIS

C. L. F. PANCKOUCKE, ÉDITEUR

OFFICIER DE L'ORDRE ROYAL DE LA LÉGION D'HONNEUR

RUE DES POITEVINS, 14

1847

NOTICE

SUR C. J. SOLIN.

Solin (*Caius Julius*), auquel on donne généralement le titre de grammairien (*grammaticus*), était peut-être, comme cette qualité semblerait l'indiquer, professeur de sciences et de belles-lettres, ou plutôt il était ce que nous appelons homme de lettres.

En adoptant cette dernière opinion, nous nous éloignons un peu de celle qu'émet la *Biographie universelle.* Pour expliquer la diversité des titres donnés à l'ouvrage de Solin, et la division des chapitres, en cinquante-six, en cinquante-sept, et même en soixante-dix, l'auteur de l'article sur Solin dit que les auditeurs de ce savant avaient recueilli ses leçons, ou que peut-être le professeur avait communiqué ses cahiers. Nulle part, cependant, Solin ne parle de ses auditeurs, de ses disciples.

Bien que Solin aborde quelquefois l'histoire et l'archéologie, on doit le considérer comme naturaliste et géographe.

Suivant l'opinion la plus accréditée, il naquit à Rome. On a beaucoup discuté sur l'époque à laquelle il vivait. Au dire de quelques-uns il fut antérieur à Pline [1]; d'autres ont été jusqu'à prétendre qu'il vivait au siècle d'Auguste. Cette dernière opinion n'est pas soutenable. En effet, Pline, qui a l'habitude de citer ses autorités, n'aurait certainement pas manqué de faire mention de Solin. Ce dernier, d'ailleurs, parle, au ch. XXIX, de l'empereur Vespasien comme antérieur à son époque; et Adventus, l'ami auquel notre auteur dédia son livre, fut consul en 218.

Contemporain du grammairien Censorinus, selon toute vrai-

---

[1] *Voir* Jac. Thomas, § 545, *de Plagio ad Vossium*, lib. III, *de Hist. Latinis*, p. 720, 721.

semblance, Solin appartient à la première moitié du troisième siècle.

L'auteur que nous donnons ici, traduit en français pour la première fois, n'avait encore été interprété qu'en deux langues : en allemand par Jean Heydan, Francfort, 1600, in-f°; et en italien par Louis Domenichi, Venise, 1603, in-4°.

La première édition de l'ouvrage de Solin, intitulée *Julii Solini de Mirabilibus mundi*, a été donnée par Bonini Mombriti; elle est sans date, et n'indique pas le lieu de l'impression. On présume qu'elle parut vers l'an 1470, et qu'elle fut imprimée à Venise; toutefois, Bonini résidant à Milan, comme le fait assez voir le titre de *Patricius Mediolanensis* sous lequel on le désigne, on pourrait, avec quelque raison, émettre l'opinion qu'elle parut dans cette dernière ville. Elle est dédiée à un personnage fort inconnu, et il serait à souhaiter, pour la gloire de l'éditeur, que les quatre vers qui forment cette dédicace fussent restés aussi ignorés que celui pour qui ils ont été faits. Nous voulons, toutefois, laisser le lecteur juge de cette production, où le rhythme, à ce qu'il paraît, a peu préoccupé l'auteur :

> Accipe primitias nostri, vir summe, laboris,
> Et disce parvo maxima sæpe dari.
> Quid nostræ possint, his experire novales
> Frugibus; exspectes jam meliora velim.

On ne reconnaît à l'édition de Bonini d'autre mérite que celui d'être la première.

Celle de Nicolas Jenson, Français, donné à Venise en 1473, format gr. in-4°, est regardée comme bien supérieure. Voici son titre : *Julii Solini de Situ orbis terrarum, et memorabilibus quæ mundi ambitu continentur.*

L'édition de Parme, 1480, in-4°, et beaucoup d'autres, sont intitulées *Rerum memorabilium collectanea*, titre que Solin, dans sa première lettre à Adventus, reconnaît avoir choisi d'abord; toutefois d'autres éditions postérieures ont adopté le titre *de Mirabilibus*, ou *de Memorabilibus mundi*. Solin, dans la lettre dont nous venons de parler, déclare choisir définitivement pour titre *Polyhistor*. C'est celui que porte la première édition qui parut à Paris en 1503, et c'est le seul que l'on doive adopter, d'après Solin lui-même. L'excellente édition que nous avons suivie, celle de Deux-Ponts, 1794, in-8º, donne une notice de toutes les éditions; et, parmi celles-ci, les plus célèbres sont celle de J. Camers et celle de Saumaise, que nous aurons plus d'une fois occasion de citer, et dont les commentaires sont un monument de prodigieuse érudition. Fort souvent, il est vrai, Saumaise ne commente Solin que pour l'attaquer; mais quelles que soient ses injustices à l'égard de notre auteur, il éclaircit des passages fort obscurs, soit dans ce dernier, soit dans Pline, dont Solin, a-t-on dit, n'est que le singe, comme on a dit de Silius Italicus, qu'il n'est que le singe de Virgile. Mais, à ce propos, n'y a-t-il pas, dans la *Biographie universelle,* une supposition un peu gratuite, lorsque l'on avance que sur quatre-vingt-seize auteurs environ cités par Solin, jamais Pline n'est nommé, et que de là on conclut que peut-être les deux auteurs ont puisé à des sources communes? Nous ne pouvons nous ranger à cette opinion. Solin a fait, selon nous, à l'égard de Pline, ce que font bien des écrivains, qui n'indiquent pas les sources où ils puisent. Quelquefois, sans doute, il est permis de s'approprier les idées d'autrui, en les rajeunissant, en les présentant sous une forme plus nette, plus vive, plus instructive, plus originale surtout; malheureusement Solin n'a rien d'original, et en cela il diffère de ceux dont le génie excuse ou même consacre les emprunts. Remarquons, d'ailleurs, que s'il copie Pline, c'est très-souvent pour le délayer.

Pline avait, d'ailleurs, montré plus de conscience que son imitateur. « J'ai placé, dit-il[1], en tête de mes livres la liste des auteurs que j'ai mis à contribution : il y a, ce me semble, de l'honnêteté et beaucoup d'ingénuité et de pudeur à confesser les larcins dont nous avons profité. Les auteurs auxquels j'ai fait des emprunts ont, pour la plupart, été plus discrets; car je dois vous apprendre qu'en confrontant ces écrivains, j'ai surpris les plus renommés et les plus voisins de nous à transcrire mot à mot les anciens, et sans les nommer, n'imitant en cela ni le talent de Virgile, qui lutte avec ses modèles, ni la candeur de Cicéron, qui, dans ses livres *de la République,* convient qu'il imite Pla-

---

[1] *Hist. Nat.,* liv. I, *Dédicace à Vespasien.*

ton, et qui dit, dans sa *Consolation sur la mort de sa fille :* « Je
« copie Crantor, » et dans ses *Offices :* « Je suis Panétius. » Cependant ses ouvrages, vous le savez, sont de ceux qu'on doit avoir sans cesse, non pas à la main, mais dans la mémoire. Certes, il est d'une âme abjecte et d'un esprit étroit d'aimer mieux être surpris dans un larcin que de faire l'aveu d'un emprunt, lorsque surtout il faut rendre avec usure ce que l'on a dérobé[1]. »

Dans sa seconde lettre à Adventus, Solin annonce qu'il extrait des écrivains les plus dignes de foi tout ce qui a rapport à la position des lieux, des mers, des diverses parties du monde. Il ajoute qu'il a décrit les caractères de l'homme et des animaux ; qu'il a porté son attention sur les plantes et les pierres précieuses qu'offre chaque pays, sur le physique et le moral de nations peu connues, enfin sur tout ce qu'il a trouvé digne d'être observé. Il aurait pu ajouter qu'il adopte, sans les combattre, une foule de fables.

Le style de Solin, simple le plus souvent, s'élève quelquefois ; de temps en temps même il a de l'élégance. Quelques expressions ne se rencontrent que chez lui ; mais généralement elles sont si justes qu'elles paraissent nécessaires. C'est ce que ne semble pas avoir remarqué Saumaise, qui, comme nous l'avons déjà dit, ne reconnaît pas assez le mérite de l'auteur qu'il a annoté, bien différent, en cela, de la plupart des commentateurs et traducteurs. Les deux énormes volumes in-f° consacrés à l'examen de Solin, sous le titre de *Claudii Salmasii Plinianæ exercitationes in Caii Julii Solini Polyhistora,* imprimés d'abord à Paris, 1629, puis à Utrecht, 1689, sont une savante dépréciation plutôt qu'un commentaire impartial et consciencieux. Ce travail, d'ailleurs, est sur l'*Histoire naturelle* de Pline, plutôt que sur Solin lui-même. Pour nous, qui ne cherchons pas cependant à nous exagérer le mérite de notre auteur, nous pensons qu'après Aristote et Pline peu d'écrivains ont mieux traité que lui de l'histoire naturelle, et que parmi les géographes il tient également un rang distingué, quoiqu'au-dessous de Strabon, de Ptolémée, de Pline et de Pomponius Mela.

Au nombre des précieux auxiliaires dont nous avons pu dis-

[1] Traduction de M. Ajasson de Grandsagne.

poser pour notre travail, nous ne devons pas omettre de mentionner un manuscrit de Solin du xve siècle et de la plus grande pureté, que **M.** Panckoucke, dont le goût était si exquis pour tout ce qui est utile et agréable, avait acquis quelques années avant sa mort, toujours préoccupé du monument qu'il élevait aux lettres latines.

A. AGNANT.

C. J. SOLINUS ADVENTO SUO

S. P. D.

Quoniam quidam impatientius, potius quam studiosius, opusculum quod moliebar intercipere properarunt: idque etiam tum impolitum, prius in medium dederunt, quam inchoatae rei summa manus imponeretur, et nunc, exemplaribus corruptis, quae damnata sunt, quasi probata circumferunt, praeteritis quae ad incrementum cognitionis accesserunt cura longiore: ne forte rudis et imperfecta materia, velut spectatus a me liber, in manus tuas deferretur, corpusculum sententia mea digestum, ut nosceres, misi. Primo, quod referendus ad industriam tuam fuit tenor dispositionis: deinde ut scabrae adhuc informitatis proditio editione vera exstingueretur. Erit igitur operi isti titulus *Polyhistor*. Nam quem in exordio designaveram, scilicet *Collectanea rerum memorabilium*, cum iis quae improbavimus placuit obliterari. Collata igitur hac epistola cum ea quae auspicium scriptionis facit, intelligis eodem te loco habitum, quo eum, cui laboris nostri summam dedicavimus.

C. J. SOLIN A SON AMI ADVENTUS

SALUT.

On s'est hâté, avec plus d'impatience que de soin, de faire paraître avant le temps le petit ouvrage que j'avais entrepris, et on l'a livré au public sans qu'il fût poli, sans qu'il eût reçu la dernière main; aujourd'hui même on en répand des exemplaires fautifs, où l'on donne comme avouées par l'auteur des choses qu'il avait rejetées, et où l'on a omis ce que le sujet a pu gagner depuis par un plus long travail : j'ai donc craint de laisser tomber entre vos mains, comme reconnu par l'auteur, ce qui n'était qu'une grossière ébauche, et j'ai cru devoir, pour vous le bien faire connaître, vous envoyer mon ouvrage, revu par moi-même. J'ai voulu par là, premièrement vous soumettre mon plan, le rendre facile à saisir, et de plus substituer à une publication informe une édition véritable. Cet ouvrage sera donc définitivement intitulé *Polyhistor*. Quant au titre primitif, *Recueil des choses mémorables*, j'ai cru devoir, entre autres changements que j'ai faits, ne pas le conserver. Ainsi, en rapprochant cette lettre de celle qui commence l'ouvrage, vous vous convaincrez que vous ne différez pas de celui à qui j'ai dédié l'ensemble de mon travail.

C. J. SOLINUS ADVENTO

S. D. [1]

Quum et aurium clementia et optimarum artium studiis præstare te ceteris sentiam, idque oppido expertus, de benevolentia tua nihil temere præceperim, reputavi examen opusculi istius tibi potissimum dare, cujus vel industria promptius suffragium, vel benignitas veniam spondeat faciliorem. Liber est ad compendium præparatus, quantumque ratio passa est, ita moderate repressus, ut nec prodiga sit in eo copia, nec damnosa concinnitas. Cui si animum propius intenderis, velut fermentum cognitionis magis ei inesse, quam bracteas eloquentiæ deprehendes. Exquisitis enim aliquot voluminibus studuisse me impendio fateor, ut et a notioribus referrem pedem, et remotis largius immorarer. Locorum commemoratio plurimum tenet, in quam partem ferme inclinatior est universa materies. Quorum commeminisse ita visum est, ut inclytos terrarum sinus, et insignes tractus maris, servata orbis distinctione, suo quæque ordine redderemus. Inseruimus et pleraque differenter congruentia, ut si nihil aliud, saltem varietas ipsa legentium fastidio mederetur. Inter hæc hominum et aliorum animalium naturas expressimus. Addita pauca de arboribus et lapidibus exoticis, de extimarum gentium formis, de ritu dissono abditarum nationum, nonnulla etiam digna memoratu, quæ prætermittere incuriosum videbatur, quorumque auctoritas, quod

C. J. SOLIN A ADVENTUS

SALUT.

Comme je sais parfaitement que vous avez plus que tout autre de l'indulgence et la connaissance approfondie des belles-lettres, et qu'une longue expérience m'a prouvé que je ne présumerais pas vainement de votre bienveillance, j'ai cru devoir vous soumettre, à vous particulièrement, ce petit ouvrage. Votre capacité me promet un suffrage plus sûr, et votre bonté un jugement plus favorable. Ce livre est un abrégé, et, autant que l'a permis le sujet, il est renfermé dans de justes limites. Il ne présente ni trop d'abondance, ni une précision trop sèche. En y portant votre attention, vous y trouverez plutôt un germe assez fécond de science qu'un fastueux étalage d'éloquence. J'avoue, en effet, que je me suis surtout attaché à un petit nombre de volumes choisis, d'un côté pour m'abstenir de choses trop connues, de l'autre pour m'étendre sur celles qui le sont moins. La mention des lieux tient une grande place dans mon ouvrage, et c'est même là son but principal. Cette mention consiste à faire connaître, dans l'ordre le plus naturel, et en suivant les divisions du monde, ce qu'offrent de remarquable les golfes et les mers. J'ai donné d'autres détails qui, sous divers rapports, se rattachent à mon sujet, et la variété au moins préviendra l'ennui du lecteur. J'ai en outre décrit les caractères de l'homme et des animaux; j'ai ajouté quelques détails sur les plantes et sur les pierres exotiques, sur les formes distinctives observées chez les peuples éloignés, sur les mœurs diverses des nations peu connues, sur d'autres choses enfin qui m'ont

cum primis industriæ tuæ insinuatum velim, de scriptoribus manat receptissimis. Quid enim proprium nostrum esse possit, quum nihil omiserit antiquitatis diligentia, quod intactum ad hoc usque ævi permaneret? Quapropter quæso ne de præsenti tempore editionis hujus fidem libres, quoniam quidem vestigia monetæ veteris persequuti opiniones eligere maluimus potius quam innovare. Ita si qua ex istis secus quam opto in animum tuum venerint, des velim infantiæ meæ veniam. Constantia veritatis penes eos est quos sequuti sumus. Sicut ergo qui corporum formas æmulantur, ante omnia effigiant modum capitis, nec prius in alia membra lineas destinant, quam ab ipsa, ut ita dixerim, figurarum arce auspicium faciant inchoandi : nos quoque a capite orbis, id est urbe Roma, principium capessemus, quamvis nihil super ea doctissimi auctores reliquerint, quod in novum nostrum præconium possit suscitari, ac supervacuum pæne sit relegere tramitem decursum tot annalibus. Ne tamen prorsus dissimulata sit, originem ejus quanta valemus persequemur fide.

paru ne pas pouvoir être omises, et dont l'exactitude, que je désire particulièrement soumettre à vos lumières, repose sur la foi des écrivains les plus estimés. Que puis-je, en effet, regarder comme m'appartenant en propre, quand les travaux scrupuleux des anciens ont tout abordé? Aussi dois-je vous prier de ne pas juger mon travail comme étant de l'époque actuelle, puisque, attentif à rechercher et à suivre les traces de l'érudition antique, j'ai mieux aimé choisir qu'innover. Si donc je ne remplis pas en tout votre attente, pardonnez à mon inhabileté. Les preuves de ce que j'avance sont dans les auteurs que j'ai pris pour guides. De même que ceux qui veulent figurer des corps s'occupent en premier lieu de la tête, et ne s'attachent à représenter les autres parties qu'après avoir commencé par le sommet, si je puis ainsi parler, je commencerai par la tête du monde, c'est-à-dire par Rome, quoique sur ce sujet les plus savants auteurs n'aient rien laissé qui prête à des éloges nouveaux, et qu'il soit presque superflu de retourner sur un chemin tant de fois parcouru. Pour ne pas cependant me taire sur l'origine de cette ville, je mettrai tous mes soins à l'exposer.

CAPITULA.

I. De origine urbis Romæ, et de temporibus ejus, de diebus intercalaribus, de genitura hominis, et his quæ memorabilia in homine fuerunt, de alectorio lapide.

II. De Italia. In ea de boa angue, de lupis, de lyncibus, de lyncurio lapide, de lapide curalio, de gemma syrtite, de gejentana gemma, de mutis cicadis, de Diomedis avibus.

III. Corsica. In ea de catochite lapide.

IV. Sardinia. In ea de solifuga, et herba Sardonia.

V. Sicilia. In ea memorabilia soli et aquarum. Item de achate lapide.

VI. Volcaniæ insulæ.

VII. Europæ sinus tertius. In eo de locorum Græciæ admirabilibus; de fluminibus, de fontibus; de merulis, de perdicibus; de lapide galactite, de lapide asbesto; de Arione.

VIII. [*De Thessalia et Magnesia. Philippus oculum damnatus.*]

IX. Macedonia cum regibus, de natura Olympi montis, et lapide pæanite.

X. Thracia cum moribus gentium. In ea de gruibus, de hirundinibus, de isthmo.

XI. Claræ insulæ, et in insulis clara. In Creta herba alimos, animal phalangium, lapis Idæus dactylus. In Carysto aves Carystiæ, item carbasum. In Delo tempora diluviorum, et aves coturnices.

XII. Eubœa. Paros, lapis Sarda. Naxos, Icaros, Melos, Carpathus, Rhodos, Lemnos.

XIII. Hellespontus, Propontis, Bosphoros. In his de delphinis, de thunnis.

DIVISION DE L'OUVRAGE.

I. De l'origine de Rome, et des diverses époques de son histoire, des jours intercalaires, de la génération de l'homme, et de ce que l'on a observé de remarquable dans l'homme, de la pierre dite alectorie.

II. De l'Italie, et, dans l'Italie, du serpent boa, des loups, des lynx, de la pierre dite lyncurium, du corail, de la syrtis, de la véientane, des cigales muettes, des oiseaux de Diomède.

III. De la Corse, et, dans la Corse, de la pierre dite catochitis.

IV. De la Sardaigne, et, dans la Sardaigne, de la solifuge et de l'herbe sardonique.

V. De la Sicile, et, dans la Sicile, des curiosités du sol et des eaux, puis de la pierre nommée agate.

VI. Des îles Vulcaniennes.

VII. Troisième golfe d'Europe, et, dans ce golfe, des lieux remarquables de la Grèce, des fleuves, des sources, des merles, des perdrix, de la pierre dite galactite, de la pierre dite asbeste, d'Arion.

VIII. [*De la Thessalie et de la Magnésie. Philippe privé d'un œil.*]

IX. De la Macédoine et de ses rois, de la nature du mont Olympe, et de la pierre dite péanite.

X. De la Thrace, des mœurs de ses habitants, et, dans la Thrace, des grues, des hirondelles, de l'isthme.

XI. Iles remarquables ; et choses remarquables dans ces îles. En Crète, la plante alimos, l'animal phalangien, la pierre idéenne, nommée dactyle. Aux environs de Caryste, les oiseaux carystiens, le lin carystien. A Délos, les époques des déluges, et les cailles.

XII. L'Eubée. Paros et la pierre dite sarda. Naxos, Icaros Mélos, Carpathe, Rhodes, Lemnos.

XIII. L'Hellespont, la Propontide, le Bosphore. Des dauphins et des thons qui s'y trouvent.

XIV. Flumen Istrum. Fiber Ponticus. Gemma Pontica.

XV. Amnis Hypanis, et fons Exampeus.

XVI. Scythicarum gentium varia miracula. In his de natura canum, de smaragdo lapide, de cyaneo lapide, de crystallo.

XVII. De Hyperboreis, et hyperboreæ regionibus.

XVIII. De Arimphæis, et aliis Scytharum gentibus, de tigridibus, de pantheris, de pardis.

XIX. Unde mediterranea maria oriantur.

XX. De insulis Scythicis, de oceano Septentrionali, de spatiis inter Scythas et Indos, de formis hominum, de cervis, de tragelaphis.

XXI. Germania. In ea de avibus Hercyniis, de bisontibus, de uris, de alce. Item de alce Gangaviæ insulæ, de succino, de callaico lapide, de ceraunio albo.

XXII. Gallia, et ex ea itinerarium. Item de oleo Medico.

XXIII. Britannia. In ea de lapide gagate, et de gentibus barbaris, insulisque circa eam claris.

XXIV. Hispania. In ea de ceraunio rubro, de Gaditano freto, et Mediterraneo mari, de Oceano.

XXV. Libya. Horti Hesperidum. Mons Atlas.

XXVI. Mauritania. In ea de elephantis, de pugna eorum et draconum. Unde cinnabari.

XXVII. Numidia. In ea de ursis.

XXVIII. Africa cum Cyrenaica regione. In ea de leonibus, de leontophona, de hyæna, de lapide hyænio, de crocotta, de onagris, de serpentibus, de gemma heliotropio, de Psyllis, de lapide nasamonite, de lapide cornu Hammonis, de arbore melopo, de lacte sirpicio, de serpente basilisco, de genere simiarum.

XXIX. Gens Amantum et Asbystarum.

XXX. Garamantum fons, et iter Garamanticum. Item pecora Garamantica, et natura insulæ Gauloes.

DIVISION DE L'OUVRAGE.

XIV. Le fleuve Ister. Le castor du Pont. La pierre précieuse du Pont.
XV. Le fleuve Hypanis, et la fontaine Exampée.
XVI. Curiosités diverses en Scythie, et, dans cette contrée, de l'espèce canine, de l'émeraude, de la pierre dite cyanée, du cristal.
XVII. Des Hyperboréens, et des nations hyperboréennes.
XVIII. Des Arimphéens et autres peuples de la Scythie, des tigres, des panthères et des léopards.
XIX. D'où proviennent les mers méditerranées.
XX. Des îles de la Scythie, de l'océan Septentrional, de la distance qui sépare les Scythes et les Indiens, des formes diverses de l'homme, des cerfs, des tragélaphes.
XXI. De la Germanie, et, dans la Germanie, des oiseaux dits hercyniens, des bisons, des ures, de l'alcé de l'île Gangavie, du succin, de la pierre callaïque, de la céraunienne blanche.
XXII. De la Gaule, des pays où elle aboutit. De l'huile médique.
XXIII. De la Bretagne, et, dans la Bretagne, de la gagate, de ses peuplades barbares, des îles remarquables qui l'entourent.
XXIV. De l'Espagne, et, dans l'Espagne, de la céraunienne rouge, du détroit de Gadès; de la Méditerranée, de l'Océan.
XXV. De la Libye. Jardins des Hespérides. Mont Atlas.
XXVI. De la Mauritanie, et, dans la Mauritanie, des éléphants, de leurs combats avec les serpents dits dragons. D'où provient le cinabre.
XXVII. De la Numidie, et des ours qui s'y trouvent.
XXVIII. De l'Afrique et de la Cyrénaïque, et, dans cette contrée, des lions, du léontophone, de l'hyène, de la pierre d'hyène, de la crocotte, des onagres, des serpents, de la pierre héliotrope, des Psylles, de la pierre nasamonite, de la pierre corne d'Hammon, de l'arbre dit mélope, du lait sirpicien, du basilic, de l'espèce des singes.
XXIX. Des Amantes et des Asbystes.
XXX. Source chez les Garamantes, et route de ce pays. Bestiaux des Garamantes, et caractères de l'île Gauloë.

XXXI. Æthiopes, et in eorum locis ac gentibus mira, de draconibus, de dracontia lapide, de camelopardalo, de cephis, de rhinocerote, de catoblepa, de formicis Æthiopicis, de Lycaone, de parandro, de lupis Æthiopicis, de hystrice, de ave pegaso, de ave tragopane, de hyacintho lapide, de chrysopasto lapide, de lapide hæmatite.

XXXII. De intimis gentibus Libyæ, de lapide hexecontalitho.

XXXIII. Ægyptus. In ea de origine et natura Nili, de tauro Apide, de crocodilo, de scinco, de hippopotamo, de ave ibide, et serpentibus Arabicis, de ficu Ægyptia, de palma Ægyptia, de disciplina Ægyptiorum, et urbibus inclytis.

XXXIV. Arabia. In ea mira, de fontibus, de moribus et habitu populorum, de Eulæo flumine, de thure, myrrha, de cinnamo, de phœnice ave, de cinnamolgis avibus, de gemma sardonyche, de lapide molochite, de iride, de andradamante lapide, de pæderote lapide, de gemma Arabica.

XXXV. Regio Ostracina. Joppe oppidum. Andromedæ vincula.

XXXVI. Judæa. In ea de Asphaltite lacu, de balsamo, de gente Hessenorum.

XXXVII. De Scythopoli oppido, de monte Casio.

XXXVIII. De fluminibus Tigri et Euphrate. Item de lapidibus zmilanthi, sagda, myrrhite, mithridace, tecolitho, hammochryso, aetite, pyrite, chalazia, echite, dionysia, de glossopetra, gemma solis, crine Veneris, selenite, meconite, myrmecite, chalcophthongo, siderite, phlogite, anthracia, enhydro.

XXXIX. Cilicia. In ea Cydnus amnis, antrum Corycium, mons Taurus.

XL. Lycia. In ea mons Chimæra.

XLI. Asia, Phrygia, Lydia, Teuthrania. In his de urbe Epheso, de monte Mimante, de illustribus viris, de Homeri et Hesiodi temporibus, de animali bonnaco, de sepulcris Ajacis et Memnonis, de Memnoniis avibus, de chamæleonte, de ciconiis.

DIVISION DE L'OUVRAGE.

XXXI. Des Éthiopiens, et des curiosités de lieux et de peuples qu'offre l'Éthiopie. Des dragons, de la pierre dite dracontia, de la girafe, des cèphes, du rhinocéros, du catoblèpe, des fourmis d'Éthiopie, de Lycaon, du parandre, des loups d'Éthiopie, du porc-épic, des oiseaux dits pégase et tragopane, des pierres dites hyacinthe, chrysopaste, hématite.

XXXII. Des peuples de l'intérieur de la Libye, de la pierre dite hexécontalithe.

XXXIII. De l'Égypte, et, dans l'Égypte, des sources et de la nature du Nil, du bœuf Apis, du crocodile, du scinque, de l'hippopotame, de l'ibis, des serpents d'Arabie, du figuier d'Égypte, du palmier d'Égypte, des mœurs égyptiennes, des villes célèbres.

XXXIV. De l'Arabie et des curiosités qu'elle renferme; sources qui s'y trouvent; mœurs et coutumes de ses habitants; du fleuve Eulée, de l'encens, de la myrrhe, du cinname, du phénix, des oiseaux dits cinnamolgues, de la pierre dite sardonique, de la molochite, de l'iris, de l'andradamante, de la pierre dite pédéros, de la pierre arabique.

XXXV. Contrée d'Ostracine. Ville de Joppé. Chaînes d'Andromède.

XXXVI. De la Judée, et, dans la Judée, du lac Asphaltite, du baumier, de la nation des Esséniens.

XXXVII. De la ville de Scythopolis, du mont Casius.

XXXVIII. Du Tigre et de l'Euphrate. Des pierres dites zmilanthis, sagda, myrrhite, mithridace, técolithe, hammochryse, aétite, pyrite, chalazie, échite, dionysienne, glossopètre; de la pierre précieuse du soleil, de la chevelure de Vénus; des pierres dites sélénite, méconite, myrmécite, calcophthongue, sidérite, phlogite, anthracie, enhydre.

XXXIX. De la Cilicie, et, dans la Cilicie, du Cydnus, de l'antre de Coryce, du mont Taurus.

XL. De la Lycie, et, dans la Lycie, du mont Chimère.

XLI. De l'Asie, de la Phrygie, de la Lydie, de la Teuthranie, et, dans ces contrées, de la ville d'Éphèse, du mont Mimas, des hommes illustres, des temps d'Homère et d'Hésiode, de l'animal dit bonnaque, des tombeaux d'Ajax et de Memnon, des oiseaux memnoniens du caméléon, des cigognes.

XLII. Galatia.
XLIII. Bithynia. In ea Hannibalis exitus et sepulcrum.

XLIV. Aconæ portus et Acherusius specus.
XLV. Paphlagonia, et Venetorum origo.
XLVI. Cappadocia. In ea de equis.
XLVII. Assyria cum Media. In his de unguentorum origine, de arbore Medica.
XLVIII. Portæ Caspiæ.
XLIX. Direum locus. Margiane regio, et in ea oppida.

L. Gentes circum Oxum amnem. Terminus itinerum Liberi patris et Herculis. Item regiones cum gentibus. Simul de camelorum natura.
LI. Seres. Item Sericum vellus.
LII. Gens Attacorum.
LIII. India. In ea de ritu hominum et qualitate, de cœli clementia, de natura soli, de serpentibus Indicis, de leucrocotta bestia, de eale bestia, de tauris Indicis, de mantichora bestia, de bubus Indicis, de monocerote bestia, de anguillis Gangeticis, de Gangeticis vermibus, de balæna Indica, de physetere, de ave psittaco, de Indicis lucis, de ficu Indica, de Indicis arundinibus, de arboribus in insula Indiæ nascentibus, de piperis arbore, de ebeno, de adamante lapide, de lapide beryllo, de chrysoberyllo lapide, de chrysopraso lapide, de hyacinthizonte lapide.
LIV. Taprobane. In ea de qualitate hominum, de sideribus, de natura maris, et nationis disciplina, de testudinum magnitudine, de margarito.
LV. Itinerarium Indicum. Sinus Persicus et Arabicus. Azanium mare.
LVI. Parthia et circa Parthiam regiones. Item Cyri sepulcrum.
LVII. Babylon. Deinde recursus ad oceanum Atlanticum : in eo insulæ Gorgades, Hesperides, Fortunatæ.

XLII. De la Galatie.
XLIII. De la Bithynie, et, dans la Bithynie, mort et tombeau d'Annibal.
XLIV. Port d'Acone et caverne de l'Achéron.
XLV. Paphlagonie, et origine des Vénètes.
XLVI. De la Cappadoce, et des chevaux de ce pays.
XLVII. De l'Assyrie et de la Médie, et, dans ces contrées, de l'origine des parfums, de l'arbre médique.
XLVIII. Portes Caspiennes.
XLIX. La plaine Diréum. De la Margiane et des villes de cette contrée.
L. Nations des environs de l'Oxus. Limites des voyages de Bacchus et d'Hercule. Description de ces pays et de leurs peuples. De la nature des chameaux.
LI. Sères. Laine sérique.
LII. Nation des Attaques.
LIII. De l'Inde; du caractère et des mœurs de ses habitants; de la douceur du ciel; de la nature du sol, des serpents indiens, de l'animal dit leucrocotte, de l'éale, des taureaux indiens, de la mantichore, des bœufs de l'Inde, du monocéros, des anguilles du Gange, des vers du Gange, de la baleine de l'Inde, du physétère, du perroquet, des bois, du figuier et des roseaux de l'Inde, des arbres insulaires de l'Inde, de l'arbre à poivre, de l'ébène, du diamant, des pierres dites béryl, chrysobéryl, chrysoprase, hyacinthizonte.
LIV. De Taprobane, et du caractère de ses habitants; des astres, de la nature de la mer, des mœurs du pays, de la grandeur des tortues, de la perle.
LV. Itinéraire de l'Inde. Golfes Persique et Arabique. Mer Azanienne.
LVI. Parthie, et régions voisines. Tombeau de Cyrus.
LVII. Babylone. Retour vers l'océan Atlantique; et, îles Gorgades, Hespérides, Fortunées situées dans cette mer.

C. J. SOLINI
POLYHISTOR.

I. De origine urbis Romæ, et temporibus ejus, de diebus intercalaribus, de genitura hominis, et his quæ memorabilia in hominibus fuere, de alectorio lapide.

SUNT, qui videri velint, Romæ vocabulum ab Evandro primum datum, quum oppidum ibi offendisset, quod exstructum antea Valentiam dixerat juventus Latina [2]: servataque significatione impositi prius nominis, Romam Græce Valentiam nominatam : quam Arcades quoniam in excelsa habitassent parte montis, derivatum deinceps, ut tutissima urbium, arces [3] vocarentur. Heraclidi placet, Troja capta quosdam ex Achivis in ea loca, ubi nunc Roma est, devenisse per Tiberim, deinde, suadente Rome, nobilissima captivarum, quæ his comes erat, incensis navibus, posuisse sedes, instruxisse mœnia, et oppidum ab ea Romen vocavisse. Agathocles scribit Romen non captivam fuisse, ut supra dictum est; sed ab Ascanio natam, Æneæ neptem, appellationis istius causam fuisse. Traditur etiam proprium Romæ nomen, et verum magis, quod nunquam in vulgum venit, sed vetitum publicari [4], quandoquidem quo minus enuntiaretur, cærimoniarum arcana sanxerunt, ut hoc pacto notitiam ejus aboleret fides placitæ taciturn-

POLYHISTOR
DE C. J. SOLIN.

I. De l'origine de Rome, des diverses époques de son histoire, des jours intercalaires, de la génération de l'homme, et de ce que l'on a observé de remarquable dans l'homme, de la pierre dite alectorie.

Certains auteurs pensent que Rome doit son nom à Évandre qui, aux lieux où elle est située, trouva une ville, nommée auparavant Valentia par la jeunesse latine; que cette ville, conservant la signification de son nom primitif Valentia, prit le nom grec de Rome, et que les Arcadiens, ayant d'abord habité la partie la plus élevée du mont où Rome est située, le nom d'*arces* (1) fut ensuite appliqué aux parties les plus inattaquables des villes. Héraclide veut qu'après la prise de Troie, quelques Grecs soient venus par le Tibre aux lieux où l'on voit aujourd'hui Rome; il ajoute que, par les conseils d'une des captives les plus distinguées, Romé, leur compagne d'infortune, ils brûlèrent leurs vaisseaux, s'établirent dans le pays, et y élevèrent une ville qui reçut le nom de Rome. Agathocle prétend que Romé n'était pas une captive, comme on vient de le dire, mais une fille d'Ascagne, une petite-fille d'Énée, et que c'est d'elle que vient le nom de Rome. Il y a un autre nom particulier de Rome, et plus vrai, mais qui n'arrive pas jusqu'aux oreilles du vulgaire, et qu'il est défendu de prononcer publiquement.

(1) Hauteurs, forteresses

nitatis. Valerium denique Soranum, quod contra interdictum id eloqui ausus foret, ob meritum profanæ vocis, neci datum. Inter antiquissimas sane religiones sacellum colitur Angeronæ, cui sacrificatur ante diem duodecimum kalendarum januariarum : quæ diva præsul silentii istius, prænexo obsignatoque ore simulacrum habet.

De temporibus Urbis conditæ ambiguitatum quæstiones excitavit, quod quædam ibi multo ante Romulum culta sint. Quippe ante aram Hercules, quam voverat, si amissas boves reperisset, punito Caco, Patri Inventori dicavit [5]. Qui Cacus habitavit locum, cui Salinæ nomen est, ubi Trigemina nunc porta. Hic, ut Gellius tradit, quum a Tarchone Tyrrheno, ad quem legatus venerat missu Marsyæ regis, socio Megale Phryge, custodiæ foret datus, frustratus vincula, et unde venerat redux, præsidiis amplioribus occupato circa Vulturnum et Campaniam regno, dum attrectat etiam ea, quæ concesserant in Arcadum jura, duce Hercule, qui tunc forte aderat, oppressus est. Megalen Sabini receperunt, disciplinam augurandi ab eo docti.

Suo quoque numini idem Hercules instituit aram, quæ Maxima apud pontifices habetur, quum se ex Nicostrata, Evandri matre, quæ a vaticinio Carmentis dicta est, immortalem comperisset fore : conseptum etiam, intra quod ritus sacrorum, factis bovicidiis, docuit Potitios. Hoc sacellum Herculi in Boario foro est, in quo argumenta et convivii et majestatis ipsius remanent : nam divinitus illo neque canibus, neque muscis ingressus est. Etenim quum viscerationem sacricolis daret,

On ne le prononce même pas au milieu des cérémonies sacrées, dans le but d'obtenir par un silence scrupuleux et convenu l'abolition de ce nom. Valerius, qui, contrairement à la prescription, osa le faire entendre, fut, pour cette profanation, puni de mort. Un des objets du culte les plus anciens est le sanctuaire d'Angérone, à qui l'on fait des sacrifices le douze des calendes de janvier. La statue de cette déesse du silence a la bouche fermée d'une bande scellée.

L'époque de la fondation de Rome a donné lieu à des discussions, parce que longtemps avant Romulus quelques parties du pays étaient habitées. En effet, l'autel qu'Hercule avait fait vœu d'élever, s'il retrouvait les vaches qu'on lui avait dérobées, il le dédia, après avoir puni Cacus, à Jupiter Inventeur. Ce Cacus habitait l'endroit appelé Saline, où se trouve maintenant la porte Trigemina. Au rapport d'Aulu-Gelle, Cacus jeté dans les fers par Tarchon, roi des Toscans, vers qui l'avait député le roi Marsyas, en lui donnant pour compagnon le Phrygien Mégale, s'échappa, revint aux lieux qu'il habitait d'abord, et puis, avec des forces considérables, s'empara des bords du Vulturne et de la Campanie; mais, ayant osé toucher aux domaines des Arcadiens, il fut écrasé par Hercule, qui se trouvait alors en ce pays. Mégale trouva un asile chez les Sabins, instruits par lui dans l'art des augures.

Hercule éleva aussi à sa propre divinité l'autel Très-Grand, comme l'appellent les pontifes. Quand Nicostrate, mère d'Évandre, que l'on nomme Carmente parce qu'elle prédisait l'avenir, eut appris au demi-dieu qu'il était immortel, il se consacra de plus un enclos où les Potitius initiés aux cérémonies de son culte firent des sacrifices de bœufs. Le temple dédié à Hercule est sur le marché aux Bœufs, où subsistent des souvenirs de l'antique festin et de la majesté du dieu : car par l'effet d'une volonté divine, il n'y entre ni chiens, ni mouches. En

Myiagrum deum dicitur imprecatus[6]; clavam vero in aditu reliquisse, cujus olfactum refugerent canes; id usque nunc durat.

Ædem etiam, quæ Saturni ærarium fertur, comites ejus condiderunt in honorem Saturni, quem cultorem regionis illius cognoverant exstitisse. Iidem et montem Capitolinum Saturnium nominarunt. Castelli quoque, quod excitaverunt, portam Saturniam appellaverunt, quæ postmodum Pandana vocitata est. Pars infima Capitolini montis habitaculum Carmenti fuit, ubi Carmentis nunc fanum est, a qua Carmentali portæ nomen datum est. Palatium nemo dubitaverit, quin Arcadas habeat auctores, a quibus primum Pallanteum oppidum : quod aliquandiu Aborigines habitatum, propter incommodum vicinæ paludis, quam præterfluens Tiberis fecerat, profecti Reate, postmodum reliquerunt. Sunt, qui velint a balatibus ovium mutata littera, vel a Pale pastorali dea, aut, ut Silenus probat, a Palantho Hyperborei filia, quam Hercules ibi compressisse visus est, nomen monti adaptatum. Sed quanquam ista sic congruant, palam est, prospero illi augurio deberi Romani nominis gloriam, maxime quum annorum ratio faciat cardinem veritati : nam, ut affirmat Varro, auctor diligentissimus, Romam condidit Romulus, Marte genitus et Rhea Silvia; vel, ut nonnulli, Marte et Ilia : dictaque est primum Roma Quadrata[7], quod ad æquilibrium foret posita.

Ea incipit a silva, quæ est in area Apollinis, et ad supercilium scalarum Caci habet terminum, ubi tugurium fuit Faustuli. Ibi Romulus mansitavit, qui auspicato fundamenta murorum jecit, duodeviginti natus

effet, quand Hercule partageait les restes des victimes aux assistants, il invoqua, dit-on, le dieu Myiagrus, et laissa à l'entrée du lieu sa massue, dont l'odeur écartait les chiens ; ce que l'on remarque encore aujourd'hui.

Quant au temple que l'on dit être l'*ærarium* de Saturne, les compagnons d'Hercule l'élevèrent en l'honneur de ce dieu, qu'ils savaient avoir habité ces contrées. Ils donnèrent aussi le nom de Saturnien au mont Capitolin, et celui de Saturnia à la porte du fort qu'ils bâtirent, porte appelée depuis Pandane. La partie basse du mont Capitolin fut habitée par Carmente : on y trouve aujourd'hui le temple de cette déesse, qui a donné son nom à la porte Carmentale. Personne ne peut douter que le Palatium ne doive son origine aux Arcadiens, qui fondèrent Pallantée, ville que les Aborigènes habitèrent quelque temps, mais qu'ensuite, en raison du voisinage incommode d'un marais, dû aux débordements du Tibre, ils quittèrent pour Réate. Selon quelques-uns, le mont Palatin tire son nom, par un changement de lettre, du bêlement [1] des brebis, selon d'autres, de Palès, divinité pastorale, ou, comme le veut Silenus, de Palante, fille d'Hyperborée, qu'Hercule paraît avoir en ce lieu soumise à ses désirs. Quelle que soit la valeur de ces diverses suppositions, il est évident que c'est à de tels auspices que Rome doit la gloire de son nom : c'est ce dont le calcul des temps fournit surtout la preuve. D'après Varron, cet auteur si exact, Rome fut fondée par Romulus, fils de Mars et de Rhéa Silvia, ou selon d'autres de Mars et d'Ilia. Rome fut d'abord appelée *Quadrata*, parce qu'elle présentait la figure d'un carré.

Elle commence à la forêt qui avoisine le temple d'Apollon, et se termine au sommet des échelles de Cacus, où fut la cabane de Faustulus. C'est là qu'habitait Romulus, qui, après avoir pris les augures, jeta les fonde-

[1] *Balatus.*

annos, undecimo kalendas maias, hora post secundam ante tertiam plenam : sicut Lucius Tarruntius prodidit, mathematicorum nobilissimus, Jove in piscibus, Saturno, Venere, Marte, Mercurio in Scorpione, Sole in Tauro, Luna in Libra constitutis. Et observatum deinceps, ne qua hostia Parilibus cæderetur, ut dies iste a sanguine purus esset, cujus significationem de partu Iliæ tractam volunt. Idem Romulus regnavit annos septem et triginta. De Cæninensibus egit primum triumphum, et Acroni regi eorum detraxit spolia, quæ Jovi Feretrio primus suspendit [8], et opima dixit. Rursum de Antemnatibus triumphavit, de Veientibus tertio. Apud Capreæ paludem nonis quintilibus apparere desiit. Ceteri reges, quibus locis habitaverint, dicemus. Tatius in arce, ubi nunc est ædes Junonis Monetæ : qui anno quinto, postquam ingressus Urbem fuerat, a Laurentibus interemptus, septima et vicesima olympiade [9] hominem exivit. Numa in colle primum Quirinali, deinde propter ædem Vestæ in Regia, quæ adhuc ita appellatur : qui regnavit annis tribus et quadraginta, sepultus sub Janiculo. Tullus Hostilius in Velia, ubi postea deum Penatium ædes facta est : qui regnavit annos duos et triginta, obiit olympiade quinta et tricesima. Ancus Martius, in summa Sacra via, ubi ædes Larum est : qui regnavit annos quatuor et viginti, obiit olympiade prima et quadragesima. Tarquinius Priscus ad Mugoniam portam supra summam Novam viam : qui regnavit annos septem et triginta. Servius Tullius Esquiliis supra clivum Urbium : qui regnavit annos duos et quadraginta. Tarquinius Superbus, et ipse Esquiliis supra clivum Pullium ad Fagutalem lacum [10] : qui regnavit annos quinque et viginti.

ments de la ville, à l'âge de dix-huit ans, le onze des calendes de mai, entre la seconde et la troisième heure, comme le rapporte Lucius Tarruntius, ce mathématicien célèbre, Jupiter étant alors dans les Poissons; Saturne, Vénus, Mars, Mercure dans le Scorpion; le Soleil dans le Taureau, la Lune dans la Balance. Depuis, la coutume s'établit de ne pas immoler de victimes aux fêtes Parilies, pour que le sang ne fût pas versé en ce jour, que l'on prétend avoir tiré son nom des couches d'Ilia[1]. Romulus régna trente-sept ans. Son premier triomphe fut sur les Céniniens. Il enleva à Acron, leur roi, des dépouilles qu'il consacra à Jupiter Férétrien, et qu'il appela *opimes*. Il triompha en second lieu des Antemnates, et en troisième des Véiens. Il disparut près du marais de Caprée le jour des nones de juillet. Nous dirons quels lieux habitèrent les autres rois. Tatius habita la partie de la citadelle où est maintenant le temple de Junon Moneta. Cinq ans après son arrivée à Rome, il fut assassiné par les Laurentins, et mourut dans le cours de la vingt-septième olympiade. Numa habita d'abord le mont Quirinal, puis près du temple de Vesta, lieu qui s'appelle encore aujourd'hui Regia. Il régna quarante-trois ans, et fut inhumé au pied du Janicule. Tullus Hostilius habita le mont Vélie, où depuis fut élevé un temple aux dieux Pénates; il régna trente-deux ans, et mourut dans le cours de la trente-cinquième olympiade. Ancus Martius habita le haut de la voie Sacrée, où est le temple des Lares; il régna vingt-quatre ans, et mourut dans le cours de la quarante et unième olympiade. La demeure de Tarquin l'Ancien fut, près de la porte Mugonia, dans le haut de la voie Neuve; il régna trente-sept ans. Celle de Servius Tullius fut aux Esquilies, sur le tertre Urbium; celle de Tarquin le Superbe, également aux Esquilies, sur le tertre Pullius, près du lac Fagutal; il régna vingt-cinq ans.

[1] *Partus Iliæ.*

Cincio Romam duodecima olympiade placet conditam; Pictori octava; Nepoti et Lutatio, opinionem Eratosthenis et Apollodori comprobantibus, olympiadis septimæ anno secundo : Pomponio Attico et M. Tullio, olympiadis sextæ anno tertio. Collatis igitur nostris et Græcorum temporibus, invenimus, incipiente olympiade septima Romam conditam, anno post Ilium captum quadringentesimo tricesimo tertio. Quippe certamen Olympicum, quod Hercules in honorem atavi materni Pelopis ediderat, intermissum Iphitus Eleus[11] instauravit, post excidium Trojæ, anno quadringentesimo octavo. Ergo ab Iphito numeratur olympias prima. Ita sex mediis olympiadibus interjectis, quibus singulis anni quaterni imputantur, cum septima cœptante, Roma condita sit, inter exortum Urbis et Trojam captam, jure esse annos quadringentos et triginta tres constat. Huic argumento illud accedit, quod quum Caius Pompeius Gallus et Quintus Verannius Urbis conditæ anno octingentesimo primo fuerint consules, consulatu eorum olympias septima et ducentesima actis publicis annotata est. Quater ergo multiplicatis sex et ducentis olympiadibus erunt anni octingenti viginti quatuor, quibus de septima olympiade annectendus primus annus est, ut in solido colligantur octingenti viginti quinque. Ex qua summa, detractis viginti annis, et quatuor olympiadum retro sex, manifeste anni octingenti et unus reliqui fient. Quapropter cum octingentesimo primo anno Urbis conditæ ducentesima septima olympias computetur, par est Romam septimæ olympiadis anno primo credi conditam. In qua regnatum est annis ducentis quadraginta tribus.

Cincius veut que Rome ait été bâtie vers la douzième olympiade; Pictor vers la huitième; Nepos et Lutatius, qui adoptent l'opinion d'Eratosthène et d'Apollodore, la seconde année de la septième olympiade; Pomponius Atticus et Cicéron, la troisième année de la sixième olympiade. En comparant les époques grecques et les nôtres, nous trouvons que c'est au commencement de la septième olympiade que remonte la fondation de Rome, quatre cent trente-trois ans après la prise de Troie. En effet, les jeux Olympiques institués par Hercule en l'honneur de Pélops, l'un de ses aïeux maternels, furent après une interruption, rétablis par Iphitus d'Élée, quatre cent huit ans après la prise de Troie. C'est donc à Iphitus que remonte la première olympiade. Alors, c'est après l'intervalle de six olympiades, dont chacune comprend quatre années, et c'est au commencement de la septième, que Rome a été fondée, et l'on doit conclure de là, qu'entre la prise de Troie et la fondation de Rome, il y a quatre cent trente-trois ans. Ce qui confirme cette assertion, c'est que Caïus Pompeius Gallus et Quintus Verannius furent consuls l'an huit cent un de la fondation de Rome, et que c'est à l'époque de leur consulat que se rapporte, d'après les actes publics, la deux cent septième olympiade. Ainsi, en multipliant par quatre deux cent six olympiades, on aura huit cent vingt-quatre ans, auxquels on devra ajouter la première année de la septième olympiade, ce qui donnera le total de huit cent vingt-cinq ans. Que l'on ôte de ce total les vingt-quatre ans des six olympiades, il restera huit cent un ans; et puisqu'à l'an huit cent un de la fondation de Rome, répond la deux cent septième olympiade, il est juste de croire que c'est à la première année de la septième olympiade que remonte la fondation de Rome. L'époque des rois comprend deux cent quarante-trois ans.

Decemviri creati anno trecentesimo secundo. Primum Punicum bellum anno quadringentesimo octogesimo nono. Secundum quingentesimo tricesimo quinto. Tertium sexcentesimo quarto. Sociale sexcentesimo sexagesimo secundo. Ad Hircium et Caium Pansam consules anni septingenti et decem : quorum consulatu Cæsar Augustus est consul creatus, octavum decimum annum agens : qui principatum ita ingressus est [12], ut vigilantia illius non modo securum, verum etiam tutum imperium esset. Quod tempus ferme solum repertum est, quo plurimum et arma cessaverint, et ingenia floruerint, scilicet ne inerti justitio languerent virtutis opera, bellis quiescentibus.

Tunc ergo primum cursus anni perspecta ratio est, quæ a rerum origine profunda caligine tegebatur. Nam ante Augustum Cæsarem incerto modo annum computabant, qui apud Ægyptios quatuor mensibus terminabatur, apud Arcadas tribus, apud Acarnanas sex, in Italia apud Lavinios tredecim, quorum annus trecentis septuaginta et quatuor diebus ferebatur. Romani initio annum decem mensibus computaverunt, a Martio auspicantes, adeo ut ejus die prima de aris vestalibus ignes accenderent, mutarent veteribus virides laureas, senatus et populus comitia agerent, matronæ servis suis cœnas ponerent, sicuti Saturnalibus domini : illæ, ut per honores promptius obsequium provocarent; hi quasi gratiam repensarent perfecti laboris : maximeque hunc mensem principem testatur fuisse, quod qui ab hoc quintus erat, quintilis dictus est, deinde numero decurrente, december solemnem circuitum finiebat intra diem trecentesimum quartum : tunc enim iste numerus

Les décemvirs furent créés l'an trois cent deux. La première guerre punique commença l'an quatre cent quatre-vingt-neuf; la seconde l'an cinq cent trente-sept; la troisième l'an six cent quatre. La guerre Sociale commença l'an six cent soixante-deux. Hirtius et Caïus Pansa furent consuls vers l'an sept cent dix. Après eux César Auguste, créé consul à dix-huit ans, dirigea les affaires publiques avec tant d'habileté, que l'empire fut non-seulement tranquille, mais libre de toute crainte. C'est presque la seule époque où la paix ait vraiment régné, en même temps que florissaient de beaux génies, afin sans doute que le mérite ne languît pas dans l'inaction, quand le bruit des armes avait cessé.

Alors on commença à se rendre compte du cours de l'année dont le calcul avait été jusqu'à cette époque très-confus. Car avant César Auguste on n'était pas d'accord sur ce point. L'année, chez les Égyptiens, était de quatre mois; chez les Arcadiens, de trois; chez les Acarnaniens, de six; en Italie, chez les Laviniens, de treize; chez ces derniers d'ailleurs, l'année était de trois cent soixante-quatorze jours. Chez les Romains, l'année fut d'abord de dix mois: elle commençait au mois de mars; le premier de ce mois, on allumait des feux aux autels de Vesta, on substituait des couronnes de laurier vert aux anciennes couronne; le sénat et le peuple tenaient des assemblées; les dames romaines donnaient des repas à leurs esclaves, comme les maîtres au temps des Saturnales: les premières, pour provoquer par leurs égards plus de soumission; les autres, pour reconnaître les services rendus. Ce qui prouve surtout que ce mois était le premier, c'est qu'on appelait le mois de juillet *quintilis*, parce qu'il était le cinquième à compter de mars, et qu'en continuant ainsi, le mois de décembre terminait l'année

explebat annum, ita ut sex menses tricenum dierum essent, quatuor reliqui tricenis et singulis expedirentur. Sed quum ratio illa ante Numam a lunæ cursu discreparet, lunari computatione annum peræquarunt, quinquaginta et uno die auctis. Ut ergo perficerent duodecim menses, de sex mensibus superioribus detraxerunt dies singulos, eosque quinquaginta istis et uno diebus adnexuerunt, factique quinquaginta septem divisi sunt in duos menses, quorum alter novem et viginti, alter octo et viginti dies detinebant. Sic annus habere quinque atque quinquaginta et trecentos dies cœpit. Postmodum, quum perspicerent, temere annum clausum intra dies, quos supra diximus, quandoquidem appareret, solis meatum non ante trecentesimum sexagesimum quintum diem, abundante insuper quadrantis particula, zodiacum conficere decursum; quadrantem illum et decem dies addiderunt, ut ad liquidum annus trecentis diebus sexaginta quinque et quadrante constaret, hortante observatione imparis numeri, quem Pythagoras monuit præponi in omnibus oportere. Unde propter dies impares, diis superis et januarius dicatur et martius: propter pares februarius, quasi ominosus, diis inferis deputatur. Quum itaque hæc definitio toto orbe placuisset, custodiendi quadrantis gratia, a diversis gentibus varie intercalabatur, nec unquam tamen ad liquidum fiebat temporum peræquatio. Græci ergo singulis annis undecim dies et quadrantem detrahebant [13], eosque octies multiplicatos in annum nonum reservabant, ut contractus nonagenarius numerus in tres menses per tricenos dies scinderetur: qui anno nono restituti efficiebant dies quadringentos quadraginta quatuor, quos embolimos, vel hyperballontas nominabant.

au trois cent quatrième jour : car ce nombre complétait l'année, de sorte qu'il y avait six mois de trente jours, et quatre de trente et-un. Mais comme cette manière de compter avant Numa ne se rapportait pas au cours de la lune, on compléta l'année par le calcul lunaire, en ajoutant cinquante et un jours. Pour former douze mois, on retrancha un jour de chacun des six mois existants, lesquels jours, ajoutés aux cinquante et un ci-dessus mentionnés, formèrent un total de cinquante-sept, qui furent divisés en deux mois, dont l'un avait vingt-neuf jours et l'autre vingt-huit. L'année compta ainsi trois cent cinquante-cinq jours. Ensuite, comme on s'aperçut qu'on avait eu tort de renfermer l'année dans cet espace de jours, puisqu'il était évident que le soleil ne parcourt pas les signes du zodiaque en moins de trois cent soixante-cinq jours, plus un quart de jour, on ajouta à l'année dix jours un quart, et elle fut ainsi composée de trois cent soixante-cinq jours un quart; calcul d'ailleurs conforme à la règle de Pythagore, qui veut qu'en toute chose on préfère le nombre impair. Aussi consacre-t-on aux dieux du ciel janvier et mars, dont les jours sont en nombre impair ; tandis que février, dont les jours sont en nombre pair, est dédié, comme étant de mauvais augure, aux dieux de l'enfer. Cette manière de compter ayant été acceptée partout, les différents peuples, pour conserver ce quart de jour, faisaient diverses intercalations, et cependant jamais on n'arrivait à un calcul exact. Aussi les Grecs retranchaient-ils de chaque année onze jours et quart, qui, multipliés par huit, s'ajoutaient à la neuvième année: d'où résultaient quatre-vingt-dix jours, que l'on divisait en trois mois de trente jours. Ces quatre-vingt-dix jours ajoutés à la neuvième année faisaient un total de quatre cent quarante-quatre jours, qui s'appelaient intercalaires ou supplémentaires.

Quod quum in initio Romani probassent, contemplatione parilis numeri offensi neglectum brevi perdiderunt, translata in sacerdotes intercalandi potestate: qui plerumque gratificantes rationibus publicanorum, pro libidine sua subtrahebant tempora, vel augebant. Quum hæc sic forent constituta, modusque intercalandi interdum cumulatior, interdum fieret imminutior, vel omnino dissimulatus præteriretur, nonnunquam accidebat ut menses qui fuerant transacti hieme, modo æstivum, modo autumnale tempus inciderent. Itaque Cæsar universam hanc inconstantiam, incisa temporum turbatione, composuit, et, ut statum certum præteritus error acciperet, dies viginti et unum et quadrantem simul intercalavit : quo pacto regradati menses, de cetero statuta ordinis sui tempora detinerent. Ille ergo annus solus trecentos quatuor et quadraginta dies habuit : alii deinceps trecentenos sexagenos quinos et quadrantem, et tunc quoque vitium admissum est per sacerdotes. Nam quum præceptum esset, anno quarto ut intercalarent unum diem, et oporteret confecto quarto anno id observari ante quam quintus auspicaretur, illi incipiente quarto intercalarunt, non desinente. Sic per annos sex et triginta quum novem dies tantummodo sufficere debuissent, duodecim sunt intercalati. Quod reprehensum Augustus reformavit, jussitque annos duodecim sine intercalatione decurrere, ut tres illi dies, qui ultra novem necessarios temere fuerant intercalati, hoc modo possent repensari. Ex qua disciplina omnium postea temporum fundata ratio est.

Verum quum hoc, et multa alia Augusti temporibus

Les Romains, qui d'abord avaient adopté cette division, choqués bientôt d'y trouver le nombre pair, la laissèrent de côté, abandonnant aux prêtres le soin d'intercaler; or, ceux-ci, pour plaire aux fermiers des deniers publics, faisaient à leur gré dans leurs calculs des retranchements ou des additions. Cela étant, et l'intercalation recevant tantôt plus, tantôt moins de développement, et quelquefois même passant inaperçue, il arrivait quelquefois que les mois d'hiver tombaient tantôt en été, tantôt en automne. César voulut remédier à l'inconvénient de cette incertitude et corriger cette confusion : pour ramener toutes ces variations à un calcul précis, il intercala vingt et un jours et quart : faisant ainsi rétrograder les mois, il détermina chaque époque d'une manière convenable. Cette année eut donc seule trois cent quarante-quatre jours, et les suivantes trois cent soixante et quart; mais il se commit encore une erreur due aux prêtres. On leur avait, en effet, recommandé d'intercaler un jour à la quatrième année. Cette intercalation devait avoir lieu à la fin de cette quatrième année, et avant l'inauguration de la cinquième; or, elle eut lieu au commencement de la quatrième et non à la fin : ainsi au lieu d'intercaler neuf jours pour trente-six ans, on en intercala douze. Cette erreur fut corrigée par Auguste, qui prescrivit de laisser passer douze ans sans intercalation, pour faire disparaître par compensation ces trois jours ajoutés à tort aux neuf jours nécessaires. Telle est la base sur laquelle fut établie désormais la supputation de l'année.

Cette réforme et bien d'autres choses appartiennent

debeantur, qui pæne sine exemplo rerum potitus est [14], tanta et tot in vita ejus inveniuntur adversa, ut non sit facile discernere, calamitosior an beatior fuerit. Primum, quod apud avunculum in petitione magisterii equitum prælatus est ei Lepidus tribunus, cum quadam auspicantium cœptorum nota; mox triumviratus collegium præ gravi potestate Antonii; Philippensis inde proscriptionis invidia; abdicatio Postumi Agrippæ post adoptionem; deinde desiderio ejus insignis pœnitentia; naufragia Sicula; turpis ibi in spelunca occultatio; seditiones militum plurimæ; Perusina cura; detectum filiæ adulterium, et voluntas parricidalis; nec minore dedecore neptis infamia; incusatæ mortes filiorum : et amissis liberis non solus orbitatis dolor; Urbis pestilentia, fames Italiæ, bellum Illyricum, angustiæ rei militaris, corpus morbidum, contumeliosa dissensio privigni Neronis, uxoris etiam et Tiberii cogitationes parum fidæ, atque in hunc modum plura. Hujus tamen suprema quasi lugeret seculum, penuria insequuta est frugum omnium; ac ne fortuitum, quod acciderat, videretur, imminentia mala non dubiis signis apparuerunt : nam Fausta [15] quædam ex plebe, partu uno edidit quatuor geminos, mares duos, totidemque feminas, monstruosa fecunditate portendens futuræ calamitatis indicium : quamvis Trogus auctor affirmet in Ægypto septenos uno utero simul gigni : quod ibi minus mirum, quum fœtifero potu Nilus, non tantum terrarum, sed etiam hominum, materna fecundet arva. Legimus Cnæum Pompeium Eutychidem feminam Asia exhibitam, quam constabat tricies enixam, quum viginti ejus liberis in theatro suo publi-

au temps d'Auguste. La vie de ce prince, qui jouit d'une domination souveraine presque sans exemple, fut traversée par tant d'adversités, qu'il est difficile d'établir s'il fut plus heureux que malheureux. D'abord la préférence donnée sur lui par son oncle à Lepidus, alors tribun, pour la place de maître de la cavalerie, et cela avec une note infamante, au moment des auspices; puis le partage du triumvirat où le pouvoir d'Antoine l'écrasait; puis encore la haine que lui attira la proscription qui suivit la bataille de Philippes; l'exhérédation d'Agrippa Postumus après son adoption; les vifs regrets qu'il en éprouva; ses naufrages en Sicile, où il fut obligé de se cacher honteusement dans une caverne; de nombreuses séditions parmi ses soldats; l'inquiétude suscitée par l'émeute de Pérouse; la découverte de l'adultère et des desseins parricides de sa fille; l'infamie non moins grande de sa petite-fille; la mort de ses fils qui lui fut imputée, et leur perte rendue plus cruelle par ce reproche; la peste à Rome, la famine en Italie, la guerre d'Illyrie; ses embarras d'argent pour payer ses troupes; un corps affaibli par la maladie, la dissension outrageante de Néron, son beau-fils; les projets suspects de son épouse et de Tibère, et beaucoup d'autres sujets de chagrin. Toutefois, comme si le siècle eût pleuré ses derniers moments, il y eut à sa mort une disette de tous les biens de la terre; et pour que cela ne parût pas fortuit, des signes certains annoncèrent l'approche de ces calamités. Une femme du peuple appelée Fausta, eut d'une seule couche quatre enfants jumeaux, deux garçons et deux filles, présageant par cette fécondité monstrueuse les malheurs qui devaient arriver. Il est vrai que l'auteur Trogue assure qu'en Égypte des femmes mettent au monde jusqu'à sept enfants à la fois; ce qui là est moins surprenant, parce que les eaux du Nil, non-seulement rendent les terres fertiles, mais influent aussi sur la fécondité des femmes. Nous lisons que Cnéus Pom-

casse [16]. Unde competens hoc loco duco super hominis generatione tractare.

Etenim quum de animalibus, quæ digna dictu videbuntur, prout patria cujusque admonebit, simus notaturi, jure ab eo potissimum ordiemur, quod rerum natura sensus judicio, et rationis capacitate præposuit omnibus. Itaque, ut Democritus physicus ostendit, mulier solum animal menstruale est [17], cujus profluvia non parvis spectata documentis, inter monstrifica merito numerantur. Contactæ his fruges non germinabunt, acescent musta, morientur herbæ, amittent arbores fœtus, ferrum rubigo corripiet, nigrescent æra. Si quid canes inde ederint, in rabiem efferabuntur nocituri morsibus, quibus lymphaticos faciunt. Parva hæc sunt: bitumen in Judæa Asphaltites gignit lacus, adeo lentum mollitie glutinosa, ut a se nequeat separari : enimvero si abrumpere partem velis, universitas sequetur : scindique non potest, quoniam in quantum ducatur, extenditur; sed ubi admota fuerint cruore illo polluta fila, sponte dispergitur, et applicita tabe diducitur paulo ante corpus unum, fitque de tenacitate connexa contagione partitio repentina. Habet plane illud in se solum salutare, quod avertit sidus Helenæ perniciosissimum navigantibus. Ceterum ipsæ feminæ, quibus munus est necessitatis hujusmodi, quamdiu sunt in sua lege, non innocentibus oculis contuentur; aspectu specula vitiant, ita ut hebetetur visu fulgor offensus, et solitam æmula-

pée fit paraître sur son théâtre une femme venue d'Asie, nommée Eutychis, accompagnée de ses vingt enfants. Il était de notoriété qu'elle en avait eu trente. Il me semble à ce propos convenable de traiter ici de la génération de l'homme.

En effet, comme nous devons nous occuper des animaux qui nous paraîtront dignes de quelque mention, à mesure que nous parlerons des pays où ils se trouvent, il est surtout convenable de commencer par celui que la nature a placé, par la pensée et la raison, au-dessus de tous les autres. Et d'abord, ainsi que l'a établi Démocrite le physicien, parmi les êtres animés, la femme seule est sujette au flux menstruel; cet écoulement est, à juste titre, d'après des autorités qui ne sont point à dédaigner, mis au rang des choses monstrueuses. Mises en contact avec cet écoulement, les graines ne germent point, le moût tourne à l'aigre, les plantes meurent, les arbres perdent leurs fruits, le fer se rouille, l'airain noircit. Les chiens qui en ont goûté sont bientôt atteints de la rage, et leur morsure communique cette affreuse maladie. Mais ce n'est rien encore : le lac Asphaltite en Judée produit un bitume d'une matière si épaisse et si visqueuse, qu'on ne peut le séparer de lui-même : quand on veut en enlever une partie, tout le reste suit : on ne peut le diviser, parce qu'il s'étend à mesure qu'on le tire; mais, à l'aide d'un fil trempé dans ce sang, le bitume se divise de lui-même; l'ensemble se désunit, et cette substance, dont la ténacité est naturellement insurmontable, se laisse séparer sans effort dès qu'elle est en contact avec le flux menstruel. Le seul effet salutaire que cet écoulement produise, c'est d'écarter l'astre d'Hélène, fatal aux navigateurs. Au reste les femmes qui subissent cette loi de leur nature, tant qu'elles y sont soumises, ont un regard funeste; à leur aspect les miroirs se ternissent; ils s'obscurcissent complétement lorsqu'elles s'y regardent, et perdent leur pro-

tionem vultus exstinctu splendor amittat, faciesque obtusi nitoris quadam caligine nubiletur.

Mulierum aliæ in æternum steriles sunt; aliæ mutatis conjugiis exuunt sterilitatem. Nonnullæ tantum semel pariunt; quædam aut feminas, aut mares semper. Post annum quinquagesimum fecunditas omnium conquiescit; nam in annum octogesimum viri generant, sicuti Masinissa rex Mathumannum filium octogesimum et sextum annum agens genuit. Cato octogesimo exacto, ex filia Salonii clientis sui avum Uticensis Catonis procreavit. Compertum et illud est, quod inter duos conceptus quum intercessit paululum temporis, uterque residet, sicut in Hercule et Iphicle apparuit, fratre ejus, qui gestati eodem onere, intervallis tamen, quibus concepti fuerant, nati videntur. Et de Proconensi ancilla [18], quæ e duplici adulterio geminos edidit, utrumque patri suo similem [19]. Hic Iphicles Iolaum creat, qui Sardiniam ingressus, palantes incolarum animos ad concordiam eblanditus, Olbiam, atque alia Græca oppida exstruxit. Iolenses ab eo dicti, sepulcro ejus templum addiderunt, quod imitatus virtutem patrui, malis plurimis Sardiniam liberasset.

Ante omnia sobolem cogitantibus sternutatio post coitus cavenda, ne prius semen excutiat impulsus repentinus, quam penetralibus se matris insinuet humor paternus. Quod si naturalis materia hæserit, decimus a conceptu dies dolore gravidas admonebit. Jam inde incipiet et capitis inquietudo, et caligine visus hebetabitur. Ciborum quoque fastidiis stomachi claudetur cupido.

Convenit inter omnes, corda primum ex universa

priété de réfléchir les traits du visage, dont la beauté se trouve alors enveloppée d'un nuage.

Il y a des femmes qui sont toujours stériles; il y en a qui cessent de l'être en s'unissant à d'autres époux. Quelques-unes n'engendrent qu'une fois; d'autres donnent toujours des filles, ou toujours des garçons. A cinquante ans toutes les femmes cessent de concevoir ; quant aux hommes, ils peuvent engendrer jusqu'à quatre-vingts ans : témoin le roi Masinissa, qui eut un fils, Mathumanne, à l'âge de quatre-vingt-six ans. Caton à quatre-vingts ans accomplis eut de la fille de Salonius, son client, l'aïeul de Caton d'Utique. On sait aussi que s'il s'est écoulé peu de temps entre deux conceptions, chacune peut arriver à terme, comme on le vit dans Hercule et Iphiclès, son frère : portés ensemble dans les mêmes flancs, leur naissance eut lieu aux mêmes intervalles que leur conception. Un autre exemple est celui de cette esclave de Proconèse qui, après un double commerce, accoucha de deux enfants dont chacun ressemblait à son père. Cet Iphiclès eut pour fils Iolas, qui, venu en Sardaigne, réunit en société les habitants dispersés et errants, et fonda Olbie ainsi que d'autres villes grecques. Les Ioliens, qui tirent de lui leur nom, lui élevèrent un temple au lieu même de sa tombe, en mémoire des maux nombreux dont il avait délivré la Sardaigne, fidèle aux exemples de son oncle paternel.

La femme qui désire un enfant doit craindre d'éternuer après le commerce charnel, de peur qu'une secousse subite ne fasse sortir la liqueur séminale, avant que les entrailles en aient été pénétrées. Si la femme a conçu, elle sera, dix jours après, avertie de sa grossesse par des douleurs. Alors commenceront les bourdonnements d'oreilles, les éblouissements. L'estomac dégoûté repoussera la nourriture.

Tous les auteurs s'accordent sur ce point, que de toutes

formari carne, eaque in diem quintum et sexagesimum crescere, dein minui; ex ossibus spinas. Ea propter capital est, si pars alterutra noceatur. Plane si corpusculum in marem figuretur, melior est color gravidis [20], et pronior partitudo uteri; denique a quadragesimo die motus. Alter sexus nonagesimo primum die palpitat. Et concepta femina gestantis vultum pallore inficit : crura quoque praepedit languida tarditate. In utroque sexu quum capilli germinant, incommodum majus est : fitque pleniluniis auctior aegritudo, quod tempus etiam editis semper nocet. Quum salsiores escas edit gravida, unguiculis caret partus. At quum prope ad uterum liberandum venerint momenta maturitatis, enitenti spiritum retinere plurimum congruit, quandoquidem letali mora oscitatio suspendit puerperia. Contra naturam est, in pedes procedere nascentes : quapropter velut aegre parti appellantur Agrippae. Ita editi minus prospere vivunt, et de vita aevo brevi cedunt. Denique in uno Marco Agrippa felicitatis exemplum est, nec tamen usque eo inoffensae, ut non plura adversa pertulerit, quam secunda : nam et misera pedum valetudine, et aperto conjugis adulterio, et aliquot infelicitatis notis praeposteri ortus omen luit.

Feminis perinde est infausta nativitas, si concretum virginal fuerit, quo pacto genitalia fuere Corneliae, quae editis Gracchis ostentum hoc piavit sinistro exitu liberorum. Rursum, necatis matribus, natus est auspicatior, sicut Scipio Africanus prior, qui defuncta parente, quod excisus utero in diem venerat, primus Romanorum Caesar dictus est [21]. E geminis, si remanente altero, alter

les parties charnues le cœur est la première qui se forme ; que ce viscère augmente pendant soixante-quinze jours, et qu'ensuite il décroît ; que des os l'épine dorsale se développe la première. Il y a certitude de mort, si l'une ou l'autre de ces parties est attaquée. Si c'est un garçon qui se forme dans le sein de la mère, elle a le teint meilleur, et ses couches seront moins pénibles ; l'enfant, en outre, remue dès le quarantième jour. Si c'est une fille, le premier mouvement n'a lieu qu'au quatre-vingt-dixième jour. La mère alors devient pâle, et sent de l'embarras dans les jambes. Pour l'un comme pour l'autre sexe, quand les cheveux commencent à pousser, la mère éprouve un malaise plus grave, surtout pendant la pleine lune, temps qui d'ailleurs incommode même toujours les enfants nouveau-nés. Si la femme enceinte prend des aliments trop salés, son enfant n'aura pas d'ongles. Quand arrive le moment de la délivrance, elle doit retenir sa respiration ; car il est mortel pour une femme de bâiller pendant l'accouchement. Il n'est pas naturel que les enfant viennent au jour les pieds les premiers : aussi leur donne-t-on le nom d'Agrippa, c'est-à-dire mis au monde avec peine[1]. Les enfants ainsi nés sont moins heureux et vivent moins longtemps. Parmi eux, un exemple presque unique de bonheur est celui de Marcus Agrippa ; encore peut-on dire qu'il a connu l'adversité plus que la prospérité : l'infirmité de ses pieds, la découverte des désordres de son épouse, et d'autres malheurs ont vérifié le présage de sa naissance contre nature.

Il est également d'un mauvais augure pour une femme de naître avec la partie sexuelle fermée, comme il arriva à la mère des Gracques, Cornélie, dont les enfants justifièrent ce triste présage par une mort sinistre. Ceux dont la naissance coûte la vie à leur mère viennent au jour sous de meilleurs auspices, comme Scipion l'A-

---

[1] *Ægre parti.*

abortivo fluxu exciderit, alter, qui legitime natus est, Vopiscus [22] nominatur. Quidam et cum dentibus procreantur, ut Cnæus Papirius Carbo, et M. Curius, Dentatus ob id cognominatus. Quidam vice dentium continui ossis armantur soliditate, qualem filium Bithynorum rex Prusias habuit. Ipsum dentium numerum discernit qualitas sexus [23], quum in viris plures sint, in feminis pauciores. Quos κυνέδοντας vocant, quibus gemini procedunt ab dextera parte, fortunæ blandimenta promittunt : quibus ab læva, versa vice.

Nascentium vox prima vagitus est : lætitiæ enim sensus differtur in quadragesimum diem. Itaque unum novimus, eadem hora risisse, qua erat natus, scilicet Zoroastrem [24], mox optimarum artium peritissimum. At Crassus avus ejus, quem rapuerunt bella Parthica, quod nunquam riserit, Agelastus cognominabatur. Inter alia Socratis magna, præclarum illud est, quod in eodem vultus tenore etiam adversis interpellantibus perstitit. Heraclitus et Diogenes Cynicus nihil unquam de rigore animi remiserunt, calcatisque turbinibus fortuitorum, adversum omnem dolorem vel misericordiam uniformi duravere proposito. Pomponium poetam consularem virum nunquam ructasse, habetur inter exempla. Antoniam Drusi non spuisse, percelebre est. Nonnullos nasci accepimus concretis ossibus, eosque neque sudare, neque consuesse sitire, qualis Syracusanus Lygdamis fertur, qui tertia et tricesima olympiade primus ex Olympico certamine pancratii coronam reportavit; cujusque ossa deprehensa sunt medullam non habere.

Maximam virium substantiam nervos facere certissi-

fricain, qui, en raison de l'incision faite à sa mère morte, fut le premier des Romains que l'on appela César. De deux jumeaux, celui qui reste dans le sein de la mère, l'autre étant mort par une fausse couche, s'appelle Vopiscus. Quelques enfants naissent avec des dents, comme Cnéus Papirius Carbon, et M. Curius, surnommé pour cela Dentatus. Quelques enfants, au lieu de dents, ont un os continu : tel fut le fils de Prusias, roi de Bithynie. Le nombre des dents varie selon le sexe : les hommes en ont plus que les femmes. Quand les dents canines sont doubles à droite, cela promet les faveurs de la fortune ; à gauche, c'est le contraire.

Le premier son qu'émette l'organe de la voix chez les enfants nouveau-nés est un vagissement : l'expression de la joie, le rire ne se voit pas avant le quarantième jour. Nous ne connaissons qu'un homme qui ait ri à l'heure même de sa naissance, c'est Zoroastre, si distingué depuis, à tant de titres. Crassus, l'aïeul de celui qui périt dans la guerre des Parthes, ne rit jamais, ce qui le fit surnommer Agélaste. Entre autres choses que l'on cite de Socrate, il est remarquable qu'il eut toujours un visage égal, même avec ceux qui combattaient ses opinions. Héraclite et Diogène le Cynique ne perdirent jamais rien de leur fermeté d'âme, et s'élevèrent constamment au-dessus de toute douleur comme de toute pitié. Le poëte Pomponius, personnage consulaire, est cité comme exemple parmi les personnes qui n'eurent jamais d'éructation, et tout le monde sait qu'Antonia, fille de Drusus, ne cracha jamais. On dit qu'il y a des hommes qui sont nés ayant les os compactes, et qui jamais ne suent, jamais ne sont altérés : tel fut, dit-on, le Syracusain Lygdonis, qui, vers la trente-troisième olympiade, remporta aux jeux Olympiques le prix du pancrace, et dont les os étaient sans moelle.

Il est prouvé que la force dépend surtout des muscles.

mum est, quantoque fuerint densiores, tanto propensius augescere firmitatem. Varro, in relatione prodigiosæ fortitudinis, annotavit Trittannum gladiatorem natura Samnitem fuisse, qui, et rectis et transversis nervis, non modo crate pectoris, sed et manibus cancellatis, et brachiis, omnes adversarios levi tactu, pæne securis congressionibus vicerit. Ejus filium, militem Cnæi Pompeii pari modo natum, ita sprevisse hostem provocantem, ut inermi eum dextra et superaret, et captum digito uno in castra imperatoris sui reportaret. Milonem quoque Crotoniensem egisse omnia, supra quam homo valet. Etiam hoc proditur, quod ictu nudæ manus taurum fecit victimam : eumque solidum, qua mactaverat die, absumpsit solus non gravatim. Super hoc nihil dubium : nam factum elogium exstat.

Victor ille omnium certaminum quæ obivit, alectoria [25] usus traditur, qui lapis specie crystallina, fabæ modo, in gallinaceorum ventriculis invenitur, aptus, ut dicunt, prœliantibus. Milon porro Tarquinii Prisci temporibus emicuit.

Jam vero qui deflexum animum referat ad similitudinum causas, quantum artificis naturæ ingenium deprehendet! Interdum enim ad genus spectant, et per sobolem in familias transitus faciunt: sicut plerumque parvuli modo nævos, modo cicatrices, modo qualescumque originis suæ notas ferunt : ut in Lepidis, quorum tres, intervulsa tamen serie, ex eadem domo, obducto membrana oculo, similes geniti reperiuntur: vel in Byzantino nobili pugile, qui, quum matrem haberet adulterio ex Æthiope conceptam, quæ nihil patri comparandum reddidisset, ipse Æthiopem avum regeneravit. Sed hoc minus

et que plus ils sont développés, plus ils peuvent acquérir de vigueur. Varron, citant des exemples d'une force extraordinaire, parle du Samnite Trittannus, gladiateur, qui, grâce à l'appareil musculaire qui recouvrait ses côtes et qui sillonnait ses mains et ses bras, touchait à peine ses adversaires pour les abattre, n'ayant presque aucun danger à redouter pour lui Il ajoute que son fils, soldat sous Cnéus Pompée, et qui était constitué de la même manière, méprisa tellement un ennemi qui le défiait, que, sans être armé, il le terrassa, et qu'à l'aide d'un seul doigt il l'emporta dans le camp de son général. Varron cite encore Milon de Crotone, comme doué d'une force surnaturelle : on rapporte que, d'un seul coup de sa main nue, il abattit un taureau, et que le jour même il le mangea sans peine tout entier. Ce fait ne paraît pas douteux, car il est constaté par un monument.

Vainqueur dans toutes les luttes qu'il soutint, il se servait, à ce que l'on prétend, de l'alectorie, pierre qui a l'aspect du cristal et la grosseur d'une fève, que l'on trouve dans le gésier des gallinacées, et qui, dit-on, est utile aux combattants. Milon vivait du temps de Tarquin l'Ancien.

Maintenant, si nous voulons nous occuper des causes diverses de ressemblance, que d'habiles combinaisons nous offrira la nature! Parfois ces ressemblances tiennent à la famille et se transmettent de race en race : ainsi souvent les enfants reproduisent des taches, des cicatrices, des traces quelconques de leur origine première. Trois membres de la famille des Lépides sont nés, dans un ordre intermittent, avec un même caractère, celui d'un œil recouvert d'une membrane. Un athlète célèbre de Byzance, dont la mère était fille adultérine d'un Éthiopien, ne ressemblait en rien à son père, et reproduisit les traits de l'Éthiopien son aïeul. Mais cela étonnera

mirum, si respiciamus ad ea, quæ spectata sunt inter externos. Regem Antiochum Artemon quidam e plebe Syriatica sic facie æmula mentiebatur, ut postmodum Laodice uxor regia, objecto populari isto, tamdiu dissimulaverit defunctum maritum, quoad ex arbitratu ejus regni successor ordinaretur. Inter Cnæum Pompeium et Cn. Vibium, humili loco natum, tantus error exstitit de paribus lineamentis, ut Romani Vibium Pompeii nomine, Pompeium Vibii vocabulo cognominarent. Oratorem Lucium Plancum Rubrius histrio [26] sic implevit, ut et ipse Plancus a populo vocaretur. Armentarius myrmillo, et Cassius Severus orator, ita se mutuo reddiderunt, ut, si quando pariter viderentur, dignosci non possent, nisi discrepantiam habitus indicaret. Marcus Messalla censorius et Menogenes, e fæce vulgari, hoc fuerunt uterque, quod singuli, nec alium Messallam quam Menogenem, nec Menogenem alium quam Messallam putaverunt. Piscator ex Sicilia, proconsuli Suræ [27] præter alia etiam rictu oris comparabatur : ita in eadem vocis impedimenta, et tardatæ sonum linguæ naturalibus offendiculis congruebant. Interdum non modo inter externos, sed etiam inter conductos ex diversissima parte orbis miraculo indiscreti vultus fuere. Denique quum Antonio jam triumviro Thoranius quidam eximios forma pueros, velut geminos, trecentis sestertiis vendidisset, quorum alterum de Transalpina Gallia, alterum ex Asia comparaverat, adeoque una res viderentur, ut solus sermo fidem panderet, atque ideo inrisum se Antonius gravaretur, non infacete Thoranius, id vel præcipue, quod emptor criminabatur, pretiosius probavit : neque enim mirum, si forent pares gemini : illud

moins, si l'on fait attention à ce que l'on a remarqué chez les étrangers. En Syrie, un certain Artémon, de la classe du peuple, ressemblait tellement à Antiochus, que l'épouse de ce prince fit croire, en présentant cet homme, à l'existence de son mari déjà mort depuis longtemps, et qu'il fut, sous le patronage de cette femme, appelé à la succession du trône. Cnéus Pompée, et Cn. Vibius, d'une naissance obscure, se ressemblaient d'une manière qui prêtait tellement à la méprise, que les Romains donnaient à Vibius le surnom de Pompée, à Pompée celui de Vibius. L'histrion Rubrius représentait si bien l'orateur Lucius Plancus, que le peuple l'appelait lui-même Plancus. Un gladiateur du nom d'Armentarius, et l'orateur Cassius Severus, se ressemblaient au point que, même en les voyant ensemble, on ne pouvait les reconnaître l'un de l'autre, à moins qu'ils ne fussent différemment vêtus. Marcus Messalla, qui fut censeur, et Ménogène, homme de basse extraction, avaient de tels rapports de physionomie, que l'on croyait que Messalla n'était autre que Ménogène, et Ménogène autre que Messalla. Un pêcheur de Sicile avait des traits de ressemblance avec le proconsul Sura, et entre autres, la même ouverture de bouche, le même épaississement de langue, le même embarras de prononciation. Et ce ne sont pas seulement les étrangers d'un même pays, ce sont quelquefois ceux que l'on a tirés des parties du monde les plus diverses qui présentent d'étranges similitudes. Un certain Thoranius avait vendu à Antoine, déjà triumvir, deux enfants d'une rare beauté, au prix de trois cents sesterces. Il les avait présentés comme jumeaux, quoiqu'il eût tiré l'un de la Gaule Transalpine, l'autre de l'Asie; le langage seul établissait entre eux une différence. Antoine se plaignit d'avoir été joué. Thoranius lui répondit avec esprit, que ce dont l'acheteur se plaignait était ce qui en faisait le prix ; que la ressemblance de ces enfants n'aurait rien de merveilleux, s'ils étaient

nullis posse taxationibus aestimari, quod tantis spatiis diversitas separata, plus quam geminos attulisset. Quo responso adeo Antonius mitigatus est, ut deinceps nihil se habere carius in substantia jactitaret.

Nunc si de ipsis hominum formis requiramus, liquido manifestabitur, nihil de se antiquitatem mendaciter praedicasse, sed corruptam degeneri successione sobolem nostri temporis per nascentium detrimenta decus veteris proceritudinis perdidisse [28]. Licet ergo plerique definiant, nullum posse excedere longitudinem pedum septem, quod intra mensuram istam Hercules fuerit, deprehensum tamen est Romanis temporibus sub divo Augusto, Pusionem [29] et Secundillam denos pedes et amplius habuisse proceritatis, quorum reliquiae adhuc in conditorio Sallustianorum videntur: postmodum, divo Claudio principe, Gabbaram nomine, ex Arabia advectum, novem pedum et totidem unciarum [30]. Sed ante Augustum annis mille ferme non apparuit forma hujusmodi, sicut nec post Claudium visa est. Quis enim jam aevo isto non minor parentibus suis nascitur? Priscorum autem testantur molem etiam Orestis suprema, cujus ossa olympiade quinquagesima et octava Tegeae inventa a Spartanis oraculo monitis, discimus implesse longitudinem cubitorum septem [31]. Scripta quoque, quae ex antiquitate memorias accersunt in fidem veri, hoc etiam receperunt, quod bello Cretico, quum elata flumina plus quam vi amnica terras rupissent, post discessum fluctuum inter plurima humi discidia humanum corpus repertum sit cubitum trium atque triginta: cujus inspectandi cupidine L. Flaccum legatum, Metellum etiam ipsum impendio captos miraculo, quod auditu refutaverant, oculis potitos.

réellement jumeaux ; mais que l'on ne pouvait payer assez cher une conformité plus grande que celle des jumeaux, entre deux enfants nés si loin l'un de l'autre. Cette réponse radoucit tellement Antoine, que depuis il répéta que dans toute sa fortune il n'avait rien de plus précieux.

Maintenant, si nous nous occupons de la stature même des hommes, il sera clairement établi que sous ce rapport l'antiquité ne s'est rien attribué de trop, mais que, décroissant par une dégénération successive, les hommes de nos jours n'ont plus la taille élevée des hommes d'autrefois. Aussi quoique l'on fixe généralement à sept pieds la plus grande hauteur à laquelle un homme puisse atteindre, parce que telle fut celle d'Hercule, on vit cependant au temps des Romains, sous Auguste, deux hommes de plus de dix pieds, Pusion et Secundilla, dont on voit encore les restes dans le monument sépulcral des jardins de Salluste. Depuis, sous l'empire de Claude, on amena d'Arabie un certain Gabbara qui avait neuf pieds neuf pouces; mais, dans l'espace d'environ mille ans avant Auguste, on n'avait pas remarqué de taille si élevée, de même qu'après Claude on n'en vit plus. Les enfants ne sont-ils pas aujourd'hui moins grands que leurs pères? Une preuve de la haute stature des anciens nous est fournie par le corps d'Oreste qui, vers la cinquante-neuvième olympiade, exhumé à Tégée par les Spartiates sur un ordre de l'oracle, se trouva être de sept coudées. Des écrits qui citent des autorités de l'antiquité en témoignage de leur véracité, établissent que, pendant la guerre de Crète, une inondation d'une extrême violence ayant entr'ouvert la terre, on trouva, au milieu de nombreuses crevasses du sol, un corps humain de trente-trois coudées. Poussés par la curiosité, le lieutenant L. Flaccus et Metellus lui-même vinrent charmer leurs yeux d'un spectacle dont le merveilleux les avait vivement frappés, mais qu'ils se refusaient à croire. Je rappellerai

Non omiserim Salamine Euthymenis filium crevisse in triennio tria cubita sublimitatis, sed incessu tardum, sensu hebetem, robusta voce, pubertate festina, statimque obsessum morbis plurimis, immoderatis ægritudinum suppliciis compensasse præcipitem incrementi celeritatem. Mensuræ ratio bifariam convenit : nam quantus manibus expansis inter digitos longissimus modus est, tantum constat esse inter calces et verticem. Ideoque physici hominem minorem mundum judicaverunt. Parti dexteræ habilior adscribitur modus, lævæ firmitas major : unde altera gesticulationibus promptior est, altera oneri ferendo accommodatior. Pudoris disciplinam etiam inter defuncta corpora natura discrevit : ac si quando cadavera necatorum fluctibus evehuntur, virorum supina, prona fluitant feminarum.

Verum ut ad pernicitatis titulum transeamus, primam palmam velocitatis Ladas quidam adeptus est, qui ita supra cavum pulverem cursitavit, ut in arenis pendentibus nulla indicia relinqueret vestigiorum. Polymnestor Milesius puer, quum a matre locatus esset ad caprarios pastus, ludicro leporem consequutus est, et ob id statim productus a gregis domino, olympiade sexta et quadragesima, ut Bocchus auctor est, victor in stadio meruit coronam. Philippides biduo mille ducenta quadraginta stadia ab Athenis Lacedæmonem decucurrit. Anystis Lacon, et Philonides, Alexandri Magni cursores, Elin ab usque Sicyone mille ducenta stadia uno die transierunt. Fonteio Vipsanioque consulibus, in Italia novem annos puer natus, quinque et septuaginta millia passuum a meridie transivit ad vesperum.

Visu deinde plurimum potuit Strabo nomine, quem

ici qu'à Salamine, le fils d'Euthymène avait à trois ans trois coudées de haut, mais que sa démarche était lente et son esprit borné; qu'il avait la voix forte, et que déjà il était arrivé à la puberté; mais qu'atteint bientôt de plusieurs maladies, il paya par d'atroces souffrances la précocité de son développement. La taille de l'homme se mesure de deux manières. La distance qui se trouve entre les extrémités des grands doigts de la main, quand les bras sont étendus, est égale à celle qui existe entre le sommet de la tête et la plante des pieds : voilà pourquoi les physiciens ont appelé l'homme un petit monde. On attribue plus de souplesse à la partie droite, plus de solidité à la partie gauche : aussi l'une est-elle plus propre au geste, et l'autre à porter un fardeau. La nature ménage la pudeur même après que le corps est sans vie, par une différence dans la position des cadavres qui surnagent : ceux des hommes flottent sur le dos, ceux des femmes sur le ventre.

Pour parler maintenant de l'agilité, la première palme en ce genre d'exercice appartient à un certain Ladas, qui effleurait si légèrement la poussière mobile, qu'aucun de ses pas ne restait empreint sur le sable qui couvrait le sol. Un enfant de Milet, Polymnestor, que sa mère avait placé pour garder des bestiaux, atteignit en se jouant un lièvre à la course; et pour ce fait, le maître du troupeau l'ayant aussitôt produit dans les jeux, ce jeune garçon obtint vers la quarante-sixième olympiade, selon Bocchus, le prix de la course. Philippide parcourut en deux jours les mille deux cent quarante stades qui séparent Lacédémone d'Athènes. Anystis de Lacédémone et Philonide, coureurs d'Alexandre le Grand, firent en un jour le chemin d'Elis à Sicyone, qui est de douze cent stades. Sous le consulat de Fonteius et de Vipsanius, un enfant d'Italie, âgé de neuf ans, parcourut un espace de soixante-quinze mille pas de midi à la nuit.

Ajoutons, pour ce qui concerne la vue, qu'un homme

perspexisse per centum quinque et triginta millia passuum, Varro significat, solitumque exeunte e Carthagine classe Punica numerum navium manifestissime ex Lilybetana specula notare. Cicero tradit *Iliadam* Homeri ita subtiliter in membranis scriptam, ut testa nucis clauderetur. Callicrates formicas ex ebore sic scalpsit, ut portio earum a ceteris secerni nequiverit[32]. Apollonides perhibet, in Scythia feminas nasci, quæ bityæ vocantur, eas in oculis pupillas geminas habere[33], et perimere visu, si forte quem iratæ aspexerint.

Prævaluisse fortitudine apud Romanos L. Sicinium Dentatum[34], titulorum numerus ostendit. Tribunus hic plebi fuit non multo post exactos reges, Spurio Tarpeio, A. Haterio, consulibus. Idem ex provocatione octies victor, quadraginta et quinque adversas habuit cicatrices, in tergo nullam notam : et spolia ex hoste tricies et quater cepit. In phaleris, hastis puris, armillis, coronis, trecenta duodecim dona meruit : novem imperatores, qui opera ejus vicerant, triumphantes prosequutus. Post hunc Marcus Sergius duobus stipendiis primis adverso corpore ter et vicies vulneratus : secundo stipendio in prœlio dextram perdidit. **Qua** de causa postea sibi manum ferream fecit : et quum neutra pæne idonea ad prœliandum valeret, una die quater pugnavit, et vicit sinistra, duobus equis eo insidente confossis. Ab Hannibale bis captus refugit, quum viginti mensibus, quibus captivitatis sortem perferebat, nullo momento sine compedibus fuerit et catenis. Omnibus asperrimis prœliis, quæ tempestate illa Romani experti sunt, insignitus donis militaribus, a Thrasymeno, Trebia, Ticinoque coronas

du nom de Strabon distinguait les objets à cent trente-cinq mille pas, selon Varron, et que quand la flotte punique sortait de Carthage, il indiquait très-exactement du cap de Lilybée le nombre des vaisseaux. Cicéron mentionne que l'*Iliade* d'Homère fut écrite sur parchemin en caractères si fins, qu'on pouvait la renfermer dans une coquille de noix. Callicrate fit en ivoire des fourmis si petites, que nul autre que lui n'en pouvait discerner les parties. Apollonide dit qu'en Scythie il y a des femmes que l'on appelle bityes, et dont les yeux ont une double pupille; que ces femmes tuent ceux qu'elles regardent, lorsqu'elles sont en colère.

Chez les Romains de nombreux titres assignent le premier rang du courage à L. Sicinius Dentatus. Il fut tribun du peuple peu après l'expulsion des rois, sous le consulat de Tarpeius et de A. Haterius. Il sortit vainqueur de huit combats singuliers; il portait par devant quarante-cinq cicatrices, et n'en avait pas une par derrière; il avait enlevé trente-quatre dépouilles. En hausse-cols, piques sans fer, bracelets et couronnes, il obtint trois cent douze récompenses; il suivit le triomphe de neuf généraux qui lui devaient leur victoire. Après lui, Marcus Sergius, dans ses deux premières campagnes, fut blessé par devant vingt-trois fois; à sa seconde campagne il perdit la main droite. Il se fit faire alors une main de fer; et quoique chacune de ses mains fût peu propre au combat, il combattit quatre fois en un jour avec la main gauche, et fut vainqueur, après avoir eu deux chevaux tués sous lui. Pris deux fois par Annibal, deux fois il s'échappa après avoir eu, pendant vingt mois de captivité, les mains et les pieds toujours enchaînés. Dans les plus rudes combats qu'aient à cette époque soutenus les Romains, il obtint des récompenses militaires; les journées du Thrasymène, de la Trébie et du Tésin lui valurent des couronnes civiques. Au combat de Cannes, où

civicas retulit : Cannensi quoque prœlio, de quo refugisse eximium opus virtutis fuit, solus accepit coronam. Beatus profecto tot suffragiis gloriarum, nisi heres in posteritatis ejus successione Catilina tantas adoreas odio damnati nominis obumbrasset! Quantum inter milites Sicinius, aut Sergius, tantum inter duces, immo, ut verius dicam, inter omnes homines, Cæsar dictator enituit. Hujus ductibus undecies centum triginta et duo millia cæsa sunt hostium : nam quantum bellis civilibus fuderit, noluit annotari. Signis collatis quinquagies et bis dimicavit : M. Marcellum solus supergressus, qui novies et tricies pari modo fuerat prœliatus. Ad hæc nullus celerius scripsit : nemo velocius legit. Quaternas etiam epistolas perhibetur simul dictasse. Benignitate adeo præditus, ut quos armis subegerat, clementia magis vicerit.

Cyrus memoriæ bono inclaruit, qui in exercitu, cui numerosissimo præfuit, nominatim singulos alloquebatur. Fecit hoc idem in populo Romano L. Scipio. Sed et Cyrum et Scipionem consuetudine credamus profecisse. Cineas Pyrrhi legatus, postero die quam ingressus Romam fuerat, et equestrem ordinem et senatum propriis nominibus salutavit. Rex Ponticus Mithridates duabus et viginti gentibus, quibus imperitabat, sine interprete jura dixit. Memoriam et arte fieri palam factum est, sicut Metrodorus philosophus, qui temporibus Diogenis Cynici fuit, in tantum se meditatione assidua provexit, ut a multis simul dicta, non modo sensuum, sed etiam verborum ordinibus detineret. Nihil tamen in homine aut metu, aut casu, aut morbo facilius intercipi, sæpe perspectum est. Qui lapide ictus fuerat, accepimus oblitum litterarum. Messallam certe Corvinum post ægritudinem,

le plus beau succès fut d'avoir échappé, seul il reçut une couronne. Heureux certes de tant de titres glorieux, si l'un de ses descendants, Catilina, n'eût terni l'éclat d'un si beau nom par la honte du sien! Autant brille entre les soldats Sicinius ou Sergius, autant brille entre tous les généraux, ou pour mieux dire entre tous les hommes, le dictateur César. Dans les combats qu'il livra, onze cent trente-deux mille ennemis périrent : car il n'a pas voulu que l'on dénombrât ceux qu'enlevèrent les guerres civiles. Il combattit cinquante-deux fois enseignes déployées, et seul il surpassa M. Marcellus, qui avait livré trente-neuf batailles. Ajoutons que personne n'écrivit ou ne lut avec plus de rapidité que lui. On dit qu'il dictait quatre lettres à la fois. Sa bonté d'ailleurs était telle, que les ennemis qu'il avait domptés par les armes, il les soumit encore plus par la clémence.

Cyrus avait le don de la mémoire; il appelait chacun par son nom tous les soldats de sa nombreuse armée. L. Scipion nommait de même tous les citoyens romains; mais nous pensons que cette merveille fut dans Cyrus comme dans Scipion un effet de l'habitude. Cinéas, ambassadeur de Pyrrhus, dès le lendemain de son arrivée à Rome, salua par leurs noms les chevaliers et les sénateurs. Mithridate, roi de Pont, rendait la justice sans interprète aux vingt-deux nations qu'il gouvernait. On a fait un art de la mémoire : ainsi le philosophe Métrodore, qui vivait du temps de Diogène le Cynique, en vint, à force d'exercice, au point de retenir ce qu'avaient dit plusieurs personnes, non-seulement pour le sens, mais dans les mêmes termes. Toutefois on a souvent observé que chez l'homme rien ne se perd plus facilement que la mémoire par l'effet de la peur, d'une chute, ou d'une maladie. Un homme frappé d'une pierre oublia les lettres de l'alphabet. Messalla Corvinus, après une

quam pertulerat, percussum proprii nominis oblivione, quamlibet alias ei sensus vigeret. Memoriam metus perimit : invicem vocis interdum est incitamentum, quam non solum acuit, sed etiam, si nunquam fuerit, extorquet. Denique cum olympiade octava et quinquagesima victor Cyrus intrasset Sardis Asiæ oppidum, ubi tunc Crœsus latebat, Atys filius regis, mutus ad id locorum, in vocem erupit vi timoris : exclamasse enim dicitur : « Parce patri meo, Cyre, et hominem te esse vel casibus disce nostris! »

Tractare de moribus superest, quorum excellentia maxime in duobus enituit. Cato princeps Porciæ gentis, senator optimus, imperator optimus, optimus orator, causam tamen quadragies et quater dixit, diversis odiorum simultatibus appetitus, semper absolutus. Unde Scipionis Æmiliani laus propensior, qui præter bona, quibus Cato clarus fuit, etiam publico amore præcessit. Vir optimus Nasica Scipio judicatus est, non privato tantum testimonio, sed totius senatus sacramento: quippe quod inventus dignior non fuit, cui præcipuæ religionis crederetur ministerium, quum oraculum moneret arcessi sacra deum Matris Pessinunte [35].

Plurimi inter Romanos eloquentia floruerunt; sed hoc bonum hereditarium nunquam fuit, nisi in familia Curionum; in qua tres serie continua oratores fuere. Magnum hoc habitum est sane eo seculo, quo facundiam præcipue et humana et divina mirata sunt : quippe tunc percussores Archilochi poetæ Apollo prodidit, et latronum facinus deo coarguente detectum. Quumque Lysan-

maladie, oublia son propre nom, quoique pour le reste son intelligence n'eût souffert aucune atteinte. La peur fait perdre la mémoire; mais d'un autre côté elle donne à la voix plus de force, et la produit même, si elle n'existait pas. Vers la cinquante-huitième olympiade, Cyrus étant entré vainqueur à Sardes, ville d'Asie, où Crésus se tenait caché, la crainte arracha, dit-on, ces paroles à Atys, fils du roi, muet jusqu'alors : « Cyrus, grâce pour mon père! Que nos malheurs mêmes t'apprennent que tu es homme! »

Il nous reste à parler des qualités morales qui brillèrent avec éclat dans deux personnages surtout. Le chef de la famille Porcia, Caton, fut excellent général, excellent orateur, excellent sénateur. En butte aux attaques de la haine sous divers rapports, il plaida sa cause quarante-quatre fois, et toujours il fut absous. Il semble par là que Scipion Émilien ait encore plus de titres à la gloire : car outre les qualités qui distinguaient Caton, il posséda à un plus haut degré l'affection publique. Scipion Nasica fut déclaré le plus honnête homme, non par un jugement particulier, mais par tout le sénat, sous la foi du serment; on ne trouva personne, en effet, qui fût plus digne de présider à la cérémonie la plus sainte, quand l'oracle eut annoncé qu'il fallait faire venir de Pessinonte les objets du culte de la Mère des dieux.

Un grand nombre de Romains se sont distingués par l'éloquence; mais ce talent ne fut héréditaire que dans la famille des Curions, qui produisit, par une succession non interrompue, trois orateurs. Cela certes est remarquable dans un siècle où l'éloquence obtint le suffrage des hommes et des dieux : car Apollon fit alors découvrir les assassins du poëte Archiloque; son intervention convainquit de leur crime des brigands. Tandis que le Lacé-

der Lacedæmonius Athenas obsideret, ubi Sophoclis tragici inhumatum corpus jacebat, identidem Liber pater ducem monuit per quietem, sepeliri delicias suas sineret : nec prius destitit, quam Lysander cognito qui obisset diem, et quid a numine posceretur, inducias bello daret, usque dum congruæ supremis talibus exsequiæ ducerentur. Pindarum lyricum e convivii loco, cui imminebat ruina, ne cum ceteris interiret, forinsecus Castor et Pollux vocarunt [36], inspectantibus universis : quo effectum, ut solus impendens periculum evaderet.

Numerandus post deos Cn. Pompeius Magnus, intraturus Posidonii domum, clarissimi tunc sapientiæ professoris, percuti ex more a lictore fores vetuit, submissisque fascibus, quamlibet confecto Mithridatico bello, et orientis victor, sententia propria cessit januæ litterarum. Africanus prior Quinti Ennii statuam imponi sepulcro suo jussit. Uticensis Cato unum ex tribunatu militum philosophum, alium ex Cypria legatione Romam advexit, professus, plurimum se eo facto senatui et populo contulisse, quamlibet proavus ejus sæpissime censuisset Græcos Urbe pellendos. Dionysius tyrannus vittatam navem Platoni obviam misit; ipse, cum albis quadrigis egredientem in littore occurrens honoratus est.

Perfectam prudentiam soli Socrati oraculum Delphicum adjudicavit. Pietatis documentum nobilius quidem in Metellorum domo refulsit, sed eminentissimum in plebeia puerpera reperitur. Humilis hæc, atque ideo

démonien Lysandre assiégeait Athènes, où gisait sans sépulture le corps du poëte tragique Sophocle, Bacchus recommanda en songe au général de permettre qu'on ensevelît l'objet de ses délices; et il ne cessa de l'avertir que lorsque Lysandre, ayant su quel citoyen était mort et ce que le dieu voulait, eût fait trêve aux hostilités, et que les restes de Sophocle eussent reçu une sépulture convenable. Le poëte lyrique Pindare se trouvait dans une salle de festin qui menaçait ruine; pour qu'il ne pérît pas avec les autres, Castor et Pollux l'appelèrent hors de la salle, aux yeux de tous les convives, et par là il échappa seul au danger.

Après les dieux, il faut citer Cn. Pompée le Grand, qui, allant rendre visite à Posidonius, si célèbre alors par ses leçons de philosophie, défendit au licteur de frapper à la porte selon l'usage, et voulut, quoiqu'il vînt de terminer la guerre de Mithridate, et qu'il fût le vainqueur de l'Orient, abaisser ses faisceaux devant la porte d'un savant. Le premier Africain ordonna que la statue de Quintus Ennius fût placée sur son tombeau. Caton d'Utique, quand il revint de l'armée où il était tribun militaire, amena avec lui à Rome un philosophe grec; il en amena un second au retour de sa légation de Chypre, déclarant que par là il rendait un grand service au sénat et au peuple, quoique son bisaïeul Caton eût souvent opiné à chasser les Grecs de Rome. Denys le tyran envoya au-devant de Platon un vaisseau décoré de bandelettes, et il lui fit l'honneur de le recevoir lui-même, à son débarquement, sur un quadrige attelé de chevaux blancs.

La palme de la sagesse fut adjugée au seul Socrate par l'oracle de Delphes. La maison de Metellus a offert l'exemple le plus connu de piété; mais le plus remarquable nous est fourni par une femme du peuple, nouvellement accouchée. Née dans un rang vulgaire, in-

famæ obscurioris, quum ad patrem, qui supplicii causa claustris pœnalibus continebatur, ægre obtinuisset ingressus, exquisita sæpius a janitoribus, ne forte parenti cibum subministraret, alere eum uberibus suis deprehensa est: quæ res et locum et factum consecravit: nam qui morti destinabatur, donatus filiæ, in memoriam tanti præconii, reservatus est: locus dicatus suo numini, Pietatis sacellum est. Navis a Phrygia gerula sacrorum, dum sequitur vittas castitatis, contulit Claudiæ principatum pudicitiæ. At Sulpitia Paterculi filia, M. Fulvii Flacci uxor, censura omnium matronarum e centum probatissimis haud temere dilecta est, quæ simulacrum Veneris, ut Sibyllini libri monebant, dedicaret. Quod attinet ad titulum felicitatis, necdum repertus est, qui felix censeri jure debuerit: namque Cornelius Sulla [37] dictus potius est, quam fuit Felix. Solum certe beatum cortina Aglaum judicavit, qui in angustissimo Arcadiæ angulo pauperis soli dominus, nunquam egressus paterni cespitis terminos invenitur.

II. De Italia. In ea de boa angue, de lupis, de lyncibus, de lyncurio lapide, de lapide curalio, de gemma syrtite, de gejentana gemma, de mutis cicadis, de Diomedis avibus.

De homine satis dictum habeo. Nunc, ut ad destinatum revertamur, ad locorum commemorationem stilus dirigendus est, atque adeo principaliter in Italiam [38], cujus decus jam in Urbe contigimus. Sed Italia tanta cura omnibus dicta, præcipue M. Catoni, ut jam inveniri non possit, quod non veterum auctorum præsumpserit diligentia, largiter in laudem excellentis terræ materia suppetente, dum scriptores præstantissimi reputant lo-

connue par conséquent, elle obtint avec peine la liberté d'entrer dans la prison où était enfermé son père, condamné à mourir de faim. Surveillée par les geôliers, pour qu'elle ne pût apporter des aliments à son père, elle fut surprise l'allaitant : action qui illustra son auteur et le lieu où elle se passa ; car celui qui était condamné, ayant dû sa grâce à sa fille, vécut en témoignage de ce trait glorieux ; et le lieu, dédié à la Piété, devint un temple de cette divinité. Un vaisseau venu de Phrygie avec les objets du culte de Cybèle, suivit la direction des bandelettes de la chasteté, et donna ainsi le prix à Claudia. Sulpitia, fille de Paterculus, épouse de M. Fulvius Flaccus, fut, au jugement des dames romaines, choisie entre les cent plus estimées, pour dédier la statue de Vénus, d'après l'ordre des livres Sibyllins. Pour ce qui regarde le bonheur, personne ne s'est encore trouvé que l'on ait pu à juste titre appeler heureux : car Cornelius Sylla eut le surnom d'Heureux, plutôt qu'il ne le fut réellement. Le trépied d'Apollon a proclamé comme heureux le seul Aglaüs, qui, maître d'un petit bien dans un coin de l'Arcadie, n'était jamais sorti des limites de l'héritage paternel.

II. De l'Italie, et, dans l'Italie. du serpent boa, des loups, des lynx, de la pierre dite lyngurium, du corail, de la syrtis, de la véientane, des cigales muettes, des oiseaux de Diomède.

Nous avons assez parlé de l'homme. Maintenant, pour revenir à notre sujet, nous allons nous occuper des lieux, et particulièrement de l'Italie, dont nous avons déjà parlé avec éloge à propos de Rome. L'Italie a été décrite avec tant de soin, et principalement par M. Caton, que l'on ne peut rien dire qui ait échappé aux recherches des anciens auteurs. Cet excellent pays prête beaucoup à la louange : les écrivains les plus distingués célèbrent la salubrité des lieux, la douceur du climat, la fertilité du

corum salubritatem, cœli temperiem, ubertatem soli, aprica collium, opaca nemorum, innoxios saltus, vitium olearumque proventus, nobilia pecuaria, tot amnes, lacus tantos, bifera violaria, inter hæc Vesuvium flagrantis animæ spiritu vaporantem, tepentes fontibus Baias, colonias tam frequentes, tam assiduam novarum urbium gratiam, tam clarum decus veterum oppidorum, quæ primum Aborigines, Aurunci, Pelasgi, Arcades, Siculi, totius postremo Græciæ advenæ, et in summa, victores Romani condiderunt : ad hæc laterum portuosa, orasque patentibus gremiis commercio orbis accommodatas.

Verum ne prorsus intacta videatur, in ea, quæ minus trita sunt, animum intendere haud absurdum videtur, et parcius depavita levibus vestigiis inviare : nam quis ignorat vel dicta, vel condita, a Jano Janiculum, a Saturno Latium, atque Saturniam, a Danae Ardeam, a comitibus Herculis Polieon, ab ipso in Campania Pompeios, quia victor ex Hispania pompam boum duxerat? In Liguria quoque Lapidarios campos, quod ibi eo dimicante creduntur pluisse saxa : regionem Ionicam ab Ione Naulochi filia, quam procaciter, insidentem vias Hercules, ut ferunt, interemit : Archippen a Marsya rege Lydorum, quod hiatu terræ haustum, dissolutum est in lacum Fucinum; ab Iasone templum Junonis Argivæ; a Pelopidis Pisas; a Cleolao, Minois filio, Daunios; Iapygas a Iapyge Dædali filio; Tyrrhenos a Tyrrheno Lydiæ rege; Coram a Dardanis; Agyllam a Pelasgis, qui primi in Latium litteras intulerunt; ab Haleso Argivo Phalis-

sol, l'heureuse exposition des coteaux, la fraîcheur des bois, l'air pur des vallons, les riches produits de la vigne et des oliviers, la beauté des toisons, et ces fleuves nombreux, ces vastes lacs, ces lieux consacrés à la culture de la violette et qui la voient fleurir deux fois l'année, et au milieu de tout cela, le Vésuve qui exhale des vapeurs et des flammes, les sources tièdes de Baïes, des colonies populeuses, la gracieuse régularité des villes nouvelles, l'imposante beauté des anciennes, qui furent fondées d'abord par les Aborigènes, les Aurunces, les Pélasges, les Arcadiens, les Siciliens, puis par des étrangers venus de toutes les parties de la Grèce, et en dernier lieu par les Romains; ajoutons à cela des côtes couvertes de ports et ouvrant leur sein au commerce des divers peuples du monde.

Toutefois, pour ne pas omettre entièrement l'Italie, il ne me paraît pas hors de propos de m'arrêter d'avantage sur ce qui est peu connu, et de parcourir rapidement un terrain déjà exploré. Qui ne sait, en effet, que l'on doit attribuer soit le nom, soit la fondation du Janiculum à Janus, du Latium et de la Saturnie à Saturne, d'Ardée à Danaé, de Poliéon aux compagnons d'Hercule; de Pompéies, ville de Campanie, à Hercule lui-même, parce que, vainqueur, il avait amené d'Espagne en grande pompe des troupeaux de bœufs? En Ligurie, il y a des champs appelés Pierreux, parce que, pendant un combat livré par Hercule, il plut, dit-on, des pierres. L'Ionie doit son nom à la fille de Naulochus, Ione, qui exerçait ses dangereuses séductions sur les grandes routes, et qu'Hercule tua, dit-on. Marsyas, roi des Lydiens, fonda la ville d'Archippe, qui, par suite d'un éboulement, fut engloutie dans le lac Fucin. Jason bâtit le temple de Junon Argiva. L'origine de Pise remonte aux Pélopides; celle des Dauniens, à Cléolas, fils de Minos; celle des Iapygiens, à Iapyx, fils de Dédale, et celle des Tyrrhéniens,

cam; a Phalerio Argivo Phalerios; Fescenninum quoque ab Argivis; portum Parthenium a Phocensibus; Tibur, sicut Cato facit testimonium, a Catillo Arcade præfecto classis Evandri; sicut Sextius, ab Argiva juventute. Catillus enim Amphiarai filius, post prodigialem patris apud Thebas interitum OEclei avi jussu, cum omni fœtu ver sacrum missus tres liberos in Italia procreavit, Tiburtum, Coram, Catillum, qui depulsis ex oppido Siciliæ veteribus Sicanis, a nomine Tiburti fratris natu maximi urbem vocaverunt. Mox in Bruttiis ab Ulyxe exstructum templum Minervæ. Insula Ligea appellata ab ejecto ibi corpore sirenis ita nominatæ; Parthenope a Parthenopæ sirenis sepulcro, quam Augustus postea Neapolin esse maluit. Præneste, ut Zenodotus, a Præneste Ulyxis nepote Latini filio; ut Prænestini sonant libri, a Cæculo, quem juxta ignes fortuitos invenerunt, ut fama est, Digitorum sorores. Notum est, a Philocteta Petiliam constitutam : Arpos et Beneventum a Diomede, Patavium ab Antenore, Metapontum a Pyliis, Scyllaceum ab Atheniensibus, Sybarim a Trœzeniis, et a Sagari Ajacis Locri filio, Salentinos a Lyctiis, Anconam a Siculis, Gabios a Galato et Bio, Siculis fratribus; ab Heraclidis Tarentum, insulam Tensam ab Ionibus, Pæstum a Dorensibus : a Myscello Achæo Crotonam, Regium a Chalcidensibus, Cauloniam et Terinam a Crotoniensibus, a Nariciis Locros, Heretum a Græcis in honorem Heræ (sic enim Junonem Græci vocant); Ariciam ab Archilocho Siculo, unde et nomen, ut Heminæ placet, tractum. Hoc in loco Orestes oraculo monitus simula-

à Tyrrhène, roi de Lydie. Cora fut fondée par les Dardaniens, Agylle par les Pélasges, qui les premiers introduisirent les lettres dans le Latium; Phalisque par l'Argien Halesus, Phalérie par l'Argien Phalerius; Fescennie également par les Argiens. Le port Parthenius fut construit par les Phocéens; Tibur, d'après Caton, par Catille, chef arcadien de la flotte d'Évandre, et, d'après Sextius, par les Argiens. En effet, Catille, fils d'Amphiaraüs, après la mort surnaturelle de son père au siège de Thèbes, partit, sur l'ordre d'Æclée son aïeul, et, venu en Italie avec toute sa récolte de l'année pour la consécration du printemps, y donna naissance à trois enfants, Tiburte, Cora, Catille, qui, après avoir chassé d'une ville de Sicile les anciens Sicaniens, appelèrent cette ville Tibur, du nom de Tiburte leur frère aîné. Ulysse bâtit un temple à Minerve dans le Bruttium. L'île de Ligée fut ainsi appelée du nom d'une sirène dont le corps y avait été jeté par les flots. Le tombeau de la sirène Parthénope donna son nom à la ville qu'Auguste préféra depuis appeler Naples. Préneste, d'après Zénodote, fut fondée par Préneste, petit-fils d'Ulysse et fils de Latinus; ou, d'après les livres mêmes de Préneste, par Céculus, que les sœurs des Dactyles recueillirent, dit-on, près de feux que le hasard leur fit rencontrer. On sait que Philoctète fonda Pétilie, Diomède Arpi et Bénévent, Anténor Padoue; que Métaponte fut bâtie par les Pyliens, Scyllacée par les Athéniens, Sybaris par les Trézéniens, Sagaris par le fils d'Ajax le Locrien, Salente par les Lyctiens, Ancône par les Siciliens, Gabies par deux frères, Galate et Bius, Siciliens; Tarente par les Héraclides, l'île de Tensa par les Ioniens, Pæstum par les Doriens, Crotone par l'Achéen Myscellus, Regium par les Chalcidiens, Caulon et Terine par les Crotoniates, Locres par ceux de Naryce, Hérète par les Grecs en l'honneur d'Hera (tel est le nom que les Grecs donnent à Junon), Aricie par

crum Scythicæ Dianæ, quod de Taurica extulerat, prius quam Argos peteret, consecravit. A Zanclensibus Metaurum locatum, a Locrensibus Metapontum, quod nunc Vibo dicitur.

Bocchus absolvit Gallorum veterem propaginem Umbros esse; Marcus Antonius refert eosdem, quod tempore aquosæ cladis imbribus superfuerint, Umbrios Græce nominatos [39]. Liciniano placet, a Messapo Græco Messapiæ datam originem, versam postmodum in nomen Calabriæ, quam in exordio Œnotri frater Peucetius Peucetiam nominarat. Par sententia est inter auctores, a gubernatore Æneæ appellatum Palinurum, a tubicine Misenum [40], a consobrina Leucosiam insulam, a nutrice Caietam, ab uxore Lavinium, quod post Trojæ excidium, sicut Cosconius perhibet, quarto anno exstructum est. Nec omissum sit, Æneam æstate ab Ilio capto secunda, Italicis littoribus appulsum, ut Hemina tradit, sociis non amplius sexcentis, in agro Laurenti posuisse castra: ubi dum simulacrum, quod secum ex Sicilia advexerat, dedicat Veneri matri, quæ Frutis dicitur [41], a Diomede Palladium suscipit, tribusque mox annis cum Latino regnat socia potestate, quingentis jugeribus ab eo acceptis. Quo defuncto, summam biennio adeptus, apud Numicum parere desivit anno septimo [42], Patrisque Indigetis ei nomen datum. Deinde constituta ab Ascanio Longa Alba, Fidenæ, Antium, Nola a Tyriis, ab Eubœensibus Cumæ: ibidem Sibyllæ sacellum est, sed ejus, quæ rebus Romanis quinquagesima olympiade interfuit,

Archiloque de Sicile, à qui, selon Hemina, elle doit son nom. C'est là qu'Oreste, averti par un oracle, consacra, avant son retour à Argos, une statue de Diane Scythique, qu'il avait rapportée de la Chersonèse Taurique. Les habitants de Zanclé fondèrent Métaure; les Locriens, Métaponte, que l'on nomme aujourd'hui Vibo.

Bocchus prétend que les Ombres sont une race ancienne de Gaulois; Marc Antoine rapporte que ce peuple, ayant échappé à la calamité de pluies continuelles, reçut des Grecs le nom d'Ombriens. Licinianus fait remonter au Grec Messape l'origine de la Messapie, qui depuis fut appelée Calabre, après avoir été primitivement nommée Peucétie par Peucète, frère d'OEnotrus. Tous les auteurs s'accordent sur ce point, que le cap Palinure doit son nom au timonier d'Énée, le cap Misène à son trompette, l'île de Leucosie à l'une de ses parentes, Caïète à sa nourrice, et qu'enfin Lavinie, son épouse, donna son nom à la ville de Lavinium, qui, d'après Cosconius, fut bâtie quatre ans après la ruine de Troie. N'oublions pas, non plus, que le second été après la prise d'Ilion, Énée, d'après le récit d'Hemina, ayant abordé aux rivages d'Italie avec six cents compagnons au plus, campa près de Laurente, où il dédia à Vénus Frutis une statue qu'il avait apportée de Sicile, reçut de Diomède le Palladium, et bientôt après, partagea, pendant trois ans, le pouvoir royal avec Latinus, qui lui avait donné cinq cents arpents. Après la mort de Latinus, Énée fut revêtu pendant deux ans de l'autorité souveraine; il disparut la septième année [après la prise de Troie] près du fleuve Numicus, et reçut le nom de divinité Indigète. Albe la Longue fut ensuite fondée par Ascagne, ainsi que Fidène et Antium; Nole par les Tyriens, Cumes par les Eubéens. A Cumes est le sanctuaire de la Sibylle, mais de celle dont on interrogea les oracles à Rome vers la cinquantième olympiade, et dont le livre fut consulté par nos pontifes jusqu'au temps de Cornelius

cujusque librum ad Cornelium usque Sullam pontifices nostri consulebant. Tunc enim una cum Capitolio igni absumptus est : nam priores duo, Tarquinio Superbo parcius pretium offerente quam postulabatur, ipsa exusserat. Hujus sepulcrum in Sicilia adhuc manet. Delphicam autem Sibyllam ante Trojana bella vaticinatam Bocchus autumat, cujus plurimos versus operi suo Homerum inseruisse manifestat. Hanc Herophile Erythrea annis aliquot intercedentibus consequuta est, Sibyllaque appellata est de scientiæ parilitate, quæ inter alia magnifica Lesbios amissuros imperium maris multo ante præmonuit, quam id accideret. Ita Cumanam tertio fuisse post has loco, ipsa ævi series probat. Ergo Italia, in qua Latium antiquum antea a Tiberis ostiis ad usque Lirim amnem pertinebat, universa consurgit a jugis Alpium, porrecta ad Reginum verticem, et litora Bruttiorum, quo in maria meridiem versus protenditur. Inde procedens paulatim, se Apennini montis dorso attollit, extenta inter Tuscum et Adriaticum, id est inter Superum mare et Inferum, similis querneo folio, proceritate amplior, quam latitudine. Ubi longius abiit, in cornua duo scinditur, quorum alterum Ionium respectat æquor, alterum Siculum. Inter quas prominentias non uno margine accessum insinuati freti recipit, sed linguis projectis sæpius, ac procurrentibus, distinctum promontoriis pelagus accipit. Ibi, ut sparsim notemus, arces Tarentinæ, Scyllacea regio cum Scylleo oppido, et Cratæide flumine Scylæ matre, ut vetustas fabulata est, Regini saltus, Pæstanæ valles, Sirenum saxa, amœnissimus Campaniæ tractus, Phlegræi campi, Circæ domus, Tarracina insula ante circumflua immenso mari, nunc

Sylla. Ce livre fut alors consumé dans l'incendie du Capitole : la Sibylle elle-même avait déjà brûlé deux autres livres, parce que Tarquin le Superbe lui en offrait un prix moindre que celui qu'elle demandait. On voit encore son tombeau en Sicile. Bocchus pense que les prédictions de la Sibylle de Delphes sont antérieures à la guerre de Troie, et il prouve que plusieurs de ses vers furent insérés par Homère dans son poëme. Hérophile d'Érythrée vint quelques années après, et sa science semblable à celle d'une Sibylle lui valut ce nom ; entre autres prédictions mémorables, elle annonça, longtemps avant l'événement, que les Lesbiens perdraient l'empire de la mer. La Sibylle de Cumes ne vint donc que la troisième, comme le prouve la suite même des temps. Ainsi l'Italie, où l'ancien Latium s'étendait autrefois de l'embouchure du Tibre au fleuve Liris, aujourd'hui considérée dans son ensemble, commence au sommet des Alpes, se prolonge des hauteurs de Regium aux rivages du Bruttium, où la mer est sa limite au sud; puis insensiblement elle s'élève sur la croupe de l'Apennin, entre la mer de Toscane et la mer Adriatique, c'est-à-dire entre les mers Supérieure et Inférieure, et, comme une feuille de chêne, elle est plus haute que large. Plus loin elle se partage en deux branches, dont l'une regarde la mer Ionienne, l'autre celle de Sicile. Entre ces deux branches proéminentes, ce n'est pas sur un seul point, mais au milieu de langues de terre qui s'étendent de côté et d'autre, qu'elle reçoit l'eau d'une mer bordée de promontoires. Remarquons sommairement que là se trouvent la citadelle de Tarente, Scyllacée et la ville de Scylla, la rivière de Cratéis, mère de Scylla, selon les fables antiques, les montagnes de Regium, les vallées de Pæstum, les rochers des Sirènes, les plaines délicieuses de la Campanie, les champs Phlégréens, la demeure de l'île de Terracine, autrefois entourée d'une mer immense, et, grâce au

ævo nectente addita continenti, diversamque fortunam a Reginis experta, quos fretum medium a Siculis vi abscidit: Formiæ etiam Læstrigonibus habitatæ, multa præterea pollentissimis ingeniis edissertata, quæ præterire, quam inferius exsequi, tutius duximus. Verum Italiæ longitudo, quæ ab Augusta Prætoria per Urbem Capuamque porrigitur usque ad oppidum Regium, decies centena et viginti millia passuum colligit: latitudo ubi plurimum quadringenta decem; ubi minimum, centum sex et triginta: arctissima est ad portum, quem Hannibalis Castra dicunt: neque enim excedit quadraginta millia. Umbilicum, ut Varro tradit, in agro Reatino habet. At in solidum spatium circuitus universi vicies quadragies noviesque centena sunt. In quo ambitu adversa Locrensium fronte ortus a Gadibus finitur Europæ sinus primus: nam secundus a Lacinio auspicatus, in Acroceraunio metas habet.

Ad hæc Italia Pado clara est, quem mons Vesulus superantissimus inter juga Alpium gremio suo fundit, visendo fonte in Ligurum finibus, unde se primum Padus proruit, subversusque cuniculo rursus in agro Vibonensi extollitur, nulli amnium inferior claritate, a Græcis dictus Eridanus. Intumescit exortu Canis tabefactis nivibus, et liquentibus brumæ pruinis, auctusque aquarum accessione, triginta flumina in Adriaticum defert mare.

E memorabilibus inclytum et insigniter per omnium vulgatum ora, quod perpaucæ familiæ sunt in agro Faliscorum, quos Hirpos vocant. Hi sacrificium annuum ad montem Soractis Apollini faciunt: id operantes gesticulationibus religiosis, impune insultant ardentibus ligno-

temps, unie aujourd'hui au continent, subissant par là une fortune tout opposée à celle de Regium, que la mer a violemment séparée de la Sicile; Formies enfin, ville habitée par les Lestrigons. Beaucoup d'autres détails ont été donnés par des hommes d'un talent éprouvé; nous avons jugé plus sûr de nous taire que de rester au-dessous de ce que l'on a dit. L'Italie, dans sa longueur, s'étend de Prétoria Augusta à Regium, et l'on compte en passant par Rome et Capoue mille vingt milles. La largeur, dans son étendue la plus grande, est de quatre cent dix milles; dans sa moindre étendue, de cent trente-six. Nulle part l'Italie n'est plus rétrécie que vers le port nommé Camp d'Annibal. Quarante milles font là toute sa largeur. Le nombril de l'Italie, comme dit Varron, est dans le territoire de Réate. L'Italie a d'ailleurs deux mille neuf cent quatre-vingt milles de tour. Dans cette enceinte, le premier golfe de l'Europe commence à l'opposite de Locres, et finit au détroit de Gadès; le second, qui commence au cap Lacinium, aboutit aux monts Acrocérauniens.

Ajoutons que l'Italie est encore célèbre par le Pô, qui descend des flancs du Vésule, montagne la plus élevée de la chaîne des Alpes; sa source, située aux limites de la Ligurie, mérite d'être vue. Au pied de la montagne d'où il tombe, il s'abîme sous terre, pour reparaître dans le territoire de Vibo. Nul fleuve n'est plus fameux; les Grecs l'appellent Éridan. Il s'enfle, au lever de la Canicule, par la fonte des neiges et des glaces; ainsi grossi, il roule trente fleuves dans la mer Adriatique.

Parmi les choses dignes d'être signalées et que tout le monde cite, il y a, dans le pays des Falisques, un très-petit nombre de familles que l'on nomme les Hirpiens. Dans le sacrifice qu'ils offrent à Apollon, près du mont Soracte, les Hirpiens, au milieu de gesticulations religieuses, marchent, sans se brûler, sur des bûchers em-

rum struibus, in honorem divinæ rei flammis parcentibus. Cujus devotionis mysterium munificentia senatus honorata, Hirpis perpetuo consulto omnium munerum vacationem dedit. Gentem Marsorum serpentibus illæsam esse, nihil mirum : a Circæ filio hi genus ducunt, et de avita potentia deberi sibi sciunt servitium venenorum : ideo venena contemnunt. Cœlius Æetæ tres filias dicit, Angitiam, Medeam, et Circen : Circen Circeios insedisse montes, carminum maleficiis varias imaginum facies mentientem : Angitiam vicina Fucino occupavisse, ibique salubri scientia adversus morbos resistentem, quum dedisset hominem vivere, deam habitam : Medeam ab Jasone Buthroti sepultam, filiumque ejus Marsis imperasse. Sed quamvis Italia habeat hoc præsidium familiare, a serpentibus non penitus libera est. Denique Amunclas, quas Amyclas ante Græci condiderant, serpentes fugavere. Illic frequens vipera insanabili morsu : brevior hæc ceteris, quam in aliis advertimus orbis partibus, ac propterea, dum despectui est, facilius nocet.

Calabria chelydris frequentissima, et boam gignit [43], quem anguem ad immensam molem ferunt convalescere. Captat primo greges bubulos, et quæ plurimo lacte rigua bos est, ejus se uberibus innectit, suctuque continuo saginata longo in seculo, ita fellebri satietate ultimo extuberatur, ut obsistere magnitudini ejus nulla vis queat; et postremo depopulatis animantibus regiones, quas obsederit, cogit ad vastitatem. Denique divo Claudio principe, ubi Vaticanus ager est, in alvo occisæ boæ spectatus est solidus infans.

Italia lupos habet, et quod cum ceteris simile non sit,

brasés : la flamme les épargne, en honneur de ce sacrifice. La bienveillance du sénat a manifesté son respect pour ces cérémonies, en exemptant à perpétuité les Hirpiens de toutes charges publiques. On ne doit pas s'étonner que les Marses n'aient rien à craindre des serpents : ils tirent leur origine du fils de Circé, et ils savent que leur aïeul leur a transmis le pouvoir de conjurer les poisons; aussi les méprisent-ils. Célius dit qu'Éeta eut trois filles, Angitie, Médée et Circé; que Circé habitait les monts Circéiens, et que ses maléfices produisaient des formes d'animaux divers; qu'Angitie habitait les environs du lac Fucin, et que là, combattant les maladies par un art salutaire, elle rendait la vie à l'homme, et fut pour cela mise au rang des déesses; que Médée, à qui Jason fit rendre les derniers devoirs à Buthrote, commanda aux Marses, ainsi que son fils. Mais quoique l'Italie trouve chez elle les moyens de combattre la morsure des serpents, elle n'est pas toutefois exempte de leurs atteintes. Des serpents forcèrent à fuir les habitants d'Amuncle, ville bâtie par les Grecs sous le nom d'Amycles. On y trouve communément une vipère dont la blessure est mortelle : elle est plus petite que celle que l'on remarque dans les autres parties du monde, et, comme on y fait peu d'attention, elle n'en est que plus dangereuse.

Il y a beaucoup de chélydres en Calabre; on y trouve aussi le boa, serpent qui devient, dit-on, d'une grosseur extraordinaire. Ce sont les troupeaux de bœufs qu'il recherche d'abord, et, s'il y rencontre une vache qui ait beaucoup de lait, il s'attache à son pis, et en continuant ainsi de la têter pendant longtemps, il prend un développement tel que rien ne saurait résister à sa taille monstrueuse; il porte alors, en détruisant tous les animaux, le ravage et la désolation dans les pays qu'il parcourt. Sous le règne de Claude, on trouva, au Vatican, dans l'estomac d'un boa tué, un enfant tout entier.

Il y a des loups en Italie, et ce qui les distingue des

homo, quem prius viderint, conticescit, et anticipatus obtutu nocentis aspectus, licet clamandi voluntatem habeat, non habet vocis ministerium. Sciens de lupis multa prætereo. Spectatissimum illud est: caudæ animalis hujus villus amatorius inest perexiguus, quem spontivo damno amittit, quum capi metuit : nec habet potentiam, nisi viventi detrahatur. Coeunt lupi toto anno non amplius dies duodecim. Vescuntur in fame terram. At hi, quos cervarios dicimus [44], quamvis post longa jejunia repertas ægre carnes mandere cœperint, ubi quid casu respiciunt [45], obliviscuntur, et immemores præsentis copiæ eunt quæsitum quam reliquerant satietatem. In hoc animalium genere nominantur et lynces, quarum urinas coire in duritiem pretiosi calculi fatentur, qui naturas lapidum exquisitius sunt persequuti. Istud etiam ipsas lynces persentiscere hoc documento probatur, quod egestum liquorem illico arenarum tumulis, quantum valent, contegunt, invidæ scilicet ne talis egeries transeat in nostrum usum, ut Theophrastus perhibet. Lapidi isti ad succinum color est, pariter spiritu attrahit propinquantia, dolores renum placat, medetur regio morbo; Græce lyngurium dicitur.

Cicadæ apud Reginos mutæ, nec usquam alibi : quod silentium miraculo est, nec immerito, quum vicinæ quæ sunt Locrensium, ultra ceteras sonent. Causas Granius tradit, quum obmurmurarent illic Herculi quiescenti, deum jussisse ne streperent : itaque ex eo cœptum silentium permanere.

Ligusticum mare [46] frutices procreat, qui quantisper

autres animaux de cette espèce, c'est que l'homme, s'ils l'ont vu les premiers, perd la voix, et que, prévenu par leur regard funeste, il ne peut, quoiqu'il en ait le désir, pousser un cri. C'est à dessein que j'omets bien des choses sur les loups; mais, ce qui est fort remarquable, c'est que cet animal porte à la queue un très-petit poil qui a la vertu d'inspirer de l'amour, poil qu'il perd volontairement quand il craint d'être pris, et qui d'ailleurs n'a de vertu qu'autant qu'on l'arrache à l'animal vivant. L'accouplement des loups ne dure pas plus de douze jours dans toute l'année. Pressés par la faim, ils se nourrissent de terre. Pour ceux que l'on nomme cerviers, quand, après avoir jeûné longtemps, ils viennent à manger des viandes qu'ils se sont difficilement procurées, ils les oublient, si par hasard ils tournent la tête; et, sans se soucier de la nourriture présente, ils vont chercher ailleurs de quoi satisfaire leur appétit. A cette espèce d'animaux appartiennent les lynx, dont l'urine se durcit en pierre précieuse, au dire de ceux qui ont le mieux étudié les pierres. Ce qui prouve que les lynx connaissent cette propriété de leur urine, c'est qu'ils la recouvrent aussitôt de terre, autant qu'ils le peuvent, dans l'intention, sans doute, dit Théophraste, de nous empêcher d'en faire usage. Cette pierre a la couleur du succin; comme lui elle attire les objets placés à une petite distance, elle calme les douleurs des reins, guérit la jaunisse; les Grecs l'appellent lyngurium.

Les cigales sont muettes dans le territoire de Regium, et là seulement : ce qui doit étonner, car leurs voisines de la campagne de Locres se font entendre plus que toutes les autres. Granius en donne la raison : comme elles troublaient en ces lieux le sommeil d'Hercule, le dieu leur ordonna de se taire, et depuis ce temps elles gardent le silence.

La mer de Ligurie produit des arbrisseaux, dont la

fuerint in aquarum profundis fluxi sunt, tactu prope carnulento; deinde, ubi in supera attolluntur, natalibus saxis derogati, lapides fiunt. Nec qualitas illis tantum sed et color vertitur : nam puniceo protinus rubescunt. Ramuli sunt, quales arboris visimus, ad semipedem frequentius longi. Rarum est pedaneos deprehendi. Excuduntur ex illis multa gestamina : habet enim, ut Zoroastres [17] ait, materia hæc quamdam potestatem, ac propterea, quidquid inde fit, ducitur inter salutaria : curalium alias dicunt; nam Metrodorus gorgian nominat. Idem quod resistat typhonibus et fulminibus affirmat.

Eruitur gemma in parte Lucaniæ, facie adeo jucunda, ut languentes intrinsecus stellas, et subnubilo renidentes, croceo colore perfundat. Ea quoniam in littore Syrtium inventa primum est, syrtites vocatur. Est et veietana a loco dicta, cui nigricolor facies propria, quam ad gratiam varietatis albi limites intersecant notis candicantibus.

Insula, quæ Apuliæ oram videt, tumulo ac delubro Diomedis insignis est, et Diomedeas aves sola nutrit : nam hoc genus alitis præterquam ibi nusquam gentium est, idque solum poterat memorabile judicari, nisi accederent non omittenda. Forma illis pæne quæ fulicis, color candidus, ignei oculi, ora dentata; congreges volitant, nec sine ratione pergendi; duces duo sunt, qui regant cursum : alter agmen anteit, alter insequitur; ille ut ductu certum iter dirigat, hic ut instantia urgeat tarditatem. Hæc in meantibus disciplina est. Quum fœtificum

tige est molle tant qu'ils restent sous l'eau, et qui présentent au tact comme une chair épaisse; dès qu'ils sortent de l'eau, dégagés du fond pierreux où ils ont pris naissance, leurs baies deviennent des pierres. Ce n'est pas seulement leur nature qui change, c'est aussi leur couleur : car aussitôt elles deviennent d'un rouge éclatant. Les branches de ces arbrisseaux, d'après nos observations, sont le plus souvent d'un demi-pied de longueur, rarement d'un pied. On en tire divers objets que l'on porte sur soi; car, selon Zoroastre, cet arbrisseau a beaucoup de vertu : aussi tout ce qui en vient est-il regardé comme spécifique; quelques-uns le nomment corail; Métrodore l'appelle gorgia. Cet auteur assure qu'il résiste aux typhons et aux foudres.

On extrait dans une partie de la Lucanie une pierre d'un aspect si agréable, que les étoiles que l'on y remarque ont peu d'éclat, mais reflètent au demi-jour une couleur de safran. Comme c'est près des Syrtes que l'on a découvert cette pierre, on l'appelle syrtite. Il y a aussi la véientane, ainsi appelée du lieu où elle se trouve. Elle est noire; mais pour le plaisir de la variété elle est bordée de lignes blanches.

Une île, en regard de l'Apulie, remarquable par le tombeau et le temple de Diomède, nourrit seule les oiseaux de Diomède : ce n'est qu'en ce pays que l'on rencontre des oiseaux de cette espèce; et cela seul serait à remarquer, s'ils n'offraient d'ailleurs d'autres particularités qu'il ne faut pas négliger. Ils ont à peu près la forme des foulques, le plumage blanc, les yeux couleur de feu; ils ont des dents; ils volent en troupe, et avec ordre : ils sont dirigés par deux chefs, dont l'un précède et l'autre ferme la marche, le premier pour conduire au but, l'autre pour hâter la lenteur du vol. Voilà l'ordre suivi dans leurs excursions. Quand vient le temps de faire leurs nids, ils creusent avec le bec des trous; puis, en superposant de

adest tempus, rostro scrobes excavant; deinde surculis inversum superpositis, imitantur texta cratium : sic contegunt subtercavata, et ne operimenta desint, si forte lignorum cassa venti auferunt, hanc struicem comprimunt terra, quam egesserant, quum puteos excitassent. Sic nidos moliuntur bifori accessu, nec fortuitu : adeo ut ad plagas cœli metentur exitus, vel ingressus. Aditus, qui mittit ad pastus, in ortum destinatur; qui excipit revertentes, versus occasui est : ut lux et morantes excitet, et receptui non denegetur. Levaturæ alvum adversis flatibus subvolant, quibus proluvies longius auferatur. Judicant inter advenas : qui Græcus est, propius accedunt, et quantum intelligi datur, ut civem blandius adulantur; si quis erit gentis alterius, involant et impugnant. Ædem sacram omni die celebrant studio ejusmodi : aquis imbuunt plumas, alisque impendio madefactis confluunt rorulentæ : ita ædem excusso humore purificant : tunc pinnulis superplaudunt : inde disceditur quasi peracta religione. Ob hoc credunt Diomedis socios aves factos. Sane ante adventum Ætoli ducis nomen Diomediæ non habebant, inde sic dictæ.

Italicus excursus per Liburnos, quæ gens Asiatica est, procedit in Dalmatiæ pedem, Dalmatia in limitem Illyricum, in quo sinu Dardani sedes habent, homines ex Trojana prosapia in mores barbaros efferati. At ex altera parte per Ligurum oram in Narbonensem provinciam pergit, in qua Phocenses quondam fugati Persarum

petites branches, ils font une espèce de claie dont ils recouvrent la cavité qu'ils ont pratiquée, et, pour que rien ne manque à cette construction, si le vent venait à enlever quelques morceaux de bois, ils étendent sur cette claie la terre tirée des trous qu'ils ont faits. Ils ont à leurs nids deux ouvertures, et ce n'est pas un pur effet du hasard, c'est pour que leur sortie ou leur entrée ait lieu par des points donnés du ciel. L'ouverture par laquelle ils sortent pour chercher leur nourriture est vers l'orient; celle par laquelle ils rentrent est à l'occident. Si donc la lumière hâte le départ, elle éclaire aussi le retour. Pour se débarrasser le ventre, ils volent contre le vent, et leurs déjections sont ainsi emportées au loin. Ils savent reconnaître les étrangers qui abordent dans l'île : ils s'approchent davantage des Grecs, et, autant qu'on peut en juger, pour donner un plus grand témoignage d'affection à un compatriote; si ce sont des hommes d'une autre nation, ils fondent sur eux et les attaquent. Chaque jour ils consacrent de cette manière le temple de Diomède : ils chargent d'eau leurs plumes, et quand elles sont fort trempées, ils se rassemblent, secouent cette sorte de rosée, purifient ainsi le lieu saint, font ensuite entendre un battement d'ailes, et se retirent, comme après l'accomplissement d'une cérémonie. Aussi croit-on que ce sont les compagnons de Diomède changés en oiseaux. Ce qui est certain, c'est qu'avant l'arrivée du héros étolien, ils ne portaient pas le nom d'oiseaux de Diomède, et que depuis on les appelle ainsi.

L'Italie du côté des Liburnes, nation asiatique, s'étend jusqu'à la Dalmatie, bornée elle-même par l'Illyrie, et où habitent les Dardaniens, qui, descendus des Troyens, ont contracté des mœurs barbares. Du côté des Liguriens ils s'étendent jusqu'à la province Narbonaise, où les Phocéens, qu'éloigna autrefois l'arrivée des Perses, ont fondé la ville de Marseille vers la quarante-cinquième olym-

adventu, Massiliam urbem olympiade quadragesima quinta condiderunt. Et C. Marius bello Cimbrico, factis manu fossis, invitavit mare, perniciosamque ferventis Rhodani navigationem temperavit : qui amnis præcipitatus Alpibus primo per Helvetios ruit, occursantium aquarum agmina secum trahens, auctuque magno, ipso quod invadit freto turbulentior; nisi quod fretum ventis excitatur, Rhodanus sævit et quum serenum est : atque ideo inter tres Europæ maximos fluvios et hunc computant. Aquæ quoque Sextiliæ eo loco claruerunt, quondam hiberna consulis, postea excultæ mœnibus : quarum calor olim acrior, exhalatus per tempora evaporavit, nec jam par est famæ priori. Si Græcias cogitemus, præstat respicere litus Tarentinum : unde a promontorio, quod Acran Iapygian vocant [48], Achaiam destinantibus citissima navigatio est.

III. Corsica. In ea de catochite lapide.

Flectendus hinc stilus est : terrarum vocant aliæ, et longum est, ut memoratim insularum omnium oras legamus, quascumque promontoria Italica prospectant : quamvis sparsæ recessibus amœnissimis, et quodam naturæ quasi spectaculo expositæ, non erant omittendæ ; sed quantum residendum est, si dilatis, quæ præcipua sunt, per quamdam desidiam, aut Pandatariam, aut Prochytam dicamus, aut Iluam ferri feracem, aut Caprariam, quam Græci Αἴγιλον dicunt, aut Planasiam de facie supinitatis sic vocatam, vel Columbariam avium hoc nominis matrem, vel Ithacesiam Ulyxis, ut proditur,

piade. C. Marius, pendant la guerre contre les Cimbres, fit creuser des canaux pour donner accès à la mer, et rendre moins dangereux pour la navigation le cours impétueux du Rhône, fleuve qui, se précipitant des Alpes, roule d'abord ses eaux dans l'Helvétie, entraînant dans sa course d'autres fleuves, et devient, grâce à ses accroissements, plus orageux que la mer dans laquelle il se jette; à cette différence près, que ce sont les vents qui agitent la mer, et que le Rhône est agité, même par un temps calme. Aussi le compte-t-on parmi les trois plus grands fleuves de l'Europe. C'est là que se trouvait le lieu appelé *Aquæ Sextiliæ*, où le consul tint autrefois ses quartiers d'hiver, et qui depuis devint une ville. La vive chaleur des eaux de ce lieu s'est affaiblie par le temps, et n'est plus digne de son ancienne renommée. Si nous nous reportons à la Grèce, le rivage de Tarente attire nos regards. C'est là que du promontoire nommé *Acra Iapygia* se trouve le plus court trajet pour l'Achaïe.

III. De la Corse, et, dans la Corse, de la pierre dite catochitis.

Quittons l'Italie: d'autres parties de la terre nous appellent, et il serait trop long d'effleurer dans notre énumération toutes les îles qui sont en regard des promontoires de l'Italie; et cependant, placées dans les lieux les plus délicieux, et offertes, pour ainsi dire, en spectacle, elles ne devraient pas être passées sous silence. Mais combien nous ennuierions si, omettant l'essentiel, nous allions, par une sorte de paresse, citer Pandatarie ou Prochyta, ou Ilua, célèbre par ses mines de fer, ou Caprarie, l'Ægilon des Grecs, ou Planasie, ainsi appelée de l'aspect que présente sa hauteur, ou Colombarie, mère des oiseaux dont elle tire son nom, ou les Ithacésies, qui furent, dit-on, l'observatoire d'Ulysse, ou

speculam, vel Enariam, Inarimen ab Homero nominatam, aliasque lætas non secus, inter quas Corsicam plurimi in dicendo latius circumvecti, plenissima narrandi absolverunt diligentia, nihilque omissum, quod retractanti non sit supervacuum : ut exordium incolis Ligures dederint, ut oppida structa sint, ut colonias ibi deduxerint Marius et Sulla, ut ipsam Ligustici sinus æquor alluat. Sed hæc facessant.

Verum ager Corsicanus, quod in eo agro unicum est, solus edit, quem κατοχίτην vocant, lapidem fatu dignissimum. Major est ceteris, qui ad ornatum destinantur, nec tam gemma, quam cautes. Idem impositas manus detinet [49], ita se junctis corporibus annectens, ut cum ipso hæreant, quibus tangitur : sic ei inest velut de glutino lentiore nescio quid, parque gummi. Accipimus Democritum Abderiten ostentatione scrupuli hujus frequenter usum, ad probandam occultam naturæ potentiam in certaminibus, quæ contra magos habuit.

IV. Sardinia. In ea de solifuga, et herba Sardonia.

Sardinia quoque, quam apud Timæum Σανδαλιῶτιν legimus, Ἰχνοῦσαν apud Crispum, in quo mari sita sit, quos incolarum auctores habeat, satis celebre est. Nihil ergo attinet dicere, ut Sardus Hercule, Norax Mercurio procreati, quum alter a Libya, alter ab usque Tartesso Hispaniæ, in hosce fines permeavissent, a Sardo terræ, a Norace Noræ oppido nomen datum. Mox Aristæum regnando his proximum in urbe Caralis, quam condiderat ipse, conjuncto populo utriusque sanguinis, sejuges

Énarie, qu'Homère appelle Inarime, d'autres enfin qui ne sont pas moins agréables, parmi lesquelles est la Corse, décrite longuement par tant d'auteurs, et avec une telle exactitude, qu'un esprit difficile n'y peut rien désirer. On sait comment cette île fut peuplée par les Liguriens, comment on y construisit des villes; on sait que Marius et Sylla y amenèrent des colonies, et que la mer de Ligurie baigne la Corse. Laissons tout cela de côté.

La Corse, et c'est une particularité de son territoire, produit seule la pierre tout à fait remarquable, dite catochitis. Cette pierre est plus grande que celles qui servent à l'ornement : c'est moins une gemme qu'un caillou. Elle retient captive la main qui s'y pose, s'unissant à tel point aux corps qui la touchent, qu'ils y demeurent attachés; elle semble enduite de je ne sais quelle matière visqueuse, semblable à la gomme. On dit que Démocrite d'Abdère portait souvent cette pierre pour montrer les forces occultes de la nature, dans les luttes qu'il soutint contre les mages.

IV. De la Sardaigne, et, dans la Sardaigne, de la solifuge et de l'herbe sardonique.

Quant à la Sardaigne, que Timée appelle Sandaliotis, et Crispus Ichnuse, on sait dans quelle mer elle est située, et par qui elle fut peuplée. Ainsi peu importe de rappeler que Sardus, fils d'Hercule, et Norax, fils de Mercure, le premier arrivant de la Libye, le second de Tartesse, ville d'Espagne, vinrent en ces contrées, et donnèrent, Sardus son nom au pays même, Norax le sien à la ville de Nora; qu'après eux régna Aristée à Caralis, ville qu'il avait bâtie, établissant ainsi une alliance entre deux peuples d'un sang différent, et ramenant aux mêmes mœurs des nations divisées jusqu'alors,

usque ad se gentes ad unum morem conjugasse, imperium ex insolentia nihil aspernatas.

Sed ut hæc et Iolaum, qui ad id locorum agros ibi insedit, præterea et Ilienses, et Locrenses transeamus, Sardinia est quidem absque serpentibus, sed quod aliis locis serpens, hoc solifuga Sardis agris. Animal perexiguum, qua aranei forma, solifuga dicta, quod solem fugiat. In metallis argentariis plurima est: nam solum illud argenti dives est. Occultim reptat, et per imprudentiam supersedentibus pestem facit. Huic incommodo accedit et herba Sardonia, quæ in defluviis fontaneis provenit justo largius. Ea si edulio fuerit nescientibus, nervos contrahit, rictu diducit ora, ut, qui mortem oppetunt, facie ridentium intereant. Contra quidquid aquarum est, varie commodis servit. Stagna pisculentissima, hibernæ pluviæ in æstivam penuriam reservantur: nam homo Sardus opem plurimam de imbrido cœlo habet. Hoc collectaneum depascitur, ut sufficiat usui, ubi defecerint scaturigines.

Fontes calidi et salubres aliquot locis effervescunt, qui medelas afferunt, aut solidant ossa fracta, aut abolent a solifugis insertum venenum, aut etiam ocularias dissipant ægritudines; sed qui oculis medentur, et coarguendis valent furibus: nam quisquis sacramento raptum negat, lumina aquis attrectat: ubi perjurium non est, cernit clarius; si perfidia abnuit, detegitur facinus cæcitate, et captus oculis admissum tenebris fatetur.

mais que ce changement ne rendit en rien rebelles à son autorité.

Pour ne nous arrêter ni sur cette particularité, ni sur Iolaüs qui vint fixer sa demeure en ce pays, ni sur les Iliens et les Locriens, remarquons qu'il n'y a pas en Sardaigne de serpents, mais que le solifuge est dans ce pays ce qu'est ailleurs le serpent. Le solifuge, très-petit animal de la forme d'une araignée, est ainsi appelé parce qu'il fuit le soleil [1]. Il se trouve fréquemment dans les mines d'argent : car le sol de ce pays contient beaucoup de ce métal. Il se glisse sans être vu, et blesse mortellement ceux qui ont l'imprudence de s'asseoir sur lui. Il y a encore dans ce pays autre chose de dangereux, c'est l'herbe sardonique, que les écoulements des eaux de fontaines ne font naître que trop abondamment. Si l'on s'avise, par ignorance, d'en manger, les nerfs se contractent, la bouche s'ouvre et s'étend, et l'on meurt en paraissant rire. Les eaux, au contraire, offrent mille avantages. Les étangs sont très-poissonneux ; on conserve les eaux pluviales de l'hiver pour obvier à la sécheresse de l'été : car les Sardes savent mettre la pluie à profit. Les eaux qu'ils ont recueillies parent aux besoins de leur consommation, quand les sources sont taries.

En quelques lieux bouillonnent des sources d'eaux chaudes et salutaires, dont on tire des remèdes, et qui sont propres, soit à consolider les os fracturés, soit à détruire le venin insinué par des solifuges, soit à guérir les maladies des yeux. Celles qui guérissent les yeux servent aussi à découvrir les voleurs : car celui qui, sous la foi du serment, nie un larcin, et se mouille les yeux de cette eau, y voit mieux, s'il n'est pas coupable de parjure; s'il a violé sa foi, il est frappé de cécité, et la perte de la vue est une preuve du crime commis dans les ténèbres.

[1] *Quod solem fugiat.*

V. Sicilia. In ea memorabilia soli et aquarum. Item de achate lapide.

Si respiciamus ad ordinem temporum, vel locorum, post Sardiniam res vocant Siculæ. Primo, quod utraque insula in Romanum arbitratum redacta, iisdem temporibus facta est provincia : cum eodem anno Sardiniam M. Valerius, alteram C. Flaminius prætor sortiti sunt. Adde, quod freto Siculo excipitur nomen Sardi maris. Ergo Sicilia, quod cum primis assignandum est, diffusis prominentibus triquetra specie figuratur. Pachynus adspectus in Peloponnesum, et meridianam plagam dirigit ; Pelorias adversa vespero Italiam videt ; Lilybæum in Africam extenditur. Inter quæ Pelorias præstat, laudata unico soli temperamento, quod neque humido in lutum madefiat, neque fatiscat in pulverem siccitate. Ea ubi introrsum recedit, et in latitudinem panditur, tres lacus obtinet : quorum unus quod piscium copiosus est, non equidem ad miraculum duxerim, sed quod ei proximans condensus arbustis inter virgultorum opaca feras nutriat, et admissis venantibus per terrenos tramites, quibus pedestris accessus excipit, duplicem piscandi venandique præbeat voluptatem, numeratur inter eximia. Tertium ara sacrum approbat, quæ in media sita, brevia dividit a profundis. Qua ad eam pergitur, aqua crurum tenus pervenit : quod ultra est, nec explorari licet, nec attingi ; et si fiat, qui id ausus sit, malo plectitur, quantamque sui partem gurgiti intimaverit, tantam it perditum. Ferunt quemdam in hæc alta quam longissime jecisse lineam, eam ut recuperaret dum demerso brachio nisum adjuvat, cadaver manum factam.

V. De la Sicile, et, dans la Sicile, des curiosités du sol et des eaux, puis de la pierre nommée agate.

Si nous avons égard à l'ordre des temps ou à celui des lieux, après la Sardaigne, c'est la Sicile qui nous appelle : d'abord parce que ces deux îles, réduites sous la domination romaine, devinrent des provinces à la même époque, puisque la même année, la première échut à M. Valerius, la seconde à C. Flaminius, comme préteurs; ensuite parce que le détroit de Sicile a donné son nom à la mer de Sardaigne. Un des caractères les plus remarquables de la Sicile est la forme triangulaire que lui donnent ses promontoires : le Pachyne regarde le Péloponnèse et le midi; le Pélore se tourne au couchant du côté de l'Italie; le Lilybée s'étend vers l'Afrique. Parmi ces promontoires, le Pélore tient le premier rang pour l'heureuse nature du sol, qui est tel que l'humidité ne produit pas de boue, et que la sécheresse ne résout pas la terre en poussière. Dans l'intérieur, quand le pays s'est élargi, on trouve trois lacs, dont l'un est remarquable, non parce qu'il est très-poissonneux, ce que je ne citerais pas comme une merveille, mais parce que ses environs sont plantés de petits bois qui nourrissent dans leur sein du gibier, de sorte que les chasseurs qui pénètrent par certains chemins, que l'on suit à pied, peuvent se procurer le double plaisir de la pêche et de la chasse. On regarde comme sacré le troisième lac, au milieu duquel s'élève un rocher [1] qui sépare les eaux basses des eaux profondes. Pour y arriver, on a de l'eau jusqu'aux jambes; on ne doit ni sonder, ni même toucher ce qui est au delà. Celui qui l'oserait, serait puni de la perte de toute la partie du corps qui aurait été immergée. On dit qu'un pêcheur, ayant jeté sa ligne le plus loin possible dans les eaux profondes, et y ayant plongé le bras pour chercher à la ramener, eut la main percluse.

(1) *Ara.*

Peloritana ora habitatur colonia Tauroniinia, quam prisci Naxum vocabant; oppido Messana; Regio Italiæ opposito, quod Regium a dehiscendi argumento Ῥήγιον Græci dictitabant. Pachyno multa thynnorum inest copia, echinis et omnibus mari nantibus pisculentissimum, ac propterea semper captura larga. Lilybitano Lilybæum oppidum decus est, et Sibyllæ sepulcrum. Sicaniæ diu ante Trojana bella Sicanus rex nomen dedit, advectus cum amplissima Iberorum manu; post Siculus Neptuni filius. In hanc plurimi Corinthiorum, Argivorum, Iliensium, Dorensium, Cretensium confluxerunt. Inter quos et Dædalus fabræ artis magister. Principem urbium Syracusas habet; in qua etiam cum hiberno conduntur serena, nullo non die sol est. Adde quod Arethusa fons in hac urbe est. Eminet montibus Ætna et Eryce. Vulcano Ætna sacer est, Eryx Veneri. In Ætnæ vertice [50] hiatus duo sunt, crateres nominati, per quos eructatus erumpit vapor, præmisso prius fremitu, qui per æstuantes cavernarum latebras longo mugitu intra terræ viscera diu volvitur, nec ante se flammarum globi attollunt, quam interni strepitus antecedant Mirum hoc est; nec illud minus, quod in illa ferventis naturæ pervicacia mixtas ignibus nives præfert, et licet vastis exundet incendiis, apicis canitie perpetua brumalem detinet faciem. Itaque, invicta in utroque violentia, nec calor frigore mitigatur, nec frigus calore dissolvitur. Laudant alios montes duos, Nebroden et Neptunium : e Neptunio specula est in pelagus Tuscum, et Adriaticum; Nebroden damæ et hinnuli gregatim pervagantur : inde Nebro-

Dans la région du Pélore est une colonie, Tauromi-
nium, jadis Naxos, puis la ville de Messine; vis-à-vis,
en Italie, se trouve Regium, nommée Ῥήγιον par les
Grecs, à cause de la séparation violente des deux contrées. Au Pachyne, la mer contient une grande quantité
de thons, de hérissons, de poissons de tout genre : aussi
y fait-on toujours des pêches abondantes. Le promontoire de Lilybée est renommé par la ville de Lilybée et
le tombeau de la Sibylle. Longtemps avant la guerre de
Troie, la Sicile s'appelait Sicanie, du nom du roi Sicanus, qui jadis y aborda avec une troupe considérable
d'Ibères; puis vint Siculus, fils de Neptune. On y vit
affluer beaucoup de Corinthiens, d'Argiens, de Troyens,
de Doriens, de Crétois. Dédale, l'habile artiste, était du
nombre. La principale ville de la Sicile est Syracuse,
où, même lorsque le ciel est enveloppé des nuages de
l'hiver, on voit chaque jour le soleil. Ajoutons que dans
cette ville est la fontaine d'Aréthuse. Les monts les plus
élevés sont l'Etna et l'Éryx. L'Etna est consacré à Vulcain, l'Éryx à Vénus. Au sommet de l'Etna sont deux
ouvertures, que l'on nomme cratères, d'où s'échappe
une vapeur épaisse, après un bruit qui longtemps gronde
sourdement dans les entrailles de la terre, au sein de ces
brûlantes cavernes; ce n'est jamais qu'après ce mugissement que s'exhalent des tourbillons de flamme. C'est là
quelque chose de merveilleux; ce qui ne l'est pas moins,
c'est qu'au milieu de ces convulsions du mont embrasé,
la neige apparaît mêlée au feu, et que le sommet, d'où
jaillit l'incendie, garde constamment la blancheur et
l'aspect des frimas. Ainsi, par l'effet de forces invincibles
et contraires, le froid ne tempère point la chaleur, la
chaleur ne diminue point l'intensité du froid. On cite encore deux monts, le Nébrode et le Neptunien : du haut
de ce dernier on découvre la mer de Toscane et l'Adriatique; des troupes de daims et de faons parcourent le

des [51]. Quidquid Sicilia gignit, sive soli, sive hominis ingenio, proximum est his, quæ optima judicantur, nisi quod fœtus terræ Centuripino croco vincitur. Hic primum inventa comœdia. Hinc et cavillatio mimica in scena stetit. Hinc domo Archimedes, qui juxta siderum disciplinam [52] machinarius commentator fuit. Hinc Lais illa, quæ eligere patriam maluit, quam fateri. Gentem Cyclopum testantur vasti specus. Læstrigonum sedes adhuc sic vocantur. Ceres inde magistra sationis frumentariæ. Hic ibidem campus Ennensis in floribus semper, et in omni vernus die. Quem propter est demersum foramen, quo Ditem patrem ad raptus Liberæ exeuntem fama est lucem hausum.

Inter Catinam et Syracusas certamen est de illustrium fratrum memoria, quorum nomina sibi diversæ partes adoptant. Si Catinenses audiamus, Anapis fuit, et Amphinomus; si quod malunt Syracusæ, Emantiam putabimus, et Critonem. Catinensis tamen regio causam dedit facto, in quam se quum Ætnæ incendia protulissent, juvenes duo sublatos parentes evexerunt in flammas illæsi ignibus. Horum memoriam ita posteritas munerata est, ut sepulcri locus nominaretur Campus piorum.

De Arethusa, et Alpheo verum est hactenus, quod conveniunt fons et amnis. Fluminum miracula abunde varia sunt. Dianam, qui ad Camerinam fluit, si habitus impudice hauserit, non coibunt in corpus unum latex vineus et latex aquæ. Apud Segestanos Helbesius in medio flumine subita exæstuatione fervet. Acidem, quamvis

Nébrode : c'est de là que lui vient son nom. Toutes les productions de la Sicile, qu'elles soient le fruit du sol ou celui de la culture, sont estimées ; toutefois le safran de Centorbe l'emporte sur toute autre production. C'est en Sicile que fut inventée la comédie ; c'est là que prirent naissance les bouffonneries des jeux mimiques. La Sicile est le pays d'Archimède, habile astronome, habile mécanicien ; c'est celui de Laïs, qui aima mieux se choisir une patrie que d'avouer la sienne. De vastes cavernes attestent en Sicile l'origine des Cyclopes ; on y retrouve la demeure des Lestrigons, qui porte encore aujourd'hui leur nom. C'est là que parut Cérès qui enseigna aux hommes la culture du blé. Là se trouvent les champs d'Enna toujours fleuris, et jouissant d'un printemps que chaque jour voit renaître. C'est près de ce lieu qu'est l'ouverture d'où l'on dit que Pluton, quittant les enfers pour enlever Proserpine, vit la clarté du jour.

Catane et Syracuse se disputent les noms de deux frères illustres. Selon les habitants de Catane, ces deux frères se nommaient Anapis et Amphinomus ; selon les Syracusains, Emantias et Criton. Un fait cependant à l'appui des prétentions de Catane, c'est que dans une éruption de l'Etna deux jeunes gens enlevèrent les auteurs de leurs jours du milieu des flammes, sans que le feu les atteignît eux-mêmes. La postérité honora leur mémoire, et le lieu de leur sépulture se nomme le Champ des pieux.

Quant à la fontaine Aréthuse et au fleuve Alphée, ce qu'il y a de certain, c'est qu'ils se confondent. On raconte d'ailleurs sur ces fleuves une foule de merveilles. Si l'on puise, sans avoir été purifié, aux eaux de Diane, dont le cours se dirige vers Camerina, le mélange du vin et de l'eau ne pourra s'opérer. Dans le pays de Ségeste, l'Helbèse, au milieu de son cours, bouillonne subitement.

demissum Ætna, nullus frigore antevertit. Himeræum cœlestes mutant plagæ : amarus denique est, dum in aquilonem fluit, dulcis ubi ad meridiem flectitur. Quanta in aquis, tanta novitas in salinis. Salem Agrigentinum si igni junxeris, dissolvitur ustione; cui si liquor aquæ proximaverit, crepitat, veluti torreatur. Purpureum Enna mittit : in Pachyno translucidus invenitur. Cetera salinarum metalla, quæ sunt aut Agrigento, aut Centuripiis proximantia, funguntur cautium ministerio : nam illinc excuduntur signa ad facies hominum, vel deorum. Thermitanis locis insula est arundinum ferax, quæ accommodatissimæ sunt in omnem sonum tibiarum [53]; seu præcentorias facias, quarum locus est ad pulvinaria præcinendi; seu vascas, quæ foraminum numeris præcentorias antecedunt; seu puellatorias, quibus a sono clariore vocamen datur; sive gingrinas, quæ breviores licet, subtilioribus tamen modis insonant; aut milvinas, quæ in accentus exeunt acutissimos; aut Lydias, quas et turarias dicunt; vel Corinthias, vel Ægyptias, aliasve a musicis per diversas officiorum et nominum species separatas. In Halesina regione fons alias quietus et tranquillus quum siletur, si insonent tibiæ exsultabundus ad cantus elevatur, et quasi miretur vocis dulcedinem, ultra margines intumescit. Gelonium stagnum tetro odore abigit proximantes. Ibi et fontes duo : alter, de quo si sterilis sumpserit, fecunda fiet; alter, quem si fecunda hauserit, vertitur in sterilitatem. Stagnum Petrensium serpentibus noxium est, homini salutare. In lacu Agrigentino oleum supernatat : hoc pingue hæret arundinum comis de assi-

L'Acis, quoique sortant de l'Etna, n'est surpassé par aucun fleuve en fraîcheur. Les eaux d'Himère changent selon le point du ciel vers lequel elles se dirigent : elles sont amères quand elles coulent vers le nord, et douces dès qu'elles se tournent au midi. Si les eaux nous offrent des particularités extraordinaires, les salines nous en fournissent qui ne sont pas moins étonnantes. Jeté sur le feu, le sel d'Agrigente se dissout; l'eau le fait, au contraire, pétiller, comme s'il brûlait. Le sel d'Enna tire sur le pourpre, celui du cap Pachyne est transparent. Les autres minéraux des salines, ceux qui avoisinent Agrigente ou Centorbe, servent, comme la pierre, à reproduire les traits des hommes ou des dieux. Aux environs de Thermes est une île fertile en roseaux propres à rendre les sons de toute flûte : de la *præcentoria*, qui donne le ton dans les cérémonies religieuses; de la *vasca*, qui précède la *præcentoria*; de la *puellatoria*, dont l'harmonie est aussi claire que la voix d'une jeune fille; de la *gingrina*, aux accents plus brefs, et toutefois plus perçants; des *milvines*, aux sons aigus; des *lydiennes*, appelées aussi *turaires*; des *corinthiennes*, des *égyptiennes*, d'autres enfin diversement classées par les musiciens pour l'emploi comme pour le nom. Près d'Halèse, une source, ordinairement calme et tranquille, élève ses eaux aux accords de la flûte, et, comme émue par ces sons harmonieux, franchit ses bords. L'étang de Gélon, par son odeur infecte, chasse ceux qui l'approchent. On y trouve deux sources : l'une, dont l'eau rend fécondes les femmes stériles; l'autre, dont l'eau rend stériles les femmes fécondes. L'étang de Pétra, mortel pour les serpents, offre à l'homme des eaux salubres. On voit sur le lac d'Agrigente de l'huile surnager : cette substance grasse adhère aux feuilles des roseaux; elle provient d'une espèce de bourbier compacte, qui présente un chevelu dont on tire des remèdes contre les maladies des bestiaux. Non loin de là est la colline de

duo volutabro, e quarum capillamentis legitur unguentum medicum contra armentarios morbos. Nec longe inde collis Vulcanius, in quo, qui divinæ rei operantur, ligna vitea super aras struunt, nec ignis apponitur in hanc congeriem: quum prosicias intulerunt, si adest deus, si sacrum probatur, sarmenta licet viridia sponte concipiunt, et nullo inflagrante habitu, ab ipso numine fit accendium. Ibi epulantes alludit flamma, quæ flexuosis excessibus vagabunda, quem contigerit, non adurit: nec aliud est quam imago nuntia perfecti rite voti. Idem ager Agrigentinus eructat limosas scaturigines, et ut venæ fontium sufficiunt ripis subministrandis, ita in hac Siciliæ parte, solo nunquam deficiente, æterna rejectatione terram terra evomit.

Achatem lapidem Sicilia primum dedit [54] in Achatæ fluminis ripis repertum, non vilem, quum ibi tantum inveniretur: quippe interscribentes eum venæ naturalibus sic notant formis, ut, quum optimus est, varias præferat rerum imagines. Unde annulus Pyrrhi regis, qui adversus Romanos bella gessit, non ignobilis famæ fuit, cujus gemma achates erat, in quo novem Musæ cum insignibus suis singulæ, et Apollo tenens citharam videbatur, non impressis figuris, sed ingenitis. Nunc diversis locis apparet. Dat Creta, quem curaliachatem vocant, curalio similem, sed illitum guttis auro micantibus, et scorpionum ictibus resistentem. Dat India reddentem nunc nemorum, nunc animalium facies, quem vidisse oculis favet, quique intra os receptus sedat sitim. Sunt et qui usti redolent myrrhæ odorem, hæmachates sanguineis maculis irrubescit; sed qui maxime probantur, vitream

Vulcain, où ceux qui veulent faire un sacrifice, élèvent sur l'autel un monceau de bois de vigne, sans y mettre le feu ; quand ils y ont placé les entrailles de la victime, si le dieu est propice, s'il accepte le sacrifice, les sarments, quelque verts qu'ils soient, s'allument d'eux-mêmes, et sans qu'aucune flamme en soit approchée, le dieu en détermine l'embrasement. La flamme se joue autour des convives du banquet sacré ; dans ses capricieuses évolutions elle touche sans brûler, et n'est que le signe de l'accomplissement régulier de la cérémonie. Ce même territoire d'Agrigente abonde en sources bourbeuses, et comme le limon amené par ces sources suffit pour établir des rives dans cette partie de la Sicile, le sol ne fait jamais défaut, et la terre rejette continuellement de la terre.

L'agate fut pour la première fois trouvée en Sicile, sur les bords du fleuve Achate : pierre alors estimée, parce qu'elle ne se trouvait que là, et que ses veines nuancées représentent, quand elle est de première qualité, divers objets de la nature. C'est ce qui donna de la célébrité à l'anneau du roi Pyrrhus, qui fit la guerre aux Romains : dans cet anneau était enchâssée une agate qui représentait les neuf Muses avec leurs attributs, et Apollon une lyre à la main, non que l'art y eût contribué, mais naturellement. Aujourd'hui on trouve l'agate en divers endroits. La Crète produit le corail-agate, qui ressemble à l'agate, mais qui est semé de taches d'or, et qui est un préservatif contre les morsures des scorpions. L'Inde donne des agates qui représentent tantôt des bois, tantôt des animaux ; qui, lorsqu'on les regarde, soulagent la vue ; qui enfin, placées dans la bouche, apaisent la soif. Il y en a qui, au feu, exhalent une odeur de myrrhe. L'hémagate a des taches de sang. L'agate que l'on estime le plus a la transparence du verre :

habent perspicuitatem, ut Cyprius : nam, qui sunt facie cerea, abundantes trivialiter, negliguntur. Omnis ambitus hujus insulae clauditur stadiorum tribus millibus.

VI. Volcaniae insulae.

In freto Siculo Haephestiae insulae quinque et viginti millibus passuum ab Italia absunt. Itali Vulcanias vocant: nam et ipsae natura soli ignea per occulta commercia, aut mutuantur Ætnae incendia, aut subministrant. Hic dicta sedes deo ignium. Numero sunt septem. Liparae nomen rex dedit Liparus, qui eam ante Æolum rexit. Alteram Hieram vocaverunt : ea praecipue Vulcano sacrata est, et plurimum colle eminentissimo nocte ardet. Strongyle tertia, Æoli domus, vergitur ad exortus solis, minime angulosa, quae flammis liquidioribus differt a ceteris. Haec causa efficit, quod ex ejus fumo potissimum incolae praesentiscunt, quinam flatus in triduo pertendant. Quo factum, ut Æolus rex ventorum crederetur. Ceteras Didymen, Ericusam, Phœnicusam, Euonymon, quoniam similes sunt, dictas habe.

VII. Europae sinus tertius. In eo de locorum Graeciae admirabilibus; de fluminibus, de fontibus; de merulis, de perdicibus; de lapide galactite, de lapide asbesto; de Arione.

Tertius Europae sinus incipit a Ceraunis montibus, desinit in Hellespontum. In eo apud Molossos, ubi Dodonaei Jovis templum, Tomarus mons est, circa radices nobilis centum fontibus, ut Theopompo placet. In Epiro fons est sacer, frigidus ultra omnes aquas, et spectatae

telle est celle de Cypre. Celles qui ressemblent à de la cire sont très-communes et par conséquent peu estimées. L'île entière de Sicile a trois mille stades de circonférence.

VI. Des îles Vulcaniennes.

Dans le détroit de Sicile sont les îles Héphestiennes, à vingt-cinq milles de l'Italie, où elles prennent le nom de Vulcaniennes : c'est qu'en effet leur sol igné emprunte ou communique à l'Etna des feux souterrains. Ce séjour est regardé comme celui du dieu du feu. Elles sont au nombre de sept. L'une doit son nom de Lipara à Liparus, qui la gouverna avant Éole. Une autre reçut le nom d'Hiéra : elle est particulièrement consacrée à Vulcain ; elle a une colline très-élevée, d'où s'exhalent la nuit des tourbillons de flamme. Strongyle, la troisième, qu'habitait Éole, se trouve à l'est, présente peu de caps, et diffère des autres en ce que ses flammes sont plus claires, ce qui fait que les habitants calculent, d'après la fumée qui s'en échappe, quels vents doivent souffler pendant trois jours. De là vint qu'Éole fut regardé comme le roi des vents. Quant aux autres îles, Didyme, Éricuse, Phénicuse, Évonyme, comme elles se ressemblent, il suffit de les nommer.

VII. Troisième golfe d'Europe, et, dans ce golfe, des lieux remarquables de la Grèce, des fleuves, des sources, des merles, des perdrix, de la pierre dite galactite, de la pierre dite asbeste, d'Arion.

Le troisième golfe commence aux monts Cérauniens et se termine à l'Hellespont. Là se trouvent chez les Molosses, outre le temple de Jupiter Dodonéen, le mont Tomare, dont cent sources arrosent le pied, au rapport de Théopompe. Il y a en Épire une source sacrée dont l'eau est froide plus qu'aucune autre, et qui produit

diversitatis : nam si ardentem in eum mergas facem, exstinguit; si procul [55] ac sine igne admoveas, suopte ingenio inflammat. Dodone Tomaro celsa est. Delphi Cephiso flumine, Castalio fonte, Parnassi jugis celebres. Acarnania Aracyntho eminet. Hanc ab Ætolia Pindus dividit, qui Acheloum parit, cum primis Græciæ amnibus præditum veteri claritate. Nec injuria, quum inter calculos, quibus ripæ ejus micant, inveniatur galactites, qui scrupulus ipse ater si teratur, reddit succum album ad lactis saporem. Feminis nutrientibus illigatus fecundat ubera, subnexus parvulis largiusculos haustus facit salivarum. Intra os receptus liquescit; quum solvitur tamen, memoriæ bonum perimit. Quem post Nilum Achelous dat, nec alter alius.

Propter oppidum Patras Scioessa locus novem collium opacitate umbrosus, et radiis solis ferme invisus, nec aliam ob causam memorabilis. In Laconica spiraculum est Tænaron. Est et Tænaron promontorium adversum Africæ, in quo fanum est Methymnæi Arionis, quem delphine eo advectum imago testis est, ad effigiem casus et veri operis expressa ære : præterea tempus signatum : olympiade enim undetrigesima, qua in certamine Siculo idem Arion victor scribitur, id ipsum gestum probatur. Est et oppidum Tænaron nobili vetustate : præterea aliquot urbes, inter quas Leuctræ, non obscuræ jam pridem Lacedæmoniorum fœdo exitu. Amiclæ silentio suo quondam pessundatæ. Sparta insignis cum Pollucis et Castoris templo, tum etiam Othryadis illustris viri titulis.

deux effets contraires : si vous y plongez un flambeau allumé, il s'éteint; si vous en approchez à une certaine distance un flambeau éteint, il se rallume de lui-même. Dodone s'élève sur le penchant du Tomare. Delphes est célèbre par le fleuve Céphise, par la fontaine de Castalie, par le mont Parnasse. On remarque le mont Aracynthe en Acarnanie. Cette province est séparée de l'Étolie par le Pinde, où prend sa source l'Achéloüs, qui ne le cède en célébrité à aucun des fleuves de la Grèce. Et c'est à juste titre, puisque parmi les pierres qui brillent sur ses bords on trouve la galactite, qui, quoique étant de couleur noire, rend, si on la broie, une humeur qui a l'aspect et le goût du lait. Attachée sur le sein des nourrices, elle leur donne beaucoup de lait; suspendue au cou des enfants, elle produit chez eux une salivation abondante. Tenue dans la bouche, elle se fond, et alors elle fait perdre le don précieux de la mémoire. Après le Nil, l'Achéloüs est le seul fleuve qui la fournisse.

Près de la ville de Patres, est le mont Scioessa, que ses neuf collines ombragées rendent presque inaccessible aux rayons du soleil, et qui n'est d'ailleurs connu que sous ce rapport. Dans la Laconie est la caverne du Ténare. Il y a aussi vis-à-vis de l'Afrique un promontoire du nom de Ténare, où est le temple d'Arion de Méthymne, qui aborda sur ce rivage, porté par un dauphin, comme l'atteste un monument d'airain qui reproduit et consacre les détails de cette aventure; l'époque en est d'ailleurs précisée. Ce fait eut lieu à la vingt-neuvième olympiade, dans laquelle ce même Arion fut vainqueur en Sicile. Il y a encore une autre ville du nom de Ténare, d'une ancienneté remarquable; puis quelques autres, parmi lesquelles Leuctres, depuis longtemps célèbre par la sanglante défaite des Lacédémoniens; Amycles, que perdit son silence; Sparte, renommée par le temple de Castor et Pollux, et par les hauts faits d'Othryade;

Therapnæ, unde primum cultus Dianæ. Pitane, quam Archesilas stoicus inde ortus prudentiæ suæ merito in lucem extulit. Anthia et Cardamyle, ubi quondam fuere Thyræ, nunc locus dicitur, in quo anno septimo decimo regni Romuli inter Laconas et Argivos memorabile bellum fuit. Jam Taygeta mons, et flumen Eurotas notiora sunt, quam ut stilo egeant.

Inachus Achaiæ amnis Argolicum secat tractum, quem rex Inachus a se nominavit, qui exordium Argivæ nobilitati primus dedit. Epidauro decus est Æsculapii sacellum, cui incubantes ægritudinem remedia capessunt de monitis somniorum. Pallantem Arcadiæ, quod Palatio nostro per Evandrum Arcada appellationem dederit, sat est admonere: in qua montes Cyllene et Lycæus Mænalus etiam diis alumnis inclaruerunt; inter quos nec Erymanthus in obscuro est. Inter flumina, Erymanthus Erymantho monte demissus, et Ladon, ille Herculis pugna, hic Pane clara sunt. Varro perhibet fontem in Arcadia esse, cujus interimat haustus. In eadem parte de avibus hoc solum non indignum relatu, quod cum aliis locis merula furva sit, circa Cyllenem candidissima est [56].

Nec lapidem spreverimus, quem Arcadia mittit : asbesto nomen est, ferri colore [57]; qui, accensus semel, exstingui nequitur.

In Megarensium sinum Isthmos exit, ludis quinquennalibus et delubro Neptuni inclytus : quos ludos eapropter institutos ferunt, quod sinibus quinque Peloponnesi oræ alluuntur : a septentrione, Ionio; ab occidente,

Thérapné, d'où vient le culte de Diane; Pitane, que rendit célèbre la sagesse du stoïcien Archésilas, né dans cette ville; Anthia et Cardamyle, aux lieux où fut autrefois Thyré, et où, dans la dix-septième année du règne de Romulus, il y eut entre les Lacédémoniens et les Argiens une guerre mémorable. Le mont Taygète et le fleuve Eurotas sont trop connus pour qu'il soit besoin d'en parler.

L'Inachus, fleuve d'Achaïe, traverse l'Argolide; il doit son nom au roi Inachus, à qui remonte la première célébrité de ce pays. On admire à Épidaure le temple d'Esculape, où viennent coucher les malades pour y apprendre en songe quels remèdes ils doivent employer. Il suffit de nommer ici Pallantée, ville d'Arcadie : Évandre, roi d'Arcadie, tira du nom de cette ville celui de notre Palatium. En Arcadie, les monts Cyllène, Lycée et Ménale eurent des dieux pour nourrissons; l'Érymanthe mérite aussi d'être cité. Parmi les fleuves, l'Érymanthe, qui sort du mont Érymanthe, et le Ladon, sont fameux, le premier par le combat d'Hercule, le second par le séjour de Pan. Varron dit qu'il y a en Arcadie une source qui donne la mort à celui qui en boit. Les oiseaux de cette contrée ne présentent rien qui soit digne de remarque, sinon que le merle, noir dans tout autre pays, est très-blanc aux environs de Cyllène.

N'oublions pas une pierre que l'on trouve en Arcadie : c'est l'asbeste, qui a la couleur du fer. Une fois rougie au feu, elle ne s'éteint plus.

L'Isthme s'étend jusqu'au golfe de Mégare. Il est remarquable par un temple de Neptune et par les jeux qu'on y célèbre tous les cinq ans. Ces jeux furent institués, dit-on, parce que cinq golfes entourent le Péloponnèse : au nord le golfe Ionien, à l'ouest le golfe de Sicile, au

Siculo; a brumali oriente, Ægæo; a solstitiali oriente, Myrtoo; a meridie, Cretico. Hoc spectaculum per Cypselum tyrannum intermissum, Corinthii, olympiade quadragesima nona solemnitati pristinæ reddiderunt.

Ceterum Peloponneson Pelopi regnatam, nomen indicio est. Ea ut platani folium recessibus et prominentibus figurata, divortium facit inter Ionium et Ægæum mare, quatuor non amplius millibus dispescens utrumque litus, excursu tenui, quem Isthmon dicunt, ob angustias. Hinc Hellas incipit, quam proprie veram habent Græciam.

Quæ nunc Attice, Acte prius dicta. Ibi Athenæ, cui urbi saxa Scironia propinqua sunt, porrecta sex millibus passuum, ob honorem ultoris Thesei, et memoriam nobilis pœnæ, sic nominata. Ex istis rupibus Ino se cum Palæmone filio in profunda præcipitem jaculata auxit maris numina. Nec Atticos montes in partem tacebimus. Est Icarius, est Brilessus, est Lycabethus et Ægialus; sed Hymetto meritissime ac jure attribuitur principatus, quod apprime florulentus, eximio mellis sapore et externos omnes et suos vincit. Callirhoen stupent fontem, nec ideo Cruneson fontem alterum nullæ rei numerant. Atheniensibus judicii locus Arios pagos. Marathon campus factus memorabilis opinione prœlii cruentissimi. Multæ quidem insulæ objacent Atticæ continenti, sed suburbanæ ferme sunt, Salamis, Sunium, Ceos, Coos, quæ, ut Varro testis est, subtilioris vestis amicula arte lanificæ scientiæ prima in ornatum feminarum [58] dedit.

nord-est celui d'Égée, au sud-est celui de Myrtos, et enfin celui de Crète, au midi. Ces jeux, interrompus sous le tyran Cypselus, furent rendus à leur splendeur première par les Corinthiens, dans la quarante-neuvième olympiade.

Le Péloponnèse, comme l'atteste son nom, eut autrefois Pélops pour roi. Cette presqu'île, par ses angles saillants et rentrants, présente la forme d'une feuille de platane ; elle s'étend entre les mers Ionienne et Égée, dont elle ne sépare pas les rivages de plus de quatre milles, par une petite langue de terre, que, pour cela même, on appelle l'Isthme. Là commence l'Hellade, que les Romains nomment la véritable Grèce.

L'Attique d'aujourd'hui est l'Acté d'autrefois. Là s'élève Athènes, qu'avoisinent les roches Scironiennes, qui ont six milles de long, et qui doivent leur nom à l'éclatante vengeance que Thésée tira des crimes d'un brigand. C'est de ces roches qu'Ino se précipita dans les flots avec Palémon son fils, et augmenta ainsi le nombre des divinités de la mer. Nous ne passerons pas non plus sous silence les monts de l'Attique : l'Icare, le Brilesse, le Lycabèthe, l'Égiale, l'Hymette surtout, qui, à juste titre, est le plus renommé, parce que, couvert de fleurs, il fournit un miel d'un goût excellent, et l'emporte par là sur tous les monts de cette contrée ou des autres pays. On admire en Attique la fontaine Callirhoé, sans toutefois dédaigner une autre fontaine, Crunèse. Le lieu où se tenait le tribunal d'Athènes se nommait l'Aréopage. Les plaines de Marathon sont fameuses par la sanglante bataille qui s'y est livrée. Beaucoup d'îles sont situées en face du continent de l'Attique, et sont, pour ainsi dire, à ses portes : Salamine, Sunium, Céos, Cos, où, d'après Varron, se firent pour la première fois, grâce aux progrès de l'art, des vêtements plus délicats pour la parure des femmes.

Bœotia Thebis enitet. Thebas condidit Amphion, non quod lyra saxa duxerit, neque enim par est ita gestum videri, sed quod affatus suavitate homines rupium incolas, et incultis moribus rudes, ad obsequii civilis pellexerit disciplinam. Urbs ista numinibus apud se ortis gloriatur, ut perhibent qui sacris carminibus Herculem et Liberum celebrant. Apud Thebas Helicon lucus est, Cithæron saltus, amnis Ismenus; fontes Arethusa, OEdipodia, Psamate, Dirce; sed ante alios Aganippe et Hipocrene, quos Cadmus, litterarum primus repertor, quoniam equestri exploratione deprehendisset, dum rimatur, quænam insideret loca; incensa est licentia poetarum, ut utrumque pariter disseminaretur, et quod aperta foret alitis equi ungula, et quod poti inspirationem facerent litterariam.

Eubœa insula laterum objectu efficit Aulidis portum, seculis traditum Graiæ conjurationis memoria. Bœoti idem sunt, qui Leleges fuerunt, per quos defluens Cephisos amnis in maria conditur. In hac continentia Opuntius sinus, Larissa oppidum, Delphi, Rhamne quoque, in qua Amphiarai fanum, et Phidiacæ signum Dianæ. Varro opinatur duo in Bœotia esse flumina, natura licet separi, miraculo tamen non discrepante : quorum alterum, si ovillum pecus debibat, pullum fieri coloris quod induerit; alterius haustu, quæcumque vellerum fusca sunt, in candidum verti. Addit videri ibi puteum pestilentem, cujus liquor mors est haurientibus.

Perdices sane, quum ubique liberæ sint, ut aves universæ, in Bœotia non sunt, nec quum volant sui juris, sed

Parmi les villes de Béotie, Thèbes tient le premier rang. Thèbes fut fondée par Amphion, non pas que les accords de sa lyre aient entraîné les pierres, mais parce que ses paroles persuasives firent passer à un état régulier de société des hommes qui n'habitaient que des rochers, et dont les mœurs étaient incultes. Cette ville se glorifie de divinités nées dans son sein, comme l'attestent les chants sacrés où l'on célèbre Hercule et Bacchus. Près de Thèbes se trouvent le bois sacré de l'Hélicon, le Cithéron, le fleuve Ismène, les fontaines Aréthuse, OEdipodie, Psamaté, Dircé, Aganippe et Hippocrène : ces deux dernières sont surtout fameuses. Cadmus, l'inventeur de l'écriture, les découvrit, dans une course à cheval, en cherchant le lieu où il devait s'arrêter. Les poëtes, pour donner à ces deux fontaines une égale renommée, ont supposé que Pégase, avait fait jaillir la première d'un coup de pied, et que toutes les deux inspiraient celui qui venait y boire.

L'île d'Eubée, en s'étendant de deux côtés, forme le port de l'Aulide, célèbre par la ligue des Grecs contre Troie. Les Béotiens étaient primitivement les Lélèges. Le Céphise passe en Béotie avant de se perdre dans la mer. Dans cette contrée se trouvent le golfe d'Oponte, la ville de Larisse, Delphes, Rhamne, où l'on remarque le temple d'Amphiaraüs et la statue de Diane, ouvrage de Phidias. Selon Varron, il y a en Béotie deux fleuves, dont les eaux, quoique provenant de sources distinctes, produisent un phénomène analogue : si des brebis viennent boire à l'un de ces fleuves, elles deviennent noires; si elles boivent à l'autre, leur laine devient blanche. Il ajoute qu'il y a aussi en Béotie un puits pestilentiel dont les eaux donnent la mort à celui qui en boit.

Les perdrix, qui partout sont libres, comme tous les autres oiseaux, ne le sont pas en Béotie; elles n'ont pas

in ipso aere, quas transire non audeant, metas habent; inde ultra notatos jam terminos nunquam exeunt, nec in Atticum solum transmeant. Hoc Bœotiis proprium : nam quæ communia sunt omnibus, generatim persequemur.

Concinnantur a perdicibus nidi munitione solerti : spineis enim fruticibus ac surculis receptus suos vestiunt, ut animalia, quæ infestant, arceantur asperis surculorum. Ovis stragulum pulvis est, ad quæ clanculo revertuntur, ne indicium loci conversatio frequens faciat. Plerumque feminæ transvehunt partus, ut mares fallant, qui eos affligunt impatientius sæpissime adulantes. Dimicatur circa connubium, victosque credunt feminarum vice venerem sustinere : ipsas libido sic agitat, ut si ventus a masculis flaverit, fiant prægnantes odore [59]. Tunc si quis hominum, ubi incubant, propinquabit, egressæ matres venientibus sese sponte offerunt, et simulata debilitate vel pedum, vel alarum, quasi statim capi possint, gressus fingunt tardiores. Hoc mendacio sollicitant obvios, et eludunt, quoad profecti longius a nidis avocentur. Nec in pullis studium segnius ad cavendum : quum enim visos se persentiscunt, resupinati glebulas pedibus attollunt, quarum obtentu tam callide proteguntur, ut lateant etiam deprehensi.

VIII. [*De Thessalia et Magnesia. Philippus oculum damnatus.*]

Thessalia eadem est et Hæmonia, quam Homerus Argos Pelasgicon nominat : ubi genitus Hellen, a quo

un vol indépendant : il y a dans l'air même des limites qu'elles n'osent franchir ; elles ne vont jamais au delà, et ne pénètrent pas dans l'Attique. Voilà ce qu'offrent de particulier les perdrix de la Béotie ; nous allons résumer ce qui est commun à tous les oiseaux de cette espèce.

Les perdrix savent habilement arranger et munir leurs nids : elles les couvrent de broussailles, de branches épineuses, dont les piquants écartent les animaux malfaisants. Elles forment un lit de poussière pour y déposer leurs œufs, vers lesquels elles retournent furtivement, de peur qu'un séjour trop assidu ne fasse découvrir le lieu qu'elles ont choisi. Souvent les femelles transportent ailleurs leurs œufs, pour tromper les mâles, qui les brisent dans leur impatience de satisfaire une trop vive passion. Vers l'époque de la pariade. les mâles se battent entre eux, et le vaincu, comme si c'était une femelle, subit, dit-on, la lubricité du vainqueur. Quant aux femelles, elles sont d'une ardeur telle, que le vent qui leur apporte l'odeur des mâles suffit pour les féconder. Si quelqu'un s'approche de l'endroit où couvent les mères, elles viennent à sa rencontre, et en feignant de souffrir des pattes ou des ailes, elles laissent croire, par leur lenteur, qu'on peut les prendre sans peine. C'est par cette feinte qu'elles excitent et trompent l'espoir de ceux qui se présentent, jusqu'à ce qu'ils soient bien loin de la couvée. Les petits ne se montrent pas moins soigneux de leur conservation : quand ils craignent d'avoir été vus, ils se couchent sur le dos, et, à l'aide de leurs pattes, ils élèvent sur eux de petits tas de terre, dont ils se couvrent avec tant d'adresse qu'ils échappent même à la vue de celui qui vient de les surprendre.

VIII. [*De la Thessalie et de la Magnésie. Philippe privé d'un œil.*]

La Thessalie est la même contrée que l'Hémonie. appelée par Homère l'Argos Pélasgique. C'est là que naquit

rege Hellenes nominati. Hujus a tergo Pieria ad Macedoniam protenditur, quæ devicta sub Macedonum venit jugum. Multa ibi oppida, multa flumina. De oppidis egregia sunt Phthia, Larissa Thessala, et Thebæ. De amnibus Peneus, qui præter Ossam Olympumque decurrens colle dextra lævaque molliter curvo, nemorosis convallibus Thessalica facit Tempe, undisque apertior Macedoniam ac Magnesiam interluens, in Thermæum sinum decidit. Thessaliæ sunt Pharsalici campi, in quibus civilium bellorum detonuerunt procellæ. Ac ne in montes notos eamus, Pindum et Othryn agitent, qui Lapitharum originem prosequuntur; Ossam, quos Centaurorum stabulis immorari juvat. Pelion autem nuptiale convivium Thetidis atque Pelei in tantum notitiæ obtulit, ut taceri de eo magis mirum sit.

In regione Magnesia Mothona oppidum situm est, quod quum obsideret Philippus Macedonis Magni pater, damnatus est oculum jactu sagittæ, quam jecerat Aster oppidanus inscriptam suo nomine, loco vulneris, nomine quem petebat[60]. Populum istum callere arte sagittaria credere possumus vel de Philocteta, quoniam Melibœa in hoc pede computatur. Sed ne transeamus præsidium poetarum, fons Libethrius et ipse Magnesiæ est.

IX. Macedonia cum regibus, de natura Olympi montis, et lapide pæanite.

Qui Edonii olim populi, quæque Mygdonia erat terra, aut Pierium solum, vel Emathium, nunc omne uniformi

Hellen, ce roi qui donna son nom aux Hellènes. Derrière la Thessalie s'étend jusqu'à la Macédoine la Piérie, que la victoire soumit au joug des Macédoniens. Elle renferme beaucoup de villes et de fleuves. Les villes remarquables sont Phthie, Larisse de Thessalie et Thèbes. Parmi les fleuves on distingue le Pénée, qui descend, entre l'Ossa et l'Olympe, d'une colline légèrement inclinée à droite et à gauche, dans cette longue vallée boisée que l'on nomme Tempé; ce fleuve, dont ensuite les eaux plus abondantes coulent entre la Macédoine et la Magnésie, se jette dans le golfe de Thermes. En Thessalie sont les plaines de Pharsale, où fit explosion l'orage des guerres civiles. Pour ne pas parler de montagnes trop connues, laissons la description du Pinde et de l'Othrys à ceux qui s'occupent de l'origine des Lapithes; celle de l'Ossa à ceux qu'intéressent les étables des Centaures. Le Pélion est tellement célèbre par le festin nuptial de Thétis et de Pélée, que l'on s'étonnerait à plus juste titre de le voir omis.

Dans la Magnésie se trouve Mothone. Philippe, le père d'Alexandre le Grand, au siége de cette ville, fut atteint à l'œil d'une flèche lancée par un de ses habitants appelé Aster, qui sur cette flèche avait désigné et le nom de celui qui la lançait, et l'endroit qu'elle devait frapper, et le nom de celui auquel elle était adressée. Nous pouvons conjecturer que ce peuple excellait dans l'art de lancer les flèches par l'exemple seul de Philoctète, puisque Mélibée fait partie de cette contrée. Pour ne pas omettre une source inspiratrice des poëtes, citons la fontaine de Libethra qui se trouve également dans la Magnésie.

IX. *De la Macédoine et de ses rois, de la nature du mont Olympe, et de la pierre dite péanite.*

Le pays qu'habitaient autrefois les Édones, et que l'on appelait Mygdonie, Piérie, Émathie, est aujourd'hui

vocabulo Macedonica res est; et partitiones, quæ specialiter antea sejugabantur, Macedonum nomini contributæ, factæ sunt corpus unum. Igitur Macedoniam præcingit Thracius limes; meridiana Thessali et Epirotæ tenent; a vesperali plaga Dardani sunt et Illyrii; qua septentrione tunditur, Pœonia ac Pelagonia protegitur; a Triballis, montanis excessibus aquilonio frigori objecta. Inter ipsam et Thraciam Strymon amnis facit terminum, qui ab Hæmi jugis irrigat.

Verum ut sileam aut Rhodopen Mygdonium montem, aut Athon classibus Persicis navigatum, continentique abscissum mille quingentorum passuum longitudine, simul de auri venis et argenti, quæ optimæ in agris Macedonum et plurimæ eruuntur, Orestidem dicam. Populi sunt, qui ut Orestæ dicerentur, inde cœptum. A Mycenis profugus matricida, quum abscessus longius destinasset, natum sibi in Emathia parvulum de Hermiona[61], quam in omnes casus sociam adsciverat, hic mandaverat occulendum. Adolevit puer in spiritum regii sanguinis, nomen patris sui referens; occupatoque quidquid esset, quod procedit in Macedonicum sinum, et Adriaticum salum, terram, cui imperitaverat, Orestidem dixit.

Admonet Phlegra, ubi, antequam oppidum fieret, rumor est, militia mundi dimicatum cum gigantibus[62], ut penitus persequamur, quantis probationibus ibidem imperii indicia divinæ expeditionis in hoc seculo perseveraverint. Illic si quando, ut accidit, nimbis torrentes excitantur, et aucta aquarum pondera ruptis obicibus valentius se in campos ruunt, eluvione ossa etiam nunc

connu sous le nom uniforme de Macédoine; les différentes parties de cette contrée, qui formaient autrefois autant d'États distincts, ont été réunies en un seul, auquel les Macédoniens ont imposé leur nom. La Macédoine est d'un côté bornée par la Thrace; ses limites, au midi, sont la Thessalie et l'Épire; à l'ouest, la Dardanie et l'Illyrie; au nord, la Péonie et la Pélagonie. Du côté des Triballes, de hautes montagnes l'exposent au souffle glacé des vents du nord. Enfin le Strymon, qui descend de l'Hémus, sépare la Macédoine de la Thrace.

Pour ne parler ni du mont Rhodope en Mygdonie, ni de l'Athos, rendu navigable pour l'armée des Perses, et dont le détroit qu'ils ouvrirent a un mille et demi de long, je dirai un mot des riches et nombreuses mines d'or et d'argent que l'on exploite en Macédoine, et en même temps de l'Orestide. Voici l'origine du nom d'Orestes, donné aux habitants de ce pays. Parti de Mycènes en fugitif, après le meurtre de sa mère, Oreste, qui voulait porter plus loin ses pas, laissa secrètement en Émathie un jeune enfant, qu'il avait eu dans cette contrée d'Hermione, la compagne de sa vie infortunée. Cet enfant grandit, plein de l'orgueil qu'inspire un sang royal, et portant le nom de son père; puis, après s'être emparé de tout le territoire qui s'étend entre la Macédoine et la mer Adriatique, il donna le nom d'Orestide au pays sur lequel il avait régné.

Phlegra, qui, avant d'être une ville, fut, dit-on, le théâtre du combat des dieux et des géants, m'avertit de rappeler les preuves qui dans cette contrée attestent maintenant encore l'expédition divine. Si parfois en ces lieux, et cela arrive, les pluies amènent des torrents, et que les eaux, brisant toute digue, se précipitent dans les champs avec violence, aujourd'hui même, l'inondation met à découvert des os, semblables à ceux des corps

ferunt detegi, ad instar quæ sunt e corporibus humanis, sed modo grandiora, quæ ob enormem magnitudinem monstrosi exercitus jactitant exstitisse, idque adjuvatur argumento saxorum immanium, quibus oppugnandum impetitum cœlum crediderunt.

Pergam ad residua, quæ in Thessaliam et Athamaniam contendunt. Sunt enim arrectiora, quam usquam proceritas montana attolli valet; nec est in terris omnibus, quod merito ad istas eminentias comparetur : quippe quas solas diluvialis irruptio, quum universa obduceret humido situ, inaccessas reliquit. Durant vestigia non languidæ fidei, quibus apparet, hos locos superstites undosæ tempestati fuisse : nam in latebrosis rupium cavaminibus, quæ fluctuum confligiis tunc adesa sunt, reduviæ conchyliorum residerunt, et alia multa, quæ affatim mari incito exspuuntur : ita ut, sint licet facie mediterranea, appareant tamen specie litorali. Nam Olympum ab Homero non per audaciam celebratum[63] docent quæ in eo visitantur. Primum excellenti vertice tantus attollitur, ut summa ejus cœlum accolæ vocent. Ara est in cacumine, Jovi dicata, cujus altaribus si qua de extis inferuntur, nec difflantur ventosis spiritibus, nec humentibus pluviis diluuntur : sed volvente anno cujusmodi relicta fuerint, ejusmodi reperiuntur; et omnibus tempestatibus a corruptelis aurarum vindicatur, quidquid ibi semel est deo consecratum. Litteræ in cinere scriptæ ad usque alteram anni cærimoniam permanent.

Nunc de incolis reddam. Emathius, qui primus in Emathia accepit principatum, seu quia indago originis ejus ævo disperiit, seu quia ita res est, genuinus terræ

humains, mais d'une dimension bien plus grande, et dont l'énormité annonce l'ancienne existence d'une armée monstrueuse ; et ce qui vient à l'appui de cette assertion, c'est la grandeur démesurée de rochers, qui, dit-on, servirent à l'attaque du ciel.

J'arrive au reste des montagnes qui s'étendent dans la Thessalie et dans l'Athamanie. Elles sont plus élevées qu'aucune autre, et il n'est rien dans l'univers qu'on puisse avec raison leur comparer ; car ce sont les seules que le débordement diluvien, qui étendit partout son ravage, n'ait pas atteintes. Il y a des preuves incontestables que les eaux n'y sont pas arrivées : dans les flancs caverneux des rochers que minèrent alors les flots furieux, on trouve des aspérités produites par des coquillages, et d'autres objets que la mer agitée rejette en abondance, de sorte que ces rochers, quoique situés au milieu des terres, présentent l'aspect d'un rivage. Les merveilles du mont Olympe montrent que c'est à juste titre qu'Homère l'a célébré : d'abord son sommet est si élevé que les habitants du pays l'appellent le ciel. Sur la cime du mont est un autel dédié à Jupiter. S'il reste quelque chose après le sacrifice des victimes que l'on y offre, les vents ne le dissipent pas, les pluies ne le détrempent pas ; mais après une année, les restes se retrouvent tels qu'ils avaient été laissés ; et quelle que soit la température, les vents respectent ce qui une fois a été consacré au dieu. Les lettres écrites sur la cendre subsistent jusqu'au renouvellement de la cérémonie annuelle.

Je vais parler maintenant des habitants de cette contrée. Emathius, qui le premier régna en Émathie, est regardé comme fils de la terre, soit parce que les traces

habetur. Post hunc in Macedonis exortum Emathiæ nomen perstitit : sed Macedo Deucalionis maternus nepos, qui solus quum domus suæ familia morti publicæ superfuerat, vertit vocamen, Macedoniamque a se dixit. Macedonem Caranus insequitur dux Peloponnesiæ multitudinis, qui juxta responsum dictum deo, ubi caprarium pecus resedisse adverterat, urbem condidit, quam dixit Ægeas, in qua sepeliri reges mos erat : nec alter excellentium virorum bustis apud Macedones priscos dabatur locus. Succedit Carano Perdicca, vigesima secunda olympiade, primus in Macedonia rex nominatus, cui Alexander Amyntæ filius Dives habitus, nec immerito : ita enim affluenter successus ejus ampliandis opibus proficiebant, ut ante omnes Apollini Delphos, Jovi Eliden statuas aureas dono miserit. Voluptati aurium indulgentissime deditus : sicut plurimos qui fidibus sciebant, dum vivit, in usum oblectamenti donis tenuit liberalibus, inter quos et Pindarum lyricum. Ab hoc Archelaus regnum excepit, prudens rei bellicæ, navalium etiam commentor prœliorum. Hic Archelaus in tantum litterarum mire amator fuit, ut Euripidi tragico consiliorum summam concrederet : cujus suprema non contentus prosequi sumptu funeris, crines tonsus est, et mœrorem, quem animo conceperat, vultu publicavit. Idem Archelaus Pythias et Olympicas palmas quadrigis adeptus, Græco potius animo, quam regali, gloriam illam præ se tulit.

Post Archelaum Macedonica res dissensione jactata in Amyntæ regno stetit, cui tres filii; sed Alexander patri

de son origine se sont perdues, soit parce qu'il en est effectivement ainsi. Depuis ce prince jusqu'à la naissance de Macedo, le nom d'Émathie a subsisté; mais Macedo, petit-fils maternel de Deucalion, qui seul avec sa famille avait échappé à la ruine du monde, appela ce pays Macédoine, d'après son propre nom. Après Macedo, vient un chef de Péloponnésiens, Caranus, qui, d'après une réponse de l'oracle, fonda, aux lieux où il avait remarqué que s'était arrêté son troupeau de chèvres, une ville du nom d'Égée, où il était d'usage d'ensevelir les rois: les anciens Macédoniens n'avaient pas d'autre emplacement pour les tombeaux de leurs grands hommes. A Caranus succéda Perdiccas, vers la vingt-deuxième olympiade: c'est le premier qui en Macédoine ait porté le nom de roi. A Perdiccas succéda Alexandre, fils d'Amyntas, nommé le Riche; et ce n'est pas sans raison: il fut si habile à augmenter ses richesses, qu'il put, le premier de tous, envoyer en présent à Delphes pour Apollon, en Élide pour Jupiter, des statues d'or. Il recherchait extrêmement le plaisir de l'oreille: il s'attacha, pour son agrément, par de riches présents, ceux qui savaient jouer de la lyre, et entre autres le poëte Pindare. Après lui régna Archelaüs, consommé dans le métier des armes, et non moins illustre par les combats qu'il livra sur mer. Cet Archelaüs aimait tellement les lettres, qu'il consultait Euripide pour la plus grande partie des affaires de son gouvernement: il ne se contenta pas de faire les frais des funérailles du poëte, il se fit couper les cheveux, et son extérieur témoigna de la tristesse de son âme. Vainqueur à une course de chars, aux jeux Pythiens et aux jeux Olympiques, ce même Archelaüs se fit gloire, en Grec plutôt qu'en roi, de ce double succès.

Après Archelaüs des troubles agitèrent la Macédoine, qui passa sous les lois d'Amyntas. Amyntas eut trois fils,

succedit. Quo exempto, Perdiccæ primum data copia amplissimæ potestatis indipiscundæ : qui obiens hereditarium regnum fratri Philippo reliquit, quem captum oculo dextro apud Mothonam supra diximus; cujusque debilitatis omen præcesserat: nam quum nuptias ageret, acciti tibicines carmen Cyclopium quasi de colludio concinuisse traduntur. Philippus Magnum procreat, quamlibet Olympias, Alexandri mater, nobiliorem ei patrem acquirere affectaverit, quum se coitu draconis consatam affirmaret. Ita tamen ipse egit, ut deo genitus crederetur. Peragravit orbem, rectoribus Aristotele et Callisthene usus; subegit Asiam, Armeniam, Iberiam, Albaniam, Cappadociam, Syriam, Ægyptum; Taurum Caucasumque transgressus est; Bactros domuit; Medis et Persis imperavit; cepit Indiam, emensus omnia. Liber et Hercules accesserant. Forma supra hominem augustiore, cervice celsa, lætis oculis et illustribus, malis ad gratiam rubescentibus, reliquis corporis non sine majestate quadam decoris. Victor omnium, vino et ira victus : sicut morbo vinolentiæ apud Babylonem humiliore, quam vixerat, fortuna exemptus est. Post quem qui fuerunt, magis segetem Romanæ gloriæ, quam ad hereditatem tanti nominis, ortos invenimus.

Macedonia lapidem gignit, quem pæanitem vocant. Hunc eumdem et concipere et parere et parturientibus opitulari, fama prodiga est. Circa Tiresiæ sepulcrum plurimus invenitur.

ce fut Alexandre qui succéda à son père. A la mort d'Alexandre, Perdiccas obtint le souverain pouvoir, dont, mourant lui-même, il laissa l'héritage à Philippe, son frère : c'est ce même Philippe qui, comme nous l'avons dit plus haut, perdit l'œil droit au siége de Mothone. Un présage avait précédé cet accident : aux noces de Philippe, les joueurs de flûte qu'on avait appelés firent entendre, dit-on, l'air des Cyclopes, comme s'il y eût eu collusion entre eux. Philippe fut le père d'Alexandre le Grand, quoique la mère de ce dernier, Olympias, ait voulu attribuer à son fils une naissance plus remarquable, en supposant qu'elle avait eu commerce avec un dragon. Pour lui, il se distingua tellement qu'on put le croire fils d'un dieu. Ses maîtres furent Aristote et Callisthène; il parcourut l'univers les armes à la main; il soumit l'Asie, l'Arménie, l'Ibérie, l'Albanie, la Cappadoce, la Syrie, l'Égypte. Il franchit le Taurus et le Caucase, conquit la Bactriane, dicta des lois aux Mèdes et aux Perses, et enfin, après avoir traversé le monde, il s'empara de l'Inde, où avaient pénétré Bacchus et Hercule. Son visage avait un air de majesté plus qu'humaine; il portait la tête haute; il avait les yeux vifs et brillants, les joues un peu rouges, mais de manière à plaire, et d'ailleurs dans son ensemble un aspect imposant. Vainqueur en tout, il fut vaincu par la colère et le vin : la maladie qui l'emporta à Babylone fut causée par l'ivresse, et ainsi sa mort ne fut pas digne de sa vie. Ceux qui lui succédèrent, semblèrent être nés plutôt pour être un aliment à la gloire de Rome, que pour hériter d'un si grand nom.

On trouve en Macédoine une pierre que l'on nomme péanite. Cette pierre, si l'on en croit la renommée, conçoit et produit d'autres pierres, et sert dans les accouchements. On en trouve beaucoup près du tombeau de Tirésias.

X. Thracia cum moribus gentium. In ea de gruibus, de hirundinibus, de isthmo.

Nunc in Thraciam locus pergere, et ad validissimas Europæ gentes vela vertere : quas qui sedulo experiri velint, non difficulter deprehendent, Thracibus barbaris inesse contemptum vitæ ex quadam naturalis sapientiæ disciplina. Concordant omnes ad interitum voluntarium, dum nonnulli eorum putant, obeuntium animas reverti; alii non exstingui, sed beatas magis fieri. Apud plurimos luctuosa sunt puerperia; denique recens natum fletu parens excipit; contraversum læta sunt funera, adeo ut exemptos gaudiis prosequantur. Uxorum numero se viri jactitant, et honoris loco judicatur multiplex matrimonium. Quæ feminæ tenaces sunt pudicitiæ, insiliunt defunctorum rogos conjugum, et, quod maximum insigne ducunt castitatis, præcipites in flammas eunt. Nupturæ non parentum arbitrio transeunt ad maritos, sed quæ præ aliis specie valent, subhastari volunt, et licentia taxationis admissa, non moribus nubunt, sed præmiis; quas formæ premit dedecus, dotibus emunt quibus conjungantur. Uterque sexus epulantes focos ambiunt, herbarum, quas habent, semine ignibus superjacto; cujus nidore perculsi, pro lætitia habent imitari ebrietatem sensibus sauciatis. De ritu ista sunt; de locis et populis, quæ sequuntur.

Strymonem accolunt dextro latere Denselatæ; Bessorum quoque multa nomina ad usque Nestum amnem, qui radices Pangæi circumfluit. Hebrum Odrysarum

X. De la Thrace, des mœurs de ses habitants, et, dans la Thrace, des grues, des hirondelles, de l'isthme.

Il est temps maintenant de parcourir la Thrace, et de nous diriger du côté des nations les plus redoutables de l'Europe. Quiconque les étudiera avec attention, comprendra facilement que le peuple barbare de Thrace méprise la vie par une sorte de sagesse instinctive. Tous penchent pour la mort volontaire; quelques-uns croient que les âmes des morts reviennent sur la terre; d'autres, qu'elles ne sont pas anéanties, mais qu'elles deviennent plus heureuses. La plupart regardent la naissance d'un enfant comme un malheur : le père accueille le nouveau-né par des pleurs; les funérailles, au contraire, sont un sujet de gaîté, et l'on y fait aux morts un joyeux adieu. Les hommes se glorifient du nombre de leurs femmes; c'est un honneur que d'en avoir beaucoup. Les femmes, qui se font une loi de respecter la pudicité, montent sur le bûcher de l'époux qu'elles ont perdu, et pensent donner un exemple éclatant de chasteté en se précipitant au milieu des flammes. Ce n'est pas la volonté des parents qui détermine les mariages. Les femmes dont la beauté est remarquable se mettent à l'encan, et, par suite d'une estimation, épousent le caractère moins que l'argent; celles qui n'ont pas le don de la beauté achètent avec leur dot celui qu'elles épousent. Dans les festins, les deux sexes se tiennent autour d'un feu où l'on jette des semences de plantes dont l'odeur frappe les sens; et alors c'est pour eux un bonheur de feindre l'ivresse. Voilà ce qui concerne leurs mœurs; passons maintenant aux lieux et aux habitants de cette contrée.

Sur les bords du Strymon, à droite, sont les Denselates; les Besses forment un grand nombre de peuplades jusqu'au Nestus, fleuve qui coule aux pieds du mont

solum fundit, qui fluvius excurrit inter Priantas, Doloncos, Thynos, Corpilos, aliosque barbaros tangit, et Ciconas. Deinde Hæmus sex millibus passuum arduus, cujus aversa Mœsi, Getæ, Sarmatæ, Scythæ, et plurimæ insidunt nationes. Ponticum litus Sithonia gens obtinet, quæ nato ibi Orpheo vate inter principes judicatur: quem sive sacrorum, sive cantuum, secreta in Sperchivo promontorio agitasse tradunt. Deinde stagnum Bistonium. Nec longe regio Maronea, in qua Tirida oppidum fuit, equorum Diomedis stabulum; sed cessit ævo, solumque turris vestigium adhuc durat. Inde non procul urbs Abdera, quam Diomedis soror et condidit, et a se sic vocavit. Mox Democriti domus physici; ac, si verum rimere, ideo nobilior. Hanc Abderam, olympiade prima et tricesima senio collapsam, Clazomenii ex Asia ad majorem faciem restitutam, oblitteratis quæ præcesserant, nomini suo vindicaverunt. Locum Doriscon illustrem reddidit Xerxis adventus[64], quod ibi recoluit militis sui numerum. Polydori tumulum ostendit Ænus in parte, quam aratores Scythæ celebrant.

Quondam urbem Geraniam, Cathizon barbari vocant: unde a gruibus Pygmæos ferunt pulsos. Manifestum sane est, in septentrionalem plagam hieme grues frequentissimas convolare. Nec piguerit meminisse, quatenus expeditiones suas dirigant. Sub quodam militiæ eunt signo, et ne pergentibus ad destinata vis flatuum renitatur, arenas devorant, sublatisque lapillulis ad moderatam gravitatem saburrantur. Tunc contendunt in altissima, ut de excelsiori specula metentur quas petant terras.

Pangée. Les Odryses voient naître l'Hèbre, qui arrose le pays des Priantes, des Dolonques, des Thynes, des Corpiles, d'autres barbares, et enfin des Cicones. L'Hémus, dont la hauteur est de six mille pas, a pour habitants sur la pente opposée les Mésiens, les Gètes, les Sarmates, les Scythes, et un grand nombre d'autres peuples. Sur la côte du Pont sont les Sithoniens, qui doivent leur illustration à la naissance du poëte Orphée, qui, dit-on, célébrait les mystères des dieux, et faisait entendre ses chants sacrés sur le promontoire du Sperchius. Vient ensuite le lac Bistonien, et non loin la contrée du Maronée, où fut la ville de Tirida, célèbre par les haras de Diomède : il ne reste plus de cette ville que les débris d'une tour. A une petite distance est Abdère, ville fondée par la sœur de Diomède, qui lui donna son nom. On voit près d'Abdère la maison du philosophe Démocrite, ce qui certes est un grand honneur pour cette ville. Abdère tombait en ruines vers la trente et unième olympiade ; les Clazoméniens, venus d'Asie, la rétablirent, firent disparaître les restes de l'ancienne ville, et lui donnèrent leur nom. La plaine de Dorisque est célèbre par l'arrivée de Xerxès, qui y fit le dénombrement de son armée. Énos nous offre le tombeau de Polydore, dans cette partie qu'habitent les Scythes qui s'adonnent au labourage.

Les barbares appellent Cathize l'ancienne ville de Géranie, d'où les Pygmées furent, dit-on, chassés par les grues : il est certain d'ailleurs que les grues affluent l'hiver dans le nord du pays. La marche qu'elles suivent dans leurs expéditions est curieuse. Elles ont une sorte de drapeau de guerre, et pour que la violence du vent ne retarde pas leur arrivée au but qu'elles veulent atteindre, elles avalent du sable et se lestent avec un poids modéré de petits cailloux. Alors elles s'élèvent très-haut, pour déterminer de ces régions élevées de l'air la distance

Fidens meatu præit catervas; volatus desidiam castigat voce, quæ cogit agmen; ea ubi obraucata est, succedit alia. Pontum transituræ angustias captant; et quidem eas, nam promptum est oculis deprehendere, quæ inter Tauricam sunt et Paphlagoniam, id est inter Carambim, et Κριοῦ μέτωπον. Quum contra medium alveum adventasse se sciunt, scrupulorum sarcina pedes liberant: ita nautæ prodiderunt, compluti sæpe ex illo casu imbre saxatili. Arenas non prius revomunt, quam securæ sedis suæ fuerint. Concors cura omnium pro fatigatis adeo, ut si quæ defecerint, congruant universæ, lassatasque sustollant, usque dum vires otio reciperentur. Nec in terra cura segnior. Excubias nocte dividunt, ut exsomnis sit decima quæque. Vigiles pondiscula digitis amplectuntur, quæ, si forte exciderint, somnum coarguant. Quod cavendum erit, clangore indicant. Ætatem in illis prodit color: nigrescunt senectute.

Veniamus ad promontorium Ceras Chryseon Byzantio oppido nobile, antea Lygos dictum: quod a Dyrrachio abest septingentis undecim millibus passuum: tantum enim patet inter Adriaticum mare et Propontidem.

In Ceniensi regione non longe a Flaviopoli colonia Bizye oppidum, quondam arx Terei regis, invisum hirundinibus, et deinceps alitibus illis inaccessum; quanquam et Thebas, quod illa mœnia sæpius capta sint, negentur subire. Nam inter cetera habere illas quiddam præscium, inde noscitur quod lapsura non petunt culmina, et aspernantur peritura quoquo modo tecta.

des pays où elles doivent se rendre. La plus hardie s'avance en tête de la troupe; celle qui ferme la marche crie pour hâter la lenteur du vol, et, quand vient l'enrouement, une autre lui succède. Quand elles vont traverser le Pont-Euxin, elles recherchent les détroits, et, comme on peut le voir d'ailleurs, celui surtout qui sépare la Taurique de la Paphlagonie, c'est-à-dire qui s'étend entre Carambis et Criu-Métopon. Quand elles voient qu'elles approchent du milieu du trajet, elles laissent tomber de leurs pattes les graviers : c'est ce qu'ont raconté les navigateurs qui souvent ont reçu cette pluie de pierres. Elles ne rejettent de la gorge le sable, que quand elles sont arrivées à leur destination. Elles ont tant de soin pour celles d'entre elles qui sont fatiguées, que si quelqu'une manque de force, elles la soutiennent, et la portent jusqu'à ce que le repos l'ait rétablie. Sur terre elles n'ont pas moins de vigilance; elles posent la nuit des sentinelles : de sorte que sur dix il y en a une qui veille. Celle-ci tient dans une de ses pattes de petites pierres, dont la chute l'avertit qu'elle succombe au sommeil. Elle indique par le battement de ses ailes les dangers imminents. On reconnaît l'âge des grues par leur couleur : elles noircissent en vieillissant.

Venons maintenant au cap Chrysoceras, qu'illustre Byzance, autrefois appelée Lygos, distante de sept cent onze mille pas de Dyrrachium : telle est, en effet, la distance de l'Adriatique à la Propontide.

Dans la Cénique, non loin de la colonie de Flaviopolis, se trouve la ville de Byzie, autrefois la résidence du roi Terée, odieuse aux hirondelles, qui n'en approchent plus. On dit aussi qu'elles ne viennent pas à Thèbes, parce que cette ville a souvent été prise. Entre autres prérogatives, elles ont une sorte de prescience, ce que l'on reconnaît en ce qu'elles n'abordent pas les maisons qui vont tomber en ruines, les toits qui menacent de s'é-

Minime certe a diris avibus impetuntur[65], nec unquam præda sunt, ut sacræ. Cibos non sumunt resistentes, sed in aere capiunt escas, et hauriunt.

Alter Isthmos in Thracia est similibus angustiis, et pari latitudine arcti maris, cujus litora urbes utrinque secus ostentant. Propontidis oram insignit Pactye, Melanem sinum Cardia : quod in cordis faciem sita sit, dicta Cardia est. Omnis Hellespontus stringitur in stadia septem, quibus ab Europa Asiaticam plagam vindicat. Hic quoque urbes duæ, Abydos Asiæ est, Sestos Europæ. Deinde contraria inter se promontoria : Mastusia Cherronesi, ubi finitur Europæ sinus tertius, Sigeum Asiæ, in quo tumulus est Cynossema dictus, Hecubæ sepulcrum, et turris Protesilai delubro data. Finibus Thraciæ a septentrione Ister obtenditur, ab oriente Pontus ac Propontis, a meridie Ægæum mare.

XI. Claræ insulæ, et in insulis clara. In Creta herba alimos, animal phalangium, lapis Idæus dactylus. In Carysto aves Carystiæ, item carbasum. In Delo tempora diluviorum, et aves coturnices.

Inter Tenedum et Chium, qua Ægæus sinus panditur, ab dextera Antandrum navigantibus saxum est : hoc enim verius quam insula meruit cognominari. Id quoniam visentibus procul capræ simile creditur, quam Græce αἴγα nuncupant, Ægæus sinus dictus est. A Phalario Corcyræ promontorio ad navis effigiem scopulus eminet, in quem transfiguratam Ulyxis navem crediderunt. Cytheræ, quæ a Malea abest quinque millibus passuum, Porphyris antea nomen fuit.

Pronius est Cretam dicere, quam absolvere in quo mari jaceat. Ita enim circumflui illius nomina Græci

crouler. Les oiseaux de proie ne les attaquent pas : elles sont sacrées pour eux. Ce n'est pas en s'arrêtant qu'elles se nourrissent; c'est en volant qu'elles prennent et avalent les aliments dont elles subsistent.

Un autre isthme en Thrace est aussi resserré, et offre dans une mer étroite la même largeur que celui de Corinthe; ses rivages présentent deux villes en face l'une de l'autre : sur la Propontide Pactye, sur le golfe Mélane Cardie, qui tira son nom de sa forme en cœur. L'Hellespont entier est resserré en sept stades, qui séparent l'Europe et l'Asie. Là aussi se trouvent à l'opposite deux villes : Abydos en Asie, Sestos en Europe; puis deux promontoires également opposés : celui de Mastusie dans la Chersonnèse, où finit le troisième golfe d'Europe; celui de Sigée en Asie, où se trouvent le tombeau d'Hécube, appelé *Cynossema*[1], et la tour sacrée de Protésilas. Sur les frontières de la Thrace est au nord l'Ister, à l'est le Pont-Euxin et la Propontide, au midi la mer Égée.

XI. Iles remarquables; et choses remarquables dans ces îles. En Crète, la plante alimos, l'animal phalangien, la pierre idéenne, nommée dactyle. Aux environs de Caryste, les oiseaux carystiens, le lin carystien. A Délos, les époques des déluges, et les cailles.

Entre Ténédos et Chio, où s'étend le golfe d'Égée, à droite se trouve le rocher d'Antandre, connu des navigateurs : car il mérite le nom de rocher plutôt que celui d'île. Comme le rocher semble de loin bondir, ainsi qu'une chèvre (dont le nom grec est αἴξ), le golfe a reçu le nom d'Égée. Après le cap Phalare qui appartient à Corcyre, on voit s'élever, semblable à un navire, un rocher qui fut, dit-on, le vaisseau d'Ulysse. Cythère, située à cinq milles de Malée, eut autrefois le nom de Porphyris.

Il est plus facile de parler de la Crète que de la mer où

[1] Le tombeau de la chienne.

permiscuerunt, ut dum aliis alia inferunt, pæne oblimaverint universa. Quantam potest tamen in designando operam locabimus, ne quid hæreat sub ancipiti. Inter ortum porrigitur et occasum tractu longissimo, hinc Græcia, inde Cyrenis objacentibus : a septentrione Ægæis et suis, id est Creticis æstibus verberatur : ab austro Libycis undis perfunditur et Ægyptiis, non stipata centum urbibus, sicut perhibent qui prodige lingua largiti sunt, sed magnis et ambitiosis oppidis : quorum principatus est penes Gortynam, Cydoneam, Gnoson, Therapnas, Cylisson. Dosiades eam a Crete nympha [66] Hesperidos filia, Anaximander a Crete rege Curetum, Crates Aeriam prius dictam, mox Curetin, nonnulli etiam a temperie cœli Μακάρων νῆσον appellatam prodiderunt. Prima mari potuit remis et sagittis. Prima litteris jura junxit. Pyrrho repertore [67] equestres turmas prima docuit lascivas vertigines implicare: ex qua disciplina bellicæ rei ratio convaluit. Studium musicum inde cœptum, quum Idæi Dactyli modulos crepitu ac tinnitu æris deprehensos in versificum ordinem transtulissent. Albet jugis montium Dictynnæi et Cadisti, qui ita excandescunt, ut eminus navigantes magis putent nubila. Præter ceteros Ida est, qui ante solis ortum solem videt. Varro, in opere quod de litoralibus est, etiam suis temporibus affirmat sepulcrum Jovis ibi visitatum. Cretes Dianam religiosissime venerantur, Britomarten gentiliter nominantes, quod sermone nostro sonat virginem dulcem. Ædem numinis præterquam nudus vestigia nullus licito ingreditur. Ea ædes ostentat manus Dædali. Gortynam amnis Lethæus præterfluit, quo Europam tauri dorso Gortyni ferunt vectitatam. Idem Gortyni et Atymnum

elle est en effet située. Les Grecs ont tellement changé, tellement multiplié les noms de cette mer, qu'ils ont tout embrouillé. Nous mettrons cependant tous nos soins à éclaircir ce point, pour ne rien laisser de douteux. Elle s'étend très-longuement de l'est à l'ouest, ayant en face la Grèce d'un côté, de l'autre Cyrène. Au nord elle est battue par les eaux de la mer Égée et par ses propres flots, c'est-à-dire ceux de la mer Crétique ; au midi les eaux de la Libye et de l'Égypte la baignent : elle n'a pas cent villes, comme on l'a dit avec exagération, mais elle a de grandes et magnifiques villes, dont les principales sont Gortyne, Cydonée, Gnose, Thérapnes, Cylisse. Son nom vient, selon Dosiade, de la nymphe Crété, fille d'Hespéride ; selon Anaximandre, de Crès, roi des Curètes ; Cratès dit qu'elle fut appelée d'abord Aéria, puis Curétis ; d'autres disent que sa température lui fit donner le nom d'île des Heureux. La Crète est le premier pays où la rame et les flèches aient été employées, où les lois aient été écrites. C'est là que Pyrrhus établit le premier des danses équestres, qui servirent au maintien de la discipline militaire. L'étude de la musique date de l'époque où les dactyles idéens ont assujetti au rhythme de la versification le bruit et le tintement de l'airain. Le sommet des monts Dyctine et Cadiste est blanc, et de loin les navigateurs croient voir des nuages. Entre toutes les montagnes, citons l'Ida, qui voit le soleil avant qu'il soit levé. Varron, dans son ouvrage sur les Côtes de la mer, dit que même de son temps on allait visiter le tombeau de Jupiter. Les Crétois ont pour Diane la plus grande vénération, et la nomment, dans leur langage, Britomarte, ce qui chez nous signifie douce vierge. On ne peut entrer que nu dans le temple de la divinité. Ce temple a été construit par Dédale. Près de Gortyne coule le fleuve Léthé, dans lequel Europe fut, disent les Gortyniens, emportée par un taureau. Ces mêmes Gortyniens ont établi un culte pour le frère d'Europe,

colunt, Europæ fratrem : ita enim memorant. Videtur hic, et occurrit, sed die jam vesperato augustiori se facie visendum offerens. Gnosii Minervam civem deam numerant, primumque apud se fruges satas audacter cum Atticis contendunt. Ager Creticus silvestrium caprarum copiosus est, cervo eget. Lupos, vulpes, aliaque quadrupedum noxia nusquam educat. Serpens nulla, larga vitis, mira soli indulgentia, arborarii proventus abundantes : nam in hujus tantum insulæ parte repullulant cæsæ cupressi.

Herba ἅλιμος dicitur; ea admorsa diurnam famem prohibet; proinde et hæc Cretica est. Sphalangion[68], aranei genus est; si nisum quæras, nulla vis est; si potestatem, ictum hominem veneno interficit. Lapis quoque Idæus dactylus dicitur insulæ isti familiaris, coloris ferrei, humano pollici similis. Avem noctuam Creta non habet; et si invehatur, emoritur.

Carystos aquas calentes habet, Hellopias vocant; et Carystias aves, quæ flammas impune involant; carbasa etiam, quæ inter ignes valent. Calchis eadem habita est apud priscos, ut Callidemus auctor est, ære ibi primum reperto. Titanas in ea antiquissime regnasse ostendunt ritus religionum. Briareo enim rem divinam Carystii faciunt, sicut Ægæoni Calchidenses : nam omnis ferme Eubœa Titanum fuit regnum.

Cycladas autumant inde dictas, quod licet spatiis longioribus a Delo projectæ, in orbem tamen circa Delum sitæ sunt (et orbem κύκλον Graii loquuntur). Ios Homeri tumulo ceteras antecedit.

Atymne : car c'est le nom qu'ils lui donnent. Il apparaît le soir seulement, pour présenter des traits plus augustes. Les Gnossiens regardent comme leur concitoyenne la déesse Minerve, et soutiennent hardiment contre les habitants de l'Attique, que c'est chez eux que le blé fut semé pour la première fois. Le territoire de Crète nourrit un grand nombre de chèvres sauvages, n'a pas de cerfs, et ne produit ni loups, ni renards, ni autres quadrupèdes d'espèce malfaisante. Il n'y a pas de serpents ; la vigne y vient parfaitement ; le sol y est d'une admirable fécondité ; les arbres y prospèrent, et ce n'est que dans cette partie de l'île que repoussent les cyprès coupés.

Il y a une plante nommée ἄλιμος [1] ; en la mordant on se préserve de la faim. Cette plante vient en Crète. Le sphalangium est une espèce d'araignée ; ne vous attendez pas à trouver en lui de la force ; mais une puissance funeste : il verse en piquant l'homme un venin qui donne la mort. La pierre idéenne nommée dactyle est, dit-on, commune dans cette île ; elle est de couleur de fer, et ressemble au pouce de l'homme. La Crète n'a point de hibou ; et ceux que l'on y transporte meurent.

Caryste a des eaux chaudes ; on les appelle Hellopies : elle a des oiseaux qui traversent impunément la flamme, et du lin incombustible. Calchis avait ce même nom chez les anciens, au rapport de Callidème, l'airain y ayant été découvert. Des cérémonies religieuses prouvent qu'à une époque bien reculée les Titans y ont régné. Les Carystiens rendent un culte à Briarée, comme les habitants de Calchis à Égéon : car presque toute l'Eubée fut le domaine des Titans.

Les Cyclades ont été ainsi nommées, parce que, quoique assez éloignées de Délos, elles forment autour de cette île un cercle (cercle, en grec, se dit κύκλος). Le tombeau d'Homère assure à Ios la prééminence parmi les Cyclades.

---

[1] Qui apaise la faim.

Meminisse hoc loco par est, post primum diluvium Ogygi temporibus notatum, quum novem et amplius mensibus diem continua nox inumbrasset, Delon ante omnes terras radiis solis illuminatam, sortitamque ex eo nomen, quod prima reddita foret visibus. Inter Ogygum sane et Deucalionem medium ævum sexcentis annis datur. Eadem est Ortygia, quæ clarissima in Cycladum numero multifarie traditur; nunc Asteria a cultura Apollinis; nunc a venatibus Lagia, vel Cynetho; Pyrpile etiam, quoniam et ignitabula ibi et ignis inventa sunt. In hac primum visæ coturnices aves, quas ortygas Græci vocant. Has easdem in Latonæ tutela æstimant constitutas. Nec semper apparent. Adveniendi habent tempora, æstate depulsa. Quum maria tranant, impetus differunt, et metu spatii longioris, vires suas nutriunt tarditate. Ubi terram persentiscunt, coeunt catervatim, deinde globatæ vehementius properant; quæ festinatio plerumque exitium portat navigantibus: accidit enim in noctibus, ut vela incidant, et præponderatis sinibus alveos vertant. Austro nunquam exeunt: nam metuunt vim flatus tumidioris [69]. Plurimum se aquilonibus credunt, ut corpora pinguiuscula atque eo tarda, facilius provehat siccior et vehementior spiritus. Ortygometra [70] dicitur, quæ gregem ductitat; eam terræ proximantem accipiter speculatus rapit, ac propterea opera est universis ut sollicitent ducem generis externi, per quem frustrentur prima discrimina. Cibos gratissimos habent semina venenorum: quam ob causam eam damnavere prudentium

Rappelons ici qu'après le premier déluge, que l'on rapporte au temps d'Ogygès, une nuit épaisse s'étant répandue sur le globe pendant neuf jours consécutifs, Délos fut éclairée la première par les rayons du soleil, et qu'elle a tiré de là son nom. Entre Ogygès et Deucalion on compte six cents ans. Délos n'est autre qu'Ortygie, placée généralement au premier rang parmi les Cyclades; tantôt aussi on l'appelle Astérie, parce qu'on y rendait un culte à Apollon; tantôt Lagia ou Cynèthe, noms tirés de la chasse; Pyrpile enfin, parce que c'est là que, pour la première fois, il y eut du feu et des foyers. On y vit aussi, pour la première fois, des cailles, dont le nom grec est ὄρτυγες. On les regarde comme étant sous la protection de Latone. On ne les voit pas toute l'année : elles passent à une certaine époque, à la fin de l'été. Quand elles traversent les mers, elles modèrent leur essor, et, craignant un trop long voyage, elles entretiennent leurs forces par la lenteur. Quand elles sentent la terre, elles se rassemblent par troupes, et une fois groupées, elles ont un vol plus vif, dont la rapidité souvent n'est pas sans danger pour les navigateurs : il arrive en effet, la nuit, qu'elles s'abattent sur les voiles, et par leur poids submergent les navires. Elles ne volent pas par le vent du midi : elles en craignent le souffle trop impétueux. Très-souvent elles se confient à l'aquilon, pour que leurs corps un peu lourds, et lents par cela même, soient plus facilement soutenus par un vent plus sec et plus vif. On nomme ortygomètre[1] la caille qui conduit la volée. Quand cette caille approche de la terre, l'épervier qui l'a épiée l'enlève, et alors la bande entière s'occupe de choisir un chef d'une autre espèce, qui les mette à l'abri des premiers dangers. Les aliments qui leur plaisent le plus sont des semences de plantes vénéneuses; ce qui les a fait exclure de la table

---

(1) Qui règle le vol des cailles.

mensæ. Solum hoc animal præter hominem morbum patitur comitialem.

XII. Eubœa. Paros, lapis Sarda. Naxos, Icaros, Melos, Carpathus, Rhodos, Lemnos.

Eubœa tam modico æstu dividua est a Bœotiæ continente, ut dubitandum sit, an numerari inter insulas debeat: nam latæ quam vocant terræ ponte jungitur, et per fabricam brevissimæ machinæ aditur pede. Cenæo promontorio vadit in septentrionem, duobus aliis in meridiem extenditur; quorum Geræstos spectat Atticam, Caphereus prominet in Hellespontum, ubi post Ilii excidium Argivam classem vel Minervæ ira, vel quod certior prodit memoria, sidus Arcturi gravibus affecit casibus.

Marmore Paros nobilis, Abdelo oppido frequentissima; prius tamen Minoia, quam Paros dicta : nam subacta a Minoe, quoad in Creticis mansit legibus, Minoiam loquebantur. Præter marmor dat et Sardam lapidem[71], qui marmore quidem præstat, inter gemmas vero vilissimus ducitur.

Naxon a Delo duodeviginti millia passuum separant, in qua Strongyle oppidum; sed **Naxos** Dionysia prius, quam **Naxos** dicta, vel quod hospita Libero patri, vel quod fertilitate vitium vincat ceteras. Sunt præterea Cyclades plurimæ, sed in supra dictis præcipuum est, quod memoriæ debeatur.

De Sporadibus est Icaros, quæ Icario mari nomen dedit. Hæc inter Samum et Myconum procurrentibus saxis inhospita, ac nullis sinibus portuosa, ob inhumana litorum infamis est. Vult ergo Varro, Icarum Cretem

des gens prudents : seules, entre les animaux, l'homme excepté, elles sont sujettes à l'épilepsie.

XII. L'Eubée. Paros et la pierre dite sarda. Naxos, Icaros, Mélos, Carpathe, Rhodes, Lemnos.

L'Eubée est séparée du continent de la Béotie par un si petit espace de mer, que l'on peut douter si elle doit être comptée au nombre des îles : car c'est un pont qui l'unit à ce que l'on nomme la terre ferme, et la plus frêle construction suffit pour que l'on y pénètre à pied. Au nord, le cap Cénée la termine; elle a pour bornes au midi deux autres caps : le Géreste, du côté de l'Attique; le Capbarée, qui s'avance dans l'Hellespont : c'est là qu'après la prise de Troie, la flotte grecque essuya de graves accidents, causés soit par la colère de Minerve, soit, d'après une tradition plus sûre, par l'influence de l'Arcture.

Paros est célèbre par ses marbres, et on la visite surtout pour la ville d'Abdèle. Avant le nom qu'elle porte actuellement, Paros était appelée Minoia : car elle fut soumise par Minos, et elle conserva ce nom tant qu'elle se conforma aux lois de la Crète. Outre le marbre elle donne la pierre nommée sarda, qui l'emporte, il est vrai, sur le marbre, mais qui, parmi les gemmes, ne tient que le dernier rang.

Naxos est éloignée de Délos de dix-huit mille pas; on y remarque la ville de Strongyle. Naxos s'appelait d'abord Dionysie, soit parce que Bacchus y reçut l'hospitalité, soit parce qu'elle est plus fertile en vignes que les autres îles. Il y a encore beaucoup d'autres Cyclades; mais on a vu dans ce qui précède ce qui mérite d'être cité.

Parmi les Sporades on remarque Icare, qui a donné son nom à la mer Icarienne. Située entre Samos et Mycone, elle ne présente que des rochers inhospitaliers, n'offre aucun port, et doit à ses dangereux rivages une répu-

ibi naufragio interiisse, et de exitu hominis impositum nomen loco. Nam in Samo nobilius nihil quam Pythagoras civis, qui mox offensus fastu tyrannico, relicta domo patria Bruto consule, qui reges Urbe exegit, Italiam advectus est.

Melos, quam Callimachus Memallidam dixit, omnium insularum rotundissima est, juxta Æoliam. Nam Carpathus, a qua Carpathium sinum dicimus. Nunquam ita coelum nubilum est, ut in sole Rhodos non sit.

Lemnii Vulcanum colunt, ideo in Lemno metropolis Hephæstia. Præterea oppidum Myrina, in cujus forum mons Athos et Macedonia umbram jacit. Quod non frustra inter miracula notaverunt, quum Athos a Lemno sex et octoginta millibus passuum separetur. Est sane Athos sublimis adeo, ut æstimetur altior, quam unde imbres cadunt. Quæ opinio eo fidem concepit, quod in aris, quas cacumine sustinet, nunquam cineres eluantur, nec quidquam ex aggeribus suis perdant, sed in quo relicti cumulo permaneant. In summo eo oppidum Acrothon fuit, in quo dimidio longior, quam in aliis terris incolentium ætas prorogabatur : ideo inde homines, Μακροβίους Græci, nostri appellavere Longævos.

XIII. Hellespontus, Propontis, Bosphoros. In his de delphinis, de thunnis.

Quartus Europæ sinus Hellesponto incipit, Mæotidis ostio terminatur. Atque omnis hæc latitudo, quæ Europam Asiamque dividit, in septem stadiorum angustias stringitur. Hic est Hellespontus : hac Xerxes ponte navi-

tation sinistre. D'après Varron, c'est là que fit naufrage Icare, et ces lieux tirent leur nom de sa mort. Samos est célèbre surtout par la naissance de Pythagore, qui, révolté de la domination d'un tyran, quitta ses foyers, et vint en Italie sous le consulat de Brutus, l'auteur de l'expulsion des rois.

Mélos, que Callimaque appelle Mémallide, est la plus ronde de toutes les îles; elle est en face de l'Éolie. Carpathe a donné son nom à la mer Carpathienne. A Rhodes, le temps n'est jamais assez couvert, pour que l'on ne puisse apercevoir le soleil.

Les habitants de Lemnos rendent un culte à Vulcain, d'où est venu à la ville principale de cette île le nom d'Héphestie. Puis vient Myrine, dont la place publique voit l'ombre du mont Athos et de la Macédoine se projeter sur elle : ce que l'on regarde, à juste titre, comme une merveille; car l'Athos est distant de Lemnos de quatre-vingt-six milles. Le mont Athos a d'ailleurs une telle hauteur qu'on le regarde comme plus élevé que la région où se forment les orages. Ce qui a accrédité cette opinion, c'est que sur les autels que présente sa cime, les cendres jamais ne se dispersent, mais restent entassées où on les a laissées. Au sommet de l'Athos était la ville d'Acrothon, dont les habitants avaient une vie de moitié plus longue que les autres hommes : d'où leur vint chez les Grecs le nom de Μακρόβιοι, et chez nous celui de *Longævi*[1].

XIII. L'Hellespont, la Propontide, le Bosphore. Des dauphins et des thons qui s'y trouvent.

Le quatrième golfe de l'Europe commence à l'Hellespont et finit à l'entrée de la mer Méotide. L'espace qui sépare ici l'Europe de l'Asie est resserré en sept stades. Là se trouve l'Hellespont, que passa Xerxès sur un pont

[1] Très-vieux, très-âgés.

bus facto permeavit. Tenuis deinde Euripus porrigitur ad Asiæ urbem Priapum, qua Magnus Alexander potiundi orbis amore transcendit, et potitus est. Inde diffusus æquore patentissimo rursus stringitur in Propontidem : mox in quingentos passus coarctatur, fitque Bosporus Thracius, qua Darius copias transportavit.

Hæc profunda delphinas plurimos habent, in quibus causæ miraculi multiformes. Ante omnia nihil velocius habent maria, sic ut plerumque salientes transvolent vela navium. Quoquo eant, conjuges evagantur [72]. Catulos edunt. Decimus mensis maturum facit partum : Lucinam æstivus dies solvit. Uberibus fœtus alunt. Teneros in faucibus receptant. Invalidos aliquantisper prosequuntur. In tricesimum annum vivunt, quod exploratum est in experimentum caudis amputatis. Ora non quo ceteræ belluæ loco habent, sed ferme in ventribus. Contra naturam aquatilium soli linguas movent. Aculeatæ sunt pinnæ dorsuales: quum ira subjacet, inhorrescunt; quum animi conquieverunt, quibusdam receptaculis operiuntur. Spirare eos in aquis negant, et vitales auras, non nisi in aere supero, reciperare. Pro voce gemitus est similis humano. Certum habent vocabulum, quo accepto vocantes sequuntur : nam proprie Simones [73] nominantur. Voces hominum aquilonis flatu celerius hauriunt ; contra austro spirante auditus obstruuntur. Mulcentur musica; gaudent cantibus tibiarum ; ubicumque symphonia est, gregibus adventant. Divo Augusto principe in Campania delphinem puer fragmentis panis primo illexit, et in tantum consuetudo valuit, ut alendum se

de bateaux. Là aussi se trouve l'Euripe qui s'étend jusqu'à la ville de Priape, en Asie, où débarqua Alexandre, avide de conquérir le monde, qu'il conquit en effet. L'Euripe ensuite s'élargit beaucoup pour se resserrer de nouveau, et il devient la Propontide; enfin, restreint à un demi-mille de largeur, il devient le Bosphore de Thrace, que Darius fit traverser à ses troupes.

Dans ces mers se trouvent un grand nombre de dauphins. Ces animaux sont, sous bien des rapports, dignes d'observation. Ils surpassent en vitesse tous les poissons, et c'est au point qu'en bondissant ils s'élancent souvent par-dessus les voiles des vaisseaux. De quelque côté qu'ils se dirigent, ils vont par couples. Les femelles portent dix mois; c'est en été qu'elles mettent bas; elles allaitent leurs petits; dès qu'ils sont nés, elles leur offrent leur gosier comme un asile, et les accompagnent quelque temps encore, tant qu'ils n'ont pas acquis assez de force. Ils vivent trente ans, comme on s'en est assuré en coupant la queue à de jeunes dauphins. Leur gueule n'est pas placée comme celle des autres animaux; elle est presque sous le ventre. Contre l'ordinaire des autres animaux aquatiques, leur langue est mobile. Leur épine dorsale a des piquants, que l'animal dresse quand il est en colère, et qu'il cache dans une sorte de fourreau quand il est apaisé. On dit que les dauphins ne respirent pas dans l'eau, et qu'ils ont besoin d'air pour vivre. Leur voix ressemble à un gémissement humain. Ils suivent ceux qui les appellent d'un nom particulier, du nom de Simons. Ils distinguent plus promptement la voix de l'homme quand le vent du nord souffle; par le vent du midi, ils ont l'ouïe plus dure. La musique les charme; ils aiment le son de la flûte, et viennent par troupes au bruit d'une symphonie. Sous Auguste, un enfant, dans la Campanie, attira d'abord, en lui jetant quelques morceaux de pain, un dauphin qui depuis s'y habitua tellement, qu'il venait

etiam manui ipsius crederet. Mox, quum prolusisset puerilis audacia, intra spatia eum Lucrini lacus vectitavit : unde effectum, ut a Baiano litore equitantem puerum Puteolos usque veheret. Hoc per annos plurimos tamdiu gestum, donec assiduo spectaculo desineret miraculum esse, quod gerebatur. Sed ubi obiit puer, sub oculis publicis desiderio ejus et mœrore delphin interiit. Pigeret hoc asseverare, ni Mæcenatis et Fabiani, multorumque præterea esset litteris comprehensum. In Africano mox litore apud Hipponem Diarrhyton delphin ab Hipponensibus pastus est, tractandumque se præbuit, impositos quoque frequenter gestitavit. Nec populi tantum manibus acta res est, nam et proconsul Africæ Flavianus ipse eum contigit, unguentis etiam delibuit; qua odoris novitate obsopitus, aliquantisper pro exanimi jactitatus est, multisque mensibus descivit a solita conversatione. Apud Jasum urbem Babylonem puerum delphinus adamavit, quem dum post assueta colludia recedentem impatientius sequitur, arenis invectus hæsit. Alexander Magnus amorem illum numinis fuisse interpretatus, præfecit puerum Neptuni sacerdotio. Juxta eamdem urbem, ut Hegesidemus auctor est, alium puerum Hermian nomine, per maria similiter insidentem, quum undosior fluctus necavisset, delphin ad terram revexit; et, velut fateretur reatum, pœnitentiam suam morte multavit, nec reverti voluit amplius in profunda. Suppetunt et alia exempla, ut Arionem transeamus[74], cujus exitum annalium comprobavit fides. Ad hæc si quando lasciviunt novi fœtus, a majoribus datur adultior gregi custos, quo

recevoir sa nourriture des mains de cet enfant. Bientôt celui-ci s'enhardit assez à ce jeu pour oser se confier au dauphin qui le portait au milieu des eaux du lac Lucrin. Souvent l'enfant fit ainsi le voyage de Baïes à Pouzzol. Cela dura plusieurs années; et ce fait, dont on avait le spectacle continuel, cessa d'être regardé comme un prodige. Mais l'enfant étant venu à mourir, le dauphin mourut lui-même, aux yeux du public, de regret et de douleur. On n'oserait affirmer ce fait, s'il n'était consigné dans les écrits de Mécène, de Fabianus et de beaucoup d'autres. Depuis, en Afrique, sur le rivage d'Hippone Diarrhyte, un dauphin fut nourri par les habitants de cette ville; il se laissait manier, et souvent on se faisait porter par lui. Et ce ne fut pas seulement un privilége du peuple, car Flavien lui-même, proconsul d'Afrique, le palpa et le frotta d'essences. Assoupi par cette odeur nouvelle pour lui, le dauphin flotta quelque temps sur l'eau, comme s'il eût été mort, et pendant plusieurs mois il se retira de la société des hommes. A Jase, ville de Babylonie, un dauphin conçut de l'affection pour un enfant. Après leurs jeux habituels, le voyant s'éloigner du rivage, il le suivit avec trop d'ardeur, et resta engagé dans les sables. Alexandre le Grand fit cet enfant prêtre de Neptune, regardant comme un gage de la bienveillance du dieu cette affection du dauphin. Hégésidème rapporte que près de la même ville, un autre enfant, nommé Hermias, traversant également la mer, assis sur un dauphin, fut englouti par les flots trop agités, que le dauphin le rapporta au rivage, et que s'imputant sa mort, il l'expia en mourant lui-même sur le sable, qu'il ne voulut point quitter pour retourner à la mer. On cite d'autres exemples, outre celui d'Arion, miraculeusement sauvé, comme l'histoire en fait foi. Ajoutons que si les jeunes dauphins s'ébattent trop étourdiment, les plus vieux leur donnent pour gardien un dauphin

magistro discant eludere impetus incursantium belluarum : quanquam ibi præter phocas rara bellua est.

Plurimus thynnus in Ponto, nec alibi pæne fœtificant : nusquam enim citius adolescunt, scilicet ob aquas dulciores. Ingrediuntur veris tempore; intrant dextero, lævo exeunt. Hoc inde accidere credunt, quod dexteris oculis acutius cernant, quam sinistris.

XIV. Flumen Istrum. Fiber Ponticus. Gemma Pontica.

Ister Germanicis jugis oritur, effusus monte, qui Rauracos Galliæ adspectat. Sexaginta amnes in se recipit, ferme omnes navigabiles. Septem ostiis Pontum influit [75]: quorum primum Peuce, secundum Naracustoma, tertium Calonstoma, quartum Pseudostoma : nam Borionstoma, ac deinde Stenonstoma, languidiora sunt ceteris. Septimum vero pigrum, ac palustri specie, non habet quod amni comparetur. Priora quatuor ita magna sunt, ut per longitudinem quadraginta millium passuum non misceantur æquori, dulcemque haustum incorrupto detineant sapore.

Per universum Pontum fiber plurimus, quem alio vocabulo dicunt castorem. Lytris similis est, animal morsu potentissimum, adeo ut quum hominem invadit, conventum dentium non prius laxet, quam concrepuisse persenserit fracta ossa. Testiculi ejus appetuntur in usum medelarum [76]: idcirco quum urgeri se intelligit, ne captus prosit, ipse geminos suos devorat.

moins jeune, dont l'expérience les met en garde contre les attaques des monstres marins; quoiqu'il y en ait peu dans ces parages, si ce n'est des phoques.

Il y a beaucoup de thons dans le Pont-Euxin, et ils ne fraient pas ailleurs : nulle part ils ne croissent plus vite que dans cette mer, sans doute à cause du peu d'amertume de ses eaux. Ils viennent dans le Pont vers le printemps : ils suivent la rive droite lorsqu'ils entrent; à leur retour, ils suivent la gauche. On en attribue la cause à ce qu'ils ont l'œil droit plus sûr que l'œil gauche.

XIV. Le fleuve Ister. Le castor du Pont. La pierre précieuse du Pont.

L'Ister prend sa source en Germanie, où il descend d'une montagne située vis-à-vis de Rauracum dans la Gaule. Il reçoit dans son sein soixante rivières, presque toutes navigables. Il se jette dans le Pont par sept embouchures : la première se nomme Peucé, la seconde Naracustome, la troisième Calonstome, la quatrième Pseudostome; la cinquième et la sixième, Borionstome et Stenonstome, sont plus faibles que les autres; la septième, que son cours trop lent fait ressembler à un marais, ne peut être comparée à un fleuve. Les quatre premières bouches sont si vastes, que, dans un espace de quarante mille pas, elles ne se mêlent point à la mer, et que leurs eaux conservent leur goût de douceur dans toute sa pureté.

Dans tout le Pont abonde le *fiber*, autrement nommé castor; il ressemble à la loutre. Les dents de cet animal sont si puissantes, que lorsqu'il saisit un homme, il ne desserre pas la gueule qu'il n'ait entendu le craquement des os qu'il broie. Ses testicules sont d'un usage précieux en médecine : aussi, quand il se sent pressé, il se les dévore, pour que sa prise n'ait plus d'utilité.

Mittit Pontus et gemmas, quas a patria Ponticas dicimus, genere diverso: quippe aliæ aureas, aliæ sanguineas habent stellas, et eæ quidem inter sacras habentur: nam quæ ostentationi potius, quam usui deliguntur, non guttis aspersæ sunt, sed longis colorum ductibus liniantur.

XV. Amnis Hypanis, et fons Exampeus.

Hypanis oritur inter Auchetas, Scythicorum amnium princeps, purus et haustu saluberrimus, usque dum Callipidum terminis inferatur, ubi fons Exampeus infamis est amara scaturigine: qui Exampeus liquido admixtus fluori, amnem vitio suo vertit, adeo ut dissimilis sibi in maria condatur. Ita inter gentium opiniones fama de Hypane discordat: qui in principiis eum norunt, prædicant; qui in fine experti sunt, non injuria execrantur.

XVI. Scythicarum gentium varia miracula. In his de natura canum, de smaragdo lapide, de cyaneo lapide, de crystallo.

Apud Neuros nascitur Borysthenes flumen, in quo pisces egregii saporis, et quibus ossa nulla sunt, nec aliud quam cartilagines tenerrimæ. Verum Neuri, ut accepimus, statis temporibus, in lupos transfigurantur; deinde exacto spatio, quod huic sorti attributum est, in pristinam faciem revertuntur[77]. Populis istis deus Mars est: pro simulacris enses colunt. Homines victimas habent. Ossibus adolent ignes focorum.

Geloni ad hos proximant. De hostium cutibus et sibi indumenta faciunt, et equis suis tegmina. Gelonis

Le Pont produit aussi diverses espèces de pierres, nommées pontiques, du nom de ce pays : les unes ont des étoiles dorées, les autres des étoiles sanguines, et elles sont réputées sacrées; celles que l'on recherche pour la parure plutôt que pour l'usage, ne sont pas tachetées de gouttes, mais présentent de longues raies de couleurs.

XV. Le fleuve Hypanis, et la fontaine Exampée.

L'Hypanis prend sa source chez les Auchètes; c'est le premier des fleuves de la Scythie; ses eaux sont pures et salubres, jusqu'à ce qu'il arrive aux frontières des Callipides, où la fontaine Exampée est tristement célèbre par son amertume. En se mêlant aux eaux de l'Hypanis, elle lui communique cette amertume, qui le rend différent de lui-même quand il se jette dans la mer. Aussi les peuples diffèrent-ils d'opinion sur l'Hypanis : ceux qui ne connaissent que le commencement de son cours, le vantent; ceux qui en connaissent la fin, le détestent à juste titre.

XVI. Curiosités diverses en Scythie, et, dans cette contrée, de l'espèce canine, de l'émeraude, de la pierre dite cyanée, du cristal.

Chez les Neures est la source du Borysthène, où se trouvent des poissons d'excellent goût, sans arêtes, et n'ayant que des cartilages extrêmement tendres. Quant aux Neures, à une certaine époque, dit-on, ils se changent en loups; puis, après l'intervalle de temps assigné à la durée de cet état, ils reprennent leur forme première. Mars est le dieu de ces peuples; leurs épées sont les objets de leur culte. Ils immolent des victimes humaines, et c'est avec des ossements qu'ils entretiennent le feu de leurs foyers.

Près d'eux sont les Gélons, qui se revêtent des peaux de leurs ennemis, et en couvrent leurs chevaux. Près

Agathyrsi colliminantur, cærulo picti colore, fucatis in cærulum crinibus. Nec hoc sine differentia : nam quanto quis anteit, tanto propensiore nota tingitur, ut sit indicium humilitatis minus pingi.

Post Anthropophagi, quibus execrandi cibi sunt humana viscera. Quem morem impiæ gentis adjacentium terrarum prodit tristissima solitudo, quas ob nefarium ritum finitimæ nationes metu profugæ reliquerunt. Et ea causa est, ut usque ad mare, quod Tabin vocant, per longitudinem ejus oræ, quæ æstivo orienti objacet, sine homine terra sit, et immensa deserta, quoad perveniatur ad Seras. Chalybes et Dahæ in parte Asiaticæ Scythiæ crudelitate ab immanissimis nihil discrepant.

At Albani in ora agentes, qui posteros se Jasonis credi volunt, albo crine nascuntur, canitiem habent auspicium capillorum : ergo capitis color genti nomen dedit. Glauca oculis inest pupula : ideo nocte plus, quam die cernunt. Apud hos populos nati canes feris anteponuntur, frangunt tauros, leones premunt, detinent quidquid objectum est : ex quibus causis meruerunt etiam annalibus tradi. Legimus petenti Indiam Alexandro, a rege Albaniæ dono duos missos, quorum alter sues sibi et ursos oblatos usque eo sprevit, ut offensus degeneri præda, ignavo similis diu accubaret : quem per ignorantiam velut inertem Alexander exstingui imperavit. Alter vero monitu eorum, qui donum prosequuti fuerant, leonem missum necavit; mox, viso elephanto, notabiliter exsultans, belluam primum astu fatigavit, deinde cum summo spectantium horrore terræ afflixit [78]. Hoc genus

des Gélons sont les Agathyrses, qui se peignent en bleu, et teignent leurs cheveux de la même couleur; ce qu'ils ne font point toutefois sans observer une certaine différence : plus le rang est élevé, plus la couleur est foncée; une nuance claire est une marque d'infériorité.

Viennent ensuite les Anthropophages, qui ont l'exécrable habitude de se nourrir de chair humaine. C'est de cet usage d'une nation impie que vient l'affreuse solitude des contrées voisines : effrayés de telles atrocités, les peuples limitrophes se sont éloignés. Aussi jusqu'à la mer nommée Tabis, sur toute l'étendue de la côte qui regarde l'orient d'été, on ne rencontre pas d'hommes; il n'y a que des déserts immenses, jusqu'à ce que l'on arrive au pays des Sères. Les Chalybes et les Dahes, dans l'Asie Scythique, ne le cèdent pas en cruauté aux peuplades les plus féroces.

Sur la côte habitent les Albains, qui se disent descendants de Jason; ils naissent avec des cheveux dont la blancheur est la couleur primitive, et c'est de cette blancheur de la tête qu'ils ont tiré leur nom. Ils ont la pupille de l'œil verte; aussi voient-ils mieux la nuit que le jour. Les chiens nés chez les Albains sont préférés aux chiens sauvages : ils déchirent les taureaux, terrassent les lions, tiennent à l'écart tout ce qui peut leur faire obstacle; aussi l'histoire s'occupe-t-elle d'eux. On rapporte qu'Alexandre, marchant vers l'Inde, reçut en présent du roi d'Albanie deux chiens, dont l'un eut un tel dédain pour les sangliers et les ours lâchés devant lui, que blessé de n'avoir affaire qu'à de tels adversaires, il ne se hâta pas de se lever, comme s'il n'eût été qu'un chien sans courage. Cette indolence fut mal comprise d'Alexandre, qui le fit tuer. L'autre, sur un signe de ceux qui étaient venus l'offrir, étrangla le lion qu'on avait lâché devant lui; puis ayant aperçu un éléphant, il fit mille bonds, fatigua d'abord son ennemi par l'adresse, et enfin le terrassa au grand

canes crescunt ad formam amplissimam, terrificis latratibus ultra rugitus insonantes. Hæc sunt de canibus Albanis : reliqua communia universis. Dominos æqualiter omnes canes diligunt, sicut exemplis patet. In Epiro denique domini percussorem in cœtu agnitum latratu canis prodidit. Jaso Lycio interfecto, canis ipsius aspernatus cibum inedia obiit. Lysimachi regis canis flammis se injecit, accenso rogo domini, et pariter igni absumptus est. Garamantum regem ducenti canes ab exsilio reduxerunt prœliati adversum resistentes. Colophonii et Castabalenses, canibus in bella productis, primas acies instruebant. Appio Junio, P. Sicinio consulibus, damnatum dominum canis, quum abigi non posset, comitatus in carcerem, mox percussum ululatu prosequutus est : quumque ex miseratione populi Romani potestas ei cibi fieret, ad os defuncti escam tulit : ultimo dejectum in Tiberim cadaver adnatans sustentare conatus est. Canes soli nomina sua recognoscunt; itinerum meminerunt. Indi coitus tempore in saltibus religant canes feminas, ut cum his tigrides coeant, quarum ex primis conceptibus ob nimiam feritatem inutiles partus judicant, itidem secundos, tertios educant. Ægyptii canes e Nilo nunquam nisi currentes lambitant, dum a crocodilis insidias cavent.

Inter Anthropophagos in Asiatica parte numerantur Essedones, qui et ipsi nefandis funestantur [79] inter se cibis. Essedonum mos est, parentum funera prosequi

effroi des spectateurs. Les chiens de cette espèce atteignent une grandeur extraordinaire, et font entendre des aboiements plus épouvantables que des rugissements. Telles sont les qualités propres aux chiens d'Albanie; les autres leur sont communes avec toutes les espèces. Les chiens ont tous le même attachement pour leurs maîtres, comme le prouvent de nombreux exemples. En Épire, un chien reconnut dans une assemblée le meurtrier de son maître et le dénonça par ses aboiements. Jason, de Lycie, ayant été tué, son chien refusa de manger, et se laissa mourir de faim. Le chien du roi Lysimaque, ayant vu allumer le bûcher de son maître, se jeta dans les flammes où il fut consumé avec lui. Deux cents chiens ramenèrent le roi des Garamantes de son exil, luttant contre ceux qui s'opposaient à son retour. Les Colophoniens et les Castabales menaient à la guerre des chiens, dont ils formaient leurs premiers rangs. Sous le consulat d'Appius Junius et de P. Sicinius, un chien, dont le maître avait été condamné à mort, l'accompagna dans la prison, sans qu'il fût possible de l'en séparer. Après l'exécution, l'animal poussa des hurlements lamentables; et comme par pitié des citoyens lui avaient jeté des aliments, il les porta à la bouche de son maître; enfin, quand le cadavre eut été précipité dans le Tibre, il s'y élança lui-même, s'efforçant de le soutenir sur l'eau. Seuls les chiens entendent leur nom et savent reconnaître leur route. Quand les chiennes sont en chaleur, les Indiens les attachent dans les forêts pour les faire couvrir par des tigres. La première portée leur paraît inutile, parce qu'elle conserve trop de férocité; il en est de même de la seconde : ils n'élèvent que la troisième. Les chiens d'Égypte, le long du Nil, ne boivent l'eau qu'en courant, pour éviter l'insidieuse voracité des crocodiles.

Parmi les Anthropophages de la Scythie asiatique, on compte les Essédons, chez qui les funérailles se célèbrent par d'exécrables festins. Une coutume chez les Essédons,

cantibus, et proximorum corrogatis cœtibus, cadavera ipsa dentibus lancinare, ac pecudum mixta carnibus dapes facere : capitum etiam ossa auro incincta in poculorum tradere ministerium. Scythotauri pro hostiis cædunt advenas. Nomades pabula sequuntur. Georgi in Europa siti, agros exercent. Axiacæ perinde in Europa siti, neque mirantur aliena, neque sua diligunt. Satarchæ usu auri argentique damnato, in æternum se a publica avaritia vindicarunt. Scytharum interius habitantium asperior ritus est : specus incolunt; pocula non ut Essedones [80], sed de inimicorum capitibus moliuntur; amant prœlia; interemptorum cruorem e vulneribus ipsis bibunt. Numero cædium honor crescit, quarum expertem esse apud eos probrum est. Haustu mutui sanguinis fœdus sanciunt, non suo tantum more, sed Medorum quoque usurpata disciplina. Bello denique, quod gestum est olympiade nona et quadragesima, anno post Ilium captum sexcentesimo quarto, inter Alyattem Lydum et Astyagem Mediæ regem, hoc pacto firmata sunt jura pacis.

Colchorum urbem Dioscoriadem Amphitus et Cercius aurigæ Castoris et Pollucis condiderunt, a quibus Heniochorum gens exorta est. Ultra Sauromatas in Asia sitos, qui Mithridati latebram, et quibus originem Medi dederunt, confines sunt Thalli, his nationibus quas ab oriente contingunt. Caspii maris fauces : quæ fauces mirum in modum maciantur imbribus, crescunt æstibus [81]. Heniochorum montes Araxem;

c'est de chanter aux funérailles des parents, de convoquer les proches, de déchirer les cadavres avec les dents, et de faire des mets de ces lambeaux, qu'ils mêlent à des chairs d'animaux. Quant aux crânes, ils les incrustent d'or et en font des vases à boire. Les Scythotaures immolent les étrangers à leurs dieux. Les Nomades s'occupent de pâturages. Les Géorgiens, placés en Europe, s'adonnent à la culture des champs. Les Axiaques, également en Europe, n'ont pas de prédilection pour les mœurs étrangères, pas de goût prononcé pour leurs propres mœurs. Les Satarches, en proscrivant l'usage de l'or et de l'argent, se sont à jamais affranchis de l'avarice publique. Les coutumes des peuples de la Scythie intérieure ont quelque chose de farouche : ils habitent des cavernes; ils boivent dans des crânes, non pas comme les Essédons, car leurs vases sont faits avec les crânes de leurs ennemis. Ils aiment les combats; ils boivent le sang des morts, en suçant leurs blessures; le nombre de ceux qu'ils frappent est un titre ; n'avoir tué aucun combattant est une honte. En buvant réciproquement leur sang, ils scellent un traité; ce qui d'ailleurs n'est pas une coutume qui leur soit particulière : ils l'ont empruntée aux Mèdes. Dans la guerre qui eut lieu à la quarante-neuvième olympiade, six cent quatre ans après la prise de Troie, entre Alyatte, roi de Lydie, et Astyage, roi des Mèdes, la paix fut ainsi sanctionnée.

La ville de Dioscorie, en Colchide, fut fondée par Amphitus et Cercius, écuyers de Castor et Pollux; c'est d'eux aussi qu'est sortie la nation des Hénioques. Au delà des Sauromates, habitants de l'Asie, qui donnèrent une retraite à Mithridate, et qui doivent leur origine aux Mèdes, sont les Thalles, qui, à l'est, touchent aux confins de ces peuples. Là est le détroit de la mer Caspienne, dont les eaux décroissent singulièrement en temps de pluie, et croissent pendant les chaleurs. L'Araxe descend des

Moschorum, Phasidem fundunt. Sed Araxes brevibus intervallis ab Euphratis ortu caput tollit, ac deinde in Caspium fertur mare. Arimaspi circa Gesclithron positi, unocula gens est. Ultra hos et Riphæum jugum regio est assiduis obsessa nivibus : Pterophoron dicunt, quippe casus continuantium pruinarum quiddam ibi exprimit simile pinnarum. Damnata pars mundi, et a rerum natura in nubem æternæ caliginis mersa, ipsisque prorsus aquilonis conceptaculis rigentissima. Sola terrarum non novit vices temporum, nec de cœlo aliud accipit, quam hiemem sempiternam. In Asiatica Scythia terræ sunt locupletes, inhabitabiles tamen : nam quum auro et gemmis affluant, grypes tenent universa [82], alites ferocissimæ, et ultra omnem rabiem sævientes : quarum immanitate obsistente ad venas divites accessus difficilis ac rarus est : quippe visos discerpunt, velut geniti ad plectendam avaritiæ temeritatem. Arimaspi cum his dimicant, ut intercipiant lapides, quorum non aspernabimur persequi qualitatem.

Smaragdis hic locus patria est, quibus tertiam inter lapides dignitatem Theophrastus dedit [83] : nam licet sint et Ægyptii, et Chalcedonii, et Medici, et Laconici, præcipuus est honor Scythicis. Nihil his jucundius, nihil utilius vident oculi. In primis virent ultra aquaticum gramen, ultra amnicas herbas; deinde obtutus fatigatos coloris reficiunt lenitate : nam visus, quos alterius gemmæ fulgor retuderit, smaragdi recreant, et exacuunt. Nec aliam ob causam placuit, ut non sculperentur, ne offensum decus, imaginum lacunis corrumperetur : quanquam qui verus est, difficulter vulneretur.

montagnes de l'Héniochie, et le Phase de celles de la Moschie. L'Araxe a sa source voisine de celle de l'Euphrate, et se jette dans la mer Caspienne. Les Arimaspes, placés près du Gesclithros, n'ont qu'un seul œil. Au delà des Arimaspes et sous les monts Riphées est une contrée couverte de neiges continuelles : on l'appelle Ptérophore, parce que ces flocons qui tombent sans cesse ressemblent à des plumes. C'est un pays maudit que la nature a plongé dans d'éternelles ténèbres ; c'est l'affreux séjour de l'aquilon. Seule, cette contrée ne connaît pas la succession des saisons, et le ciel ne lui accorde qu'un hiver qui ne finit jamais. Il y a dans la Scythie d'Asie des terres riches, mais inhabitables : car, quoiqu'elles abondent en or et en pierres précieuses, tout est à la discrétion des griffons, monstrueux oiseaux, dont la férocité ne connaît point de bornes. Leur rage rend l'accès des mines difficile et rare ; s'ils voient quelqu'un s'en approcher, ils le mettent en pièces, comme s'ils étaient nés pour punir une avarice téméraire. Les Arimaspes leur font la guerre pour arriver à la possession de ces pierres, dont nous ne dédaignerons pas d'étudier la nature.

La Scythie est le pays des émeraudes. Théophraste assigne à celles-ci le troisième rang parmi les pierres précieuses : car, quoiqu'il y ait des émeraudes en Égypte, dans la Chalcédoine, dans la Médie et dans la Laconie, celles de Scythie sont les plus belles. Il n'y a point de pierre qui soit plus agréable et qui mieux qu'elles repose les yeux. D'abord leur nuance verte efface celle du gazon des lieux humides, celle de l'herbe des fleuves ; puis leur aspect délasse la vue : grâce à elles, l'œil fatigué par l'éclat d'une autre pierre, se ranime et reprend toute sa puissance. Aussi a-t-il paru convenable de ne pas les graver, pour ne pas altérer leur nature en y mêlant des images, quoique la véritable émeraude soit à peu près inaltérable. On reconnaît celle-ci aux caractères suivants :

Probantur hoc pacto, si adspectus transmittant; si quum globosi sunt, proxima sibi inficiant aere repercusso; aut quum concavi sunt, inspectantium facies æmulentur [84]; si neque umbra, neque lucernis, neque sole mutentur. Optimos tamen sortiuntur situs, quibus planities resupina est et extenta [85]; inveniuntur etesiis flantibus: tunc enim detecto solo facillime internitent: nam etesiæ plurimum arenas movent. Alii minus nobiles in commissuris saxorum, vel in metallis ærariis apparent, quos chalcosmaragdos nuncupant. Vitiosi eorum intrinsecus quasdam sordes habent, vel plumbo, vel capillamentis, vel etiam sali similes. Laudantur austeri. Mero et viridi proficiunt oleo, quamvis natura imbuuntur.

Et cyaneus e Scythia est optimus, si cærulo coruscabit: cujus gnari in marem et feminam genus dividunt. Feminis nitor purus est; mares punctillis ad gratiam interlucentibus auratilis pulviculus variat.

Istic et crystallus [86], quem licet pars major Europæ et particula Asiæ subministret, pretiosissimum tamen Scythia edit. Multus ad pocula destinatur, quamlibet nihil aliud quam frigidum pati possit. Sexangulus invenitur. Qui eligunt, purissimum captant, ne quid rufum, ne nubilum, vel spumis obsitum arceat perspicuitatem: tum ne duritia justo propensior obnoxium fragilitati magis faciat [87]. Putant glaciem coire, et in crystallum corporari; sed frustra: nam si ita foret, nec Alabanda Asiæ, nec Cypros insula hanc materiam procrearent,

elle doit être translucide ; quand elle est convexe, elle prend, par un effet de la dispersion, la nuance des objets placés près d'elle ; quand elle est concave, elle réfléchit l'image de celui qui la regarde ; ni l'ombre, ni la lumière de la lampe, ni le soleil ne doivent altérer ses propriétés. Toutefois les meilleurs gisements de cette pierre sont les plateaux étendus qui se trouvent sur la pente des montagnes. On la trouve à l'époque où soufflent les vents étésiens : son éclat la fait facilement remarquer, la superficie du sol se trouvant alors découverte : car les vents étésiens agitent beaucoup le sable. D'autres émeraudes, moins précieuses, se trouvent dans des fentes de rochers, dans les mines de cuivre ; on les nomme chalcosmaragdes. Celles qui sont défectueuses présentent à l'intérieur des taches qui ressemblent soit à du plomb, soit à des filaments, soit à des grains de sel. Les plus belles sont absolument pures ; elles gagnent cependant, quoiqu'elles tiennent leur couleur de la nature, à être frottées de vin et d'huile verte.

La pierre dite cyanée, et que produit la Scythie, est irréprochable, si elle offre une étincelante couleur d'azur : les connaisseurs la distinguent en mâle et femelle. Les femelles brillent d'un éclat pur ; les pierres mâles sont semées de taches d'or qui charment l'œil.

Le cristal, quoique fourni par une petite partie de l'Asie et par la plus grande partie de l'Europe, est préféré s'il vient de la Scythie. On fait beaucoup de coupes en cristal, quoiqu'il ne puisse supporter que le froid. Il affecte la forme hexagone. Ceux qui le recueillent choisissent celui qui est parfaitement pur, et rejettent celui dont une teinte rousse, des nébulosités, une couleur d'écume altèrent la transparence ; il ne faut pas non plus que trop de dureté le rende plus sujet à se briser. On prétend que la glace, en se condensant, produit le cristal ; c'est une erreur : car s'il en était ainsi, Alabande en Asie et l'île

quibus regionibus incitatissimus calor. Livia Augusti ad magnitudinem centum et quinquaginta librarum inter Capitolina donaria crystallum dicavit.

XVII. De Hyperboreis, et Hyperboreæ regionibus.

Fabula erat de Hyperboreis[88], et rumor irritus, si quæ illinc ad nos usque fluxerunt, temere forent credita. Sed quum probissimi auctores, et satis vero idonei sententias pares faciant, nullus falsum reformidet. De Hyperboreis rem loquemur. Incolunt pone Pterophoron, quam ultra aquilonem accipimus jacere. Gens beatissima. Eam Asiæ quidam magis, quam Europæ dederunt. Alii statuunt mediam inter utrumque solem, antipodum occidentem, et nostrum renascentem; quod aspernatur ratio, tam vasto mari duos orbes interfluente. Sunt igitur in Europa, apud quos mundi cardines esse credunt, et extimos siderum ambitus, semestrem lucem, aversum uno tantum die solem; quanquam exsistant, qui putant non quotidie ibi solem, ut nobis, sed vernali æquinoctio exoriri, autumnali occidere : ita sex mensibus infinitum diem, sex aliis continuam esse noctem. De cœlo magna clementia; auræ spirant salubriter : nihil noxii flatus habent. Domus sunt nemora, vel luci. In diem victum arbores subministrant. Discordiam nesciunt. Ægritudine non inquietantur. Ad innocentiam omnibus æquale votum. Mortem accersunt, et voluntario interitu castigant obeundi tarditatem : quos satietas tenet vitæ, epulati delibutique, de rupe nota præcipitem casum in maria destinant. Hoc sepulturæ genus optimum arbitrantur.

de Cypre n'en produiraient pas, puisqu'il règne toujours dans ces pays une très-vive chaleur. L'impératrice Livie dédia dans le Capitole un bloc de cristal du poids de cent cinquante livres.

XVII. Des Hyperboréens, et des nations hyperboréennes.

Ce que l'on a raconté des Hyperboréens devrait être regardé comme une fable, un vain bruit, si ce qui nous est parvenu de ce pays avait été cru à la légère ; mais comme les auteurs les plus accrédités, les plus véridiques, s'accordent sur les mêmes choses, personne ne peut en faire l'objet d'un doute. Parlons donc des Hyperboréens. Ils habitent près du Ptérophore, que nous savons placé au delà des contrées du nord. C'est un peuple très-heureux. Quelques-uns l'ont placé en Asie plutôt qu'en Europe, d'autres entre le soleil couchant des antipodes et notre soleil levant ; ce que l'on ne saurait admettre, vu l'immensité de la mer qui sépare ces deux parties du globe. De fait, ils sont en Europe, aux lieux où se trouvent, dit-on, les pôles du monde, où finit le cours des astres, où le jour a six mois pour une nuit de vingt-quatre heures seulement ; quoique quelques-uns prétendent que le soleil n'éclaire pas ce pays chaque jour, mais qu'il se lève à l'équinoxe d'été, et qu'il se couche à l'équinoxe d'automne : de sorte qu'il y aurait six mois de jour continu, six mois de nuit non interrompue. La plus douce température y règne ; l'air y est toujours salubre ; aucune exhalaison malsaine ne le vicie. Leurs demeures sont des forêts, des bois sacrés. Les arbres leur fournissent leur nourriture journalière. Ils ne connaissent ni discorde, ni chagrins, et sont naturellement portés au bien. Ils vont au-devant de la mort, et hâtent par un trépas volontaire leur dernière heure. Ceux qui sont las de la vie, font un festin, se parfument, et d'un certain rocher se précipitent dans la

Aiunt etiam solitos per virgines probatissimas primitiva frugum Apollini Delio missitare. Verum hæ quoniam perfidia hospitum non illibatæ revenissent, devotionis, quam peregre prosequebantur, pontificium mox intra fines suos receperunt.

XVIII. De Arimphæis, et aliis Scytharum gentibus, de tigridibus, de pantheris, de pardis.

Altera in Asia gens ad initium orientis æstivi, ubi deficiunt Riphæorum montium juga [89]. Hyperboreis similes dicunt Arimphæos. Et ipsi frondibus arbustorum gaudent; baccas edunt. Juxta viros ac feminas tædet crinium. Ita uterque sexus comas tondet. Amant quietem, non amant lædere. Sacri habentur, attrectarique eos, etiam a ferocissimis nationibus nefas ducitur. Quicumque periculum a suis metuit, si ad Arimphæos transfugerit, tutus est, velut asylo tegatur.

Ultra hos Cimmerii, et gens Amazonum porrecta ad Caspium mare, quod delapsum per Asiaticæ plagæ terga [90] Scythicum irrumpit oceanum.

Sed magnis deinde spatiis intercedentibus, ostia Oxi fluminis Hyrcani habent, gens silvis aspera, copiosa immanibus feris, fœta tigribus : quod bestiarum genus insignes maculis notæ, et pernicitas memorabile reddiderunt. Fulvo nitent : hoc fulvum nigrantibus segmentis

mer. Cette sépulture est, à leur avis, la plus heureuse de toutes. On dit aussi qu'ils avaient coutume d'envoyer par les jeunes filles les plus irréprochables les prémices de leurs moissons à Délos, au temple d'Apollon. Mais plus tard, étant revenues sans que les lois de l'hospitalité eussent été respectées à leur égard, ces jeunes filles se contentèrent d'exercer dans leur pays ce ministère de consécration, dont elles s'acquittaient au dehors.

XVIII. Des Arimphéens et autres peuples de la Scythie, des tigres, des panthères et des léopards.

Il y a en Asie une autre nation, aux lieux où commence l'orient d'été, et où cessent les monts Riphées. Les Arimphéens ressemblent, dit-on, aux Hyperboréens. Comme ces derniers, ils aiment les feuilles d'arbres; ils se nourrissent de baies. Les deux sexes ont en dégoût les cheveux longs, et les coupent. Ils aiment la tranquillité, et ne cherchent pas à nuire. On les regarde comme sacrés, et c'est une profanation, même pour les peuples les plus sauvages, de les toucher. Quiconque se réfugie chez les Arimphéens pour se soustraire à un danger qu'il coure dans sa patrie, y trouve un lieu de sûreté aussi inviolable qu'un asile.

Viennent ensuite les Cimmériens, et les Amazones dont le pays s'étend jusqu'à la mer Caspienne, qui, après avoir traversé l'Asie, se jette dans l'océan Scytique.

Puis, à une longue distance, sont les Hyrcaniens, qui occupent l'embouchure de l'Oxus. C'est un pays hérissé de forêts, plein de bêtes farouches, et où abondent les tigres, animaux remarquables par les taches dont ils sont marqués, et par leur agilité. Ils sont de couleur fauve; cette couleur ondée de bandes noires leur donne

interundatum, varietate apprime decet. Pedum motum nescio velocitas, an pervicacia magis adjuvet. Nihil tam longum est, quod non brevi penetrent; nihil adeo antecedit, ut non illico assequantur. Ac maxime potentia earum probatur, quum maternis curis incitantur. Quum catulorum insistunt raptoribus [91], succedant sibi equites licet, et fuga quantalibet, astu quantolibet, amoliri praedam velint, ni in praesidio maria fuerint, frustra est ausum omne. Notantur frequentissime, si quando latrones suos asportatis catulis renavigantes vident, in litore irrita rabie cernuari, velut propriam tarditatem voluntaria castigantes ruina : quanquam de foetu universo vix unus queat subtrahi.

Pantherae quoque numerosae sunt in Hyrcania, minutis orbiculis superpictae, ita ut oculatis ex fulvo circulis; vel caerula, vel alba distinguatur tergi supellex. Tradunt odore earum et contemplatione armenta mire affici, atque ubi eas persentiscant, properato convenire, nec terreri nisi sola oris torvitate : quam ob causam pantherae absconditis capitibus, quae corporis reliqua sunt, spectanda praebent, ut pecuarios greges stupidos in obtutum populentur secura vastatione. Sed Hyrcani, ut hominibus intentatum nihil est, frequentius eas veneno, quam ferro, necant. Aconito carnes illinunt, atque ita per compita spargunt semitarum : quas ubi esae sunt, fauces earum angina obsidentur. Ideo gramen pardalianchen appellaverunt. Sed pantherae adversus hoc virus excrementa humana devorant, et suopte ingenio pesti resistunt. Lenta illis vivacitas, adeo ut ejectis in-

un aspect dont la variété est loin de déplaire. Je ne sais si leurs élans tiennent à leur vélocité naturelle plutôt qu'à l'emportement. Il n'est point d'espace si long qu'ils ne franchissent en un instant; point d'intervalle qu'ils ne fassent à l'instant disparaître. Et cette puissance de vitesse, ils la développent surtout quand il s'agit de leurs petits. Quand ils sont sur la trace de ceux qui les leur ravissent, en vain se succèdent les cavaliers les uns aux autres, en vain les ravisseurs emploient-ils tout moyen de fuite, de ruse, pour emporter leur proie : la mer seule est un obstacle à la célérité de ces animaux. On a souvent remarqué que, s'ils voient ceux qui leur ont ravi leurs petits repasser la mer, dans leur rage impuissante ils se couchent sur le rivage, et semblent punir leur propre lenteur par une mort volontaire. Au reste, c'est à peine si sur une portée on peut enlever un seul petit.

Les panthères aussi sont nombreuses en Hyrcanie; leur peau est semée de taches rondes : on dirait des yeux de couleur rousse; leur peau est tantôt bleuâtre, tantôt blanche. On prétend que l'odeur et même le regard de la panthère charment les animaux; que dès qu'ils la sentent, ils accourent par troupes, et qu'ils ne sont effrayés que par son aspect farouche. Elle cache donc sa tête, laissant voir seulement le reste de son corps, pour pouvoir ensuite dévorer avec sécurité les animaux que son aspect a fascinés. Les Hyrcaniens, car l'homme essaye de tous les moyens, la font périr par le poison plutôt que par le fer. Ils frottent avec de l'aconit des lambeaux de chair, qu'ils jettent à l'endroit où aboutissent plusieurs chemins; dès que la panthère en a mangé, elle est suffoquée. Aussi a-t-on nommé cette plante pardalianche [1]. Mais alors ces animaux combattent le poison en avalant des excréments humains : ce remède leur est fourni par

[1] Qui étrangle les panthères.

teraneis mortem diu differant. In his silvestribus et pardi sunt, secundum a pantheris genus, noti satis, nec latius exsequendi. Quorum adulterinis coitibus degenerantur partus leænarum, et leones quidem procreantur, sed ignobiles.

XIX. Unde mediterranea maria oriantur.

Quoniam in Ponticis rebus sumus, non erit omittendum, unde mediterranea maria caput attollant. Existimant enim quidam sinus istos a Gaditano freto nasci, nec aliam esse originem, quam eliquia irrumpentis Oceani: cujus spiritu pervadente apud aliquot mediterranea litora, sicut in Italiæ parte, fieri accessus, vel recessus. Qui contrarium sentiunt, omnem illum fluorem aiunt a Ponticis faucibus inundare, idque fulciunt argumento non inani, quod æstus e Ponto profluus nunquam reciprocetur.

XX. De insulis Scythicis, de oceano Septentrionali, de spatiis inter Scythas et Indos, de formis hominum, de cervis, de tragelaphis.

Insula Apollinitarum octogintis millibus passuum abest a Bosphoro Thracio citra Istrum sita, ex qua Marcus Lucullus Apollinem Capitolinum nobis extulit. Ante Borusthenem Achillis insula est, cum æde sacra, quam ædem nulla ingreditur ales; et quæ forte advolaverit, raptim fugam properat.

Oceanum Septentrionalem ex parte, qua a Paropamiso amne Scythiæ alluitur, Hecatæus Amalchium ap-

l'instinct. Ils ont d'ailleurs la vie si dure, que même avec les intestins hors du corps, ils luttent encore longtemps contre la mort. Dans les bois de ce pays on trouve aussi le léopard, espèce qui tient de la panthère; cet animal est assez connu, et nous ne nous étendrons pas à son sujet. Leurs accouplements monstrueux avec l'espèce des lions produisent aussi des lions, mais abâtardis.

XIX. D'où proviennent les mers méditerranées.

Puisque nous traitons de ce qui concerne le Pont, n'oublions pas d'indiquer les sources des mers intérieures. Quelques-uns pensent qu'elles commencent au golfe de Gadès, et que ce ne sont que des écoulements de l'Océan, dont les eaux, comme dans une partie de l'Italie, vont et viennent dans l'intérieur des terres. Ceux qui sont d'un avis opposé disent que ces eaux viennent du Pont-Euxin, parce que cette mer n'a pas la succession du flux et du reflux.

XX. Des îles de la Scythie, de l'océan Septentrional, de la distance qui sépare les Scythes et les Indiens, des formes diverses de l'homme, des cerfs, des tragélaphes.

L'île des Apollinitaires est à quatre-vingts milles du Bosphore de Thrace. Elle est en deçà de l'Ister. C'est de là que Marcus Lucullus amena la statue d'Apollon au Capitole. Au-devant du Borysthène est l'île d'Achille, avec un temple où ne pénètre aucun oiseau; s'il en est qui l'approchent, ils ne tardent pas à prendre la fuite.

L'océan Septentrional, selon Hécatée, prend, depuis l'embouchure du Paropamise, fleuve de Scythie, le nom

pellat, quod gentis illius lingua significat congelatum. Philemon a Cimbris ad promontorium Rubeas Morimarusam dicit vocari, hoc est Mortuum mare.

Ultra Rubeas id quidquid est, Cronium nominant. Mare autem Caspium ex altero Ponti latere ultra Massagetas et Apalæos Scythas, esse in Asiatica plaga dulce haustu Alexandro Magno probatum est, mox Pompeio Magno, qui bello Mithridatico, sicut commilito ejus Varro tradit, ipsis haustibus periclitari fidem voluit. Id evenire produnt e numero fluminum, quorum tanta copia ibi confluit, ut naturam maris vertant.

Non omiserim, quod per idem tempus eidem Magno licuit ex India diebus octo ad Bactros usque Dalerum flumen, quod influit Oxum amnem, pervenire; deinde in mare Caspium; inde per Caspium ad Cyri amnis penetrare fluentum, qui et Iberiæ Armeniæ fines interluit. Itaque a Cyro, diebus non amplius quinque itinere terreno subvectis navibus [92], ad alveum Phasidis pertendit: per cujus excursus in Pontum usque Indos advehi liquido probatum est.

Auctor est Xenophon Lampsacenus, a litore Scytharum in insulam Abalciam triduo navigari : ejus magnitudinem immensam, et pæne similem continenti [93]: nec longe Oæones separari; quas qui habitent, vivant ovis avium marinarum, et avenis vulgo nascentibus; perinde alias propter constitutas æque insulas, quarum Hippopodes indigenæ humana usque ad vestigium forma in equinos pedes desinunt; esse et Phannesiorum, quorum aures adeo in effusam magnitudinem dilatentur, ut viscerum reliqua illis contegant, nec amiculum aliud sit,

de mer Amalchienne, qui signifie Glaciale dans la langue du pays. Philémon dit que, jusqu'au cap Rubées, les Cimbres l'appellent Morimaruse, c'est-à-dire mer Morte.

Au delà de ce cap, cette mer prend le nom de Cronienne. De l'autre côté du Pont, au delà des Massagètes et des Scythes Apaléens, dans la Scythie Asiatique, est la mer Caspienne, dont l'eau parut douce à Alexandre le Grand, puis au grand Pompée, qui, au rapport de Varron, son compagnon d'armes, voulut dans la guerre de Mithridate s'en assurer par lui-même. C'est sans doute l'énorme masse d'eau apportée par les fleuves qui change la nature de l'eau de cette mer.

Je rappellerai ici qu'à la même époque le même Alexandre put arriver en huit jours de l'Inde à la Bactriane, jusqu'au Dalère, fleuve qui se jette dans l'Oxus, puis atteindre la mer Caspienne, et passer de la mer Caspienne au Cyrus, qui coule entre l'Ibérie et l'Arménie. Aussi put-il, dans un voyage de cinq jours à peu près, non plus par eau, mais par terre, se rendre du Cyrus au Phase, qui conduit dans le Pont, et l'on sait que de là on peut, par mer, arriver jusqu'à l'Inde.

Xénophon de Lampsaque dit qu'en trois jours on peut aller de la côte Scythique à l'île d'Abalcie, qui est d'une immense étendue, et semblable à un continent. Il ajoute que non loin de là sont les Oéones, où les habitants vivent d'œufs d'oiseaux marins, et de l'avoine, qui y est très-commune; qu'il y a d'autres îles voisines, dont les habitants nommés Hippopodes ont des pieds dont la forme est celle d'un pied de cheval; que là se trouve aussi l'île des Phannésiens, dont les oreilles sont tellement longues qu'elles leur couvrent tout le corps, et qu'ils n'ont pas besoin d'autre vêtement. Avant de quitter

quam ut membra membranis aurium vestiant. Antequam digredimur ab Scythia, religio est praeterire, quaenam ibi sint ferae peculiares.

Cervi plurimi in hac terra. Igitur cervos persequamur. Mares generis hujusce quum statum tempus venerem incitavit, saeviunt rabie libidinis efferati. Feminae, licet prius conserantur, non concipiunt ante Arcturi sidus. Nec qualibet partus suos educant. Teneros studiose occulunt, et absconditos inter profunda fruticum, vel herbarum, pedum verbere castigant ad latendum. Quum maturuit ad fugam robur, exercitio docent cursus, et assuescunt salire per abrupta. Acceptis canum latratibus, secundo vento vias dirigunt, ut odor cum ipsis recedat. Mirantur sibilum fistularum. Rectis auribus acutissime audiunt, submissis nihil. Stupent omnia: propterea facilius obvios se praebent sagittantibus [94]. Si maria tranant, non aspectu petunt litora, sed olfactu : infirmos ponunt in ultimo, et lassorum capita clunibus per vices sustinent [95]. E cornibus quod dextrum fuerit efficacius est ad medelam; si fugare angues gestias, utrum velis, uras; quae ustrina praeterea nidore vitium aperit ac detegit, si cui inest morbus comitialis. Pro aetate ramulos augent. Id incrementum in sexennes perseverat; deinceps numerosiora non possunt fieri cornua, possunt crassiora. Quae quidem castratis nunquam crescunt, nec tamen decidunt. Dentes monstrant senectutem, quum aut pauci inveniuntur, aut nulli. Serpentes hauriunt, et spiritu narium extrahunt de latebris cavernarum. Dictamnum ipsi prodiderunt, dum ex eo pasti excutiunt

la Scythie, nous nous ferions un scrupule de ne pas parler des animaux qu'elle renferme.

Il y a beaucoup de cerfs en ce pays. Occupons-nous donc des cerfs. Les mâles, à l'époque du rut, sont comme transportés d'une rage amoureuse. Les femelles, quoique ayant été couvertes avant le lever de l'Arcture, ne conçoivent pas avant cette époque. Elles n'élèvent point indistinctement leurs faons en tout lieu; elles les cachent avec soin, quand ils sont petits encore, sous des branches épaisses, ou sous des herbes, et du pied les poussent pour qu'ils se cachent. Quand ils sont assez forts pour courir, elles leur enseignent l'art de la fuite, et les accoutument à franchir, en bondissant, des endroits escarpés. Quand les cerfs entendent les aboiements des chiens, ils suivent le vent, afin d'emporter avec eux l'odeur de leurs traces. Ils aiment le son de la flûte. Lorsqu'ils dressent l'oreille, ils entendent très-bien; quand ils la baissent, ils n'entendent plus. Tout les frappe de stupeur : c'est ce qui fait qu'ils se livrent plus facilement aux flèches des chasseurs. S'ils passent les mers, ce n'est pas la vue du rivage, c'est l'odorat qui les dirige : ils placent les plus faibles à la queue de la file, et à tour de rôle ceux qui sont fatigués appuyent leur tête sur la croupe de ceux qui les précèdent. De leurs cornes, la droite est douée de propriétés médicales plus efficaces; mais pour mettre en fuite les serpents, on peut indifféremment brûler l'une ou l'autre; cette odeur de corne brûlée fait en outre connaître les personnes sujettes à l'épilepsie. Leur bois croît proportionnellement à leur âge. Cet accroissement continue jusqu'à la sixième année; puis les andouillers, sans pouvoir devenir plus nombreux, peuvent devenir plus gros. La castration empêche et la renaissance et la chute du bois. On reconnaît qu'un cerf est vieux par le petit nombre ou par

accepta tela. Herbam quoque, quam cynaren vocant, contra noxia edunt gramina. Adversum venena mirificum est hinnulei coagulum, occisi in matris utero. Patuit nunquam eos febrescere : quam ob causam confecta ex medullis eorum unguina sedant calores hominum languentium. Legimus plurimos matutinis diebus cervinam carnem degustare solitos, sine febribus longævos fuisse [96] : quod demum proderit, si uno vulnere fuerint interfecti. Ad dignoscendam vivacitatem [97] Alexander Magnus torques plurimis cervis innexuit, qui post annum centesimum capti, necdum senii judicium præferebant.

Eadem pæne specie sunt, quos tragelaphos [98] dicunt, sed non alibi, quam circa Phasidem apparent : tantum quod illi villosos habent armos, et menta promissis hirta barbis.

XXI. Germania. Iu ea de avibus Hercyniis, de bisontibus, de uris, de alce. Item de alce Gangaviæ insulæ, de succino, de callaico lapide, de ceraunio albo.

Mons Sevo ipse ingens [99], nec Riphæis minor collibus, initium Germaniæ facit. Ingævones tenent, a quibus primis post Scythas nomen Germanicum consurgit. Dives virorum terra, frequens populis numerosis, et immanibus. Extenditur inter Hercynium saltum et rupes Sarmatarum. Ubi incipit, Danubio; ubi desinit, Rheno

l'absence des dents. Ils avalent les serpents, que, par la force de leur respiration, ils font sortir du fond de leurs trous. Ce sont eux qui nous ont fait connaître le dictamne, qu'ils mangent pour faire tomber les traits de leurs blessures. En broutant l'herbe dite cynare, ils neutralisent l'effet des plantes vénéneuses. Un remède merveilleux contre le poison, c'est le sang caillé d'un faon tué dans le ventre de sa mère. Il est prouvé qu'ils ne ressentent jamais la fièvre : aussi la graisse extraite de leur moelle est-elle propre à calmer la chaleur brûlante des fébricitants. On dit que bien des personnes, qui avaient l'habitude de manger le matin de la chair de cerf, sont parvenues, sans fièvre, à un âge avancé; mais cette chair n'a cette vertu que si l'animal a été tué d'un seul coup. Pour connaître la durée de la vie du cerf, Alexandre le Grand attacha des colliers au cou de plusieurs cerfs, qui, pris cent ans après, n'annonçaient pas encore la vieillesse.

De l'espèce du cerf sont des animaux que l'on nomme tragélaphes, et que l'on ne trouve qu'aux environs du Phase. Ils ne diffèrent des cerfs qu'en ce qu'ils ont les épaules couvertes d'un long poil et le menton hérissé d'une barbe épaisse.

XXI. De la Germanie, et, dans la Germanie, des oiseaux dits hercyniens, des bisons, des ures, de l'alcé de l'île Gangavie, du succin, de la pierre callaïque, de la céraunienne blanche.

Une montagne gigantesque, le Sévon, aussi considérable que la chaîne des Riphées, commence la Germanie. Elle est occupée par les Ingévons, qui les premiers, après les Scythes, voient le nom des Germains s'établir. C'est une terre de guerriers, de peuples nombreux et redoutés. Elle s'étend de la forêt Hercynienne aux rochers des Sarmates. Où elle commence, elle est arrosée par le

perfunditur. De internis ejus partibus, Albis, Guthalus, Vistula, amnes latissimi præcipitant in Oceanum.

Saltus Hercynius aves gignit quarum pinnæ per obscurum emicant et interlucent, quamvis densa nox denset tenebras. Inde homines plerumque nocturnos excursus sic destinant, ut illis utantur ad præsidium itineris dirigendi, præjactisque per opaca callium rationem viæ moderentur indicio plumarum refulgentium.

In hoc tractu sane, et in omni septentrionali plaga bisontes frequentissimi, qui bovis feri similes, setosi colla, jubas horridi, ultra tauros pernicitate, capti assuescere manu nesciunt.

Sunt et uri, quos imperitum vulgus vocat bubalos: quum bubali pæne ad cervinam faciem in Africa procreentur. Istis porro, quos uros dicimus, taurina cornua in tantum modum protenduntur, ut dempta ob insignem capacitatem inter regias mensas potuum gerula fiant.

Est et alces [100] mulis comparanda, adeo propenso labro superiore, ut nisi recedens in posteriora vestigia pasci non queat.

Gangavia insula a regione Germaniæ emittit animal, quale alces, sed cujus suffragines, ut elephantis, flecti nequeunt: propterea non cubat, quum dormiendum est, tamen somnulentam arbor sustinet, quæ ad prope casuram secatur, ut fera, dum assuetis fulmentis innititur, faciat ruinam. Ita capitur; alioqui difficile est eam mancipari: nam in illo rigore poplitum incomprehensibili fuga pollet. De Germanicis insulis Gangavia maxima est, sed nihil in ea magnum, præter ipsam [101].

Danube; où elle finit, par le Rhin. Des fleuves très-considérables, l'Albis, le Guthale, la Vistule, coulent de ce pays dans l'Océan.

Dans la forêt Hercynienne il y a des oiseaux dont les plumes brillent et étincellent au milieu des ténèbres de la nuit la plus épaisse. Les personnes qui voyagent de nuit ont recours à eux pour se diriger; ils s'en font précéder, et l'éclat des plumes de ces oiseaux suffit pour leur indiquer la route.

Dans ces contrées, et dans toute la plage du nord, abondent les bisons, qui, semblables au bœuf sauvage, ont le cou velu, la crinière hérissée; ils surpassent les taureaux en agilité, et, lorsqu'on les a pris, ne peuvent s'apprivoiser.

On y trouve aussi les ures, que le vulgaire ignorant appelle bubales; mais le bubale est un animal d'Afrique, qui a des rapports de ressemblance avec le cerf. Les ures ont des cornes, semblables à celles des taureaux, mais d'une dimension telle qu'aux festins des rois on les présente, à cause de leur grande capacité, pour servir de coupes.

On y trouve enfin l'alcé, que l'on pourrait prendre pour un mulet; sa lèvre inférieure est si longue qu'il ne peut paître qu'à reculons.

L'île de Gangavie, en Germanie, produit un animal semblable à l'alcé, mais dont les jambes, comme celles de l'éléphant, ne peuvent se plier. Aussi ne se couche-t-il pas pour dormir : il s'appuie contre un arbre, que l'on coupe d'avance, pour faire tomber cet animal lorsqu'il veut prendre son appui habituel. C'est ainsi qu'on s'en empare, et cela serait difficile autrement, car, malgré la roideur de ses jambes, il fuit avec une vitesse inconcevable. Des îles germaniques, l'île Gangavie est la plus grande; mais elle n'a rien de grand qu'elle-même.

Nam Glesaria dat crystallum, dat et succinum, quod succinum Germani gentiliter vocant glæsum. Qualitas materiæ istius summatim antea, Germanico autem Cæsare, omnes Germaniæ oras scrutante, comperta arbor est pinei generis, cujus mediale autumni tempore succino lacrymat. Succum esse arboris, de nominis significatione capessas: verum unde profluit, si usseris, odor indicabit. Pretium operæ est ire longius, ne Padanæ silvæ credantur lapidem flevisse. Hanc speciem in Illyricum barbari intulerunt: quæ quum per Pannonica commercia usu ad Transpadanos homines foret devoluta, quod ibi primum nostri viderant, ibi etiam natam putaverunt. Munere Neronis principis apparatus omnis succino inornatus est: nec difficulter, quum per idem tempus tredecim millia librarum rex Germaniæ donum ei miserit. Rude primum nascitur et corticosum, deinde incoctum adipe lactentis suis expolitur ad quem videmus nitorem. Pro facie habet nomina: melleum dicitur et Falernum: utrumque de similitudine aut vini, aut utique mellis. In aperto est, quod rapiat folia, quod trahat paleas: quod vero medeatur multis vitalium incommodis, medentium docuit disciplina. Et India habet succinum; sed Germania plurimum optimumque.

Quoniam ad insulam Glæsariam veneramus, a succino cœptum. Nam in Germaniæ continentibus callaica reperitur [102], quam gemmam Arabicis anteponunt: vincit enim gratia. Arabes quidem dicunt non alibi eam deprehendi, quam in nidis avium, quas melancoryphos vocant: quod nullus recepit, quum apud Germaniæ po-

La Glésarie donne le cristal, et le succin, que dans leur langue les Germains nomment *glèse*. Nous avons dit plus haut quelques mots sur la nature du succin. C'est pendant que Germanicus César côtoyait la Germanie que l'on découvrit un arbre de l'espèce des pins, d'où découle en automne ce qu'on appelle le succin. Le mot même fait voir qu'on peut le regarder comme le suc de l'arbre. Si on brûle cette substance, l'odeur qu'elle exhale indique son origine. Il importe de donner ici plus de détails pour que l'on ne s'imagine pas que ce sont les forêts des environs du Pô qui fournissent le succin. Des barbares l'ont introduit dans l'Illyrie : les rapports des Pannoniens et des habitants de la Transpadane l'ont fait connaître à ceux-ci, et comme c'est chez eux que nous l'avons vu pour la première fois, nous avons cru qu'il y était né. Néron déploya une grande magnificence d'objets tout en succin ; ce qui lui fut facile, car le roi de Germanie lui avait fait don de treize mille livres pesant de cette substance. Le succin naît d'abord brut et plein d'écorce ; mais en le faisant bouillir avec de la graisse de cochon de lait, il acquiert l'éclat que nous lui connaissons. Il a des noms divers, selon l'aspect qu'il offre : on lui donne les noms de mielleux ou de Falerne, d'après la ressemblance qu'il peut avoir avec le miel ou avec le vin. Il est prouvé qu'il attire à lui les feuilles et les brins de paille. L'usage qu'en font les médecins prouve son utilité dans les maladies. L'Inde aussi a du succin, mais la Germanie en plus grande quantité et en meilleure qualité.

En passant à l'île de Glésarie, nous avons d'abord parlé du succin. Mais dans la Germanie on trouve la pierre précieuse dite callaïque, que l'on préfère à la callaïque d'Arabie : celle de Germanie a, en effet, plus d'éclat. Les Arabes disent qu'on ne la trouve que dans le nid des oiseaux que l'on nomme mélancoryphes ; ce qui n'est admis par personne, puisqu'en Germanie elle

pulos (quamvis rara) in saxis tamen pareat. Honore et pretio ad smaragdos, viret pallidum; nihil jucundius aurum decet.

Cerauniorum porro genera diversa sunt; Germanicum candidum est : splendet tamen cærulo, et si sub divo habeas, fulgorem rapit siderum.

XXII. Gallia, et ex ea itinerarium. Item de oleo Medico.

Galliæ inter Rhenum et Pyrenæum, item inter Oceanum et montes Cebennam ac Juram porriguntur, felices præpinguibus glebis, accommodæ proventibus fructuariis : pleræque consitæ vitibus et arbustis, omni ad usum animantium fœtu beatissimæ; riguæ aquis fluminum, et fontium; sed fontaneis interdum sacris, ac vaporantibus. Infamantur ritu incolarum, qui, ut aiunt (veri enim periculum non ad me recipio), detestabili sacrorum ritu, injuria religionis, humanis litant hostiis [103]. Ex isto sinu quoquo orbis velis, exeas; in Hispanias, et in Italiam terra marique; in Africam mari tantum; si Thracia sit petenda, excipit ager Rhæticus opimus, et ferax; inde Noricus, qua subducitur a jugis Alpium, admodum lætus; dehinc Pannonia solo plano uberique, Dravo Savoque inclytis amnibus circumflua; mox Mœsiæ, quas majores nostri jure Cereris horreum nominabant, in quarum parte, quæ Pontica est, apparet herba, qua inficitur oleum, quod vocant Medicum. Hoc ad incendium excitatum si obruere aqua gestias, ardet magis, nec alio sopitur, quam jactu pulveris.

se rencontre (rarement il est vrai) dans les rochers. On la recherche et on l'estime à l'égal de l'émeraude; elle est de couleur vert-pâle, et nulle autre pierre ne se marie plus agréablement qu'elle à l'or.

Il y a plusieurs espèces de céraunies : celle de Germanie est blanche; mais elle a un reflet azuré, et, au jour, elle s'imprègne de l'éclat des astres.

XXII. De la Gaule, des pays où elle aboutit. De l'huile médique.

La Gaule s'étend du Rhin aux Pyrénées, de l'Océan aux Cévennes et au Jura; elle est riche en terres fertiles, en fruits, en vignes, en arbres, et abondamment dotée de tout ce qui appartient à la vie animale. Elle est arrosée par des rivières, par des sources nombreuses, mais qui parfois exhalent des vapeurs funestes. Dans ce pays, dit-on (car je ne prends pas sur moi la responsabilité de cette assertion), il y a d'horribles sacrifices : au mépris de tout sentiment religieux, on immole des victimes humaines. On peut de la Gaule se diriger facilement vers tous les points de l'univers : en Espagne, et en Italie par terre et par mer; en Afrique, par mer seulement. Si l'on veut aller en Thrace, le territoire de Rhétie, si riche, si fertile, s'offre d'abord; puis le Norique, qui, lorsqu'il s'éloigne des Alpes, présente l'aspect le plus gai; puis la Pannonie avec ses plaines fécondes, et ses fleuves renommés, le Drave et le Save, qui forment sa ceinture; puis la Mésie, que nos aïeux appelaient à bon droit le grenier de Cérès, pays, nommé Pontique, où l'on trouve une herbe que l'on mêle à l'huile dite médique. Si l'on essaye d'éteindre avec de l'eau le feu allumé par cette huile, elle brûle avec plus de force, et on ne peut maîtriser la flamme qu'en projetant de la poussière.

XXIII. Britannia. In ea de lapide gagate, et de gentibus barbaris, insulisque circa eam claris.

Finis erat orbis ora Gallici litoris, nisi Britannia insula non qualibet amplitudine nomen pæne orbis alterius mereretur. Octingenta et amplius millia passuum longa detinet : ita ut eam in Calidonicum usque angulum metiamur : in quo recessu Ulyxem Calidoniæ appulsum manifestat ara Græcis litteris scripta Votum. Multis insulis nec ignobilibus circumdatur : quarum Hibernia ei proximat magnitudine, inhumana incolarum ritu aspero: alioquin ita pabulosa, ut pecua ibi nisi interdum a pascuis arceantur, in periculum agat satias. Illic nullus anguis, avis rara, gens inhospita, et bellicosa. Sanguine interemptorum hausto prius victores vultus suos oblinunt. Fas ac nefas eodem loco ducunt. Puerpera, si quando marem edidit, primos cibos gladio imponit mariti, inque os parvuli summo mucrone auspicium alimentorum leviter infercit, et gentilibus votis optat, non aliter quam in bello et inter arma mortem oppetat. Qui student cultui, dentibus mari nantium belluarum insigniunt ensium capulos : candicant enim ad eburnam claritatem : nam præcipua viris gloria est in armorum nitela. Apes non habent : advectum inde pulverem si quis sparserit inter alvearia, examina favos deserunt [104]. Mare quod Hiberniam et Britanniam interluit, undosum inquietumque toto in anno, nonnisi pauculis diebus est navigabile. Navigant autem vimineis alveis, quos circumdant ambitione tergorum bubulorum : quantocumque tempore cursus tenebit, navigantes escis abstinent [105]. Freti latitudinem in centum viginti millia

POLYHISTOR DE C. J. SOLIN.

XXIII. De la Bretagne, et, dans la Bretagne, de la gagate, de ses peuplades barbares, des îles remarquables qui l'entourent.

Le monde se terminerait aux côtes de la Gaule, si, par son étendue en tous sens, l'île de Bretagne ne méritait presque d'être nommée un autre monde. Elle a dans sa longueur plus de huit cent mille pas, si nous la mesurons jusqu'à la pointe de la Calédonie où aborda Ulysse, comme l'atteste un autel dont l'inscription en lettres grecques exprime un vœu. Elle est entourée d'un grand nombre d'îles assez remarquables. L'une d'elles, l'Hibernie, a la même étendue; les mœurs des habitants sont barbares; elle a tant de pâturages qu'on n'en éloigne le bétail que dans la crainte des suites d'une nourriture trop abondante. On n'y trouve point de serpents; il y a peu d'oiseaux; le peuple y est inhospitalier et redoutable à la guerre. Les vainqueurs se couvrent le visage du sang de leurs ennemis, après en avoir bu d'abord. Ils ne font pas la distinction du bien et du mal. Si une mère enfante un fils, elle lui donne ses premiers aliments avec le glaive du père, les lui enfonce légèrement dans la bouche avec la pointe de l'arme, et, par une formule propre au pays, exprime le vœu qu'il ne périsse que sur le champ de bataille. Ceux qui aiment la parure décorent la garde de leurs épées de dents d'animaux marins : car elles brillent à l'égal de l'ivoire, et les guerriers mettent leur principale gloire dans l'éclat de leurs armes. L'Hibernie n'a pas d'abeilles; la poussière apportée de cette île, et jetée sur les ruches, suffit pour faire que les essaims abandonnent leurs rayons. La mer qui sépare l'Hibernie de la Bretagne est toute l'année houleuse, agitée; elle n'est navigable que pendant très-peu de jours : or, les Hiberniens naviguent dans des nacelles formées de bois pliants et recouvertes de peaux de bœufs. Tant que dure la navigation, ils s'abstiennent de nourriture. La lar-

passuum diffundi, qui fidem ad verum ratiocinati sunt, æstimarunt.

Siluram quoque insulam ab ora, quam gens Britanna Dumnonii tenent, turbidum fretum distinguit. Cujus homines etiamnum custodiunt morem vetustum : nummum refutant ; dant res, et accipiunt ; mutationibus necessaria potius quam pretiis parant. Deos percolunt ; scientiam futurorum pariter viri ac feminæ ostentant.

Adtanatos insula adspiratur freto Gallico, a Britanniæ continente æstuario tenui separata, frumentariis campis felix et gleba uberi, nec tantum sibi, verum et aliis salubris locis : nam quum ipsa nullo serpatur angue, asportata inde terra quoquo gentium invecta sit, angues necat.

Multæ et aliæ circum Britanniam insulæ, e quibus Thyle ultima [106], in qua æstivo solstitio sole de Cancri sidere faciente transitum nox pæne nulla : brumali solstitio dies adeo conductus, ut ortus junctus sit occasui. A Calidoniæ promontorio Thylen petentibus bidui navigatione perfecta excipiunt Hebudes insulæ, quinque numero, quarum incolæ nesciunt fruges, piscibus tantum et lacte vivunt. Rex unus est universis : nam quotquot sunt, omnes angusta interluvie dividuntur. Rex nihil suum habet, omnia universorum : ad æquitatem certis legibus stringitur ; ac ne avaritia devertat a vero, discit paupertate justitiam, utpote cui nihil sit rei familiaris : verum alitur e publico. Nulla illi datur femina propria, sed per vicissitudines, in quamcumque commotus fuerit,

geur du détroit est de cent vingt mille pas, d'après les appréciations les plus probables.

L'île de Silure est séparée par un bras de mer orageux de la côte des Dumnoniens, peuple breton. Les habitants de cette île conservent encore maintenant les anciens usages : ils ne veulent pas de monnaie; ils payent et reçoivent en nature; c'est par des échanges surtout qu'ils se procurent le nécessaire. Ils vénèrent les dieux; les hommes et les femmes ont la prétention de lire dans l'avenir.

L'île d'Adtanatos est rafraîchie par le vent de la mer des Gaules. Elle est séparée du continent de la Bretagne par un bras de mer de peu d'étendue; elle a des blés en abondance, un sol fertile; c'est un pays favorable pour ceux qui l'habitent comme pour les peuples des autres contrées : car comme les serpents n'y peuvent vivre, la terre que l'on transporte de là quelque part que ce soit, tue les serpents.

Beaucoup d'autres îles entourent la Bretagne. La dernière est l'île de Thulé, où il n'y a pas de nuit à l'époque du solstice d'été, quand le soleil franchit le signe du Cancer, et pas de jour au solstice d'hiver, car le lever et le coucher du soleil se confondent. En partant du cap de la Calédonie pour Thulé, on arrive après deux jours de navigation aux îles Hébudes, qui sont au nombre de cinq. Il n'y a pas de fruits dans ces îles, dont les habitants ne vivent que de poisson et de lait. Ils ont un roi commun, car, quoique distinctes, ces îles ne sont séparées que par de petits bras de mer. Le roi n'a rien à lui; tout appartient au peuple; des lois précises le retiennent dans les limites de l'équité, et pour que l'avarice ne le détourne pas du bien, il est soumis à la justice par la pauvreté, puisqu'il n'a rien. Il est entretenu aux frais de l'État. Il n'a aucune femme qui lui soit propre; il prend temporairement celle qui lui convient.

usurariam sumit. Unde ei nec votum, nec spes conceditur liberorum. Secundam a continenti stationem Orcades præbent : sed Orcades ab Hebudibus porro sunt septem dierum, totidemque noctium cursu, numero tres. Vacant homine; non habent silvas, tantum junceis herbis inhorrescunt. Cetera earum nudæ arenæ. Ab Orcadibus Thylen usque quinque dierum ac noctium navigatio est. Sed Thyle larga et diutina [107] pomona copiosa est. Qui illic habitant, principio veris inter pecudes pabulis vivunt, deinde lacte. In hiemem compercunt arborum fructus. Utuntur feminis vulgo [108]; certum matrimonium nulli. Ultra Thylen pigrum et concretum mare. Circuitus Britanniæ quadragies octies septuaginta quinque millia passuum sunt. In quo spatio magna et multa flumina, fontes calidi opiparo exculti apparatu ad usus mortalium : quibus fontibus præsul est Minervæ numen, in cujus æde perpetui ignes nunquam canescunt in favillas, sed ubi ignis tabuit, vertit in globos saxeos.

Præterea, ut taceam metallorum largam variamque copiam, quibus Britanniæ solum undique generum pollet venis locupletibus, gagates hic plurimus optimusque est lapis : si decorem requiras, nigro gemmeus; si naturam, aqua ardet, oleo restinguitur; si potestatem, attritu calefactus applicita detinet, atque succinum. Regionem partim tenent barbari, quibus per artifices plagarum figuras, jam inde a pueris variæ animalium effigies incorporantur, inscriptisque visceribus hominis incremento pigmenti notæ crescunt [109] : nec quidquam mage patien-

De là vient qu'il ne forme ni le vœu ni le désir d'avoir des enfants. Les Orcades sont les îles que l'on rencontre ensuite quand on a quitté le continent. Il y a sept jours et sept nuits de navigation des Orcades aux Hébudes. Elles sont au nombre de trois. Elles sont inhabitées ; il n'y a pas de forêts, il n'y a qu'un amas de joncs et des sables arides. Des Orcades à Thulé, la navigation est de cinq jours et de cinq nuits. Thulé abonde en fruits que l'on recueille presque en tout temps. Ceux qui habitent cette île vivent au commencement du printemps, d'abord de l'herbe des pâturages avec leurs troupeaux, puis de lait. Ils font pour l'hiver des récoltes de fruits. Chez eux, les femmes sont à la disposition de tous ; le mariage n'existe pas. Au delà de Thulé, la mer est dormante et lourde. Le tour de la Bretagne est de quatre mille huit cent soixante-cinq milles. Elle renferme des fleuves considérables et nombreux, des sources d'eau chaude appropriées avec un soin particulier aux besoins des hommes. A ces sources préside la déesse Minerve, dans le temple de laquelle brûlent perpétuellement des feux qui jamais ne se réduisent en cendres, mais qui, lorsqu'ils sont consumés, se changent en rochers.

En outre, pour ne pas parler d'une multitude très-variée de métaux dont la Bretagne offre partout de riches mines de tout genre, on y trouve de fort belles pierres gagates, et en quantité considérable : la couleur de cette pierre est d'un noir brillant ; une de ses propriétés naturelles est de s'enflammer par le contact de l'eau et d'être éteinte par l'huile ; échauffée par le frottement, elle retient les objets, comme le succin. Les habitants de ce pays sont en partie des barbares, qui, par des incisions, des plaies artificielles, figurent sur leurs corps, dès leur enfance, des formes diverses d'animaux, et qui se servent de couleurs pour se faire des inscriptions qui croissent avec le développement de leur corps ; et ces nations

tiæ loco nationes feræ ducunt, quam ut per memores cicatrices plurimum fuci artus bibant.

XXIV. Hispania. In ea de ceraunio rubro, de Gaditano freto, et Mediterraneo mari, de Oceano.

Reversos ad continentem res Hispanienses vocant. Terrarum plaga comparanda optimis, nulli posthabenda frugum copia et soli ubere, sive vinearum proventus respicere, sive arborarios velis. Omni materia affluit, quæcumque aut pretio ambitiosa est, aut usu necessaria. Argentum vel aurum requiras, habet; ferrariis nunquam deficit; nec cedit vitibus, vincit olea. Dividua est provinciis tribus, secundo Punico bello nostra facta. Nihil in ea otiosum, nihil sterile. Quidquid cujuscumque modi negat messem, viget pabulis : etiam quæ arida sunt ab sterilitate, rudentum materias nauticis subministrant. Non coquunt ibi sales, sed effodiunt [110]. Depurgant in minium nitelas pulveris. Fucant vellera, ut ad ruborem merum deputent cocci venenum [111]. In Lusitania promontorium est, quod Artabrum alii, Olysipponense [112] dicunt. Hoc cœlum, terras, maria distinguit : terris, Hispaniæ latus finit; cœlum et maria hoc modo dividit, quod a circuitu ejus incipiunt Oceanus Gallicus, et fons septentrionalis, oceano Atlantico et occasu terminatis. Ibi oppidum Olysippone [113] Ulyxi conditum; ibi Tagus flumen. Tagum ob arenas auriferas ceteris ibi amnibus prætulerunt. In proximis Olysipponis equæ lasciviunt mira fecunditate : nam aspirante favonio vento concipiunt [114], et sitientes viros aurarum spiritu maritantur.

farouches regardent comme une preuve éclatante de courage et de patience de pouvoir étaler plus tard de menteuses cicatrices.

XXIV. De l'Espagne, et, dans l'Espagne, de la Craunienne rouge, du détroit de Gadès; de la Méditerranée, de l'Océan.

Revenus au continent, l'Espagne nous appelle. Ce pays est comparable aux plus privilégiés, et n'est inférieur à aucun pour l'abondance de ses productions et la fécondité du sol, pour les vignes comme pour les arbres. Il abonde en toutes matières précieuses ou utiles : il a de l'or, de l'argent, des mines de fer; il ne le cède par ses vignes à aucun pays, et l'emporte sur tous par ses oliviers. L'Espagne, divisée en trois provinces, nous appartient depuis la seconde guerre punique. Elle ne présente rien de superflu, rien de stérile. Le sol qui refuse une récolte de telle ou telle nature offre au moins de riants pâturages; celui qui semble aride et improductif fournit aux marins de quoi faire des cordages. On n'y fait point usage de sel factice, on le tire de mines. Ils extraient du minium les parcelles les plus brillantes; ils en teignent les toisons jusqu'à ce qu'elles aient pris la couleur de l'écarlate. Dans la Lusitanie est le cap Artabrum, que l'on nomme aussi Olysippo. Il sépare le ciel, la terre, la mer : la terre, puisque là se termine l'Espagne; le ciel et la mer, puisque, quand on l'a doublé, commencent l'océan Gaulois et le nord, et que là aussi se terminent l'océan Atlantique et l'ouest. Là se trouve la ville d'Olysippo, bâtie par Ulysse; là est le fleuve du Tage. Le Tage charrie de l'or dans ses sables, et, pour cette raison, est considéré comme le fleuve le plus important de cette contrée. Aux environs d'Olysippo sont des cavales dont la fécondité est une merveille : car elles conçoivent par le souffle du favonius, qui les accouple, pour ainsi dire, aux mâles en chaleur. Le fleuve

Iberus amnis toti Hispaniæ nomen dedit, Bætis [115] provinciæ : uterque nobilis. Carthaginem apud Iberos, quæ mox colonia facta est, Pœni condiderunt; Tarraconem Scipiones : ideo est caput provinciæ Tarraconensis.

Lusitanum litus floret gemma ceraunio [116] plurimum, quam etiam Indicis præferunt. Hujus ceraunii color est e pyropo; qualitas igni probatur : quem si sine detrimento sui perferat, adversum vim fulgurum creditur opitulari. Cassiterides insulæ [117] spectant adversum Celtiberiæ latus : plumbi fertiles, et tres Fortunatæ, e quibus solum vocabulum signandum fuit. Ebusus e Balearibus, quæ a Dianio abest septingenta stadia, serpentem non habet : utpote cujus terra serpentes fuget. Colubraria, Sucronem versus, fœta est anguibus. Bocchoris regnum Baleares fuerunt, usque ad eversionem frugum cuniculis animalibus quondam copiosæ. In capite Bæticæ, ubi extremus est noti orbis terminus, insula a continenti septingentis passibus separatur : quam Tyrii a Rubro profecti mari, Erythræam : Pœni lingua sua Gadis [118], id est sepem, nominarunt. In hac Geryonem ævum agitavisse plurimis monumentis probatur, tametsi quidam putent, Herculem boves ex alia insula abduxisse, quæ Lusitaniam contuetur.

Sed Gaditanum fretum a Gadibus dictum, Atlanticus æstus in nostrum mare discidio orbis immittit. Nam Oceanus, quem Graii sic nominant de celeritate, ab occasu solis irrumpens, lævo latere Europam radit, Africam dextro, scissisque Calpe et Abinna montibus, quas dicunt columnas Herculis, inter Mauros funditur, et Hispaniam : ac freto isti, cujus quindecim millia pas-

de l'Èbre a donné son nom à toute l'Espagne, le Bétis à une province : tous les deux sont célèbres. Les Carthaginois ont fondé chez les Ibères une nouvelle Carthage, qui bientôt devint une colonie; les Scipions ont fondé Tarragone : c'est la capitale de la province Tarragonaise.

On trouve en grande quantité dans la Lusitanie des céraunies, que l'on préfère même à celles de l'Inde. Elles sont de même couleur que le pyrope; on les éprouve par le feu : si elles subissent cette épreuve sans en être altérées, elles sont regardées comme un préservatif contre la foudre. Vis-à-vis de la Celtibérie sont beaucoup d'îles dites Cassitérides : elles donnent beaucoup de plomb; il en est trois, dites les îles Fortunées, dont il suffit de remarquer le nom. L'île d'Ébuse, éloignée de Dianium de sept cents stades, ne renferme point de serpents : la terre de ce pays les fait fuir. Colubraria, vis-à-vis de Sucron, en est pleine. Bocchoris régna dans les Baléares, autrefois remplies de lapins qui infestaient les moissons. Au front même de la Bétique, où est la limite du monde connu, une île est séparée du continent de sept cents pas. Les Tyriens, qui venaient de la mer Rouge, ont donné à cette île le nom d'Érythrée; les Carthaginois l'ont nommée dans leur langue, Gadis, c'est-à-dire une haie. C'est ce pays qu'habitait Géryon, comme le prouvent plusieurs monuments, quoique l'on dise aussi qu'Hercule y mena ses troupeaux d'une autre île située en face de la Lusitanie.

Le détroit de Gadès a été ainsi appelé de la ville de ce nom. L'océan Atlantique se joint ainsi, en séparant les terres, à la Méditerranée. L'Océan, ainsi nommé par les Grecs parce qu'il est à l'occident, baigne l'Europe à gauche, l'Afrique à droite, et, séparant les monts Abinna et Calpé, que l'on nomme les colonnes d'Hercule, se répand dans la Mauritanie et l'Espagne. Puis, à ce bras dont la longueur est de quinze milles pas, et la

suum efficit longitudo, latitudo vix septem, quodam ostio aperit limen interni æquoris mixtus mediterraneis sinibus, quos ad usque orientem propellit. Horum qui Hispanias perfundit, Ibericus fertur, et Balearicus; qui Narbonensem provinciam, Gallicus; mox Ligusticus; ab eo ad Siciliam Tuscus, quem Græci Ionium vel Tyrrhenum, Itali Inferum vocant; a Sicilia Cretam usque Siculus; inde Creticus, qui in Pamphyliam et Ægyptum pertendit; quæ aquarum moles torto in septentrionem prius latere, anfractibus magnis juxta Græcias et Illyricum per Hellespontum in angustias stringitur Propontidis: quæ Propontis Europam Asiamque discriminans, ad Mæotidem pervenit. Causas nominum non uniformis dedit ratio: Asiaticum et Phœnicium a provinciis dictum; ab insulis Carpathium, Ægæum, Icarium, Balearicum, Cyprium; a gentibus Ausonium, Dalmaticum, Ligusticum, Tuscum; ab oppidis Adriaticum, Argolicum, Corinthium, Tyrium; a casibus hominum Myrtoum, Hellespontus; a memoria regis Ionium; a bovis transitu, vel angustis etiam meatibus boum perviis, Bosporus; a moribus accolarum, Euxinus, Axinus ante appellatus; ab ordine fluenti, Propontis. Ægyptium pelagus Asiæ datur; Gallicum, Europæ; Africum, Libyæ: his ut quæque proxima sunt, venerunt in partes partium. Hæc in gremiis terrarum.

Oras autem extimas Oceanus amplectitur, qui a litoribus suis Arabicus, Persicus, Indicus, Eous, Sericus, Hyrcanus, Caspius, Scythicus, Germanicus, Gallicus, Atlanticus, Libycus, Æthiopicus dicitur. Cujus accessus

largeur à peine de sept, il ouvre un passage dans les mers intérieures, en se mêlant aux golfes de la Méditerranée, qu'il étend jusqu'à l'orient. Celui de ces golfes qui baigne l'Espagne s'appelle Ibérique et Baléarique ; celui qui baigne la province Narbonnaise, Gaulois ; puis viennent le golfe Ligurien ; le golfe Toscan, nommé par les Grecs Ionien ou Thyrrénien, et par les Italiens mer Inférieure ; le Sicilien, de la Sicile jusqu'à la Crète ; le Crétois, qui pénètre dans la Pamphylie et l'Égypte. Toute cette masse d'eaux, en tournant le nord, vient ensuite par de longs détours, le long de la Grèce et de l'Illyrie, se resserrer par l'Hellespont dans les détroits de la Propontide. La Propontide, qui sépare l'Europe de l'Asie, va jusqu'aux Méotides. Les causes de ces noms divers tiennent ou aux provinces, mers Asiatique et Phénicienne ; ou aux îles, mers Carpathienne, Égéenne, Icarienne, Baléarique, Cyprienne ; ou aux peuples, mers Ausonienne, Dalmatique, Ligurienne, de Toscane ; ou aux villes, Adriatique, Argolique, Corinthienne, Tyrienne ; ou à des accidents survenus aux hommes, mer Myrtoënne, Hellespont ; au souvenir d'un roi, mer Ionienne ; au passage d'un bœuf, ou peut-être à l'espace étroit que peuvent franchir des bœufs, le Bosphore ; aux mœurs des habitants, l'Euxin, autrefois nommé Axin ; enfin au cours que suivent les eaux, la Propontide. La mer d'Égypte appartient à l'Asie ; celle des Gaules à l'Europe ; celle d'Afrique à la Libye. Les diverses parties de ces diverses contrées ont donné leurs noms aux mers qui les avoisinent. Voilà pour l'intérieur des terres.

L'extérieur a pour limite l'Océan, qui emprunte à ses rivages les noms d'Arabique, de Persique, d'Indien, d'Oriental, de Sérique, d'Hyrcanien, de Caspien, de Scythique, de Germanique, de Gaulois, d'Atlantique, de Libyen, d'Éthiopien. Les flots gonflés de l'Océan se

incrementa circa litora Indiæ vehementissime proruunt, maximosque ibi exitus faciunt : sive quod suspensus altius sustollatur vi caloris [119], seu quod in ea parte orbis et fontium et fluminum copia sit effusior. Dubitatur etiamnum quibus ex causis intumescat Oceanus, vel quatenus, quum superfluus sibi fuerit, rursus in se residat. Nec in obscuro est, plura pro ingeniis disserentium, potius quam pro veritatis fide expressa. Sed omisso ancipiti concurrentium quæstionum, has opiniones probatissimas invenimus. Physici aiunt mundum animal esse, eumque ex variis elementorum corporibus conglobatum, moveri spiritu, regi mente; quæ utraque diffusa per membra omnia, æternæ molis vigorem exerceant. Sicut ergo in corporibus nostris commercia sunt spiritalia, ita in profundis Oceani nares quasdam mundi constitutas, per quas emissi anhelitus, vel reducti, modo inflent maria, modo revocent. At hi, qui siderum sequuntur disciplinam, contendunt meatus istos commoveri lunæ cursibus : adeo ut vicissitudines inter maciem aquarum et plenitudinem, respiciant adauctus ejus, vel eliquia ; neque eodem semper tempore, sed prout illa aut minuatur, aut crescat, variari alternantes recursus.

XXV. Libya. Horti Hesperidum. Mons Atlas.

De Hispania est excursus in Libyam : nam Belone [120] progressos, quod Bæticæ oppidum est, ultra interjacens fretum trium et triginta millium passuum Tingi excipit, Mauritaniæ nunc colonia, sed cujus primus auctor Antæus fuit. Porro, quod in illo ambitu Ægyptium finitur pelagus, et Libycum incipit, placuit, ut Africam [121] Li-

précipitent sur les côtes de l'Inde avec la plus grande violence, soit que l'eau s'enfle par l'action de la chaleur, soit que sur ce point du globe il y ait une plus grande affluence de sources et de rivières. On ne sait encore aujourd'hui comment s'élève l'Océan, comment après son débordement il rentre dans son lit; et il est clair que bien des opinions ont été exprimées plutôt d'après une manière de voir particulière à chacun, que d'après une croyance fondée sur la vérité. Laissant de côté ces divergences, exposons les avis les plus accrédités. Les physiciens disent que le monde est un animal, qu'il est formé de différents corps, qu'un souffle l'anime, qu'une intelligence le dirige, et que ces éléments se répandant dans tous ses membres, la masse éternelle y puise sa vigueur. Ainsi, de même que dans nos corps il y a un esprit vital, dans les profondeurs de l'Océan sont, en quelque sorte, les narines du monde, qui, par la respiration ou par l'aspiration, enflent tantôt les mers et tantôt les abaissent. Ceux qui ont foi à la science des astres prétendent que ces mouvements viennent des phases de la lune, de sorte que cette succession du flux et reflux dépend du croissant ou du décours de cette planète : et en effet le flot ne revient pas chaque jour à la même heure, mais suit les mouvements successifs de l'astre qui le guide.

XXV. De la Libye. Jardins des Hespérides. Mont Atlas.

De l'Espagne on passe en Libye : car arrivé à Belone, en Bétique, on se rend par un trajet de trente-trois mille pas à Tingis, maintenant colonie de Mauritanie, mais dont le fondateur fut Antée. Comme c'est dans cette contrée que finit la mer d'Égypte et que commence la mer de Libye, nous donnons à la Libye le nom d'Afrique. Quelques auteurs toutefois croient que la Libye tire son

byam diceremus. Quidam tamen Libyam a Libye [122] Epaphi filia, Africam autem ab Afro, Libyis Herculis filio, potius dictam receperunt. Lix quoque colonia in eodem tractu constituta est, ubi Antæi regia, qui implicandis explicandisque nexibus humi melius sciens, velut genitus matre terra, ibidem Herculi victus est.

Nam de hortis Hesperidum, et pervigili dracone, ne famæ licentia vulneretur fides, ratio hæc est. Flexuoso meatu æstuarium e mari fertur [123], adeo sinuosis lateribus tortuosum, ut visentibus procul lapsus angueos fracta vertigine mentiatur; idque quod hortos appellavere, circumdat; unde pomorum custodem interpretantes, struxerunt iter ad mendacium fabulandi. Sed hæc insula insinuata sinibus alvei recurrentis, et in quibusdam æquoris spiris sita, præter arbores oleastri similes, et aram sacram Herculi, aliud nihil præfert, quo propaget vetustatis memoriam. Verum ultra frutices aureos et metalla frondentia, illud magis mirum, quod solum inferiore licet libra depressius, nunquam tamen accessu freti superlabitur; sed obstaculo naturalis repaguli in ipsis marginibus hæret unda, et intimis orarum superciliis sponte fluctus ingrui resistuntur: spectandum nimirum ingenium loci, planities manet sicca, quamvis prona superveniant æquora. Sala oppidum imminet Salæ flumini. Ab hoc per Autololum gentem iter est in Atlanticas solitudines.

Atlas mons e media arenarum consurgit vastitate, et eductus in viciniam lunaris circuli, ultra nubila caput condit: qua ad Oceanum extenditur, cui a se nomen dedit, manat fontibus, nemoribus inhorrescit, rupibus asperatur, squalet jejunio, humo nuda, nec herbida:

nom de Libye, fille d'Épaphos, et l'Afrique d'Afer, fils d'Hercule Libyen. Dans ces contrées est aussi la colonie de Lix, où fut le palais d'Antée, qui, redoutable dans l'art d'attaquer et de se défendre à la lutte quand il touchait la terre, dont il passait pour être fils, fut vaincu par Hercule.

Quant aux Hespérides, et au dragon qui veillait à la porte de ce jardin, pour ne pas blesser la vérité par une relation fabuleuse, nous exposerons le fait. Un bras de mer présente des détours sinueux, des replis tortueux, au point que de loin on croit voir se glisser un serpent dont les évolutions se multiplient; on a nommé jardins l'espace qu'il entoure; on a vu là un gardien des fruits, et ainsi s'est propagée la fiction. Mais cette île, jetée au milieu des flots qui refluent, et située dans de certaines sinuosités, ne présente, à l'exception de ses arbres qui ressemblent à l'olivier sauvage, et de l'autel d'Hercule, rien qui puisse consacrer son antique souvenir. Toutefois, outre ses rameaux d'or, outre ce métal couronné de feuilles, ce qu'il y a de plus étonnant, c'est que la terre, quoique un peu plus basse que les terres voisines, n'est jamais couverte par les eaux : une sorte de barrière naturelle les arrête; les bords, recouverts de petites éminences, contiennent l'effort des flots : spectacle merveilleux, le sol reste sec, quoique la vague arrive impétueuse et menaçante! La ville de Sala est sur les bords du fleuve de ce nom. C'est par le pays des Autololes que l'on se rend de Sala aux déserts de l'Atlas.

Le mont Atlas s'élance du sein de ces immenses plaines de sable pour cacher sa tête au-dessus des nues, dans le voisinage de l'orbite lunaire. Du côté de l'Océan, auquel il a donné son nom, il n'y a que des sources, de sombres bois, d'âpres rochers, de la stérilité, une terre

qua Africæ contraversus est, felix nascentibus sponte frugibus, arboribus proceris opacissimus, quarum odor gravis, comæ cupressi similes vestiuntur lanugine, sericis velleribus nihil viliore. In eo latere et herba euphorbia copiosa, cujus succus ad oculariam proficit claritatem, nec mediocriter percellit vim venenorum. Vertex semper nivalis [124]. Saltus ejus quadrupedes, ac serpentes et feræ, et cum his elephanti occupaverunt. Silet per diem universus, nec sine horrore secretus est; lucet nocturnis ignibus : choris Ægipanum undique personatur : audiuntur et cantus tibiarum, et tinnitus cymbalorum per oram maritimam. A Lixo abest quinque et ducentis millibus passuum: Lix a Gaditano freto centum duodecim millibus. Habitatus ante, ut indicat loci facies, quondam cultu exercita, in qua usque adhuc vitis et palmæ exstat vestigium. Apex Perseo et Herculi pervius, ceteris inaccessus: ita fidem ararum inscriptio palam facit. Qua spectat occasum, inter ipsum et flumen Anatim per quadringenta nonaginta sex millia passuum infames bestiis silvæ obsident.

Amnes circa eum non tacendi : qui licet separentur intervallis amplioribus, transierunt tamen in quoddam Atlantici nominis ministerium. Asana marino haustu, Bambothum crocodilis et hippopotamis refertum. Ultra adhuc amnis, qui atro colore exit per intimas et exustas solitudines, quæ torrente perpetuo, et sole nimio, plus quam ignito, nunquam ab æstu vindicantur. Hæc de Atlante, quem Mauri Adderim nominant, et Hannonis Punici libri [125], et nostri annales prodiderunt; Juba

nue et sans verdure; mais en regard de l'Afrique, il étale de riches productions qui naissent d'elles-mêmes, des arbres élevés et touffus qui exhalent une odeur pénétrante, et dont les feuilles, semblables à celles du cyprès, sont recouvertes d'une laine qui ne le cède en rien aux tissus de soie. On trouve en abondance sur les flancs du mont l'euphorbe dont le suc est excellent, soit pour éclaircir la vue, soit contre les poisons. Son sommet est toujours couvert de neige. On trouve dans ses bois des quadrupèdes, des serpents, d'autres animaux, même des éléphants. Le jour, il y règne un silence universel et l'horreur des déserts; la nuit, on voit briller des feux, on entend le bruit de la danse des Égipans, les accords de la flûte, le son des cymbales qui retentissent sur toute la côte. Il est distant de Lix de deux cent cinq mille pas : Lix est à cent douze milles du détroit de Gadès. Il fut autrefois habité, comme l'indique l'aspect du lieu, où l'on trouve des traces de la culture de la vigne et du palmier. Son sommet, inaccessible à tout autre, fut atteint par Persée et par Hercule, comme l'atteste l'inscription des autels. Du côté du couchant, entre l'Atlas et le fleuve Anatis, et sur un espace de quatre cent quatre-vingt-seize mille pas, sont des forêts infestées par des bêtes farouches.

Aux environs de l'Atlas coulent d'autres fleuves qu'il ne faut pas omettre; quoique à une certaine distance de cette montagne, ils sont, pour ainsi dire, de son domaine : l'Asana, où remonte la marée; le Bambothe, dont les eaux nourrissent une quantité considérable de crocodiles et d'hippopotames. Plus loin est un fleuve dont les flots noirs coulent au milieu de régions brûlées et solitaires, où la chaleur toujours active d'un soleil plus ardent que le feu, dévore et consume. Voilà sur l'Atlas, que les Maures appellent Adderis, ce que nous ont appris et le

etiam Ptolemæi filius, qui utriusque Mauritaniæ regno potitus est. Suetonius quoque Paulinus [126] summam huic cognitioni imposuit manum, qui ultra Atlantem primus, et pæne solus Romana signa circumtulit.

XXVI. Mauritania. In ea de elephantis, de pugna eorum et draconum. Unde cinnabari.

E provinciis Mauritanis Tingitana [127], qua solstitiali plagæ obvia est, quaque porrigitur ad Internum mare, exsurgit montibus septem : qui, a similitudine, Fratres appellati, freto imminent.

Hi montes elephantis frequentissimi, submonent a principio hoc animantium genus dicere. Igitur elephanti juxta sensum humanum intellectus habent [128], memoria pollent, siderum servant disciplinam. Luna nitescente gregatim amnes petunt, mox exspersi liquore, solis exortum motibus, quibus possunt, salutant : deinde in saltus revertuntur.

Duo eorum genera sunt : nobiliores indicat magnitudo, minores nothos dicunt. Candore dentium intelligitur juventas : quorum alter semper in ministerio est, alteri parcitur, ne hebetatus assiduo repercussu, minus vigeat, si fuerit dimicandum. Quum venatu premuntur, pariter affligunt utrosque, ut ebore damnato non requirantur : hanc enim sibi causam inesse periculi sentiunt. Oberrant agminatim. Natu maximus ducit agmen, ætate proximus cogit sequentes. Flumen transituri, minimos antemittunt, ne majorum ingressu alveum atterant, et

Périple d'Hannon, et Juba, fils de Ptolémée, qui fut roi des deux Mauritanies. Suétone Paulin a mis la dernière main aux connaissances relatives à ce sujet, lui qui, le premier et presque le seul, a porté au delà de l'Atlas les étendards romains.

XXVI. De la Mauritanie, et, dans la Mauritanie, des éléphants, de leurs combats avec les serpents dits dragons. D'où provient le cinabre.

Des provinces de la Mauritanie, la Tingitane, du côté du midi et de la Méditerranée, s'élève sur sept montagnes, que leur ressemblance a fait nommer les Sept-Frères.

Ces montagnes, où abondent les éléphants, nous amènent tout d'abord à parler de ce genre d'animaux. Les éléphants ont une intelligence qui approche de celle de l'homme : ils ont beaucoup de mémoire, ils observent le culte des astres ; à l'apparition de la lune, ils se rassemblent aux bords des fleuves, et, après des ablutions, ils attendent le soleil à son lever pour le saluer par des mouvements qui leur sont propres ; puis ils regagnent leurs forêts.

Il y a deux espèces d'éléphants : ceux de pure race sont plus grands que ceux qui appartiennent à une race abâtardie. On reconnaît que les éléphants sont jeunes à la blancheur de leurs défenses : l'une est pour le service journalier ; ils réservent l'autre pour les combats, et se gardent d'en émousser la pointe. S'ils sont pressés par des chasseurs, ils se brisent l'une et l'autre afin de se soustraire aux recherches par le sacrifice qu'ils font de leur ivoire : car ils savent que c'est pour cela qu'on les attaque. Ils marchent toujours de compagnie : le plus âgé conduit la troupe, le second en âge ferme la marche. Lorsqu'ils traversent une rivière, ils font passer d'abord les

profundos gurgites depressis vadis faciant. Venerem ante annos decem feminæ, ante quinque mares nesciunt. Biennio coeunt, quinis nec amplius in anno diebus, non prius ad gregarium numerum reversuri, quam vivis aquis abluantur. Propter feminas nunquam dimicant : nulla enim noverunt adulteria.

Inest illis clementiæ bonum : quippe si per deserta vagabundum hominem forte viderint, ductus usque ad notas vias præbent; vel, si confertis pecoribus occursitent, itinera sibi blanda et placida manu faciunt, ne quod obvium animal interimant [129]. At conflictu fortuito si quando pugnatur, non mediocrem habent curam sociorum : nam fessos vulneratosque in medium receptant. Quum captivitate venerint in manus hominum, mansuescunt hausto hordei succo. Maria transmeaturi, in naves non prius subeunt, quam de reditu illis sacramentum luatur. Indicos elephantos Mauri timent, et parvitatis suæ conscii aspernantur ab his videri. Non annis decem ut vulgus, sed biennio, ut Aristoteles definit, utero gravescunt [130], nec amplius quam semel gignunt, nec plures quam singulos. Vivunt annos trecentos. Impatientissimi frigoris. Truncos edunt, lapides hauriunt, gratissimas in cibatu habent palmas. Odorem muris vel maxime fugiunt : pabula etiam, quæ musculis contacta sunt, recusant. Si quis casu chamæleontem devoraverit, vermem elephantis veneficum [131], oleastro sumpto pesti medetur. Durissimum dorso tergus est, ventri mollius. Setarum hirsutiæ nullæ. Inter hos et dracones jugis di-

plus petits, de peur que le poids des plus gros n'enfonce le terrain et n'augmente la profondeur du gué. La femelle ne connaît l'amour que vers la dixième année, le mâle vers la cinquième. Les accouplements n'ont lieu que tous les deux ans, et seulement pendant cinq jours. Ils ne rejoignent ensuite la troupe qu'après une ablution dans des eaux vives. Ils ne combattent pas pour la possession des femelles; ils ne connaissent pas l'adultère.

Ils sont bienveillants : en effet, s'ils rencontrent un voyageur égaré dans les déserts, ils le remettent dans le chemin connu; s'ils rencontrent un troupeau de moutons, ils s'ouvrent le chemin doucement et sans précipitation, au moyen de leur trompe, afin de ne blesser aucun animal dans la route qu'ils suivent. S'il arrive un conflit fortuit, ils prennent soin de leurs compagnons et reçoivent au milieu d'eux ceux qui sont fatigués ou blessés. S'ils tombent par captivité entre les mains de l'homme, un peu d'orge suffit pour les apprivoiser. Lorsqu'ils doivent traverser les mers, ils ne montent sur les vaisseaux qu'après que le conducteur a juré de les ramener. L'éléphant de la Mauritanie craint celui de l'Inde, et par une sorte de conscience de ses petites dimensions, il cherche à n'en être pas vu. La femelle ne porte pas dix ans, comme le pense le vulgaire, mais deux ans seulement, comme le dit Aristote; elle ne produit qu'une fois, et jamais qu'un seul petit. Les éléphants vivent trois cents ans. Ils supportent difficilement le froid. Ils mangent les troncs d'arbres, avalent les pierres, et trouvent dans le palmier leur plus agréable nourriture. Ils fuient par-dessus tout l'odeur du rat; ils refusent les fourrages qu'a touchés cet animal. S'il arrive à un éléphant d'avaler un caméléon, ver qui lui est funeste, en mangeant de l'olivier sauvage, il prévient l'action du poison. Il a la peau très-dure sur le dos et molle sous le ventre : nulle part elle n'est re-

scordia. Denique insidiæ hoc astu præparantur: serpentes propter semitas delitescunt, per quas elephanti assuetis callibus evagantur: atque ita, prætermissis prioribus, postremos adoriuntur, ne qui antecesserint, queant opitulari: ac primum pedes nodis illigant, ut laqueatis cruribus impediant gradiendi facultatem: nam elephanti, nisi præventi hac spirarum mora, vel arboribus se, vel saxis applicant, ut pondere nitibundo attritos necent angues. Dimicationis præcipua causa est, quod elephantis, ut aiunt, frigidior inest sanguis [132]: et ob id a draconibus avidissime torrente captantur æstu. Denique nunquam invadunt, nisi potu gravatos, ut venis propensius irrigatis majorem sumant de oppressis satietatem. Nec aliud magis, quam oculos petunt, quos solos expugnabiles sciunt, vel interiora aurium, quod is tantum locus defendi non potest promuscide [133]. Itaque quum ebiberunt sanguinem, dum ruunt belluæ, dracones obruuntur. Sic utrinque fusus cruor terram imbuit, fitque pigmentum quidquid soli tinxerit, quod cinnabari vocant.

Elephantes Italia anno U. C. quadringentesimo septuagesimo secundo in Lucanis primum bello Epirotico vidit, et boves Lucas inde dixit. Cæsariensi colonia Cæsaria inest, a divo Claudio deducta, Bocchi prius regia, postmodum Jubæ indulgentia populi Romani dono data. Inest et oppidum Siga, quod habitatum Syphaci fuit. Nec ab Icosio taciti recedamus. Hercule enim illa transeunte, viginti, qui a comitatu ejus desciverant, locum deligunt, jaciunt mœnia; ac ne quis imposito a se

couverte de poil. Entre les éléphants et les dragons il y a des luttes continuelles. Voici comment ces reptiles leur dressent des embûches. Ils se cachent près des chemins que fréquentent les éléphants; et, laissant passer les premiers, attaquent les derniers pour que ceux-ci ne puissent être secourus par les autres; et d'abord ils s'entortillent autour de leurs pieds, afin de retarder, par ces sortes d'entraves, la marche de l'animal qu'ils attaquent : car l'éléphant, à moins d'être atteint par ces replis embarrassants, se rapproche des arbres ou des rochers pour écraser et faire périr le reptile sous le poids de sa chute. La principale cause de ce combat, est, dit-on, que l'éléphant a le sang très-froid, et que les serpents en sont très-avides, surtout dans les grandes chaleurs; ils n'attaquent l'éléphant que quand il vient de se désaltérer, pour pouvoir, dans ses veines récemment rafraîchies, s'abreuver eux-mêmes plus largement. Ils visent surtout aux yeux, qui seuls leur donnent prise, comme d'ailleurs ils le savent, ou bien ils se glissent dans l'oreille, parce que c'est la seule partie du corps que la trompe ne peut défendre. Quand les dragons se sont gorgés de sang, les éléphants tombent et les écrasent. Le sang, ainsi répandu de deux côtés, arrose la terre et devient une couleur que l'on nomme cinabre.

L'Italie vit pour la première fois des éléphants l'an quatre cent soixante-douze de la fondation de Rome, pendant la guerre d'Épire, en Lucanie, et de là on leur donna le nom de bœufs lucaniens. Dans la colonie Césarienne on trouve Césarée, qui doit à Claude son titre, et qui d'abord fut le séjour royal de Bocchus, pour appartenir ensuite à Juba, par une faveur des Romains. Là se trouve aussi Siga, que Syphax habitait. N'oublions pas de mentionner Icose. Quand Hercule passa dans ce pays, vingt de ses compagnons qui l'avaient quitté choisirent ce lieu et y jetèrent des murs; et pour qu'aucun d'eux ne

nomine privatim gloriaretur, de condentium numero urbi nomen datum.

XXVII. Numidia. In ea de ursis.

Quod est a flumine Amsaga, Numidiæ datur. Hujus incolæ quamdiu errarunt pabulationibus vagabundis, Nomades dicti sunt. Urbes in ea quam plurimæ nobilesque, sed Cirta eminet, dein Chulli purpurario fuco Tyriis velleribus comparatæ. Omnis hæc regio finibus in Zeugitanum limitem desinit. Qua parte silvestris est, feras educat; qua jugis ardua est, equos alit. Eximio etiam marmore prædicatur.

Numidici ursi forma ceteris præstant, rabie duntaxat et villis profundioribus: nam genitura par est quoquo loco genitis. Eam protinus dixero. Coeunt non itidem, quo quadrupedes aliæ; sed apti amplexibus mutuis, velut humanis conjugationibus copulantur [134]. Desiderium veneris hiems suscitat. Secreti honore reverentur mares gravidas, et in iisdem licet foveis, partitis tamen per scrobes secubationibus dividuntur. Lucinæ illis properatius tempus est: quippe uterum trigesimus dies [135] liberat: unde evenit, ut præcipitata fecunditas informes creet partus. Carnes pauxillulas edunt, quibus color candidus [136], oculi nulli, et de festina immaturitate tantum rudis sanies, exceptis unguium lineamentis. Has lambendo sensim figurant, et interdum adpectoratas fovent, ut assiduo incubatu calefactæ animalem trahant spiritum. Interea cibus nullus. Sane diebus primis quatuordecim matres in somnum ita concidunt, ut nec vulneribus excitari queant. Enixæ quaternis latent men-

pût se glorifier d'avoir fondé la ville, ils lui donnèrent le nom des vingt fondateurs.

XXVII. De la Numidie, et des ours qui s'y trouvent.

Au fleuve Amsaga commence la Numidie. Tant que ses habitants furent errants et vagabonds, on les appela Nomades. Elle renferme des villes nombreuses et célèbres : la première est Cirta; vient ensuite Chulles, dont les tissus en pourpre rivalisent avec ceux de Tyr. Cette contrée est bornée par la Zeugitane. Dans les forêts de ce pays, il y a des bêtes farouches, et dans les montagnes, des chevaux. On vante la beauté de ses marbres.

Les ours de Numidie l'emportent sur les autres, mais seulement par la fureur et par la longueur de leur poil; car partout leur mode de génération est le même. Je vais l'exposer. Ils ne s'accouplent pas à la manière ordinaire des quadrupèdes; mais ils s'étreignent dans des embrassements mutuels à la manière des hommes. Les ours se recherchent au commencement de l'hiver. Les mâles, par un sentiment de pudeur, s'isolent des femelles quand elles sont pleines, et, quoique dans les mêmes cavernes, trouvent une couche à part dans quelque trou. Les femelles mettent bas après une courte gestation, le trentième jour est le terme de leur délivrance; cette fécondité si rapide donne lieu à des productions informes. Les petits ne sont d'abord qu'une petite masse de chair blanche, où l'on ne distingue pas les yeux, matière brute à cause de sa précocité, et qui ne présente de saillant que les ongles. C'est en léchant cette masse que la mère lui donne une forme; et de temps en temps elle la presse sur sa poitrine, pour que l'animal réchauffé par ce soin respire l'air vital. Pas de nourriture alors : pendant les quatorze premiers jours, la mère tombe dans un som-

sibus. Mox egressæ in diem liberum, tantam patiuntur insolentiam lucis, ut putes obsitas cæcitate. Invalidum ursis caput, vis maxima in brachiis et in lumbis : unde interdum posticis pedibus insistunt. Insidiantur alvearibus apium, maxime favos appetunt, nec avidius aliud, quam mella captant. Quum gustavere mandragoræ mala, moriuntur; sed eunt obviam, ne malum in perniciem convalescat, et formicas devorant ad recipiendam sanitatem. Si quando tauros adoriuntur, sciunt, quibus potissimum partibus immorentur; nec aliud, quam cornua aut nares, petunt : cornua, ut pondere defatigentur; nares, ut acrior dolor sit in loco teneriore.

M. Messala consule, Domitius Ænobarbus curulis ædilis ursos Numidicos centum, et totidem Æthiopas venatores in Circo Romano edidit [137] : idque spectaculum inter memorabiles titulos annotatur.

XXVIII. Africa cum Cyrenaica regione. In ea de leonibus, de leontophona, de hyæna, de lapide hyænio, de crocotta, de onagris, de serpentibus, de gemma heliotropio, de Psyllis, de lapide nasamonite, de lapide cornu Hammonis, de arbore melopo, de lacte sirpicio, de serpente basilico, de genere simiarum.

Omnis Africa a Zeugitano pede incipit, promontorio Apollinis Sardiniæ contraversa : promontorio Mercurii procedens in frontem Sicanam. Proinde extenta in duas prominentias, quarum altera promontorium Candidum dicitur; alteram, quæ est in Cyrenaica regione, Phucuntem vocant. Ea per sinum Creticum opposita Cretæ insulæ, contra Tænaron Laconicæ excurrit. Arenis Cata-

meil si profond que les blessures même ne peuvent l'éveiller. Après avoir mis bas, les femelles restent quatre mois cachées. Puis, se produisant en plein air, elles supportent si difficilement une lumière inaccoutumée qu'on les croirait aveugles. La force de l'ours n'est pas dans la tête : elle est, et au plus haut degré, dans les épaules et les reins; ce qui fait que parfois il s'appuie sur les pattes de derrière. Il attaque les ruches des abeilles, recherche les rayons de miel, qu'il préfère à tout. Le fruit de la mandragore est mortel pour les ours; mais ils savent arrêter les progrès du mal, et pour se guérir ils mangent des fourmis. Si parfois ils attaquent les taureaux, ils savent à quelles parties surtout ils doivent s'attacher; ils s'adressent aux cornes ou aux naseaux : aux cornes, pour fatiguer l'ennemi par leur poids; aux naseaux, pour que la douleur soit plus vive dans cette partie plus délicate.

Sous le consulat de M. Messala, Domitius Énobarbus, édile curule, mit en présence, dans le cirque romain, cent ours de Numidie et un nombre égal de chasseurs éthiopiens : ce spectacle est consigné parmi les faits remarquables.

XXVIII. De l'Afrique et de la Cyrénaïque, et, dans cette contrée, des lions, du léontophone, de l'hyène, de la pierre d'hyène, de la crocotte, des onagres, des serpents, de la pierre héliotrope, des Psylles, de la pierre nasamonite, de la pierre corne d'Hammon, de l'arbre dit mélope, du lait sirpicien, du basilic, de l'espèce des singes.

A la Zeugitane commence l'Afrique, opposée à la Sardaigne par le cap d'Apollon, et par le cap de Mercure, à la Sicile. Elle s'étend sur deux promontoires, dont l'un est appelé le cap Blanc, et l'autre, qui est dans la Cyrénaïque, le cap Phyconte. Par le golfe Crétois, elle est opposée au golfe de Crète, et fait saillie du côté du Ténare en Laconie. Par les sables de Catabathme, elle pénètre en Égypte, dans la partie voisine de la Cy-

bathmi Ægypto insinuata, cui proximi Cyrenenses, extenditur inter duas Syrtes, quas inaccessas vadosum ac reciprocum mare efficit : cujus sali defectus, vel incrementa haud promptum est deprehendere, ita incertis motibus nunc in brevia crescit dorsuosa, nunc inundatur æstibus inquietis : et auctor est Varro, perflabilem ibi terram ventis penetrantibus subitam vim spiritus citissimi, aut revomere maria, aut resorbere. Omnis hæc plaga ab Æthiopia et terminis Asiæ Nigri flumine, qui Nilum parit, ab Hispania freto scinditur : latere, quo ad meridiem vergit, fontium inops et infamis siti; altrinsecus, qua septentrionem patitur, aquarum larga. In agro Byzaceno, qui patet passuum ducenta vel amplius millia, glebis ita præpinguibus, ut jacta ibi semina cum incremento centesimæ frugis renascantur. Externos ibi plurimos conventasse, argumentum de urbibus et locis dabimus. Borion promontorium, quod aquilone cæditur, Græci advenæ sic vocaverunt. Hipponem, Regium [138] postea dictum, item Hipponem alterum de interfluente freto Diarrhyton nuncupatum, nobilissima oppida, equites Græci condiderunt. Clypeam civitatem Siculi exstruunt, et Aspida primum nominant. Veneriam etiam, in quam Veneris Erycinæ religiones transtulerunt. Achæi Tripolin lingua sua signant de trium urbium numero, OEæ, Sabratæ, Leptis Magnæ. Philænis fratribus a laudis cupidine Graium vocamen datum. Adrymeto atque Carthagini auctor est a Tyro populus; sed quæ super Carthagine veraces libri prodiderunt, hoc loco reddam. Urbem istam, ut Cato in oratione senatoria autumat, quum rex Japon rerum in Libya potiretur, Elissa mulier exstruxit domo Phœnix,

rénaïque, et se prolonge entre les deux Syrtes, que le flux et le reflux d'une mer pleine de bas-fonds rend inaccessibles. Il est difficile d'expliquer le flux et le reflux dans cette mer, qui, par des mouvements incertains, tantôt s'élève et couvre les écueils, tantôt déborde avec violence. Varron dit que, comme les vents tourmentent la côte, c'est leur action plus ou moins impétueuse qui force la mer à sortir de son lit, ou à y rentrer. Toute cette contrée depuis l'Éthiopie et les bornes de l'Asie, fixées par le Niger, d'où sort le Nil, est séparée de l'Espagne par un détroit. Du côté du midi, elle n'a point de sources, et l'on chercherait vainement à s'y désaltérer. Du côté du nord, elle offre des eaux abondantes. Dans la plaine de Byzacium, qui a deux cents milles ou plus d'étendue, le terrain est si fertile que la semence rend cent pour un. Nous établirons, par l'énumération des villes et des lieux, qu'un grand nombre d'étrangers sont venus dans cette contrée. C'est ainsi que les Grecs ont donné le nom de Borion à un promontoire battu par le vent du nord. C'est à des cavaliers grecs que l'on doit la fondation d'Hippone, appelée depuis Regium, puis d'une autre Hippone, qu'ils ont nommée Diarrhyte, à cause du détroit qui la divise : ce sont deux villes très-célèbres. Les Siciliens bâtirent la ville de Clypea, nommée depuis Aspis, puis Vénérie, où ils transportèrent les cérémonies de Vénus Érycine. Les Achéens ont, dans leur langue, donné le nom de Tripolis à trois villes, OEa, Sabrate, la grande Leptis. Les autels des Philènes tirent leur nom grec de l'amour des deux frères pour la gloire. Ce sont les Tyriens qui ont fondé Adrumète et Carthage ; je vais rapporter ce qu'on a dit de plus exact sur Carthage. Cette ville, dit Caton dans son discours au sénat, fut fondée, sous le règne du Libyen Japon, par la Phénicienne Élisse, qui la nomma Carthade, ce qui, en phénicien, signifie ville nouvelle. Bientôt, ces

et Carthadam dixit, quod Phœnicum ore exprimit civitatem novam. Mox sermone verso in verbum Punicum, et hæc Elissa, et illa Carthago dicta est : quæ post annos septingentos triginta septem exciditur, quam fuerat constituta. Deinde a C. Graccho colonis Italicis data, et Junonia dicta, aliquantisper ignobilis, humili et languido statu; demum in claritatem secundæ Carthaginis, interjectis centum et duobus annis, M. Antonio, P. Dolabella consulibus enituit, alterum post urbem Romam terrarum decus.

Verum, ut ad Africam redeam, interna ejus plurimæ quidem bestiæ, sed principaliter leones tenent : qui, ut Aristoteles perhibet, soli ex eo genere, quod dentatum vocant, vident protinus atque nascuntur. Quorum trifarium genus scinditur : nam breviores, et jubis crispi, plerumque ignavi sunt et imbelles; longiores, et coma simplici, acres magis ac potentes; at hi, quos creant pardi [139], in plebe remanent, jubarum inopes. Pariter omnes parcunt a sagina, primum quod alternis diebus potum, alternis cibum capiunt, ac frequenter, si digestio non est insequuta, solitæ cibationi superponunt diem : tum, quod carnes justo amplius devoratas, quum gravantur, insertis in ora unguibus sponte protrahunt. Sane et quum fugiendum est in satietate, idem faciunt. Senectam defectio probat dentium. Nam clementiæ indicia multa sunt : prostratis parcunt; in viros potius, quam in feminas sæviunt; infantes non nisi in magna fame perimunt. Nec a misericordia separantur [140] : assiduis denique exemplis patet, eos pepercisse, quum multi captivorum aliquot leonibus obvii intacti repatriaverint. Gætulæ etiam mulieris nomen Jubæ libris comprehensum

noms, en passant dans la langue punique, devinrent Élissa et Carthage : cette ville fut détruite sept cent trente-sept ans après sa fondation. Puis, C. Gracchus en fit une colonie italienne, et on l'appela Junonia; ce n'était plus alors qu'une ville assez obscure et dans un état peu florissant. Cent deux ans après, sous le consulat de M. Antoine et de P. Dolabella, elle brilla d'un nouvel éclat sous le nom de Nouvelle-Carthage, et devint, après Rome, la première ville du monde.

Pour revenir à l'Afrique, l'intérieur de ce pays est peuplé d'un très-grand nombre d'animaux, mais surtout de lions. Ce sont, suivant Aristote, les seuls du genre nommé denté qui voient dès leur naissance. On en distingue trois espèces : les premiers ont le corps ramassé, la crinière crépue, et ils sont, en général, timides et lâches; les autres, plus allongés, et couverts d'un poil lisse, sont plus ardents et plus forts; quant à ceux qui proviennent des pardes, ils n'ont pas de crinière, et n'offrent rien de remarquable. Ils évitent tous également l'excès de la nourriture : d'abord ils ne boivent et ne mangent que de deux jours l'un; et souvent, si la digestion ne s'est pas faite, ils passent un jour de plus sans prendre de nourriture; si leur estomac est trop plein, ils s'enfoncent les griffes dans le gosier, et ils en retirent ce qui le surcharge. C'est ce qu'ils font aussi quand il faut fuir dans l'état de satiété. La chute des dents est chez eux un signe de vieillesse. Les lions ont souvent donné des exemples de clémence : ils font grâce à ceux qu'ils ont terrassés; leur fureur s'exerce plutôt contre les hommes que contre les femmes, et ce n'est que pressés extrêmement par la faim qu'ils dévorent les enfants. Ils éprouvent le sentiment de la pitié : il y a beaucoup de preuves de leur générosité à l'égard de cap-

est, quæ obtestata occursantes feras, impunis rediit. Aversi coeunt; nec hi tantum, sed et lynces, et cameli, et elephanti, et rhinocerotes, et tigres. Leænæ fœtu primo catulos quinque edunt; deinde per singulos partus numerum decoquunt annis insequentibus; sed postremo, quum ad unum materna fecunditas recidit, steriles fiunt in æternum. Animos leonum frons et cauda indicant, sicut motus equini de auribus intelliguntur. Dedit enim has notas generosissimo cuique natura. Vis summa in pectore est, firmitas in capite præcipua. Quum premuntur a canibus, contemptim recedunt, subsistentesque interdum ancipiti recessu dissimulant timorem; idque agunt, si in campis patentibus ac nudis urgeantur: nam silvestribus locis, quasi testem ignaviæ non reformident, quanta possunt se fuga subtrahunt. Quum insequuntur, nisum saltu adjuvant: quum fugiunt, non valent salire. Gradientes mucrones unguium vaginis corporum claudunt, ne acumina attritu retundantur. Hoc adeo custodiunt, ut non nisi aversis falculis currant. Septi a venantibus, obtutu terram contuentur, quo minus conspectis venabulis terreantur. Nunquam limo vident, minimeque se volunt aspici. Cantus gallinaceorum et rotarum timent strepitus, sed ignes magis [141].

Leontophonas vocari accepimus bestias modicas, quæ captæ exuruntur, ut earum cineris aspergine carnes pollutæ jactæque per compita concurrentium semitarum leones necent, si quantulumcumque ex illis sumpserint. Propterea leones naturali eas premunt odio, atque ub

tifs, qui, quoique exposés à leurs atteintes, ont pu, sans avoir été attaqués, revenir dans leur patrie. Les livres de Juba citent le nom d'une femme de Gétulie, qui les toucha par ses prières au moment où ils l'allaient dévorer, et qui revint saine et sauve. Ils s'accouplent par derrière, comme le font d'ailleurs les lynx, les chameaux, les éléphants, les rhinocéros, les tigres. La lionne à sa première portée produit cinq petits; chacune des années suivantes, elle en produit un de moins; enfin, quand elle arrive à n'en plus produire qu'un seul, elle devient à jamais stérile. Les diverses affections du lion se connaissent à sa face et à sa queue, comme celles du cheval aux oreilles. La nature a donné ces signes expressifs aux animaux de la plus noble espèce. La plus grande force du lion est dans sa poitrine; sa tête est la partie la plus ferme. Pressé par les chiens, il se retire d'un air de dédain, s'arrête de temps en temps pour dissimuler sa crainte par une retraite incertaine : c'est du moins ce qu'il fait en plaine et à découvert; mais, dans les forêts, comme s'il n'avait plus à redouter les témoins de sa peur, il fuit aussi vite qu'il le peut. Quand il poursuit, il s'élance par bonds, ce qu'il ne sait pas faire en fuyant. Quand les lions marchent, ils enferment leurs ongles dans une sorte de gaîne, pour que la pointe n'en soit pas émoussée, et ils les gardent ainsi tant qu'ils ne courent pas; alors ils retirent leurs griffes en arrière. Entourés de chasseurs, ils fixent les yeux sur la terre, pour n'être pas intimidés par la vue des épieux. Ils ne regardent jamais en dessous, et ne veulent pas qu'on les regarde ainsi. Le chant du coq, le bruit des roues, le feu surtout les effraient.

J'ai entendu dire qu'il existe de petits animaux appelés léontophones, que l'on brûle pour saupoudrer de leur cendre des lambeaux de chair que l'on jette à l'endroit où aboutissent plusieurs chemins, dans le but de donner la mort aux lions, qui expirent, si peu qu'ils en

facultas data est, morsu quidem abstinent, sed dilancinatas exanimant pedum nisibus.

Spectaculum ex his primus Romæ edidit Scævola Publii filius in curuli ædilitate.

Hyænam quoque mittit Africa, cui cum spina riget collum continua unitate [142], flectique non quit, nisi toto corpore circumacto. Multa de ea mira : primum, quod sequitur stabula pastorum, et auditu assiduo addiscit vocamen, quod exprimere possit imitatione vocis humanæ, ut in hominem astu accitum nocte sæviat. Vomitus quoque humanos mentitur, falsisque singultibus sollicitatos canes sic devorat ; qui forte si venantes umbram ejus, dum sequuntur, contigerint, latrare nequeunt, voce perdita. Eadem hyæna inquisitione corporum sepultorum busta eruit [143]. Præterea promptius est marem capere : feminis enim ingenita est callidior astutia. Varietas multiplex inest oculis, colorumque mutatio; in quorum pupilis lapis invenitur, hyænium dicunt, præditum illa potestate, ut, cujus hominis fuerit linguæ subditus, prædicat futura. Verum hyæna quodcumque animal ter lustraverit, movere se non potest : quapropter magicam scientiam inesse ei pronuntiaverunt.

In Æthiopiæ parte coit cum leæna, unde nascitur monstrum : crocottæ nomen est [144]. Voces hominum et ipsa pariter affectat. Nunquam cohibet aciem orbium, sed in obtutu sine nictatione contendit. In ore gingiva nulla, dens unus atque perpetuus, qui, ut nunquam retundatur, naturaliter capsularum modo clauditur.

Inter ea, quæ dicunt herbatica, eadem Africa ona-

aient mangé. Aussi les lions leur portent-ils une haine naturelle, et quand ils le peuvent, ils les mettent en lambeaux et les écrasent du pied, en s'abstenant toutefois de les mordre.

Le premier spectacle de lions à Rome fut donné par Scévola, fils de Publius, dans son édilité curule.

L'Afrique produit aussi l'hyène, chez qui l'épine du dos se prolonge jusque dans le cou, ce qui fait qu'elle ne peut se tourner qu'en faisant participer tout son corps à ce mouvement. On raconte sur cet animal beaucoup de choses merveilleuses : on dit qu'il suit les bergers, qu'à force d'entendre leur nom il le retient, et parvient à le répéter en imitant la voix humaine : par ce stratagème il les attire quand il fait nuit, et les met en pièces. Il contrefait aussi le vomissement de l'homme, et par ces faux hoquets attire les chiens, qu'il dévore ; s'ils courent à sa poursuite, le contact seul de son ombre les rend incapables d'aboyer : ils ont perdu la voix. L'hyène fouille les tombeaux pour déterrer les corps. On parvient plus facilement à prendre les mâles que les femelles, auxquelles la nature a départi plus de ruse et d'astuce. Les couleurs de ses yeux varient de mille manières ; ils renferment une pierre, nommée hyénienne, et douée du pouvoir de révéler l'avenir à l'homme qui la place sous sa langue. L'hyène enfin rend immobile l'animal autour duquel elle aura tourné trois fois : aussi lui a-t-on attribué un pouvoir magique.

En Éthiopie, l'accouplement de cet animal avec la lionne produit un monstre que l'on nomme crocotte, qui sait pareillement imiter la voix de l'homme. Ses yeux sont fixes et ne clignottent jamais. Ses mâchoires sont dépourvues de gencives ; sa denture n'est formée que d'un os continu, qui, pour ne pas s'émousser, est enchâssé dans la mâchoire qui forme une espèce de bourrelet.

Parmi les herbivores, l'Afrique produit beaucoup

gros habet, in quo genere singuli imperitant gregibus feminarum. Æmulos libidinis suæ metuunt : inde est, quod gravidas suas servant, ut expositos mares, si qua facultas fuerit, truncatos mordicus privent testibus. Quod caventes feminæ, in secessibus partus occulunt.

Africa serpentibus adeo fecunda est, ut mali hujus merito illi potissimum palma detur. Cerastæ præferunt quadrigemina cornicula [145], quorum intentatione, veluti esca inlice, sollicitatas aves perimunt : nam reliqua corporis de industria arenis tegunt, nec ullum indicium sui præbent, nisi ex ea parte, quæ invitatis dolo pastibus necem præpetum aucupetur. Amphisbæna consurgit in caput geminum : quorum alterum in loco suo est, alterum in ea parte, qua cauda : quæ causa efficit, ut capite utrinque secus nitibundo serpat tractibus circulatis. Jaculi arbores subeunt, e quibus vi maxima turbinati, penetrant animal, quodcumque obvium fortuna fecerit. Scytale tanta præfulget tergi varietate, ut notarum gratia videntes retardet, et quoniam reptando pigrior est, quos assequi non quit, miraculo sui capiat stupentes. In hoc tamen squamarum nitore hiemales exuvias prima ponit. Plures diversæque aspidum species [146], verum dispares effectus ad nocendum : dipsas siti interficit, hypnale, quod somno necat, teste etiam Cleopatra, emitur ad mortem. Aliarum virus, quoniam medelas admittit, minus famæ meretur. Hæmorrhois morsu sanguinem elicit, et dissolutis venarum commerciis, quidquid animæ est, evocat per cruorem. Prester quem percusserit, distenditur, enormique corpulentia necatur extuberatus. Ictus sepium putredo sequitur. Sunt et hammodytæ, est et cenchris, elephantiæ, chersydri,

d'onagres ; dans cette espèce, chaque mâle règne sur un troupeau de femelles. Ils ne veulent point de rivaux ; et, pour cette raison, ils surveillent les femelles qui sont pleines, et, s'ils le peuvent, châtrent avec les dents les mâles qui naissent. Les femelles, par précaution, cachent leurs petits.

L'Afrique est tellement pleine de serpents, qu'on lui accorde à juste titre la palme de cette malfaisante production Les cérastes portent de petites cornes, au nombre de quatre, par le mouvement desquelles ils attirent les oiseaux, comme par un appât, et les font périr : à cet effet, ils ont l'instinct de se couvrir de sable le reste du corps, et ne laissent paraître que la partie qui, en présentant une nourriture illusoire, appelle les oiseaux à leur perte. L'amphisbène a deux têtes, dont l'une est à sa place naturelle et l'autre à la queue, ce qui fait que son corps suit ses deux têtes en décrivant un cercle. Le serpent dit *jaculus* se tient sur les arbres, d'où il s'élance avec une force prodigieuse pour frapper tout ce qui se présente. La scytale a des couleurs si variées qu'elle arrête par sa beauté ceux qui la voient, et, comme elle rampe lentement, elle met à profit l'admiration qu'elle fait naître pour arriver à ceux qu'elle n'atteindrait pas autrement. Toutefois, c'est elle qui la première, au milieu de tout cet éclat, dépose sa dépouille d'hiver. Il y a de nombreuses et diverses espèces d'aspics, dont chacune nuit à sa manière : la dipsade tue par la soif; l'hypnale par le sommeil : on se procure ce reptile pour se donner la mort, comme le fit Cléopâtre. Le poison des autres espèces, que l'on peut neutraliser, leur donne moins d'importance. L'hémorrhoïs fait, par sa morsure, jaillir le sang, et, par l'interruption des canaux qui le renferment, la vie s'échappe en même temps que ce fluide. La piqûre du prester produit un gonflement, une obésité dont on meurt. Celle

chamædracontes. Postremo quantus nominum, tantus mortium numerus. Nam scorpiones, scinci, lacertique vermibus, non serpentibus adscribuntur. Monstra hæc si bibant, clementius feriunt. Habent affectus: non temere nisi conjuges evagantur: capto altero, vel occiso, uter superfuerit, efferatur. Subtiliora sunt capita feminis, alvi tumidiores, pestis nocentior. Masculus æqualiter teres est, sublimior etiam mitiorque. Igitur anguibus universis hebes visus est. Raro in adversum contuentur: nec frustra, quum oculos non in fronte habeant, sed in temporibus, adeo, ut citius audiant, quam aspiciant.

De gemma heliotropio inter Æthiopiam, Africam, Cyprum certamen fuit, quænam mitteret generis hujus eminentissimam: deprehensumque est documentis plurimis Æthiopicam aut Libycam, palmam tenere. Viridi colore est non ita acuto, sed nubilo magis et presso, stellis puniceis superspersa. Causa nominis de effectu lapidis est et potestate. Dejecta in labris æneis, radios solis mutat sanguineo repercussu, extraque aquam splendorem aeris abjicit, et avertit. Etiam illud posse dicitur, ut herba ejusdem quod est nominis mixta, et præcantationibus legitimis consecrata, eum a quocumque gestabitur, subtrahat visibus obviorum [147].

Inter Syrtes, quamvis terra pergentibus, iter sideribus destinatur; nec aliter cursus patescit: nam putris soli faciem aura mutat, et minimo licet vento, tantam diversitatem flatus efficit, ut subinde perversis sitibus locorum, nulla indicia agnitioni relinquantur: quum modo

du seps produit la putréfaction. Il y a encore l'hammodyte, le cenchris, l'éléphantie, le chersydre, le chamédracon; et ici autant de noms, autant d'espèces de morts. Quant aux scorpions, aux scinques, aux lézards, c'est parmi les vers et non parmi les serpents qu'on les range. Quand ces monstres ont bu, ils sont moins cruels. Ils ne sont pas dépourvus d'affection : le mâle et la femelle ne vont guère qu'ensemble; s'il arrive que l'un soit pris ou tué, celui qui survit devient furieux. Les femelles ont la tête plus effilée, le ventre plus gros, le venin plus dangereux. Le mâle est arrondi d'une manière plus égale; il est plus grand, il est moins féroce. Les reptiles, en général, ont une mauvaise vue. Rarement ils regardent devant eux; cela s'explique : leurs yeux sont placés non pas au front, mais aux tempes; aussi ont-ils l'oreille plus subtile que les yeux.

On a discuté si les plus belles pierres héliotropes venaient de l'Éthiopie, de l'Afrique ou de l'île de Cypre; mais des comparaisons nombreuses ont fait décerner la palme à celles de l'Éthiopie ou de la Libye. L'héliotrope est d'un vert qui n'est pas très-vif, mais plutôt sombre et foncé; elle est marquée çà et là d'étoiles pourprées. Son nom lui vient de l'effet qu'elle produit, et de son caractère particulier. Placée dans un vase d'airain, elle fait paraître l'image du soleil couleur de sang. Hors de l'eau, elle atténue et absorbe sa lumière. On dit aussi qu'unie à l'herbe de même nom, et à l'aide de certaines formules d'enchantement, elle rend invisible celui qui la porte.

Entre les Syrtes, même pour ceux qui voyagent par terre, la route est indiquée par les astres; il n'y a même pas d'autres guides : car un souffle change l'aspect de ce sol friable, et le moindre vent produit des effets si divers qu'il bouleverse la face des lieux, et ne laisse plus aucun moyen de se reconnaître, tantôt créant des val-

quæ fuerant tumulis ardua, in valles residunt : modo quæ vallibus pressa, cœtu pulveris aggerantur. Ita etiam continens naturam maris sui patitur : nec interest, ubi potius sint procellæ, quum ad exitium viantium elementis congruentibus, in terris flabra sæviant, in mari terræ. Utræque Syrtes ducentis quinquaginta millibus passuum separantur. Aliquanto clementior, quæ minor est. Cn. denique Servilio, C. Sempronio consulibus, inter hæc vadosa classem Romanam impune accipimus perfretasse. In hoc sinu Meninx insula post Minturnenses paludes C. Mario fuit latebra.

Supra Garamantas Psylli fuerunt, contra noxium virus muniti incredibili corporis firmitate. Soli morsibus anguium non interibant, et quamvis dente letali appetiti, incorrupta durabant sanitate. Recens etiam editos serpentibus offerebant : si essent partus adulteri, matrum crimina plectebantur interitu parvulorum ; si pudici, probos ortus a morte paterni sanguinis privilegium tuebatur. Sic originis fidem probabant venenis judicantibus. Sed hæc gens interivit, a Nasamonibus capta ; neque quidquam aliud, præter opinionem, de vestigio nominis sui Psylli reliquerunt.

Nasamonitem lapidem Nasamones dant, sanguineum universum, nigris venulis adumbratum. In intimo recessu Syrtis majoris, circa Philænorum aras, Lotophagos [148] fuisse discimus, nec incertum est. A Philænorum aris non procul palus est, quam Triton amnis influit, ubi speculatam se artium deam crediderunt.

Major Syrtis ostentat oppidum, Cyrenas vocant, quod Battus Lacedæmonius olympiade quinta et quadragesima, rege Martio res Romanas tenente, anno

lons où étaient des hauteurs, tantôt couvrant d'un amas de sable ce qui était vallon. Le continent souffre également de la mer qui le baigne, et l'on ne sait où est la tempête; car les deux éléments conspirant contre les voyageurs, le vent tourmente la terre, la terre tourmente la mer. Il y a entre les deux Syrtes une distance de deux cent cinquante milles pas. La petite Syrte est un peu moins dangereuse. On sait que sous le consulat de Cn. Servilius et de C. Sempronius la flotte romaine traversa heureusement ces bancs de sable. Dans ce golfe est l'île de Méninx, qui, après les marais de Minturnes, servit de retraite à C. Marius.

Au delà des Garamantes étaient les Psylles, dont le corps résistait d'une manière incroyable aux atteintes du poison. Seuls ils survivaient à la morsure des serpents, et, quoique atteints de la dent fatale, échappaient à la mort. Ils exposaient aux serpents leurs enfants nouveau-nés. Si ces enfants étaient les fruits de l'adultère, leur mort était le châtiment du crime de la mère; s'ils étaient légitimes, le privilége du sang paternel les sauvait. C'est ainsi que le poison décidait de la pureté de leur naissance. Mais cette nation est tombée sous les coups des Nasamons, qui n'ont laissé subsister du nom des Psylles que la réputation qui y est attachée.

On trouve chez les Nasamons la pierre nasamonite, qui est couleur de sang, et qui a des veines noires. A l'extrémité de la grande Syrte, près de l'autel des Philènes, étaient les Lotophages : c'est du moins ce que disent les auteurs, et ce qui me paraît hors de doute. Non loin de l'autel des Philènes est un marais où se jette le fleuve Triton, et où, dit-on, se mira la déesse des arts.

Près de la grande Syrte est une ville nommée Cyrène, qui fut fondée par Battus de Lacédémone, vers la quarante-cinquième olympiade, sous Martius, roi de Rome,

post Trojam captam quingentesimo octogesimo sexto condidit : quæ domus Callimacho poetæ fuit patria. Inter hoc oppidum et templum Hammonis, millia passuum quadringenta sunt. Templo fons proximat Soli sacer, qui humoris nexibus humum favillaticam stringit, et in cespitem solidat. In qua gleba non sine miraculo lucus viret, undique secus agris arentibus.

Illic et lapis legitur, Hammonis vocant cornum [149] : nam ita tortuosus est, et inflexus, ut effigiem reddat cornus arietini. Fulgore aureo est. Prædivina somnia repræsentare dicitur subjectus capiti incubantium. Et arbor est melopos nomine, ex qua profluit lentus humor, quem a loco hammoniacum nominamus.

Apud Cyrenenses præterea sirpe gignitur, odoratis radicibus, virgulto herbido magis, quam arbusto: cujus e culmo exsudat stato tempore pingue roscidum, idque pascentium hircorum inhæret barbulis : ubi quum arefactum inolevit guttis stiriacis, legitur ad usum mensarum, vel medelis. Dictum est primum lac sirpicum, quoniam manat in modum lacteum : deinde usu derivante laser [150] nominatum. Quæ germina initio barbaricæ impressionis vastatis agris, postea ob intolerandam vectigalis nimietatem, ferme penitus ipsi accolæ eruerunt.

Cyrenis ab læva Africa est, ab dextra Ægyptus, a fronte sævum et importuosum mare, a tergo barbarorum variæ nationes, et solitudo inculta, squalens et inaccessa, quæ basiliscum creat [151], malum in terris singulare. Serpens est pæne ad semipedem longitudinis, alba

cinq cent quatre-vingt-six ans après la prise de Troie, et qui fut la patrie du poëte Callimaque. Il y a entre cette ville et le temple d'Ammon quatre cents mille pas. Près du temple est une fontaine consacrée au Soleil; elle embrasse de ses eaux une terre ayant l'aspect de la cendre, et en forme un gazon Ce n'est pas sans une sorte de prodige qu'on y voit des taillis verdoyants, tandis qu'aux environs il n'y a que des plaines arides.

Là aussi se trouve la pierre dite corne d'Ammon : ce nom lui vient de ce qu'elle est recourbée et arquée de manière à figurer une corne de bélier. Elle a l'éclat de l'or. Elle donne, dit-on, des rêves divins à ceux qui l'ont sous leur tête quand ils sont couchés. Il y a encore un arbre du nom de mélope, d'où découle lentement un suc qui, de ce lieu, a pris le nom d'ammoniac.

On trouve en outre dans la Cyrénaïque une plante, que l'on nomme sirpé, dont la racine est odorante, et dont les pousses sont plutôt celles d'une herbe que celles d'un arbre : de la tige, à une certaine époque, découle une liqueur grasse, qui s'attache à la barbe des boucs qui mangent de cette plante. Quand elle est séchée, et que les gouttes qu'elle distille ont pris de l'accroissement, on l'emploie pour les repas, ou comme remède. On a donné d'abord au suc le nom de lait sirpique, parce qu'en effet il est laiteux; puis, par altération, on l'a appelé laser. Ces plantes, d'abord par suite de l'invasion des barbares qui ravagèrent ce pays, ensuite à cause de l'énormité des impôts qui ont forcé les habitants mêmes à les arracher, ont disparu presque entièrement.

A gauche de la Cyrénaïque est l'Afrique; l'Égypte à droite; en face, une mer orageuse, et qui n'offre aucun port; par derrière, des peuplades de barbares, un désert inculte, triste, inaccessible, qui produit un monstre affreux, le basilic.

C'est un serpent qui a près d'un demi-pied de lon-

quasi mitrula lineatus caput, nec hominis tantum vel aliorum animantium exitiis datus, sed terrae quoque ipsius, quam polluit et exurit, ubicumque ferale sortitur receptaculum. Denique exstinguit herbas, necat arbores, ipsas etiam corrumpit auras, ita ut aera nulla alitum impune transvolet, infectum spiritu pestilenti. Quum movetur, media corporis parte serpit, media arduus est, et excelsus. Sibilum ejus etiam alii serpentes perhorrescunt : et quum acceperunt, fugam quaeque, quoquo potest, properant. Quidquid morsu ejus occiderit, non depascitur fera, non attrectat ales. Mustelis tantum vincitur, quas illinc homines inferciunt cavernis, in quibus delitescit. Vis tamen ne defuncto quidem deest. Denique basilisci reliquias amplo sestertio Pergameni comparaverunt. Ut aedem Apellis manu insignem, nec araneae intexerent, nec alites involarent, cadaver ejus reticulo aureo suspensum ibidem locarunt.

Circa extimum Syrtium cornum Berenicen civitatem alluit Lethon amnis [152], inferna, ut putant, exundatione prorumpens, et apud pristinos vates latice memoratus oblivionis. Hanc Berenicen Berenice munivit, quae Ptolemaeo tertio fuit nupta, et in majori Syrti locavit.

Omne autem latifundium, quod inter Aegyptum, Aethiopiam, Libyamque diffunditur, quacumque lucis opacum est, varium implevit simiarum genus. Nec quisquam offensus nomine, cognitionem gravetur. Enimvero pretium operae est, nihil omittere, in quo naturae spectanda sit providentia.

Plebes simiarum [153] in his est, quas passim videmus, non sine ingenio aemulandi; quo facilius in manus veniunt: nam dum avide venantium gestus affectant, relicta

gueur ; sa tête est marquée d'une tache blanche en forme de diadème ; il n'est pas seulement fatal à l'homme et aux autres animaux, il l'est à la terre même, qu'il souille et qu'il brûle, partout où il établit son fatal séjour. Il fait périr les herbes, il tue les arbres ; il vicie l'air à tel point, que partout où son souffle impur s'est exhalé, nul oiseau ne passe impunément. Quand il se met en mouvement, une moitié de son corps seulement rampe sur la terre ; l'autre moitié se présente haute et dressée. Son sifflement effraye les autres serpents ; dès qu'ils l'ont entendu, ils prennent la fuite de tous côtés. Aucune bête ne goûte, aucun oiseau ne touche à ce qu'il a mordu. La belette étant le seul animal qui détruise le basilic, on l'enferme dans les cavernes où il se cache. Toutefois, il peut encore nuire après sa mort. Les habitants de Pergame se sont procuré à prix d'or les restes d'un basilic : pour écarter d'un temple construit par Apelle les araignées et les oiseaux, ils y ont placé le squelette de ce reptile suspendu dans un filet d'or.

Sur le dernier promontoire des Syrtes est la ville de Bérénice, que baigne le fleuve Léthon, dont les sources sont, dit-on, dans l'enfer, et que les poëtes ont vanté comme procurant l'oubli. La ville de Bérénice fut fondée dans la grande Syrte par Bérénice, femme de Ptolémée III.

Toute la partie boisée du pays qui s'étend entre l'Égypte, l'Éthiopie et la Libye, est pleine de singes d'espèces diverses. Que ce nom ne choque personne, ne détourne personne de s'instruire : car il importe de ne rien omettre de ce qu'offre à nos observations la sagesse de la nature.

La foule de singes dont abonde ce pays, a un instinct naturel qui les porte à l'imitation. Par suite de ce penchant, ils tombent plus facilement entre les mains de l'homme : on les voit, en effet, s'étudiant à imiter

consulto visci unguilla, quod mendacio factum vident, oculos suos oblinunt; ita visu obducto pronum est eas corripi. Exsultant nova luna, tristes sunt cornuto et cavo sidere. Immoderate fœtus amant, adeo ut catulos facilius amittant quos impendio diligunt, et ante se gestant, quoniam neglecti pone matrem semper hærent [154]. Cercopitheci caudas habent. Hæc sola discretio est inter prius dictas. Cynocephali et ipsi sunt e numero simiarum, in Æthiopiæ parte frequentissimi : violenti ad saltum, feri morsu, nunquam ita mansueti, ut non sint magis rabidi. Inter simias habentur et sphinges, villosæ comis, mammis prominulis ac profundis, dociles ad feritatis oblivionem. Sunt et quas vocant satyros, facie admodum grata, gesticulatis motibus inquietæ. Callithriches toto pæne aspectu a ceteris differunt : in facie barba est, lata cauda. Has capere non est arduum, sed proferre rarum : neque enim vivunt in altero, quam in Æthiopico, hoc est suo cœlo.

XXIX. Gens Amantum et Asbystarum.

Inter Nasamonas, et Troglodytas gens Amantum est, quæ salibus domos exstruunt : quos in modum cautium e montibus excitatos, ad usum ædium cæmentitiis nectunt struicibus. Tanta ibi hujusce venæ copia est, ut tecta faciant e salinis. Hi sunt Amantes, qui commercium cum Troglodytis habent carbunculi gemmæ. Citra

les chasseurs, et victimes d'une ruse qu'ils ont observée, s'enduire les yeux de la glu que ceux-ci ont laissée à dessein : une fois les yeux ainsi couverts, il est facile de les prendre. Ils bondissent de joie à l'apparition de la nouvelle lune; ils sont tristes au décours de cet astre. Les guenons n'ont pas le même attachement pour tous leurs petits, et cette préférence fait qu'elles perdent plus facilement ceux qui ont leur affection et qu'elles portent entre leurs bras, que ceux qu'elles négligent et qui se tiennent toujours attachés derrière leur dos. Les cercopithèques ont des queues : c'est la seule différence entre cette espèce et les précédentes. Les cynocéphales aussi sont rangés parmi les singes; ils sont très-nombreux dans une partie de l'Éthiopie; leur bond est impétueux, leur morsure est redoutable; à leur mansuétude apparente succède la rage. Parmi les singes, on range aussi les sphinx au poil épais, à la poitrine un peu saillante et développée, et qui sont faciles à apprivoiser. Il y en a que l'on nomme satyres, qui ont la figure très-agréable, et dont les gestes sont animés et fréquents. Les callitriches diffèrent presque entièrement des autres par la forme; ils ont de la barbe et la queue large. Il n'est pas difficile de les prendre; mais on parvient rarement à les dépayser, car ils ne vivent que dans l'Éthiopie, c'est-à-dire dans la contrée où ils sont nés.

XXIX. Des Amantes et des Asbystes.

Entre les Nasamons et les Troglodytes est la nation des Amantes, qui se construisent des maisons avec des blocs de sel, qu'ils tirent des montagnes, comme on en tire des pierres, et dont ils se servent pour leurs constructions. Il y a dans ce pays une si grande abondance de sel, que les toits mêmes en sont faits. Les habitants font avec les Troglodytes le commerce de la pierre pré-

Amantes propiores Nasamonibus Asbystæ lasere vivunt [155]. Hoc aguntur, hoc illis dulce est.

XXX. Garamantum fons, et iter Garamanticum. Item pecora Garamantica, et natura insulæ Gauloes.

Garamanticum oppidum est Debris fonte miro : qui denique alternis vicibus die frigeat, nocte efferveat, ac per eadem venarum commercia, interdum ignito vapore æstuet, interdum glaciali algore inhorrescat. Incredibile memoratu, ut in articulo temporis natura tam dissonam sui faciat varietatem! Idque qui percontari velit, tenebris inesse fluori illi æternam facem credat; qui rimetur die brumales scatebras, nunquam aliud æstimet, quam perpetuo rigere. Unde non immerito per gentes Debris inclyta est, cujus aquæ ex cœlesti vertigine mutant qualitatem, quamvis contraversa siderum disciplina : nam quum mundum a calore vesper temperet, ab occasu incipit ita incalescere, ut ni tactu abstineas, noxium sit contigisse : rursum quum ortus solis inclaruit, et radiis fervefacta sint omnia, sic glaciales evomit scaturigines, ut fluorem suum prohibeat hauriri. Quis ergo non stupeat fontem, qui friget calore, calescit frigore! Garamanticæ regionis Garama caput est, ad quam iter diu inextricabile fuit, et invium : nam latrones puteos arenis operiebant, ut temporaria fraude subductis aquis, infame siti iter submoveret accessus viantium. Sed Vespasiano principe [156], bello, quod

cieuse dite escarboucle. En deçà des Amantes, les plus voisins des Nasamons sont les Asbystes qui vivent de laser : aussi recherchent-ils cette substance qui leur est particulièrement agréable.

XXX. Source chez les Garamantes, et route de ce pays. Bestiaux des Garamantes, et caractères de l'île Gauloë.

Il y a dans le pays des Garamantes une ville, Débris, où l'on trouve une source admirable dont, par un retour successif, les eaux sont froides le jour, brûlantes la nuit, et d'où sortent, par les mêmes conduits, tantôt de chaudes vapeurs, tantôt un air glacé. C'est quelque chose d'incroyable que cette variété, cette contradiction de la nature en si peu de temps ! et ceux qui veulent étudier ce phénomène, pourront croire que pendant la nuit une torche ardente embrase continuellement ces eaux ; mais s'ils observent ce qu'est la source pendant le jour, ils croiront qu'elle est toujours glacée. C'est ce qui rend à juste titre Débris célèbre, puisque, pendant la révolution des astres, et en sens inverse de cette révolution, les eaux changent de nature ; car, lorsque le soir rafraîchit la terre, cette eau commence à devenir tellement chaude, qu'on ne peut la toucher impunément ; quand les rayons du soleil ont brillé, et que la chaleur se répand sur le monde, cette eau devient tellement froide que l'on ne peut en boire. Quoi de plus étonnant que cette source que la chaleur refroidit, qu'échauffe le froid ! La capitale des Garamantes est Garama, dont la route fut longtemps impraticable, parce que les voleurs du pays masquaient, à l'aide du sable, l'ouverture des puits, afin que les voyageurs, privés d'eau par cette supercherie du moment, fussent obligés d'éviter les lieux où il était impossible de se désaltérer. Mais sous Vespasien, dans la guerre qu'il soutint contre les peuples

cum OEensibus gestum est, difficultas hæc dissoluta est, compendio spatii brevioris reperto. Garamantas Cornelius Balbus subegit, et primus ex hac victoria triumphavit. Primus sane de externis, utpote Gadibus genitus, accessit ad gloriam nominis triumphalis.

Armenta gentis istius obliquis cervicibus pabulantur: nam si recta ad pastum ora dirigant, officiunt prona ad humum cornua et obnixa.

Ex parte, qua Cercina est, accepimus Gauloen insulam, in qua serpens neque nascitur, neque vivit invecta: propterea jactus ex ea quocumque gentium pulvis, arcet angues; scorpiones superjactus illico perimit.

XXXI. Æthiopes, et in eorum locis ac gentibus mira, de draconibus, de dracontia lapide, de camelopardalo, de cephis, de rhinocerote, de catoblepa, de formicis Æthiopicis, de Lycaone, de parandro, de lupis Æthiopicis, de hystrice, de ave pegaso, de ave tragopane, de hyacintho lapide, de chrysopasto lapide, de lapide hæmatite.

Æthiopes, et gentes Atlanticæ, Nigri flumine dividuntur, quem patrem putant Nili. Sic papyro viret [157], sic calamo prætexitur, animalia eadem edit, isdem temporibus exundat, intra ripas tunc quoque redit, quum contentus est alveo suo Nilus. Garamantici Æthiopes matrimonia privatim nesciunt, sed vulgo omnibus in venerem licet. Inde est, quod filios matres tantum recognoscunt; paterni nominis nulla reverentia est. Quis enim verum patrem noverit in hac luxuria incesti lascivientis? Eapropter Garamantici Æthiopes inter omnes populos degeneres habentur: nec immerito, qui afflicta disciplina castitatis, successionis notitiam ritu improbo perdiderunt.

Nomen Æthiopum late patet. In parte Africana, qua

d'OEa, cet obstacle disparut par la découverte d'un chemin plus court. Cornelius Balbus soumit les Garamantes, et fut le premier qui obtint sur ce peuple le triomphe. Ce fut aussi le premier étranger, car il était de Gadès, qui fut admis à cet honneur du triomphe.

Les bœufs de cette nation paissent la tête penchée de côté : s'ils paissent comme les autres animaux, ils endommagent leurs cornes, dont la pointe tournée vers la terre leur fait obstacle.

Du côté de Cercine se trouve l'île de Gauloë, où il ne naît pas de serpents, et où ne vivent pas ceux qu'on y apporte : aussi la terre, prise dans ce pays et portée dans d'autres contrées, en écarte les reptiles ; jetée sur le scorpion, elle le tue aussitôt.

XXXI. Des Éthiopiens, et des curiosités de lieux et de peuples qu'offre l'Éthiopie. Des dragons, de la pierre dite dracontia, de la girafe, des cèphes, du rhinocéros, du catoblèpe, des fourmis d'Éthiopie, de Lycaon, du parandre, des loups d'Éthiopie, du porc-épic, des oiseaux dits pégase et tragopane, des pierres dites hyacinthe, chrysopaste, hématite.

Les Éthiopiens, et les nations atlantiques, sont séparés par le Niger, que l'on regarde comme le père du Nil. Il offre comme lui le papyrus, le calamus, les mêmes animaux, les mêmes inondations, et rentre dans son lit en même temps que le Nil. Les Éthiopiens Garamantes ne connaissent pas le mariage : la communauté des femmes est un usage du pays. Ainsi les mères seules reconnaissent leurs fils ; le titre honorable de père n'est applicable à aucun. Qui pourrait, en effet, distinguer un père au milieu d'une pareille licence de mœurs ? Aussi les Éthiopiens Garamantes passent ils pour un peuple dégénéré, et à juste titre, puisque, par suite de cette promiscuité, le nom de la famille se perd tristement.

L'Éthiopie s'étend au loin. Dans la partie de l'Afrique

Meroen videt Libya, plurimæ eorum sunt et variæ nationes. Harum e numero Nomades cynocephalorum lacte vivunt. Syrbotæ longi sunt ad pedes duodecim. Azachæi captos venatibus elephantos devorant. Apud Psambares nulla est aurita quadrupes, ne elephanti quidem. His proximi summam regiæ potestatis cani tradunt : de cujus motibus, quidnam imperitet, augurantur. Maritimos Æthiopas quaternos oculos dicunt habere; sed fides alia est, illa denique, quod et vident plurimum, et manifestissime destinant jactus sagittarum. Occidentem versus Agriophagi tenent, qui solas pantherarum et leonum carnes edunt, rege præditi, cujus in fronte oculus unus est. Sunt et Pamphagi, quibus esca est quidquid mandi potest, et omnia fortuitu gignentia. Sunt et Anthropophagi, quorum mores vocamen sonat. Cynomolgos aiunt habere caninos rictus, et prominula ora. Artabatitæ proni, atque quadrupedes, nec secus, ac feræ, sine sedibus evagantur. Confines Mauritaniæ certo tempore locustas terrestres legunt, duratasque salsugine in præsidium vitæ solas habent : sed ex illis quadragesimum ævi annum nullus supergreditur. Ab Oceano æstu ad Meroen [158], quam insulam amplexu primo Nilus facit, millia passuum sunt sexcenta viginti.

Ultra Meroen super exortus solis Macrobii Æthiopes vocantur : dimidio enim eorum protentior, quam nostra vita est. Hi Macrobii justitiam colunt, amant æquitatem, plurimum valent robore, præcipua decent pulchritudine, ornantur ære, auro vincula faciunt noxiorum. Locus apud eos est Ἡλίου τράπεζα, opiparis epulis semper refertus, quibus indiscretim omnes vescuntur : nam et divinitus eas augeri ferunt. Est et ibidem lacus, quo per-

où se trouve Méroë, il y a de nombreuses et diverses nations éthiopiennes. De ce nombre sont les Nomades, qui vivent du lait des cynocéphales. Les Syrbotes ont douze pieds de hauteur. Les Azachéens se nourrissent des éléphants qu'ils ont pris à la chasse. Chez les Psambares, tous les quadrupèdes, même les éléphants, sont sans oreilles. Leurs voisins ont pour roi un chien, dont ils étudient les divers mouvements pour pouvoir exécuter ses ordres. Les Éthiopiens maritimes ont, dit-on, quatre yeux, ou plutôt ils ont la vue perçante, et excellent à tirer de l'arc. A l'ouest sont les Agriophages, qui ne se nourrissent que de la chair des panthères et des lions, et dont le roi n'a qu'un œil au milieu du front. Là aussi sont les Pamphages, qui mangent de toute espèce de comestibles, et se nourrissent de ce que le hasard leur présente. Puis viennent les Anthropophages, dont le nom seul indique les habitudes ; les cynomolges qui ont, dit-on, une gueule de chien et un museau proéminent; les Artabites, qui errent comme les bêtes sauvages, et n'ont pas de séjour fixe. Les peuples qui habitent aux confins de la Mauritanie, à une certaine époque de l'année, prennent des sauterelles qu'ils salent et conservent pour en faire leur seule nourriture. La plus longue vie chez eux est de quarante ans. De l'Océan à Méroë, première île que forme le Nil, il y a six cent vingt mille pas.

Au delà de Méroë, dans la partie la plus orientale, les Éthiopiens prennent le nom de Macrobiens. Leur vie est en effet de moitié plus longue que la nôtre. Ils pratiquent la justice et l'égalité. Ils sont d'une force et d'une beauté remarquables; ils emploient le cuivre pour leurs ornements, et fabriquent avec de l'or les chaînes des malfaiteurs. Dans le pays est un lieu nommé Ἡλίου τράπεζα [1], où se trouvent toujours en abondance des

---

[1] Table du soleil.

fusa corpora velut olivo nitescunt. Ex hoc lacu potus saluberrimus. Sane adeo liquidus est, ut ne caducas quidem vehat frondes, sed illico folia lapsa ad fundum demittat laticis tenuitate. Ultra hos desertæ inhumanæque solitudines ad usque Arabicos sinus. Deinde in ultimis Orientis monstrosæ gentium facies. Aliæ sine naribus, æquali totius oris planitie, informes habent vultus. Aliis concreta ora sunt, modico tantum foramine calamis avenarum pastus hauriunt. Nonnullæ linguis carent, in vicem sermonis utentes nutibus motibusque. Quædam ex istis nationibus ante Ptolemæum Lathyrum regem Ægypti, incognitum habuerunt ignis usum. Æthiopia omnis ab oriente hiberno ad occidentem hibernum tenet. Quidquid ejus sub meridiano cardine lucis nitet, qui maxime virent hieme. A meridiana parte mons editus mari imminet, ingenuo igne per æternum fervidus, et inquiete jugis flagrantibus: inter quæ incendia jugis æstus, draconum magna copia est.

Porro veris draconibus ora nulla sunt ad morsum dehiscentia, sed arctæ fistulæ, per quas et trahunt spiritus, et linguas exserunt: quippe non in dentibus vim, sed in caudis habent, et verbere potius, quam rictu nocent.

Exciditur e cerebris draconum dracontias lapis, sed lapis non est, nisi detrahatur viventibus: nam si obeat prius serpens, cum anima simul evanescit, duritie soluta. Usu ejus orientis reges præcipue gloriantur, quanquam nullum lenocinium artis admittat soliditate: et quidquid

mets dont chacun peut à volonté se nourrir. Ces mets, dit-on, se multiplient par une volonté particulière des dieux. Il y aussi un lac d'où les corps sortent aussi luisants que si on les eût frottés d'huile. L'eau de ce lac est très-saine; elle est très-limpide; les feuilles mêmes, tombées des arbres, ne surnagent pas, et tombent au fond, tant cette eau est légère. Au delà de ce pays sont d'affreuses solitudes, des déserts barbares, jusqu'au golfe d'Arabie. Aux extrémités de la partie orientale, les habitants ont un aspect monstrueux : les uns n'ont pas de nez, et leur visage plat offre les traits les plus difformes; d'autres ont la bouche tellement rétrécie qu'ils ne peuvent prendre leur nourriture que par une petite ouverture et au moyen d'un tuyau d'avoine; quelques-uns n'ont pas de langue, et ne se font entendre que par gestes et par signes; quelques autres, avant Ptolémée Lathyre, roi d'Égypte, ne connaissaient pas l'usage du feu. L'Éthiopie, dans son ensemble, se dirige de l'orient d'hiver à l'occident d'hiver. Tout ce qui est au sud présente de verdoyantes forêts. Au midi s'élève également une montagne qui domine la mer, et qu'embrasent des flammes éternelles, un feu qui brille toujours. Au milieu de cet embrasement sont des dragons en grande quantité.

Les véritables dragons n'ont pas de gueule avec laquelle ils puissent mordre, mais des espèces de conduits par lesquels ils respirent et font sortir leur langue. Leur force n'est pas dans les dents, mais dans la queue, et c'est par des coups de queue plutôt que par la gueule qu'ils présentent du danger.

On tire du cerveau des dragons la pierre dite dracontias, mais on ne peut l'avoir à l'état de pierre qu'en l'enlevant à un dragon vivant : car, si le serpent se sent mourir, en même temps qu'il expire elle perd sa consistance. Les rois de l'orient sont glorieux de se parer de cette pierre, quoique sa dureté n'admette pas les em-

in eo nobile est, non manus faciunt, nec alterius quam naturæ candor sit, quo reluceat. Auctor Sotacus gemmam hanc etiam visam sibi scribit, et, quibus intercipiatur modis, edocet. Præstantissimi audacia viri explorant anguium foveas, et receptus : inde præstolati ad pastum exeuntes, prætervectique percitis cursibus, objiciunt gramina medicata, quantum potest ad incitandum soporem : ita somno obsopitis, e capitibus exsecant lapides, et de manubiis præcipitis ausi, prædam revehunt temeritatis.

Quæ locorum Æthiopes tenent, feris plena sunt, e quibus quam nabun vocant [159], nos camelopardalim dicimus, collo equi similem, pedibus bubulis, capite camelino, nitore rutilo, albis maculis superspersa. Hoc animal Romæ Circensibus dictatoris Cæsaris primum publicatum.

Iisdem ferme temporibus illinc exhibita monstra sunt, cepos appellant [160], quorum posteriores pedes crure, et vestigio humanos artus mentiuntur; priores hominum manus referunt. Quæ tamen a nostris non amplius, quam semel visa sunt.

Ante ludos Cneii Pompeii rhinocerotem Romana spectacula nesciebant : cui bestiæ color buxeus, in naribus cornu unicum et repandum, quod subinde attritum cautibus in mucronem excitat, eoque adversus elephantos prœliatur, par ipsis longitudine, brevior cruribus, naturaliter alvum petens, quam solam intelligit ictibus suis perviam.

Juxta Nigrim fluvium catoblepas nascitur modica atque iners bestia, caput prægrave ægre ferens, aspectu pestilenti : nam qui in oculos ejus offenderint, protinus vita exeunt.

Formicæ ibi ad formam canis maximi, arenas aureas

bellissements de l'art. Ce qu'elle offre de remarquable ne vient pas du travail, mais de sa nature même. Sotacus écrit qu'il a vu cette pierre, et il nous apprend comment on se la procure. Les hommes les plus hardis explorent les cavernes, les trous où se retirent ces serpents; dans l'attente de leur proie, ils vont aux lieux où paît le reptile, et, s'avançant sur des chars rapides, ils répandent des préparations soporifiques, coupent la tête au dragon endormi, et pour prix de cet acte audacieux, rapportent cette pierre, monument de leur témérité.

L'Éthiopie est pleine d'animaux sauvages, parmi lesquels est celui qu'ils appellent nabus et que nous nommons caméléopard : il a l'encolure du cheval, les pieds du bœuf, la tête du chameau, des taches blanches semées sur un fond fauve. Rome l'a vu, pour la première fois, aux jeux du Cirque donnés par le dictateur César.

A peu près dans le même temps, parurent à Rome, venant aussi de l'Éthiopie, les animaux nommés cèpes, dont les pieds de derrière ressemblent aux pieds et aux jambes de l'homme, et dont les pieds de devant ressemblent à nos mains. Depuis ce temps, on n'a plus revu ces animaux.

Avant les jeux donnés par Cneius Pompée, on n'avait pas vu à Rome de rhinocéros; la couleur de cet animal est celle du buis; il porte sur le nez une seule corne retroussée, qu'il aiguise contre les rochers pour se préparer au combat contre l'éléphant : il est d'ailleurs de la même longueur que cet animal; mais il a les jambes plus courtes. Il tâche de frapper l'éléphant au ventre, où il sait que la peau est plus tendre.

Près du Niger naît un animal de grandeur médiocre, et comme frappé d'inertie, le catoblépas. Il porte avec peine sa tête pesante; son regard est funeste : quiconque a rencontré ses yeux est sur-le-champ frappé de mort.

Les fourmis, en Éthiopie, ont la grandeur d'un gros

pedibus eruunt, quos leoninos habent : quas custodiunt, ne quis auferat, captantesque ad necem persequuntur.

Eadem Æthiopia mittit lycaonem. Lupus est cervicem jubatus, et tot modis varius, ut nullum illi colorem dicant abesse.

Mittit et tarandum [161], boum magnitudine, bisulco vestigio, ramosis cornibus, capite cervino, ursino colore et pariter villo profundo. Hunc tarandum affirmant habitum metu vertere, et quum delitescat, fieri assimilem cuicumque rei proximaverit, sive illa saxo alba sit, seu frutecto virens, sive quam aliam præferat qualitatem. Faciunt hoc idem in mari polypi, in terra chamæleontes; sed et polypus, et chamæleon glabra sunt, ut sit pronius cutis lævitatem proximanti æmulari : in hoc novum est ac singulare, hirsutiam pili colorum vices facere. Hinc evenit ut difficulter capi possit.

Æthiopicis lupis proprium est, quod in saliendo ita nisus habent alitis, ut non magis proficiant cursu, quam meatu : homines tamen nunquam impetunt. Bruma comati sunt, æstate nudi : thoas vocant [162].

Hystrix quoque inde loci frequentissima, erinaciis similis, spinis tergum hispida, quas plerumque laxatas jaculatione emittit voluntaria, ut assiduis aculeorum nimbis canes vulneret ingruentes.

Illius cœli ales est pegasus : et hæc ales equinum nihil præter aures habet. Tragopan quoque avis major aquilis, cornibus arietinis proferens armatum caput.

Ethiopes legunt cinnamum. Id frutectum situ brevi nascitur, ramo humili et depresso, nunquam ultra duas

chien. Elles tirent l'or des mines avec leurs pattes qui ont la forme de celles des lions; elles veillent à leur butin, et mettent en pièces ceux qui voudraient le leur ravir.

L'Éthiopie produit aussi le lycaon : c'est un loup qui a une crinière, et dont les couleurs changent tellement qu'on peut dire qu'il les a toutes.

Elle produit encore le tarande, qui a la taille du bœuf, le pied fendu, le bois rameux, la tête semblable à celle du cerf, la couleur et le long poil de l'ours. On dit qu'il change d'aspect quand il a peur, et que, lorsqu'il se cache, il prend la couleur des objets qu'il approche, que ce soit une pierre blanche, un arbrisseau, ou toute autre chose. Les polypes dans la mer et sur la terre, les caméléons présentent les mêmes phénomènes; mais le polype et le caméléon n'ont pas de poil, ce qui rend plus concevable leur ressemblance de couleur avec les objets dont ils approchent. Toutefois remarquons, comme une chose inouïe et singulière, cette propriété des poils hérissés de pouvoir prendre successivement diverses couleurs. De là vient que l'on prend difficilement ces animaux.

Le propre des loups d'Éthiopie, c'est de bondir avec tant de rapidité que leur course n'est pas plus rapide que leur marche. Cependant jamais il n'attaquent les hommes. Ils sont couverts de poils en hiver; ils sont nus en été. On les appelle thos.

Le porc-épic est très-commun dans ce pays; il est du genre des hérissons; son dos est armé de piquants qu'il lâche et décoche volontairement pour opposer une nuée de traits aux chiens qui l'attaquent.

Le ciel de l'Éthiopie voit aussi naître un animal ailé qu'on nomme pégase, mais qui ne ressemble au cheval que par les oreilles; et le tragopan, oiseau plus grand que l'aigle, dont la tête est armée de cornes de bélier.

Les Éthiopiens recueillent le cinname. Cet arbrisseau est petit, ses branches sont courtes et faibles; il n'ex-

ulnas altitudinis : quod gracilius provenit, eximium magis ducitur: quod in crassitudinem extuberatur, despectui est. Verum legitur per sacerdotes hostiis prius caesis : quae quum litaverunt, observatur, ut messis nec ortum solis anticipet, nec egrediatur occasum. Quisquis principatum tenet, sarmentorum acervos hasta dividit, quae sacrata est in hoc ministerium : atque ita portio manipulorum soli dicatur : quae si juste divisa est, sponte incenditur.

Inter ea, quae diximus, nitore caerulo hyacinthus invenitur [163], lapis pretiosus, si quidem inculpabilis inveniatur : est enim vitiis non parce obnoxius : nam plerumque aut violaceo diluitur, aut nubilo obducitur, aut albicantius in aquaticum eliquescit. Optimus in illo tenor, si nec densiore fuco sit obtusior, nec propensa perspicuitate detectior, sed ex utroque temperamento lucis et purpurae fucatum suaviter florem trahat. Hic est, qui sentit auras, et cum coelo facit; nec aequaliter rutilat, quum aut nubilosus est, aut serenus dies. Praeterea in os missus magis friget. Scalpturis certe minime accommodatus, ut qui attritum respuat; nec tamen penitus invictus est : nam adamante scribitur et notatur.

Ubi hyacinthus, ibi et chrysopastus [164] apparet : quem lapidem lux celat, produnt tenebrae. Haec enim est in illo diversitas, ut nocte igneus sit, die pallidus.

Ex ipso solo sumimus haematitem rubore sanguineo : ac propterea haematitem vocatum.

cède pas deux coudées; plus il est frêle, plus on lui trouve de beauté; celui qui prend trop de développement est méprisé. Il est recueilli par des prêtres, après que l'on a immolé des victimes : le sacrifice terminé, on le coupe; mais il faut que ce ne soit ni avant ni après le le lever du soleil. Le grand prêtre partage les branches avec une pique consacrée à cette cérémonie. Une portion est réservée pour le soleil; et si la part est *bien faite*, elle s'enflamme d'elle-même.

Parmi les choses curieuses de l'Éthiopie, on trouve l'hyacinthe, pierre de couleur azurée, très-précieuse, si toutefois elle n'a pas de défaut; car elle y est sujette : souvent, en effet, elle est d'un violet-pâle, ou bien elle est terne, ou enfin elle a une blancheur verdâtre comme celle de l'eau. On estime le plus celle dont la teinte n'est point assez foncée pour lui ôter son brillant, ni assez claire pour la rendre transparente : par un heureux mélange de couleur pourpre et de lumière, elle doit ressembler à la fleur dont elle porte le nom. Elle ressent l'influence de l'air et du ciel : elle ne brille pas du même éclat quand le temps est sombre, ou quand il est clair. Dans la bouche, elle produit une vive impression de froid. Elle ne se prête point à la gravure; on ne lui donne que difficilement le poli. On en tire cependant parti, puisqu'au moyen du diamant on parvient à y tracer des caractères et des emblèmes.

Où se trouve l'hyacinthe, se trouve aussi la chrysopaste, qu'on ne voit pas à la lumière, et que les ténèbres nous font apercevoir : pâle le jour, elle jette des feux la nuit.

Le sol produit encore l'hématite, d'un rouge de sang : c'est de cette couleur que lui vient son nom.

XXXII. De intimis gentibus Libyæ, de lapide hexecontalitho.

Quod ab Atlante ad usque Canopitanum ostium panditur, ubi Libyæ finis est, et Ægyptium limen, dictum a Canopo Menelai gubernatore ibi sepulto in ea insula, quæ ostium Nili facit, gentes tenent dissonæ, quæ in aviæ solitudinis secretum recesserunt. Ex his Atlantes ab humano ritu prorsus exsulant. Nulli proprium vocabulum, nulli speciale nomen. Diris solis ortus excipiunt, diris occasus prosequuntur, ustique undique torrentis plagæ sidere, oderunt deum lucis [165]. Affirmant eos somnia non videre, et abstinere penitus ab animalibus universis. Troglodytæ specus excavant, illis teguntur. Nullus ibi habendi amor: a divitiis paupertate se abdicaverunt voluntaria.

Tantum lapide uno gloriantur, quem hexecontalithon nominamus, tam diversis notis sparsum, ut sexaginta gemmarum colores in parvo ejus orbiculo deprehendantur.

Homines isti carnibus vivunt serpentium [166]; ignarique sermonis, stridunt potius, quam loquuntur. Augylæ vero solos colunt inferos. Feminas suas primis noctibus nuptiarum adulteriis cogunt patere : mox ad perpetuam pudicitiam legibus stringunt severissimis. Gamphasantes abstinent prœliis, fugiunt commercia, nulli se externo misceri sinunt. Blemmyas credunt truncos nasci parte, qua caput est, os tamen et oculos habere in pectore. Satyri de hominibus nihil aliud præferunt, quam figuram. Ægipanes hoc sunt, quod pingi videmus. Himantopodes

XXXII. Des peuples de l'intérieur de la Libye, de la pierre dite hexécontalithe.

Toute la partie qui s'étend de l'Atlas à la bouche du Nil, où se termine la Libye et où commence l'Égypte, et qui se nomme Canopique, du nom de Canope, pilote de Ménélas, enseveli dans une île que forme le fleuve en cet endroit; toute cette partie est occupée par des peuples de langages différents, et qui se sont renfermés dans une solitude presque impénétrable. Parmi eux sont les Atlantes, qui s'écartent de toutes les coutumes humaines. Chez eux, personne n'a de nom propre, de nom spécial. Ils accueillent par des imprécations le lever et le coucher du soleil; et, brûlés par ses feux, ils détestent le dieu de la lumière. On affirme qu'ils n'ont pas de songes, et qu'ils s'abstiennent de la chair de tout animal. Les Troglodytes creusent des grottes qu'ils habitent. Il n'y a chez eux aucune cupidité, et par une pauvreté volontaire ils ont renoncé aux richesses.

Ce pays ne nous offre comme pierre précieuse que celle que nous nommons hexécontalithe, dont les nuances sont si nombreuses que, malgré sa petitesse, on y distingue les couleurs de soixante gemmes.

Les Troglodytes ne vivent que de la chair des serpents; et, ne connaissant aucune langue, ils sifflent plutôt qu'ils ne parlent. Les Augyles n'adorent que les dieux infernaux. Ils veulent que les premières nuits des noces, leurs femmes se rendent adultères; mais ensuite, par les lois les plus sévères, elles sont astreintes à une rigoureuse chasteté. Les Gamphasantes ne font point la guerre; ils fuient la rencontre des autres hommes, ne s'allient avec aucun étranger. Les Blemmyes, dit-on, n'ont pas de tête : leur bouche, leurs yeux sont à la poitrine. Les Satyres n'ont rien de l'homme que la figure. Les Égipans ont la forme sous laquelle on nous les représente ordinairement. Les Himantopodes, avec leurs

fluxis nisibus crurum repunt potius, quam incedunt, et pergendi usum lapsu magis destinant, quam ingressu. Pharusii quum Herculi ad Hesperiadas pergenti forent comites, itineris taedio hic resederunt. Hactenus Libya.

XXXIII. Ægyptus. In ea de origine et natura Nili, de tauro Apide, de crocodilo, de scinco, de hippopotamo, de ave ibide, et serpentibus Arabicis, de ficu Ægyptia, de palma Ægyptia, de disciplina Ægyptiorum, et urbibus inclytis.

Ægyptus ad meridiem introrsus recedit, quoad praetendant Æthiopes a tergo. Inferiorem ejus partem Nilus circumfluit, qui scissus a loco, cui Delta nomen est, ad insulae faciem spatia amplectitur interamna, et incerto paene fonte decurrens proditur, ut loquemur. Originem habet a monte inferioris Mauritaniae, qui Oceano propinquat. Hoc affirmant Punici libri; hoc Jubam regem accepimus tradidisse. Igitur protinus lacum efficit, quem Nilidem dicunt.

Nilum autem jam inde conjiciunt, quod hoc stagnum in herbis, piscibus, belluis nihil minus procreet, quam in Nilo videmus; ac si quando Mauritania, unde origo ejus est, aut nivibus densioribus, aut imbribus largioribus irrigatur, incrementa exundationis in Ægypto augentur. Sed effusus hoc lacu arenis sorbetur, et cuniculis caecis absconditur; deinde in Caesariensis pede prorumpens amplior, eadem indicia praefert, quae in exortu notavimus: rursusque subsidit, nec se prius reddit, quam post intervalla itineris extenti contingat Æthiopas. Ubi exit, Nigrim facit fluvium, quem supra diximus terminum esse limitis Africani. Astapum eum indigenae vocant, scilicet aquam e tenebris profluentem. Multas

jambes flexibles, rampent plutôt qu'ils ne marchent, se glissent plutôt qu'ils n'avancent. Les Pharusiens, qui accompagnaient Hercule lors de son expédition contre les Hespérides, s'arrêtèrent dans ces contrées, fatigués de voyager. Nous n'avons plus rien à dire de la Libye.

XXXIII. De l'Égypte, et, dans l'Égypte, des sources et de la nature du Nil, du bœuf Apis, du crocodile, du scinque, de l'hippopotame, de l'ibis, des serpents d'Arabie, du figuier d'Égypte, du palmier d'Égypte, des mœurs égyptiennes, des villes célèbres.

L'Égypte s'étend au midi, dans les terres, jusqu'à ce qu'enfin elle ait l'Éthiopie derrière elle. Sa partie inférieure est limitée par le Nil, qui se divise au lieu que l'on nomme Delta, et forme par ses branches une espèce d'île; ce fleuve, d'ailleurs, vient de sources presque inconnues, comme nous le dirons plus tard. Il sort d'une montagne de la Mauritanie inférieure, qui n'est pas éloignée de l'Océan. Voilà ce que l'on trouve consigné dans le *Périple* d'Hannon, et ce que nous a transmis le roi Juba. Il forme aussitôt un lac que l'on nomme Nilide.

On présume que là est la source du Nil, puisque l'on y trouve les herbes, les poissons, les animaux que produit le Nil; et si la Mauritanie, d'où il sort, est inondée par des fontes de neiges plus considérables ou des pluies plus abondantes qu'à l'ordinaire, les crues se montrent en Égypte dans la même proportion. Mais au sortir de ce lac, il disparaît sous les sables, et se cache dans des cavités souterraines; puis, s'élançant plus majestueux dans la Mauritanie Césarienne, il offre les mêmes caractères qu'à sa source, se cache de nouveau, et ne reparaît enfin qu'après avoir atteint, après un long cours, les contrées de l'Éthiopie. En reparaissant, il forme le Niger, fleuve qui, comme nous l'avons dit, est la limite de l'Afrique. Les indigènes lui donnent le nom d'Astape, qui veut dire eau prenant sa source dans les ténèbres. Il forme

magnasque ambit insulas : quarum pleræque sunt tam diffusæ et vastæ magnitudinis, ut vix eas dierum quinque cursu prætermeet, quamvis concitus ibi feratur. Nobilissima eorum est Meroe, circum quam divisus dextero alveo Astosapes, lævo Astabores nominatur. Tunc quoque emensus magna longinqua, quum primum occurrentibus scopulis asperatur, tantis agminibus extollitur inter objecta rupium, ut ruere potius, quam manare credatur : demumque a cataracte ultimo tutus est : ita enim quædam claustra ejus Ægyptii nuncupant. Relicto tamen hoc pone se nomine, quo Nigris vocatur, mox inoffensus meat. Septem ostiis conditur, in meridiem versus excipitur Ægyptio mari. Ignari siderum, vel locorum, varias de excessibus ejus causas dederunt. Alii affirmant etesias nubium densitatem illo cogere, unde amnis hic auspicatur, ipsumque fontem humore supero saginatum, tantam inundationis habere substantiam, quantum pabuli ad liquorem nubila subministraverint. Ferunt alii, quod ventorum flatibus repercussus, quum fluorem solitæ velocitatis non queat promovere, aquis in arcto luctantibus intumescat : et quanto jam impensius contraversi spiritus repugnaverint, tanto excelsius sublimari in altitudinis vertices repercussam celeritatem ; quando nec solitus extenuet cursus alveum, et stipato jam flumine, venis originalibus torrentium pondera superveniant : ita concurrente violentia hinc urgentis elementi, hinc resistentis, undis exsultantibus molem colligi, quæ excessus facit. Nonnulli affirmant fontem ejus, qui Phialus vocatur, siderum motibus excitari, extractumque radiis candentibus cœlesti igne suspendi, non tamen sine certa legis disciplina, hoc est lunis cœptantibus. Verum omnem abscessus originem de sole

aussi des îles nombreuses et considérables ; quelques-unes sont d'une étendue telle, que ses eaux, malgré leur impétuosité, ne mettent pas moins de cinq jours à en achever le tour. La plus connue est Méroé, où il se divise en deux bras, dont le droit prend le nom d'Astosape, et le gauche celui d'Astabore. Après avoir parcouru une grande étendue de pays, où son impétuosité est d'abord excitée par les récifs qu'il rencontre, il se précipite ensuite avec tant de force au milieu des rochers, qu'il jette ses flots plutôt qu'il ne les épanche ; arrivé enfin à la cataracte, nom que les Égyptiens donnent à certains réservoirs du Nil, il devient plus paisible, et perdant le nom de Niger, il suit un cours tranquille. Il se jette par sept bouches au midi de la mer d'Égypte. L'ignorance du cours des astres, ou celle des lieux, a assigné diverses causes aux débordements du Nil. Les uns prétendent que les vents étésiens rassemblent d'épais nuages aux lieux où ce fleuve prend sa source, et que cette source, augmentée par les eaux du ciel, donnent au Nil des accroissements proportionnés à l'abondance de la pluie. D'autres croient que, refoulé par les vents, et ne pouvant poursuivre son cours ordinaire, ses eaux trop à l'étroit se gonflent, et que plus le souffle des vents contraires est violent, plus les eaux ont de force pour remonter : le cours ordinaire du fleuve ne suffisant pas pour épuiser son lit, où déjà resserré il a reçu les eaux impétueuses des torrents, il résulte de la violence de l'élément, poussant d'un côté et repoussé de l'autre, que la masse de ses vagues mugissantes s'accroît et produit les débordements. D'autres enfin disent que sa source, nommée Phiale, est soumise aux mouvements des astres, et que quand le soleil approche, ses rayons attirent le fleuve, qui reste comme suspendu, mais non sans obéir à une certaine loi, c'est-à-dire à l'influence de la nouvelle lune. Selon eux, les débordements viennent du soleil, quand il entre dans le signe du Cancer ; et quand

concipi, primosque fieri excessus tumoris, quum per Cancrum sol vehatur: postmodum triginta ejus partibus evolutis, ubi ingressus Leonem, ortus Sirios excitavit, propulso omni fluore tantam vim amnis erumpere. Quod tempus sacerdotes natalem mundi judicarunt, id est inter tertium decimum kalendas augustas, et undecimum. Deinde revocari exitus universos, quum in Virginem transeat, penitusque intra ripas suas capere, quum Libram sit ingressus. Hoc etiam addunt, pariter eum nocere, sive abundantius exæstuet, sive parcius: quandoquidem exiguitas minimum apportet fecunditatis, propensior copia diuturno humore culturam moretur. Maximos deinde ejus exitus cubitis duodeviginti consurgere, justissimos sedecim temperari: nec in quindecim abesse proventus, sed quidquid intra sit, famem facere. Dant illi etiam hoc majestatis, ut portendat futura, quandoquidem Pharsalico bello non fuerit egressus quinque ulnas [167]. Jam illud palam est, solum illum ex amnibus universis nullas exspirare auras. Ditionis Ægyptiæ esse incipit a Syene, in qua fines Æthiopum; et inde usque dum mari intimatur, Nili nomen tenet.

Inter omnia, quæ **Ægyptus** habet digna memoratu, præcipue bovem mirantur: Apim vocant. Hunc ad instar colunt numinis, insignem notæ albæ macula, quæ dextero ejus lateri ingenita, corniculantis lunæ refert faciem. Statum ævi spatium est, quod ut affuit, profundo sacri fontis immersus necatur, ne diem longius trahat, quam licebit. Mox alter, nec sine publico luctu, requiritur, quem repertum centum antistites Memphim prosequuntur, ut incipiat, sacris ibi initiatus, sacer fieri. Delubra, quibus succedit aut incubat, mystice thalamos

il a parcouru les trente phases de sa carrière, quand il
est entré dans le signe du Lion, quand vient le Sirius, le
Nil coule naturellement avec moins d'abondance. C'est
l'époque que les prêtres regardent comme l'anniversaire
de la création du monde : c'est entre le treizième et le
onzième jour des calendes d'août. Il redescend ensuite
quand le soleil passe dans le signe de la Vierge, et rentre
complétement dans son lit quand l'astre est entré dans la
Balance. Ils ajoutent que ses crues trop peu abondantes
ne sont pas moins nuisibles que ses trop grands débordements : en effet, une crue médiocre n'apporte pas aux
terres assez de fécondité, et un débordement excessif les
couvre trop longtemps, et retarde la culture. La crue la
plus forte est de dix-huit coudées; la plus habituelle, de
seize; celle de quinze ne compromet rien; au-dessous,
il y a famine. On accorde au Nil le don précieux de pré-
sager l'avenir, s'appuyant sur cette particularité, que sa
crue ne fut que de cinq coudées pendant la guerre de
Pharsale. Une chose reconnue, c'est que, seul de tous les
fleuves, il n'exhale pas de vapeurs. Le Nil ne commence
à couler, sous la domination égyptienne, qu'à Syène,
limite de l'Égypte et de l'Éthiopie; et de là jusqu'à la
mer, il garde son nom.

Parmi les choses dignes d'être mentionnées en Égypte,
on cite surtout le bœuf Apis : il y est adoré comme une
divinité; sa marque distinctive est une tache blanche
en forme de croissant sur le côté droit. Le nombre de
ses années est déterminé : quand le temps en est venu,
on le fait mourir en le noyant dans la fontaine sacrée,
car il ne peut vivre au delà de l'époque fixée. Ensuite
on prend le deuil jusqu'à ce qu'on lui ait trouvé un successeur; ce successeur une fois trouvé, cent prêtres le
conduisent à Memphis, pour qu'initié aux cérémonies
sacrées, il devienne lui-même sacré. Il y a pour lui des

nominant. Dat omnia manifestantia de futuris : illud maximum, si de consulentium manu cibum capiat. Denique aversatus Germanici Cæsaris dexteram, prodidit ingruentia, nec multo post Cæsar exstinctus est. Pueri Apim gregatim sequuntur, et repente velut lymphatici ventura præcinunt. Bos illi ostenditur femina in anno semel, et ipsa non absque certis insignibus, quæ atque inventa et oblata est, eadem die neci datur. Apis natalem Memphi celebrant jactu aureæ pateræ, quam projiciunt in Nili statum gurgitem [168]. Hæc solemnitas per septem dies agitur : quibus diebus cum sacerdotibus quasdam crocodili inducias habent, nec attrectant lavantes. Verum octavo die cæremoniis jam peractis, velut reddita sæviendi licentia, solitam resumunt atrocitatem.

Crocodilus malum quadrupes et in terra, et in flumine pariter valet, linguam non habet, maxillam movet superiorem [169]; morsus ejus horribili tenacitate conveniunt, stipante se pectinatim serie dentium. Plerumque ad viginti ulnas magnitudinis evalescit. Qualia anseres edit ova. Metatur locum nido naturali providentia, nec alibi fœtus premit, quam quo procrescentis Nili aquæ non possint pervenire. In partu fovendo mas et femina vices servant. Præter hiatum oris, armatus est etiam unguium immanitate. Noctibus in aqua degit, per diem humi acquiescit. Circumdatur maxima cutis firmitate, in tantum, ut ictus quovis tormento adacto tergo repercutiat. Trochilos avis parvula : ea reduvias escarum dum affectat, os belluæ hujusce paulatim scalpit, et sensim scalpurrigine blandiente aditum sibi in usque fauces

temples où il entre, où il repose, et que l'on désigne
sous le nom mystique de couches. On le consulte sur
tout ce qui doit arriver; le présage le plus favorable est
quand il accepte des aliments de la main de ceux qui
le consultent. S'étant détourné de la main de Germanicus
César, il lui annonça ainsi ce qui le menaçait; bientôt
après, Germanicus mourut. Les enfants suivent en foule
le bœuf Apis, puis, comme inspirés, prédisent l'avenir.
Une fois l'année, on lui présente une génisse qui a, comme
lui, ses marques distinctives, et que l'on fait mourir le
jour même où on l'a trouvée et présentée. On célèbre à
Memphis la naissance du bœuf Apis, en jetant une coupe
d'or dans un certain endroit du Nil. Cette solennité
dure sept jours; pendant ce temps les crocodiles observent une sorte de trêve avec les prêtres, et ne font point
de mal à ceux qui se baignent. Au huitième jour, après
les cérémonies, ils reprennent leur férocité, comme si le
privilége de faire des victimes leur était rendu.

Le crocodile, animal malfaisant, également redoutable sur la terre et dans le fleuve, n'a point de langue;
il a la mâchoire supérieure mobile; il imprime une morsure terrible, parce que ses dents s'engrènent les unes
dans les autres. Sa longueur est souvent de vingt coudées. Ses œufs ressemblent à ceux des oies. Il calcule,
par un instinct providentiel, le lieu où il les doit placer,
et ne les dépose que là où ne doivent pas arriver les eaux
du Nil dans sa crue. Le mâle et la femelle couvent tour
à tour. Outre leur énorme gueule, les crocodiles ont des
griffes formidables. Ils passent la nuit dans l'eau, et le
jour ils se reposent sur la terre. Leur peau est si solide
que leur dos peut repousser les coups portés par n'importe qu'elle machine. Le trochile est un petit oiseau qui
vient chercher sa nourriture dans ce qui reste entre les
dents du crocodile; il lui nettoie ainsi peu à peu la
gueule, l'affecte agréablement par ses picotements, et

facit. Quod ichneumon conspicatus, penetrat belluam, populatisque vitalibus, erosa exit alvo.

Sunt delphines in Nilo, quorum dorsa serratas habent cristas. Hi delphines crocodilos studio eliciunt ad natandum, demersique astu fraudulento tenera ventrium subternatantes secant, et interimunt. Præterea habitant in insula Nili homines forma perexigui, sed audacia usque eo perditi, ut crocodilis se offerant obvios : nam hæc monstra fugientes insequuntur, formidant resistentes. Ergo capiuntur, subactique etiam intra aquas suas serviunt, et perdomiti metu ita obsequuntur, ut immemores atrocitatis, victores suos inequitantes dorso vehant. Hanc ergo insulam, et hanc gentem ubicumque indicio odoris persenserint, procul fugiunt. In aqua obtusius vident, in terra acutissime. Hieme nullum cibum capiunt, quin etiam quatuor menses a cœptu brumæ inedia exigunt.

Scinci [170] quoque circa Nilum frequentissimi, crocodilis quidem similes ; sed forma modica, et angusta, verum ad opem salutarem non qualibet necessarii : medentes quippe ex ipsis pocula inficiunt, quibus et stupor nervorum excitetur, et veneni vis exigatur.

Hippopotamus in eodem flumine ac solo nascitur, equino dorso et juba et hinnitu, rostro resimo, ungulis bifidis, aprugineis dentibus, cauda tortuosa. Noctibus segetes depascitur, ad quas pergit aversus astu doloso, ut fallente vestigio revertenti nullæ insidiæ præparentur. Idem quum distenditur nimia satietate, arundines recens

pénètre ainsi jusque dans la gorge. C'est alors que l'ichneumon, qui observe le monstre, pénètre dans son corps, et n'en sort qu'après lui avoir rongé les intestins.

Il y a dans le Nil des dauphins dont le dos est armé d'épines disposées en dents de scie. Ces dauphins provoquent le crocodile, le forcent à nager, puis, par une manœuvre perfide, plongent sous l'eau, fendent au ventre la peau tendre du crocodile, et le tuent. Il y a, en outre, dans l'île formée par le Nil, des hommes de petite taille, mais d'une telle intrépidité qu'ils vont au-devant du crocodile : car ce monstre poursuit ceux qui le fuient, redoute ceux qui lui résistent. On le prend alors, et, soumis, il subit l'esclavage dans les eaux, son domaine : la crainte l'a rendu tellement docile, que, ne conservant plus aucun reste de sa férocité, il porte ses vainqueurs à cheval sur son dos. Aussi les crocodiles se gardent-ils d'approcher cette île, et fuient-ils le peuple qui l'habite partout où l'odorat leur révèle sa présence. Le crocodile a la vue mauvaise dans l'eau, excellente sur la terre. L'hiver, il ne prend aucune nourriture, et même, à partir du moment où commencent les frimas, ils passe quatre mois sans manger.

On trouve aussi les scinques en grande quantité dans les environs du Nil : ils ressemblent aux crocodiles ; mais ils sont petits et minces. Ils sont d'un assez grand secours en médecine : les hommes de l'art en tirent des breuvages, qui réveillent les nerfs engourdis et neutralisent l'action du poison.

L'hippopotame naît dans le même pays et dans le même fleuve ; il a le dos, la crinière et le hennissement du cheval, le museau relevé, le pied fendu, les dents du sanglier, la queue tortueuse. La nuit, il dévaste les moissons, où, par ruse, il ne va qu'à reculons, pour mettre en défaut ceux qui voudraient lui tendre des embûches à son retour. Lorsqu'il se sent surchargé d'em-

cæsas petit, per quas tamdiu obversatur, quoad stirpium acuta pedes vulnerent, ut profluvio sanguinis levetur sagina : plagam deinde cœno oblinit, usque dum vulnus conducatur in cicatricem. Hippopotamos et crocodilos primus Romam Marcus Scaurus invexit.

Circa easdem ripas ales est ibis. Ea serpentium populatur ova, gratissimamque ex his escam nidis suis defert. Sic rarescunt proventus fœtuum noxiorum. Nec tamen aves istæ tantum intra fines Ægyptios prosunt : nam quacumque Arabicæ paludes pennatorum anguium mittunt examina, quorum tam citum virus, ut morsum ante mors quam dolor insequatur ; sagacitate qua ad hoc valent, aves excitatæ, in procinctum eunt universæ, et prius quam terminos proprios externum malum vastet, in aere occursant catervis pestilentibus : ibi agmen devorant universum : quo merito sacræ sunt, et illæsæ. Ore pariunt [171]. Nigras solum Pelusium mittit, reliqua pars candidas.

De arboribus, quas sola fert Ægyptus, præcipua est ficus Ægyptia, foliis moro comparanda, poma non ramis tantum gestitans, sed et caudice, usque adeo fecunditati suæ angusta est. Uno anno septies fructum sufficit : unde pomum si decerpseris, alterum sine mora protuberat. Materies ejus in aquam missa subsidit; deinde quum diu desederit in liquore, levior facta sustollitur ; et versa vice, quod natura in alio ligni genere non recipit, fit humore sicca.

Palma quoque Ægyptia dicenda res est, proprie adipsos vocatur, ut dici oportuit eam, quæ gustata arcet sitim. Odor ei idem, qui et malis cydoniis; sed demum

bonpoint, il va vers des roseaux nouvellement coupés, et s'y promène jusqu'à ce qu'un piquant de ces tiges aiguës l'ait blessé, et que le sang qu'il perd ait dégagé son corps; ensuite il enduit la plaie de limon, pour qu'elle se cicatrise. Marcus Scaurus fut le premier qui fit voir à Rome des hippopotames et des crocodiles.

Dans les mêmes contrées est l'oiseau ibis. Il détruit les œufs de serpents, et porte à ses petits cette nourriture qui leur est fort agréable. Ainsi diminue l'espèce des animaux malfaisants. Ces oiseaux ne sont pas particuliers à l'Égypte : en Arabie, lorsque des essaims de serpents ailés sortent des marais, serpents qui, quoique très-petits, ont cependant un venin si dangereux que leur morsure est suivie de mort avant qu'on en ait ressenti la douleur, les ibis, avec une sagacité particulière, viennent les envelopper, et avant que cette redoutable espèce n'ait franchi les limites du pays, ils l'arrêtent dans les airs et la détruisent entièrement. Aussi regarde-t-on les ibis comme des oiseaux sacrés et inviolables. Ils pondent par le bec. On ne trouve des ibis noirs que dans les environs de Pelusium; partout ailleurs ils sont blancs.

Des arbres que l'Égypte seule produit, le principal est le figuier, qui, par la feuille, ressemble au mûrier, et qui porte des fruits non-seulement aux branches, mais au tronc même : tant il a de peine à suffire à sa fécondité! Il les produit chaque année sept fois; dès que l'on a cueilli une figue, une autre commence à pousser. Le bois du figuier plongé dans l'eau va d'abord au fond; après y être resté un certain temps, il surnage, et l'eau dont s'imbibent tous les autres bois, lui enlève, au contraire, son humidité.

Parlons aussi du palmier d'Égypte, nommé proprement adipsos, comme il était naturel de l'appeler, puisque son fruit étanche la soif. Ce fruit a l'odeur du coing; mais il

sitim sedat, si prius quam maturuerit, decerpatur: nam si matura sumatur, sensum intercipit, gressum præpedit, linguam retardat, obsessisque officiis mentis et corporis, vitium facit ebrietatis.

Ægyptium limitem, qua ad Diacecaumenem tendit, incolunt populi, qui momentum, quo reparari mundum ad motus ferunt annuos, hoc studio deprehendunt. Eligitur sacer lucus, in quo conseptant animalia diversissimi generis. Ea, ubi ad statum modum cœlestis pervenit disciplina, sensus suos significationibus produnt, quibus possunt: alia ululant, alia mugiunt, quædam stridunt, quædam rudunt, nonnulla simul confugiunt ad volutabra. Hoc argumentum illis est magistrum ad indicium temporis deprehendendi. Idem populi ferunt a primis sibi gentis suæ avis traditum, ubi nunc occasus est, quondam ibi ortus solis fuisse.

Inter Ægyptias urbes numero portarum Thebæ [73] nobiles, ad quas commercia Arabes Indique subvehunt: hinc regio Thebaica. Abydos et ipsa nobilis, olim Memnonis regia, nunc Osiridis fano exculta. Alexandriam et operis ipsius magnitudo, et auctor Macedo nobilitant: quam metatus Dinocrates architecton alterum a conditore in memoria locum detinet. Condita autem Alexandria est duodecima centesimaque olympiade, L. Papyrio Spurio Spurii filio, C. Pœtilio Caii filio, consulibus Romanis, haud longe ab ostio fluminis Nili, quod Heracleoticon alii, alii Canopicon appellant. Est et Pharos, colonia a Cæsare dictatore deducta, de qua facibus accensis nocturna dirigitur navigatio: nam Alexandria insidioso accessu aditur, fallacibus vadis, cæco mari, tribusque tantum canalibus admittit navigantes, Tegano,

n'apaise la soif que s'il est cueilli avant sa maturité : si l'on en goûte lorsqu'il est mûr, il trouble les sens, il embarrasse la marche, il épaissit la langue, et, agissant à la fois sur l'esprit et sur le corps, il produit l'effet de l'ivresse.

Les frontières de l'Égypte sont, du côté de Diacecaumène, habitées par des peuples qui observent le moment où recommence la révolution annuelle du ciel. On choisit un bois sacré, où sont renfermés des animaux d'espèces tout à fait différentes. Au moment où la révolution nouvelle se produit, ils trahissent leurs divers sentiments chacun à sa manière : les uns hurlent, les autres mugissent; on en entend d'autres siffler, d'autres braire; d'autres, en troupe, vont se jeter dans des bourbiers. Voilà comment ils attestent qu'ils ont saisi le moment qu'ils attendaient. Les habitants de ce pays disent tenir de leurs aïeux que le soleil se couche maintenant où il se levait autrefois.

Parmi les villes d'Égypte est Thèbes, fameuse par le nombre de ses portes, et qui est un entrepôt pour les Arabes et les Indiens. Là commence la Thébaïde. Abydos, célèbre autrefois par le palais de Memnon, l'est aujourd'hui par le temple d'Osiris. Alexandrie se recommande, et par la beauté de ses édifices, et par le nom de son fondateur. L'architecte Dinocrate, qui en traça le plan, occupe, après Alexandre, une place dans le souvenir des hommes. Alexandrie fut fondée vers la cent douzième olympiade, sous le consulat de L. Papyrius Spurius, fils de Spurius, et de C. Pétilius, fils de Caïus, non loin de la bouche du Nil, que les uns appellent Héracléotique, et les autres Canopique. Puis vient Phare, colonie fondée par le dictateur César, d'où brillent la nuit des feux qui indiquent aux vaisseaux leur direction : car l'entrée d'Alexandrie est semée de bas-fonds perfides; et la mer, fort dangereuse, n'y présente que trois canaux

Posideo, Tauro. Hinc igitur in portibus machinas ad prælucendi ministerium fabricatas pharos dicunt. Pyramides turres sunt in Ægypto fastigatæ ultra excelsitatem omnem, quæ fieri manu possit: itaque mensuram umbrarum egressæ nullas habent umbras. Nunc ab Ægypto provehamus stilum.

XXXIV. Arabia. In ea mira, de fontibus, de moribus et habitu populorum, de Eulæo flumine, de thure, myrrha, de cinnamo, de phœnice ave, de cinnamolgis avibus, de gemma sardonyche, de lapide molochite, de iride, de andradamante lapide, de pæderote lapide, de gemma Arabica.

Ultra Pelusiacum ostium Arabia est, ad Rubrum pertinens mare, quod Erythræum ab Erythra rege Persei et Andromedæ filio, non solum a colore appellatum. Varro dicit, qui affirmat, in litore maris istius fontem esse, quem si oves biberint, mutent vellerum qualitatem, et antea candidæ amittant quod fuerint usque ad haustum, ac furvo postmodum nigrescant colore. Rubri autem maris Arsinoe oppidum.

Verum hæc Arabia procedit ad usque illam odoriferam et divitem terram, quam Catabani et Scenitæ tenent Arabes, nobiles monte Casio: qui Scenitæ [173] causam nominis inde ducunt, quod tentoriis succedunt, nec alias domos habent; ipsa autem tentoria cilicina sunt: ita nuncupant velamenta caprarum pilis texta. Præterea suillis carnibus prorsus abstinent. Sane hoc animalis genus, si invectum illo fuerit, moritur illico. Hanc Arabiam Græci Eudæmonem, nostri Beatam nominaverunt. Habitatur colle manu facto inter flumen Tigrin, et flumen Eulæum, quod ortum a Medis tam puro fluore inclytum est, ut omnes inde reges non alias quam ejus aquas bibant.

navigables, le Tégane, le Posidée, le Taurus. Aussi appelle-t-on phares les fanaux placés dans les ports. Les pyramides sont des tours élevées, en Égypte, au delà de toute hauteur que semble pouvoir atteindre le travail des hommes; et comme elles excèdent la mesure des ombres, elles ne projettent pas d'ombres. Quittons maintenant l'Égypte.

XXXIV. De l'Arabie et des curiosités qu'elle renferme; sources qui s'y trouvent; mœurs et coutumes de ses habitants; du fleuve Eulée, de l'enceus, de la myrrhe, du cinname, du phénix, des oiseaux dits cinnamolgues, de la pierre dite sardonique, de la molochite, de l'iris, de l'andradamante, de la pierre dite pédéros, de la pierre arabique.

Au delà de l'embouchure Pélusiaque est l'Arabie, qui s'étend jusqu'à la mer Rouge, nommée Érythrée, du roi Érythra, fils de Persée et d'Andromède, et non pas seulement à cause de sa couleur. Tel est, du moins, le sentiment de Varron, qui affirme que sur le rivage de cette mer il y a une source qui change la nature de la toison des brebis qui y boivent : de blanches qu'elles étaient, elles prennent bientôt après une couleur noire. La ville d'Arsinoë est située sur les bords de la mer Rouge.

Ce pays s'étend jusqu'à l'autre Arabie, si riche en parfums, si opulente, occupée par les Catabanes et les Scénites, peuples célèbres par le mont Casius. Les Scénites tirent leur nom des tentes qui sont leur seule demeure. Ces tentes se nomment *cilicines* : dans leur langage, ils appellent ainsi des pièces d'étoffe tissues de poil de chèvres. Ils s'abstiennent entièrement de la chair de porc. Cet animal d'ailleurs, transporté dans ce pays, y meurt sur-le-champ. Cette Arabie a été nommée par les Grecs Ἐυδαίμων[1], et par nous *Beata*[1]. Elle est située sur une colline faite de main d'homme, entre le Tigre et le fleuve Eulée, dont la source est en Médie, et dont l'eau est si pure que les rois n'en boivent pas d'autre.

[1] Heureuse.

Eudæmonem non frustra cognominatam hinc capessas, quod præter odores, quos creat plurimos, sola thus mittit, nec tamen universa : nam in medio ejus sunt Atramitæ, pagus Sabæorum, a quo octo mansionibus regio thurifera disterminatur : Arabia appellatur, id est sacra [174] : hoc enim significari interpretantur. Virgulta hæc non sunt publica, sed quod inter barbaros novum, in jus posterorum per successiones transeunt familiarum. Ergo quicumque dominatum istius tenent nemoris, Arabice sacri vocantur. Idem illi quum lucos istos vel metunt vel incidunt, non funeribus intersunt, non congressionibus feminarum polluuntur. Hanc arborem, prius quam penitus fides proderet, alii lentisco, alii terebintho [175] comparabant, usque dum libris, quos Juba rex scripsit ad Cæsarem Augusti filium palam fieret, intorto eam esse vimine, ramis ad aceris qualitatem, amygdalæ modo succum fundere, incidi ortu canis flagrantissimis solibus.

In isdem saltibus myrrha provenit, cujus radices ut vitium rastris proficiunt, ablaqueationibus gaudent. Nudatæ pinguiore fluunt lacryma. Sponte manans pretiosior ex ea sudor est : elicitus corticis vulnere, vilior judicatur. Codex in vertiginem flexus, et spinis hispidus; folium crispius licet, olivæ tamen simile; maxima altitudine extollitur ad quinque cubita proceritatis. Arabes sarmentis ejus ignes fovent; quorum fumo satis noxio, nisi odore cremati storacis [176] occurrant, plerumque insanabiles morbos contrahunt.

Apud eosdem nascitur phœnix [177] avis, aquilæ ma-

Ce n'est pas sans motif qu'on l'a nommée Heureuse; car outre les parfums qu'elle produit en quantité, elle donne seule l'encens, et encore n'est-ce pas partout. Vers le milieu du pays sont les Atramites, canton des Sabéens, à huit journées de la contrée d'où vient l'encens : on l'appelle Arabie, c'est-à-dire sacrée. Tel est, du moins, le sens qu'on a donné à ce mot. Les arbrisseaux qui produisent l'encens ne sont pas une propriété publique; mais chose nouvelle chez les barbares, ils passent dans les familles par droit de succession, et quiconque en est possesseur est, chez les Arabes, regardé comme sacré. Lors de la récolte ou de la taille, ceux qui sont chargés de ce soin ne doivent ni assister à des funérailles, ni avoir aucun commerce avec les femmes. Ces arbres, avant qu'il y eût une autorité irrécusable, passaient pour ressembler au lentisque ou au térébinthe; mais dans les livres écrits par Juba à César, fils d'Auguste, il est établi que l'arbre de l'encens a le tronc tortueux, que ses branches ressemblent à celle de l'érable, qu'il jette une gomme semblable à celle de l'amandier, et qu'on lui fait une incision, au lever de la canicule, dans les plus fortes chaleurs.

Dans les mêmes bois naît la myrrhe, qui, comme la vigne, aime le hoyau, et à qui le déchaussement est profitable. Dénudée, elle jette plus de gomme. Quand cette gomme découle naturellement, elle a plus de prix; si elle vient d'une incision, elle est moins estimée. Le tronc de cet arbre est tortueux, épineux; sa feuille est celle de l'olivier, mais plus piquante; sa plus grande hauteur est de cinq coudées. Les Arabes entretiennent, avec ses branches, leurs feux, dont la fumée malsaine engendre, si l'on n'y remédie par l'odeur du storax brûlé, des maladies le plus souvent incurables.

Là aussi naît le phénix, qui a la grandeur de l'aigle,

gnitudine, capite honorato in conum plumis exstantibus, cristatis faucibus, circa colla fulgore aureo, postera parte purpureus absque cauda, in qua roseis pennis cæruleus interscribitur nitor. Probatum est, quadraginta et quingentis eum durare annis. Rogos suos struit cinnamis, quos prope Panchaiam concinnat, in Solis urbem strue altaribus superposita. Quum hujus vita magni anni fieri conversionem rata fides est inter auctores; licet plurimi eorum magnum annum non quingentis et quadraginta, sed duodecim millibus, nongentis quinquaginta quatuor annis constare dicant. Plautio itaque Sextio et P. Apronio consulibus, Ægyptum phœnix involavit; captusque anno octingentesimo Urbis conditæ, jussu Claudii principis in comitio publicatus est. Quod gestum, præter censuram, quæ manet, actis etiam Urbis continetur.

Cinnamolgos [178] perinde Arabiæ avis in excellentissimis lucis texit nidos e fruticibus cinnamorum; ad quos quoniam non est pervenire propter ramorum altitudinem et fragilitatem, accolæ illas congeries plumbatis petunt jaculis, dejectasque pretiis vendunt amplioribus, quod hoc cinnamum magis, quam alia, mercatores probent. Arabes longe lateque diffusi, diversis moribus vivunt et cultibus. Plurimis crinis intonsus, mitrata capita, pars rasa in cutem barba. Commerciis student, aliena non emunt, vendunt sua: quippe et silvis, et mari divites. Umbræ, quæ nobis dexteræ sunt, illis sinistræ. Pars eorum, quibus asper victus est, angues edunt, nulla vel animi cura vel corporis, ac propterea ophiophagi nominantur.

la tête ornée d'une touffe de plumes, la mandibule inférieure parée de caroncules, le cou rayonnant d'or, le reste du corps de couleur pourpre, si ce n'est la queue, qui est azurée et semée de plumes incarnates. Il est prouvé qu'il vit cinq cent quarante ans. Il se construit un bûcher avec du cinname qu'il recueille près de la Panchaïe, et il établit ce bûcher sur les autels dans la ville du Soleil. La révolution de la grande année se rapporte, d'après les auteurs, à la vie du phénix; quoique beaucoup d'entre eux disent que cette grande année n'est pas de cinq cent quarante, mais bien de douze mille neuf cent cinquante-quatre ans. Sous le consulat de Plautius Sextus et de P. Apronius, un phénix parut en Égypte, et pris l'an huit cent de Rome, il fut, par ordre de l'empereur Claude, montré en assemblée publique. Ce fait, abandonné d'ailleurs à la critique, est attesté par les actes de Rome.

Il y a aussi en Arabie un oiseau nommé cinnamolgue qui, dans les bois les plus élevés, construit son nid avec de petites branches de cinname; comme on ne peut les atteindre à cause de la hauteur et de la fragilité des branches, les habitants du pays abattent le nid de ces oiseaux avec des flèches garnies de plomb, et vendent à un prix très-élevé ceux qu'ils peuvent faire tomber, parce que le cinname d'Arabie est plus estimé que les autres. Les Arabes, qui s'étendent en sens divers, ont des mœurs et des pratiques diverses. La plupart ont la chevelure longue, portent la mitre, et se rasent en partie la barbe. Ils s'appliquent au commerce, n'achètent rien de ce qui vient de l'étranger, vendent ce que produit leur pays. Leurs forêts et la mer les rendent assez riches. Les ombres qui sont à notre droite, sont à leur gauche. Une partie d'entre eux, dont le genre de vie est âpre, se nourrissent de serpents, et n'ont souci ni de leurs corps ni de leur âme. On les nomme ophiophages.

Ex istius litoris sinu Polycrati regi advecta sardonyx gemma, prima in orbe nostro luxuriae excitavit facem [79]. Nec multum de ea disserendum puto, adeo sardonyx in omnium venit conscientiam. Superficies ejus probatur, si meracius rubeat; arguitur, si fuerit faeculentior; medietas circumitur limite candidante; optima est, si nec colorem suum spargat in proximum, nec ipse ex altero mutuetur; reliqua nigro finiuntur. Quod si transluceat, vitio vertitur; si perspicuitatem arceat, proficit ad decorem.

Et molochitem Arabs invenit, virentem crassius quam smaragdus, contra infantum pericula ingenita vi resistentem. Invenit et iridem in mari Rubro, sicut crystallum sexangulatam. Quae radiis icta solis, rutilo aeris repercussu coelestis arcus ex sese jacit speciem.

Androdamantem iidem legunt Arabes nitoris argentei, lateribus aequaliter quadris, quem de adamante nonnihil mutuatum putes. Datum illi nomen ex eo censent, quod animorum calentium mollit impetus, et tumentes refrenat iras.

Paederotem et Arabicam inde sumimus. Arabica aspectu eburnea est, radi abnuit; contra nervorum molestias prodest habentibus. In paederote congruit quidquid eximium est, quadam decoris praerogativa; crystallinum lucet, rubet purpuram, in orarum extimis corona crocea velut e liquido renitente; hac suavitate oculos afficit, visum illicit, detinet intuentes; hac etiam gratia Indis placet. Hoc Arabiae sat est; hinc ad Pelusium repatriemus.

C'est des côtes de l'Arabie que vint cette pierre du roi Polycrate, nommée sardoine, qui, la première, excita chez nous l'ardeur du luxe. Nous ne nous étendrons guère à son sujet, tant elle est connue. On l'estime, quand elle est d'un beau vermillon; elle a peu de valeur, si elle est couleur de lie; elle se distingue par un cercle d'une blancheur éclatante; elle est parfaite, si sa couleur ne se répand hors d'elle, et si une couleur étrangère ne peut altérer la sienne. Le fond est noir. Plus elle est transparente, moins on l'estime : sa beauté dépend de son opacité.

On trouve aussi en Arabie la molochite, d'un vert plus foncé que l'émeraude, et qu'une vertu naturelle rend propre à servir de préservatif aux enfants. On trouve aussi dans la mer Rouge l'iris, qui est hexagone, comme le cristal. Frappée des rayons du soleil, elle reflète les nuances de l'arc-en-ciel.

Les Arabes ont encore l'androdamas, qui a l'éclat de l'argent, et les côtés régulièrement carrés; cette pierre tient du diamant. Elle a, dit-on, reçu ce nom, parce qu'elle dompte l'ardeur des animaux en chaleur, et les transports de la colère.

On tire encore de ces contrées la pédéros et la pierre dite arabique. L'arabique a l'aspect de l'ivoire; on ne peut la graver; elle est réputée bonne contre les affections des nerfs. Le pédéros, par une sorte de privilége, réunit toutes sortes de beautés : il a le brillant du cristal, l'éclat de la pourpre, et près de ses bords une couronne de safran, nette et, pour ainsi dire, limpide. Cette pierre, par sa grâce, charme les yeux, captive le regard, fixe l'admiration; les Indiens mêmes sont séduits par tant de beauté. En voilà assez sur l'Arabie; revenons à Pelusium.

XXXV. Regio Ostracina. Joppe oppidum. Andromedæ vincula.

A Pelusio Casius mons est, et delubrum Jovis Casii, atque ita Ostracinæ locus Pompeii Magni sepulcro inclytus. Idumæa inde incipit palmis opima. Deinde Joppe oppidum [180] antiquissimum orbe toto, utpote ante inundationem terrarum conditum. Id oppidum saxum ostentat, quod vinculorum Andromedæ vestigia adhuc retinet; quam expositam belluæ non irritus rumor circumtulit : quippe ossa monstri illius **M.** Scaurus inter alia miracula in ædilitate sua Romæ publicavit. Annalibus nota res est : mensuræ quoque veracibus libris continentur, scilicet quod costarum longitudo excesserit pedes quadraginta, sublimitas autem elephantis Indicis eminentior fuerit: porro verticuli spinæ ipsius latitudine semipedem sint supergressi.

XXXVI. Judæa. In ea de Asphaltite lacu, de balsamo, de gente Hessenorum.

Judæa illustris est aquis, sed natura non eadem aquarum omnium. Jordanes amnis eximiæ suavitatis. Paneade fonte demissus, regiones præterfluit amoenissimas, mox in Asphaltiten lacum mersus stagno corrumpitur. Qui Asphaltites gignit bitumen, animal non habet, nihil in eum mergi potest : tauri etiam camelique impune ibi fluvitant. Est et lacus Genesara extentus passuum sedecim millibus, circumsessus urbibus plurimis, et celebribus, ipse par optimis. Sed lacus Tiberiadis omnibus anteponitur, salubris ingenuo æstu, et ad sanitatem usu efficaci. Judææ caput fuit Hierosolyma, sed excisa est. Successit Hiericus [181], et hæc desivit, Artaxerxis bello

XXXV. Contrée d'Ostracine. Ville de Joppé. Chaînes d'Andromède.

A partir de Pelusium on trouve le mont Casius, le temple de Jupiter Casien, et Ostracine, célèbre par le tombeau du grand Pompée. Vient ensuite l'Idumée, féconde en palmiers; puis Joppé, la plus ancienne ville du monde, puisqu'elle est antérieure au déluge. Près de cette ville est un rocher, où l'on montre les traces des chaînes d'Andromède. Ce n'est pas un vain bruit qui l'a représentée comme ayant été exposée à un monstre : M. Scaurus, entre autres merveilles qu'il exposa à Rome dans son édilité, produisit les os de ce monstre. Ce fait est consigné dans les annales; la mesure exacte du monstre s'y trouve; ses côtes avaient plus de quarante pieds de longueur; sa taille était plus haute que celle des éléphants indiens, les vertèbres dorsales avaient plus d'un demi-pied de large.

XXXVI. De la Judée, et, dans la Judée, du lac Asphaltite, du baumier, de la nation des Esséniens.

La Judée est célèbre par ses eaux; mais toutes n'ont pas la même nature. Les eaux du Jourdain sont excellentes. Sorti de la fontaine Panéade, il parcourt les pays les plus agréables, puis il se jette dans le lac Asphaltite, où ses eaux perdent leur qualité. Ce lac produit le bitume; nul animal n'y prend vie; aucun corps n'y peut plonger : les taureaux mêmes et les chameaux surnagent. Il y a dans la Judée un autre lac nommé Génésara, qui a seize mille pas de long, et qu'entourent des villes nombreuses et célèbres; lui-même est très-remarquable. Mais le lac Tibériade l'emporte sur tous par la salubrité et les propriétés médicales de ses eaux thermales. La capitale de la Judée était Jérusalem, aujourd'hui ruinée. Puis vint Hiérique, qui succomba sous les armes d'Artaxerxe.

subacta. Callirrhoe Hierosolymis proxima, fons calore medico probatissimus, et ex ipso aquarum præconio sic vocatus est.

In hac terra balsamum nascitur, quæ silva intra terminos viginti jugerum usque ad victoriam nostram fuit: ac quum Judæa potiti sumus, ita luci illi propagati sunt, ut jam nobis latissimi colles sudent balsama. Similes vitibus stirpes habet, malleolis digeruntur, rastris nitescunt, aqua gaudent, amant amputari, tenacibus foliis sempiterno inumbrantur. Lignum caudicis attrectatum ferro sine mora emoritur : ea propter aut vitro, aut cultellis osseis, sed in solo cortice artifici plaga vulneratur, ex qua eximiæ suavitatis gutta manat. Post lacrymam secundum in pretiis locum poma obtinent, cortex tertium, ultimus honos ligno.

Longo ab Hierosolymis recessu tristis sinus panditur, quem de cœlo tactum testatur humus nigra, et in cinerem soluta. Duo ibi oppida, Sodomum nominatum alterum, alterum Gomorrhum, apud quæ pomum quod gignitur, habeat licet specimen maturitatis, mandi tamen non potest : nam fuliginem intrinsecus favillaciam ambitio tantum extimæ cutis cohibet, quæ vel levi pressa actu fumum exhalat, et fatiscit in vagum pulverem.

Interiora Judææ, quæ occidentem contuentur, Esseni tenent, qui præditi memorabili disciplina recesserunt a more gentium universarum, majestatis, ut reor, providentia ad hunc morem destinati. Nulla ibi femina. Venere se penitus abdicarunt. Pecuniam nesciunt. Palmis victitant. Nemo ibi nascitur, nec tamen deficit hominum multitudo. Locus ipse addictus pudicitiæ est : ad quem

Près de Jérusalem est la source de Callirhoé, connue par ses eaux chaudes, dont la médecine a reconnu l'efficacité, et auxquelles elle doit son nom.

Ce pays produit le baume. On n'y cultivait l'arbre qui le produit que dans un espace de vingt arpents, avant notre conquête de la Judée; depuis, nous en avons des bois si nombreux, que nos collines les plus étendues suent, pour ainsi dire, le baume. Sa souche est semblable à celle de la vigne; on le propage par marcottes; le binage lui donne de la vigueur; il aime l'eau, il veut être taillé, il a toujours des feuilles. Si le fer atteint la tige, l'arbre meurt aussitôt; aussi se sert-on de verre, ou de couteaux en os, pour lui faire adroitement, mais seulement sur l'écorce, une incision, une plaie, d'où s'échappe un suc d'une douceur extraordinaire. Après ce suc, le fruit est ce que cet arbre a de plus précieux, puis l'écorce, et enfin le bois.

A une longue distance de Jérusalem est un triste lieu, atteint jadis par le feu du ciel, comme l'atteste une terre noire, qui n'est que de la cendre. Là sont deux villes, l'une Sodome, l'autre Gomorrhe, où les fruits, malgré l'apparence de la maturité, ne peuvent être mangés : car la peau ne fait qu'envelopper un amas de cendres fuligineuses, que la plus légère pression fait échapper en fumée, et se résoudre en poussière.

A l'ouest de la Judée sont les Esséniens, que des pratiques particulières isolent des autres peuples, et que la Providence semble avoir destinés à donner l'exemple de la grandeur. Chez eux pas de femmes; ils ont renoncé à l'amour. L'argent leur est inconnu; ils vivent des fruits du palmier. Quoiqu'il ne naisse personne parmi eux, leur nombre cependant ne diminue pas. Leur séjour semble être celui de la pudicité; quel que soit le nombre des

plurimi licet undique gentium properent, nullus admittitur, nisi quem castitatis fides, et innocentiæ meritum prosequatur : nam qui reus est vel levis culpæ, quamvis summa ope adipisci ingressum velit, divinitus summovetur. Ita per immensum spatium seculorum, incredibile dictu, æterna gens est, cessantibus puerperiis. Engadda oppidum infra Essenos fuit, sed excisum est. Verum inclytis nemoribus adhuc durat decus, lucisque palmarum eminentissimis nihil vel ævo vel bello derogatum. Judææ terminus Massada castellum.

XXXVII. De Scythopoli oppido, de monte Casio.

Transeo Damascum, Philadelphiam, Raphianam, Scythopoli primos incolas, et auctorem dabo. Liber pater quum humo nutricem tradidisset, condidit hoc oppidum, ut sepulturæ titulum etiam urbis mœnibus ampliaret. Incolæ deerant ; e comitibus suis Scythas delegit, quos ut animi firmaret ad promptam resistendi volentiam, præmium loci nomen dedit.

In Seleucia alter Casius mons est, Antiochiæ propinquus, cujus e vertice vigilia adhuc quarta conspicitur globus solis, et brevi corporis circumactu radiis caliginem dissipantibus, illinc nox, hinc dies cernitur. Talis e Casio specula est, ut lucem prius videas, quam auspicetur dies.

XXXVIII. De fluminibus Tigri et Euphrate. Item de lapidibus zmilanthi, sagda, myrrhite, mithridace, tecolitho, hammochryso, aetite, pyrite, chalazia, echite, dionysia, de glossopetra, gemma solis, crine Veneris, selenite, meconite, myrmecite, chalcophthongo, siderite, phlogite, anthracia, euhydro.

Euphratem fundit Armenia major, ortum supra Ziza-

étrangers qui de toutes parts y affluent, on n'admet que celui dont les mœurs pures et l'innocence ne peuvent être contestées : celui à qui on pourrait reprocher la faute, même la plus légère, malgré ses instances pour être accepté, est écarté, comme par une volonté divine. Ainsi, chose étonnante, un peuple où il n'y a pas de naissances, subsiste depuis un nombre infini de siècles. Au-dessous des Esséniens était Engadda, aujourd'hui ruinée. Mais son ancienne gloire a survécu dans ses bois admirables, dans ses forêts de palmiers, qui n'ont souffert ni de la guerre ni du temps. La Judée finit au fort Massada.

XXXVII. De la ville de Scythopolis, du mont Casius.

Je passe Damas, Philadelphie, Raphiane, pour parler des premiers habitants de Scythopolis et de son fondateur. Bacchus, après avoir rendu les derniers devoirs à sa nourrice, bâtit cette ville, pour honorer le tombeau qu'il venait d'élever. Les habitants manquaient ; il choisit parmi ses compagnons des Scythes, et pour les affermir dans la volonté de se fixer en ces lieux, il donna leur nom à la ville.

Il y a dans la Séleucie un autre mont Casius, voisin de l'Antiochie ; de sa cime on voit, dès la quatrième veille, le soleil se lever, et comme ses rayons dissipent les ténèbres, on peut, par un simple mouvement de corps, voir la nuit d'un côté, et de l'autre le jour. Ainsi, du haut du Casius, on peut observer la lumière, et la voir avant que le jour commence.

XXXVIII. Du Tigre et de l'Euphrate. Des pierres dites zmilanthis, sagda, myrrhite, mithridace, técolithe, hammochryse, aétite, pyrite, chalazie, échite, dionysienne, glessopètre ; de la pierre précieuse du soleil, de la chevelure de Vénus ; des pierres dites sélénite, méconite, myrmecite, calcophthongue, sidérite, phlogite, anthracie, enhydre.

L'Euphrate a sa source dans la grande Arménie, au-

mam sub radicibus montis, quem Capoten accolae nominant, Scythis proximum. Hic receptis in se aliquot amnibus convalescit, et stipatus convenis aquis, luctatur cum Tauri montis objectu, quem apud Elegeam scindit, resistat licet duodecim millibus passuum latitudine; longisque excursibus dextera Comagenen, Arabiam laeva relinquit; deinde praelabens plurimas gentes, Babyloniam, quondam Chaldaeorum caput, dividit. Mesopotamiam opimat inundationis annuae excessibus, ad instar Ægyptii amnis terras contegens, invecta soli fecunditate, isdem ferme temporibus, quibus Nilus exit, sole scilicet in parte Cancri vicesima constituto; tenuatur qnum, jam Leone decurso, ad extima Virginis curricula facit transitum. Quod gnomonici [182] similibus parallelis accidere contendunt, quos pares in terrarum positione aequalitas normalis efficit lineae. Unde apparet, ista duo flumina ad modulum ejusdem perpendiculi constituta, licet diversis manent plagis, easdem incrementi causas habere.

De Tigri quoque dicere hoc loco par est. In Armeniae regione caput tollit mire quam lucidum, conspicuo fonte, in loco edito, qui Elegos nominatur. Nec ab exordio statim totus est. Primo pigre fluit, nec cum suo nomine; at quum fines Medorum invectus est, Tigris statim dicitur : ita enim nominant Medi sagittam. Influit in Arethisam lacum omnia pondera sustinentem : cujus pisces nunquam se alveo Tigridis miscent, sicut nec amnici pisces in stagnum transeunt Arethisae, per quem dissimilis colore, volucri meat cursu. Mox, Tauro resistente, in profundum specum mergitur, quem subter-

dessus de Zizame, au pied d'une montagne voisine de la Scythie, et que les habitants du pays appellent Capoté. Là il s'accroît de quelques fleuves qu'il reçoit dans son sein, et grossi par leurs eaux, il brise à Élegée les barrières que le mont Taurus lui oppose vainement, malgré la surface de terrain qu'il recouvre, et qui est de douze mille pas. Dans son cours long et rapide, il laisse à sa droite la Comagène, à sa gauche l'Arabie; puis, après avoir traversé nombre de pays, il divise la Babylonie, jadis le siége de l'empire des Chaldéens. Il féconde la Mésopotamie par ses débordements annuels, en couvrant les terrains de limon, comme fait le Nil. C'est d'ailleurs à peu près dans le même temps, c'est-à-dire quand le soleil a atteint la vingtième partie du Cancer; il diminue, quand, après avoir parcouru le signe du Lion, le soleil passe à l'extrémité du signe de la Vierge. Ceux qui s'occupent de gnomonique, prétendent que cela arrive aux parallèles, qui se trouvent, par l'égalité de la ligne normale, avoir la même position sur la terre : d'où l'on peut conclure que, placés sur la même perpendiculaire, deux fleuves, quoique dans des pays différents, ont les mêmes causes d'accroissement.

Il est convenable maintenant de parler aussi du Tigre. Il sort en Arménie, avec une remarquable limpidité, d'une belle source qui tombe d'un lieu élevé nommé Élégos. Il n'est pas lui-même dès le commencement. Il coule d'abord lentement et n'ayant pas encore son nom; ce n'est qu'en entrant dans la Médie qu'il prend le nom de Tigre, qui, dans la langue du pays, veut dire flèche. Il se jette dans le lac Arethise, dont les eaux supportent tout ce que l'on y jette, et dont les poissons n'entrent jamais dans le lit du Tigre, de même que les poissons du fleuve n'entrent jamais dans le lac d'Arethise, qu'il traverse avec la rapidité d'un oiseau, en gardant sa couleur. Puis, comme le Taurus devient pour lui un

labens in altero ejus latere apud Zomadam emicat, ulvas et purgamenta plurima secum trahens; deinde identidem absconditur, rursusque redditur. Adiabenos Arabesque præterfluit; Mesopotamiam amplectitur; amnem nobilissimum Choaspem accipit; Euphratem defert in sinum Persicum. Quæcumque Euphratem bibunt gentes, diverso nitent lapide.

Zmilantis in ipso Euphratis alveo legitur, gemma ad imaginem marmoris Proconensis, nisi quod in medio umbilico lapidis istius glaucum, ut oculi pupula, internitet.

Sagda a Chaldæis usque ad nos fluxit, haud facilis repertu, nisi, ut perhibent, ipsa se capessendam daret: namque ingenita spiritus efficacia supermeantes naves e profundo petit, et carinis ita tenaciter adcorporatur, ut, nisi abrasa parte ligni ægre separetur. Ea sagda apud Chaldæos propter effectus, quos ex ea sciunt, habetur in loco principe, ceteris propter gratiam magis complacet jucundissime virens.

Myrrhites Parthis familiaris est. Hunc si visu æstimes, myrrhæ color est, et non habet, quo afficiat aspectum; si penitus explores, et attritu incites ad calorem, spirat nardi suavitatem. In Perside lapidum tanta copia est, tantaque diversitas, ut longum pæne sit ipsis vocabulis immorari.

Mithridax sole percussa coloribus micat variis.

Tecolithos nucleo olivæ similis, spernitur, quum videtur, sed remediis bonus, vincit aliorum pulchritudinem: solutus quippe et haustus, pulsis calculis, renium dolores ac vesicæ levat.

obstacle, il se précipite dans un gouffre, d'où il sort pour reparaître de l'autre côté près de Zomada, rapportant de l'abîme des herbes et de l'écume souillée; puis il se cache de nouveau pour reparaître encore. Il traverse alors la contrée des Adiabènes et l'Arabie; puis il embrasse la Mésopotamie, reçoit le Choaspe, ce fleuve si renommé, et verse l'Euphrate dans le golfe Persique. Toutes les nations riveraines de l'Euphrate ont des pierres précieuses de natures différentes.

La zmilantis se trouve dans l'Euphrate même; elle ressemble au marbre de Proconèse, si ce n'est que le centre est vert de mer, et brille comme la pupille de l'œil.

La sagde nous est venue de la Chaldée; elle n'est pas facile à trouver, à moins, comme on le dit, qu'elle ne se fasse prendre : car, par une attraction naturelle, elle vient du fond de la mer s'attacher aux vaisseaux, et si fortement qu'on ne peut guère la détacher qu'en coupant le bois. Cette pierre tient, chez les Chaldéens, le premier rang, à cause des effets qu'ils lui attribuent; elle charme d'ailleurs les yeux par une très-agréable couleur verte.

La myrrhite se trouve chez les Parthes : à la simple vue, elle offre la couleur de la myrrhe, et n'a rien qui puisse fixer l'attention; mais si vous l'examinez avec plus d'attention, si vous l'échauffez par le frottement, elle exhale une odeur de nard. En Perse il y a tant de pierres précieuses, et elles sont de nature si diverses, qu'il serait déjà long d'en donner les noms.

La mithridace brille de mille couleurs au soleil.

La técolithe, qui ressemble à un noyau d'olive, n'a pas un aspect brillant, mais elle a une propriété qui fait qu'on la préfère aux pierres les plus belles : dissoute et prise comme remède, elle guérit la gravelle et apaise les douleurs de reins et de la vessie.

Hammochrysos, arenis auro intermixtis, nunc bractearum, nunc pulveris habet quadrulas.

Aetites et fulvus est, et tereti positione alterum lapidem intrinsecus cohibens : cujus crepitu sonorus est, quum movetur, quamlibet tinnitum illum non internum scrupulum facere, sed spiritum scientissimi dicant. Hunc aetitem Zoroastres præfert omnibus, maximamque illi tribuit potestatem. Invenitur autem in nidis aquilæ, aut in litoribus Oceani : in Perside tamen plurimus. Subnexus spem uteri defendit a fluxibus abortivis.

Pyrites fulvus est, tenerique se vehementius non permittit : ac si quando arctiori manu premitur, digitos adurit. Chalazias [183] grandinis et candorem præfert et figuram, duritia robustissima et invicta. Echites vipereas habet maculas. Dionysias fuscus est, rubentibus notis sparsus. Idem si aquæ mixtus conteratur, vinum fragrat, et, quod in illo odore mirificum est, ebrietati resistit. Glossopetra deficientibus lunis cœlo cadit, linguæ similis humanæ, non modicæ, ut magi ferunt, potestatis, qui ex ea lunares motus excitari putant. Solis gemma [184] percandida est ad speciem fulgidi sideris, rutilosque ex se jacit radios. Veneris crinis nitet nigro, internis ductibus ostentans ruforum crinium similitudinem. Selenites translucet fulgore candido melleoque, continens lunæ imaginem, quam juxta cursum astri ipsius perhibent diebus singulis vel minui vel augeri. Meconites papavera exprimit. Myrmecites reptantis formicæ effigie notatur. Chalcophthongos resonat, ut pulsata æra ; pudice habitus servat vocis claritatem. Siderites a contemplatione ferri nihil dissonat, verum

L'hammochryse, qui est un mélange de sable et d'or, présente des petits carrés, tantôt de paillettes d'or, tantôt de sable.

L'aétite est de couleur fauve, de forme ronde, et renferme en elle-même une autre pierre; le bruit qu'elle rend, quand on l'agite, ne provient pas, d'après les savants, de la petite pierre intérieure, mais il est dû à un effet de l'air. Zoroastre place cette pierre au-dessus de toutes les autres, et lui attribue une puissance souveraine : elle se trouve dans les nids d'aigle, ou sur les rivages de l'Océan. En Perse, elle est commune. Placée sur le ventre des femmes, elle prévient l'avortement.

La pyrite est fauve, et ne se laisse pas toucher sans ménagement; si on la presse un peu, elle brûle les doigts. La chalazie a la blancheur et la forme d'un grêlon; elle est très-dure, et ne se brise pas. L'échite est marquée de taches, comme la vipère. La dionysienne est noirâtre, semée de points rouges; elle donne à l'eau, dans laquelle on la broie, le goût du vin, et ce que son odeur a de remarquable, c'est qu'elle préserve de l'ivresse. La glossopètre tombe du ciel pendant les éclipses de lune; elle a l'aspect d'une langue humaine. D'après les mages, elle a une puissance merveilleuse, puisque c'est à elle qu'ils attribuent les mouvements lunaires. La pierre du soleil est d'une blancheur éblouissante, comme l'astre dont elle porte le nom : elle jette d'éclatants rayons. Le cheveu de Vénus est noir; mais il présente dans son intérieur des linéaments semblables à des cheveux roux. La sélénite est blanche et tirant à la couleur du miel; elle présente à son intérieur l'image de la lune, et l'on prétend que cette image s'accroît chaque jour lorsque l'astre est dans son croissant, et qu'elle diminue lorsqu'il est dans son décours. La méconite ressemble au pavot. La myrmécite offre l'image d'une fourmi qui marche. La chalcophthongue a le son de l'airain; son usage modéré entretient la

maleficus quoquo inferatur, discordiam excitat. Phlogites ostentat intra se quasi flammas æstuantes. Anthracias coruscat, velut scintillantibus stellis. Enhydros exsudat, ut clausam in eo putes fontaneam scaturiginem.

XXXIX. Cilicia. In ea Cydnus amnis, antrum Corycium, mons Taurus.

Ciliciam, qua de agitur, si, ut nunc est, loquamur, derogasse videbimur fidei vetustatis; si terminos sequimur, quos habuit olim, absonum est a contemplatione rerum præsentium. Ergo inter utramque culpam factu optimum est, amborum temporum statum persequi. Cilicia antea usque Pelusium Ægypti pertinebat, Lydis, Medis, Armeniis, Pamphilia, Cappadocia, sub imperio Cilicum constitutis; mox ab Assyriis subacta, in breviorem modum scripta est. Plurima jacet campo, sinu lato recipiens mare Issicum [85], a tergo montium Tauri et Amani jugis clausa. A Cilice nomen trahit, quem ætas pristina pæne ultra ævum memoriæ abscondit. Hunc Phœnice ortum, qui antiquior Jove, de primis terræ alumnis habetur.

Matrem urbium habet Tarson [86], quam Danaæ proles nobilissima Perseus locavit. Hanc urbem intersecat Cydnus amnis. Hunc Cydnum alii præcipitari Tauro, alii derivari ex alveo Choaspis, tradiderunt. Qui Choaspes ita dulcis est, ut Persici reges, quamdiu intra ripas Persidis fluat, solis sibi ex eo pocula vindicaverint, et quum eundum peregre esset, aquas ejus secum vectitarent. Ex illo igitur parente Cydnus miram trahit suavitatem. Quidquid candidum est, illinc homines cydnum dicunt [87]:

netteté de la voix. La sidérite ressemble au fer; mais où se trouve cette pierre malfaisante règne la discorde. La phlogite représente des tourbillons de flammes. L'anthracie est marquée d'étoiles brillantes; l'enhydre suinte, comme s'il y avait en elle une source.

XXXIX. De la Cilicie, et, dans la Cilicie, du Cydnus, de l'antre de Coryce, du mont Taurus.

C'est de la Cilicie qu'il s'agit maintenant, et si nous la décrivons telle qu'elle est aujourd'hui, nous paraîtrons ne pas respecter les anciennes traditions; si nous indiquons ses anciennes limites, nous serons en désaccord avec ce qui existe de nos jours. Entre ces deux écueils, le mieux est d'exposer son état sous les deux époques. Autrefois la Cilicie allait jusqu'à Pelusium en Égypte; les Lydiens, les Mèdes, les Arméniens, la Pamphilie, la Cappadoce reconnaissaient les lois de la Cilicie. Bientôt soumise par les Assyriens, elle fut réduite à de moindres proportions. La plus grande partie est en plaine, et reçoit dans un large golfe la mer d'Issus; par derrière, les monts Taurus et Amanus la bordent. Elle doit son nom à Cilice, dont l'histoire se perd dans la nuit des temps. Phénix, son père, plus ancien que Jupiter lui-même, fut l'un des premiers enfants de la terre.

La ville principale de cette contrée est Tarse, que bâtit l'illustre enfant de Danaé, Persée. Le Cydnus traverse cette ville. Les uns font descendre ce fleuve du Taurus, d'autres disent que c'est un bras du Choaspe. Les eaux du Choaspe sont si bonnes, que, tant qu'il coule dans la Perse, les rois de ce pays ne boivent que de celles-là, et qu'ils en font porter avec eux dans leurs voyages. C'est à ce fleuve que le Cydnus doit l'excellence de ses eaux. Ce qui est blanc, est dans ce pays appelé cydnus : c'est de là que le fleuve a tiré son nom.

unde amni huic nomen datum. Tumet vere, quum liquuntur nives, reliqua parte anni tenuis et quietus.

Circa Corycum Ciliciæ crocum plurimum, optimumque; det licet Sicilia, det Cyrenæa, det et Lycia, hoc primum est : spirat fragrantius, colore plus aureo est, succi ope citius proficit ad medelam.

Ibi Corycos oppidum est, et specus [188], qui montem impositum mari a summo cavat vertice, patulus hiatu amplissimo : nam, dejectis lateribus in terræ profundum, nemoroso orbe amplectitur mediam inanitatem, virens introrsus lucis pendentibus. Descensus in eum per duo millia et quingentos passus, non sine largo die, hinc inde fontium assidua scaturigine. Ubi perventum ad ima primi sinus, alter rursus specus panditur : quod antrum latis primum patet faucibus, postmodum in processu per angustias obscuratur. In eo sacrum est Jovis fanum, in cujus recessu intimo Typhonis gigantis cubile positum, qui volunt, credunt. Heliopolis [189] antiquum oppidum Ciliciæ fuit, patria Chrysippi stoicæ sapientiæ potentissimi; quod a Tigrane Armenio subactum, et diu solum, Pompeiopolim, devictis Cilicibus, Cn. Magnus cognominavit.

Mons Taurus ab Indico primo mari surgit; deinde a scopulis Chelidoniis inter Ægyptium et Pamphylium pelagus objectus septentrioni dextero latere, lævo meridianæ plagæ, occidenti obversus fronte profusa. Prorsus palam est, terras eum continuare voluisse penetrato mari, nisi profundis resistentibus extendere radices suas vetaretur. Denique qui periclitantur naturas locorum,

Il se gonfle au printemps, à la fonte des neiges; tout le reste de l'année, il est étroit et tranquille.

Près de Coryque, en Cilicie, on récolte en abondance du safran d'excellente qualité. La Sicile, la Cyrénaïque et la Lycie en produisent aussi; mais celui de la Cilicie est le plus estimé : il a une odeur plus suave, une couleur d'or plus tranchée, et son suc a des vertus médicales plus efficaces.

Là est la ville de Coryque, et une caverne creusée au sommet même d'une montagne qui domine la mer. Cette caverne a une immense ouverture; ses flancs, qui s'abaissent à une profondeur considérable, enveloppent d'une enceinte de bois le centre qui est vide, et d'où l'on jouit de la verdure de ces bois qui semblent suspendus. On y descend par un sentier de deux mille cinq cents pas, où le jour pénètre dans tout son éclat, et où l'on entend continuellement un bruit de sources. Quand on est arrivé au fond de cet antre, on en découvre un second, qui d'abord présente une large ouverture, et qui s'obscurcit à mesure que l'on avance. Là est un temple dédié à Jupiter, et dans le sanctuaire duquel, d'après une croyance que l'on adoptera, si l'on veut, fut la couche du géant Typhon. Héliopolis, ancienne ville de la Cilicie, patrie de Chrysippe, illustre stoïcien, fut soumise par Tigrane, roi d'Arménie, et longtemps abandonnée, elle reçut de Cn. Pompée, après la défaite des Ciliciens, le nom de Pompéiopolis.

Le mont Taurus commence à la mer de l'Inde; puis du cap Chélidoine, entre la mer d'Égypte et celle de Pamphylie, il se dirige à droite vers le septentrion, à gauche vers le midi, tandis qu'il se prolonge directement vers l'occident. Il pénétrerait évidemment dans les terres, après avoir franchi la mer, si elle n'opposait une résistance à ses envahissements. Ceux qui ont l'expérience des lieux savent qu'il a par les caps tenté toute espèce

tentasse eum omnes exitus promontoriis probant : nam quoquorsum mari alluitur, procedit in prominentias ; sed modo intercluditur Phœnicio, modo Pontico sinu, interdum Caspio vel Hyrcano : quibus renitentibus subinde fractus, contra Mæoticum lacum flectitur, multisque difficultatibus fatigatus, Riphæis se jugis annectit. Pro gentium ac linguarum varietate plurifariam nominatus, apud Indos Imaus, mox Paropamisus, Choatras apud Parthos, post Niphates, inde Taurus ; atque ubi excelsissima consurgit sublimitate, Caucasus. Interea etiam a populis appellationem trahit : a dextro latere Caspius dicitur vel Hyrcanus, a lævo Amazonicus, Moschicus, Scythicus ; ad hæc, vocabula habet alia multa. Ubi dehiscit hiulcis jugis, facit portas, quarum primæ sunt Armeniæ, tum Caspiæ, post Ciliciæ. In Græciam verticem exserit, ubi Ceraunius prædicatur. A Ciliciæ finibus Africum limitem dispescit, quantus meridiem videt, sole æstuat ; quidquid septentrioni oppositum est, vento tunditur et pruina ; quod silvestris est, efferatur plurimis bestiis et leonibus immanissimis.

XL. Lycia. In ea mons Chimæra.

Quod in Campania Vesuvius, in Sicilia Ætna, hoc in Lycia mons Chimæra est. Hic mons nocturnis æstibus fumidum exhalat. Unde fabula triformis monstri in vulgum data est, quod Chimæram animal putaverunt. Et quoniam natura ibidem subest ignea, Vulcano urbem proximam Lycii dicarunt, quam de vocabulo sui nominis Hephæstiam vocant [90]. Olympos quoque inter alia

d'issue ; partout où les flots de la mer le baignent, il s'avance par promontoires ; mais tantôt il est resserré par le golfe de Phénicie, tantôt par celui du Pont, ou par le golfe Caspien, ou encore par le golfe Hyrcanien, et après les obstacles continuels qu'il rencontre, il se recourbe vis-à-vis du lac Méotis, et, fatigué de tant d'obstacles, il vient enfin se joindre aux monts Riphées. Son nom varie selon la diversité des peuples et des langues. Chez les Indiens il s'appelle Imaüs, puis Paropamise, Choatras chez les Parthes, puis Niphate, et de nouveau Taurus, et là où il atteint le plus haut degré d'élévation, Caucase. Les dénominations suivantes lui viennent des provinces qu'il parcourt : à droite on l'appelle Carpien ou Hyrcanien, à gauche Amazonique, Moschique, Scythique. Beaucoup d'autres noms se joignent à ceux-là. Quand il s'entr'ouvre, démembré pour ainsi dire, il forme des portes, dites Arméniennes, Caspiennes, Ciliciennes ; puis il se relève en Grèce, sous le nom de monts Cérauniens. Il sépare la Cilicie de l'Afrique : au midi, le soleil le brûle ; au nord, il est battu par les vents et les frimas ; sa partie boisée est infestée d'une foule de bêtes féroces et de lions énormes.

XL. De la Lycie, et, dans la Lycie, du mont Chimère.

Ce qu'est dans la Campanie le Vésuve, en Sicile l'Etna, le mont Chimère l'est en Lycie. La nuit il lance des flammes et de la fumée. De là vient cette fable qui fait de la Chimère un monstre à trois corps ; et comme tout le pays est travaillé par des feux souterains, les Lyciens ont dédié à Vulcain une ville voisine qu'ils ont appelée Héphestie du nom même de ce dieu. Entre autres villes de la Lycie, Olympe fut jadis célèbre ; elle est ruinée au-

ibi oppidum fuit nobile, sed intercidit : nunc castellum est, infra quod aquæ regiæ ob insigne fluoris spectaculo sunt visentibus.

XLI. Asia, Phrygia, Lydia, Teuthrania. In his de urbe Epheso, de monte Mimante, de illustribus viris, de Homeri et Hesiodi temporibus, de animali bonnaco, de sepulcris Ajacis et Memnonis, de Memnoniis avibus, de chamæleonte, de ciconiis.

Sequitur Asia; sed non eam Asiam loquor, quæ in tertio orbis divortio terminos amnes habet, ab Ægyptio mari Nilum, a Mæotio lacu Tanaim : verum eam, quæ a Telmesso [191] Lyciæ incipit, unde etiam Carpathius auspicatur sinus. Eam igitur Asiam ab oriente Lycia includit et Phrygia, ab occidente Ægæa litora; a meridie mare Ægyptium, Paphlagonia a septentrione.

Ephesos in ea urbs clarissima est : Epheso decus templum Dianæ, Amazonum fabrica, adeo magnificum, ut Xerxes, quum omnia Asiatica templa igni daret, huic uni pepercerit ; sed hæc Xerxi clementia sacras ædes non diu a malo vindicavit : namque Herostratus, ut nominis sui memoriam fama sceleris extenderet, incendium nobilis fabricæ manu sua struxit : sicut ipse fassus est, voto adipiscendæ famæ latioris. Notatur ergo eadem die conflagravisse templum Ephesi, qua Alexander Magnus Pellæ natus est. Qui oritur, ut Nepos edidit, M. Fabio Ambusto, Tito Quintio Capitolino consulibus post Romam conditam anno trecentesimo octogesimo quinto. Id templum quum postmodum ad cultum augustiorem Ephesii reformarent, faber operi Dinocrates præfuit : quem Dinocratem [192] Alexandri jussu Alexandriam in Ægypto præmetatum supra exposuimus.

Nusquam orbe toto tam assiduos terræ motus, et tam

jourd'hui. Ce n'est plus qu'un château, au-dessous duquel coulent des eaux dont on admire la beauté.

XLI. De l'Asie, de la Phrygie, de la Lydie, de la Teuthranie, et, dans ces contrées, de la ville d'Éphèse, du mont Mimas, des hommes illustres, des temps d'Homère et d'Hésiode, de l'animal dit bonnaque, des tombeaux d'Ajax et de Memnon, des oiseaux memnoniens, du caméléon, des cigognes.

Vient ensuite l'Asie, non pas celle qui, dans le partage du monde, a pour limites des fleuves, le Nil du côté de l'Égypte, le Tanaïs du côté du lac Méotide ; mais celle qui commence à Telmesse en Lycie, où commence aussi le golfe Carpathien. Cette Asie est bornée à l'est par la Lycie et la Phrygie, à l'ouest par la mer Égée : au midi par la mer d'Égypte, au nord par la Paphlagonie.

On y trouve une ville très-remarquable, Éphèse : Éphèse est célèbre par le temple de Diane, ouvrage des Amazones, et si magnifique que Xerxès, qui livrait aux flammes tous les temples d'Asie, épargna celui-là seul ; toutefois, cette faveur de Xerxès ne sauva pas longtemps l'édifice sacré : Hérostrate, pour donner à son nom une triste célébrité, incendia de sa main ce monument fameux ; il avoua lui-même que son but était de s'illustrer ainsi. On a remarqué que le temple d'Éphèse fut brûlé le jour même qu'Alexandre le Grand naquit à Pella. Ce jour, d'après Nepos, appartient aux temps du consulat de M. Fabius Ambustus et de Titus Quintius Capitolinus, c'est-à-dire à l'an trois cent quatre-vingt-cinq de la fondation de Rome. Comme les Éphésiens voulurent rétablir ce temple dans de plus larges proportions, Dinocrate présida à la reconstruction. C'est ce Dinocrate qui, comme nous l'avons dit plus haut, traça, par ordre d'Alexandre, le plan d'Alexandrie en Égypte.

Nulle part il n'y a autant de tremblements de terre,

crebras urbium demersiones, quam in Asia esse, cladibus Asiaticis patuit, quum Tiberio principe urbes duodecim simul una ruina occiderint.

Ingenia Asiatica inclyta per gentes fuere. Poetæ Anacreon inde, Mimnermus, et Antimachus, deinde Hipponax, deinde Alcæus, inter quos etiam Sappho mulier; at historiæ conditores, Xanthus, Hecatæus, Herodotus: cum quibus Ephorus, et Theopompus. Namque de septem sapientia præditis, Bias, Thales, Pittacus; Cleanthes, stoicæ eminentissimus; Anaxagoras naturæ indagator; Heraclitus etiam subtilioris doctrinæ arcanis immoratus.

Asiam excipit Phrygia, in qua Celæne, quæ antiquato priori nomine in Apamiam transit, oppidum a rege Seleuco postmodum constitutum. Istic Marsyas ortus, istic et sepultus; unde qui proximat fluvius, Marsyas dicitur: nam sacrilegi certaminis factum, et audaces in deum tibias testatur non procul cum fonte vallis, quæ eventum gestæ rei signat [93], et ab Apamia decem millibus passuum separata, Aulocrene usque adhuc dicitur.

Ex arce hujusce oppidi Mæander amnis caput tollit, qui recurrentibus ripis flexuosus inter Cariam et Ioniam præcipitat in sinum, qui Miletum dividit et Prienam. Ipsa Phrygia Troadi superjecta est, aquilonia parte Galatiæ collimitanea; meridiana Lycaoniæ, Pisidiæ, Mygdoniæque contermina; eidem ab oriente vicina Lydiæ; a septentrione Mœsiæ; Cariæ a parte, qua dies medius est.

Mons Lydiæ Tmolus croco florentissimus; amnis Pactolus, quem aurato fluore incitum, aliter et Chrysorrhoan vocant.

autant de villes victimes des inondations qu'en Asie. C'est ce qu'ont prouvé les désastres de l'Asie, puisque sous Tibère douze villes à la fois ont été détruites.

L'Asie a produit de beaux génies : parmi les poëtes, Anacréon, Mimnerme, Antimaque, Hipponax, Alcée, et Sapho, cette femme si célèbre; parmi les historiens, Xanthus, Hécatée, Hérodote, puis Éphore et Théopompe; Bias, Thalès, Pittacus, qui sont comptés au nombre des sept sages; Cléanthe, si éminent parmi les stoïciens; Anaxagore, ce scrutateur de la nature; Héraclite, qui pénétra dans les secrets d'une science plus profonde encore.

A l'Asie succède la Phrygie, où se trouve Célène, qui, plus tard, changeant de nom, et reconstruite par Seleucus, est devenu Apamie. C'est là que naquit et fut enseveli Marsyas, et c'est de là que le fleuve voisin a pris le nom de Marsyas. La lutte sacrilége qu'il osa soutenir contre Apollon, en lui disputant le prix de la flûte, est attestée par une vallée où se trouve une source, et qui a conservé le monument de ce fait : cette vallée, qui est à une distance de dix mille pas d'Apamie, s'appelle encore aujourd'hui d'Aulocrène.

Des hauteurs d'Apamie sort le Méandre, dont les eaux sinueuses se précipitent, entre la Carie et l'Ionie, dans un golfe qui sépare Milet et Priène. La Phrygie est située au-dessus de la Troade, et bornée au nord par la Galatie, au midi par la Lycaonie, la Pisidie, la Mygdonie. A l'est de la Phrygie se trouve la Lydie, au nord la Mésie, au midi la Carie.

En Lydie, se trouve le mont Tmolus, qui produit beaucoup de safran; et le Pactole, qui roule de l'or dans ses eaux : ce fleuve est aussi appelé Chrysorrhoas.

In his locis animal nascitur, quod bonnacum dicunt, cui taurinum caput ac deinceps corpus omne; tantum juba equina. Cornua autem ita multiplici flexu in se recurrentia, ut si quis in ea offenderit, non vulneretur. Sed quidquid praesidii monstro illi frons negat, alvus sufficit: nam quum in fugam vertit, proluvie citi ventris fimum egerit per longitudinem trium jugerum [194], cujus ardor quidquid attigerit, amburit. Ita egerie noxia summovet insequentes.

Miletos Ioniae caput, Cadmi olim domus, sed ejus qui primus invenit prosae orationis disciplinam.

Non longe Ephesum Colophon civitas, nobilis oraculo Clarii Apollinis.

Unde haud procul Mimas surgit, cujus vertices de nubilis supervolantibus futurae tempestatis significant qualitatem.

Caput Maeoniae Sypilus excipit, Tantalis antea dictus, et in illam vocabuli memoriam orbitatibus datus Niobae.

Smyrnam Meles circumfluit, inter flumina Asiatica facile praecipuus amnis. Smyrnaeos vero campos fluvius Hermus secat, qui ortus a Dorylao Phrygiae, Phrygiam scindit a Caria. Hunc quoque Hermum fluctibus aureis aestuasse antiquitas credidit. Smyrna, unde praecipue nitet, Homero vati patria exstitit, qui post Ilium captum anno ducentesimo septuagesimo secundo humanis rebus excessit, Agrippa Sylvio, Tyberini filio, Albae regnante, anno ante Urbem conditam centesimo sexagesimo. Inter quem et Hesiodum poetam, qui in auspiciis olympiadis primae obiit, centum triginta octo anni medii fuerunt [195].

In Rhoeteo litore Athenienses et Mityleuaei ad tumu-

Dans cette contrée naît un animal, que l'on nomme bonnaque, qui a du taureau la tête et le reste du corps, mais dont la crinière est celle du cheval. Ses cornes sont tellement contournées sur elles-mêmes, que leur choc ne peut produire aucune blessure. Mais le secours que lui refuse sa tête, son ventre le lui fournit : en fuyant, il jette et lance derrière lui, jusqu'à trois jugères de distance, des excréments qui brûlent tout ce qu'ils touchent. C'est au moyen de ces excréments dangereux qu'il tient à l'écart ceux qui le poursuivent.

La ville principale de l'Ionie est Milet, célèbre par la naissance de Cadmus : je veux parler de celui qui, le premier, écrivit en prose.

Non loin d'Éphèse est la ville de Colophon, célèbre par les oracles qu'y rendait Apollon Clarien.

On voit aussi près de là le Mimas, dont la cime, quand les brouillards l'enveloppent, présage la tempête.

La capitale de la Méonie est Sypile, autrefois appelée Tantalis, en souvenir de la triste maternité de Niobé, qui perdit tous ses enfants.

Smyrne est baignée par le Mélès, qui, parmi les fleuves de l'Asie, occupe le premier rang. Les plaines de Smyrne sont traversées par l'Hermus, né près de Dorylée en Phrygie, et qui sépare la Phrygie de la Carie. Les anciens ont cru que l'Hermus aussi roulait de l'or dans ses flots. Le plus beau titre de Smyrne, c'est d'être la patrie d'Homère, qui mourut deux cent soixante-douze ans après la prise de Troie, sous le règne du roi albain Agrippa Sylvius, fils de Tyberinus, cent soixante ans avant la fondation de Rome. Entre lui et Hésiode, qui mourut au commencement de la première olympiade, il y a un intervalle de cent trente-huit ans.

Sur la côte de Rhétée, les Athéniens et les Mitylé-

lum ducis Thessali Achillion oppidum condiderunt, quod propemodum interiit; deinde interpositis quadraginta ferme stadiis, in altero cornu ejusdem litoris ob honorem Salaminis Ajacis alterum oppidum, cui Æantio datum nomen est, Rhodii exstruxerunt.

At juxta Ilium Memnonis stat aliud sepulcrum, ad quod sempiterno ex Æthiopia catervatim aves advolant, quas Ilienses Memnonias vocant. Cremutius auctor est, has easdem anno quinto in Æthiopia catervatim coire, et undique versum quod usquam gentium sit, ad regiam Memnonis convenire.

Mediterranea, quæ sunt supra Troadis partem, Teutrania tenet regio, quæ prima Mœsorum fuit patria. Hæc Teutrania perfunditur Caico flumine.

Per omnem Asiam chamæleon [196] plurimus, animal quadrupes, facie qua lacertæ, nisi crura recta et longiora ventri jungerentur; prolixa cauda, eademque in vertiginem torta; hamati ungues subtili aduncitate; incessus piger, et fere idem qui testudinum motus; corpus asperum squamosa cute, qualem in crocodilis deprehendimus; subducti oculi, et recessu concavo introrsum recepti, quos nunquam nictatione obnubit. Visum denique non circumlatis pupillis, sed obtutu rigidi orbis intentat. Hiatus ejus æternus, ac sine ullius usus ministerio: quippe quum neque cibum capiat, neque potu alatur, nec alimento alio, quam haustu aeris vivat [197]. Color varius, et in momenta mutabilis, ita ut cuicumque se rei conjunxerit, concolor ei fiat. Colores duo sunt, quos fingere non valet, rubrus et candidus; ceteros facile mentitur. Corpus pæne sine carne, vitalia sine liene; nec nisi in corculo pauxillum sanguinis deprehen-

niens bâtirent auprès du tombeau d'Achille, la ville d'Achillion, aujourd'hui en ruines; puis à quarante stades, sur la pointe opposée, les Rhodiens bâtirent en l'honneur d'Ajax de Salamine, une ville qui reçut le nom d'Éantium.

Près d'Ilion est un autre tombeau, celui de **Memnon**, autour duquel se rassemblent tous les ans, venant de l'Éthiopie, des oiseaux que l'on nomme iliens memnoniens. Cremutius dit que ces mêmes oiseaux reviennent en troupe tous les cinq ans en Éthiopie, quel que soit l'endroit où ils se trouvent, et se rassemblent autour du palais de Memnon.

Dans les terres, au-dessus de la Troade, est la Teutranie, qui fut la première patrie des Mésiens. Cette contrée est arrosée par le Caïque.

Dans toute l'Asie on trouve un grand nombre de caméléons : ce quadrupède ressemble au lézard, et n'en diffère qu'en ce que ses jambes, droites et plus hautes, ont leur point d'attache sous le ventre; sa queue est longue et se replie circulairement; il a des ongles en forme d'hameçons, aigus et crochus, une marche lente que l'on pourrait comparer à celle de la tortue; la surface de la peau, écailleuse et rude, comme celle du crocodile; les yeux enfoncés, et comme perdus dans leur orbite, et que jamais il ne voile en clignant. S'il regarde autour de lui, ce n'est pas par le mouvement de la prunelle, mais en tournant un œil fixe. Il a toujours la gueule ouverte, sans que cependant elle lui serve : car il vit sans manger et sans boire; l'air est son seul aliment. Sa couleur est variable; elle change selon les objets qu'il touche. Il y a deux couleurs seulement qu'il ne peut prendre, le rouge et le blanc; il prend facilement toutes les autres. Son corps est presque sans chair; il n'a point de rate, et ce n'est que dans le cœur qu'on lui trouve

ditur. Latet hieme, producitur vere. Impetibilis est coraci, a quo quum interfectus est, victorem suum perimit interemptus: nam si vel modicum ales ex eo ederit, illico moritur; sed corax quoque habet præsidium ad medelam, natura manum porrigente: nam quum afflictum se intelligit, sumpta fronde laurea recuperat sanitatem.

Pythonos Come [198] in Asia locus est campis patentibus, ubi primo adventus sui tempore ciconiæ advolant, et eam, quæ ultima advenerit, lancinant universæ. Aves istas ferunt linguas non habere, verum sonum, quo crepitant, oris potius quam vocis esse. Eximia illis inest pietas: etenim quantum temporis impenderint fœtibus educandis, tantum et ipsæ a pullis suis invicem aluntur. Ita enim impense nidos fovent, ut incubitus assiduitate plumas exuant. Noceri eas, omnibus quidem locis nefas ducunt, sed in Thessalia vel maxime, ubi serpentum immanis copia est, quos dum escandi gratia insectantur, regionibus Thessalicis plurimum mali detrahunt.

XLII. Galatia.

Galatiam primis seculis priscæ Gallorum gentes occupaverunt [199]: Tolistobogi, Veturi, et Ambitoti: quæ vocabula adhuc permanent; quamvis Galatia unde dicta sit, ipso sonat nomine.

XLIII. Bithynia. In ea Hannibalis exitus et sepulcrum.

Bithynia in Ponti exordio ad partem solis orientis adversa Thraciæ, opulenta ac dives urbium, a fontibus Sangarii fluminis [200] primos fines habet; ante Bebrycia

un peu de sang. Il se cache l'hiver, ne paraît qu'au printemps. Le corbeau l'attaque et le tue : mais le caméléon devient funeste à son vainqueur ; car pour peu que le corbeau en mange, il meurt ; la nature, toutefois, fournit un remède à cet oiseau : car quand il se sent empoisonné, il se guérit en avalant une feuille de laurier.

Il y a en Asie de vastes plaines, que l'on appelle Pythonos Come [1], où, à leur arrivée, se rassemblent les cigognes ; celle qui arrive la dernière est mise en pièces par les autres. Quelques-uns pensent qu'elles n'ont pas de langue, et que le craquement qu'elles font entendre est produit par le bec plutôt que par l'organe vocal. Elles ont une piété admirable : autant elles ont passé de temps à élever leur couvée, autant leurs petits, à leur tour, passent de temps à les nourrir. Elles couvent avec tant d'assiduité, qu'elles en perdent leurs plumes. Leur faire du mal est partout considéré comme un crime, mais surtout en Thessalie, où il y a une effroyable quantité de serpents, qu'elles chassent pour en faire leur pâture, rendant par là un grand service au pays.

XLII. De la Galatie.

La Galatie fut dans les premiers temps occupée par les anciens Gaulois, dont les noms de **Tolistobogues**, **Vétures**, **Ambitotes** subsistent encore. Toutefois la Galatie indique assez, par son nom, à qui elle doit son origine.

XLIII. De la Bithynie, et, dans la Bithynie, mort et tombeau d'Annibal.

La Bithynie, à la frontière du Pont, et vis-à-vis de la Thrace du côté de l'orient, contrée opulente et pleine

[1] Pays du serpent.

dicta; deinde Mygdonia; mox a Bithyno rege Bithynia.

In ea Prusiadem urbem alluit Hylas flumen, et perspergit Hylas lacus, in quo resedisse credunt delicias Herculis, Hylam puerum, nymphis rapinam : in cujus memoriam usque adhuc solemni cursitatione lacum populus circumit, et Hylam voce clamant.

In Bithyno quoque agro Lybyssa locus Nicomediæ proximus, sepulcro Hannibalis famæ datus : qui post Carthaginiense judicium transfuga ad regem Antiochum, deinde post Antiochum apud Thermopylas pugnantem mala pugna [201], fractumque regem fortunæ vicibus, in hospitium Prusiæ devolutus, ne traderetur Tito Quintio ob hanc causam in Bithyniam misso, captivusque Romam veniret, veneni mali poculo animam expulit, et ab Romanis se vinculis morte defendit.

XLIV. Aconæ portus et Acherusius specus.

In ora Pontica post Bosphori fauces, et Rhesum amnem, portumque Calpas, Sagaris fluvius ortus in Phrygia, dictusque a plerisque Sangarius, exordium facit Maryandini sinus, in quo oppidum Heraclea appositum Lyco flumini; et Acone portus, qui proventu malorum graminum usque eo celebris est, ut noxias herbas aconita illinc nominemus. Proximus inde Acherusius specus [202], quem foraminis cæci profundo a usque inferna aiunt patere.

de villes, commence à la source du fleuve Sangarius ; elle s'est appelée autrefois Bébrycie, puis Mygdonie, et enfin Bithynie, du roi Bithynus.

Dans ce pays, la ville de Pruse est baignée par le fleuve Hylas, et par le lac du même nom, aux bords duquel habitait le jeune Hylas, aimé d'Hercule, puis enlevé par des nymphes; en mémoire de cet enfant, le peuple fait solennellement, encore aujourd'hui, le tour du lac, en répétant le nom d'Hylas.

C'est aussi dans la Bithynie que se trouve Lybyssa, voisine de Nicomédie, et fameuse par le tombeau d'Annibal; de cet Annibal qui, après la décision des Carthaginois, se réfugia d'abord auprès d'Antiochus; qui, depuis, lorsqu'une bataille malheureuse aux Thermopyles eut abattu le prince, vint demander l'hospitalité à Prusias; qui, enfin, pour n'être pas livré à Titus Quintius, qui avait été envoyé en Bithynie dans le but de s'en emparer, voulut éviter la honte d'être conduit à Rome, comme captif, et trouva dans le poison un moyen d'échapper aux fers que lui préparaient les Romains.

XLIV. Port de l'Acone et caverne d'Achéron.

Sur la côte du Pont, après le Bosphore, le fleuve Rhesus et le port Calpas, le fleuve Sagaris, autrement dit Sangarius, qui prend sa source en Phrygie, établit le commencement du golfe Maryandinien. C'est là que, sur le fleuve Lycus, est située Héraclée; c'est là qu'est le port Acone, tellement célèbre par ses mauvaises herbes, que de son nom vient aux plantes vénéneuses celui d'aconit. Près de là est la caverne de l'Achéron, dont les profondeurs, par un sombre conduit, vont, dit-on, jusqu'aux enfers.

XLV. Paphlagonia, et Venetorum origo.

Paphlagoniam limes a tergo Galaticus amplectitur. Ea Paphlagonia Carambi promontorio spectat Tauricam, consurgit Cytoro monte porrecto in spatium passuum trium et sexaginta millium, insignis loco Heneto: a quo, ut Cornelius Nepos perhibet, Paphlagones in Italiam transvecti, mox Veneti sunt nominati. Plurimas in ea regione urbes Milesii condiderunt, Eupatoriam Mithridates : quo subacto a Pompeio, Pompeiopolis est dicta.

XLVI. Cappadocia. In ea de equis.

Cappadocia gentium universarum, quæ Pontum accolunt, præcipue introrsus recedit. Latere lævo utrasque Armenias, et Comagenem simul transit; dextro plurimis Asiæ populis circumfusa. Attollitur ad Tauri juga et solis ortus. Præterit Lycaoniam, Pisidiam, Ciliciam. Vadit super tractum Syriæ Antiochiæ, parte regionis alterius in Scythiam pertendens, ab Armenia majore divisa Euphrate amne : quæ Armenia, unde Parydri montes sunt, auspicatur. Multæ in Cappadocia urbes inclytæ; verum, ut ab aliis referamus pedem, coloniam Archelaidem [203], quam deduxit Claudius Cæsar, Halys præterfluit; Neocæsaream fluvius Lycus alluit; Melitam Semiramis condidit; Mazacam sub Argæo sitam [204] Cappadoces matrem habent urbium : qui Argæus nivalibus jugis arduus, ne æstivo quidem torrente pruinis caret, quemque indidem populi habitari deo credunt.

Terra illa ante alias altrix equorum, et proventui equino accommodatissima est. Quorum hoc in loco inge-

XLV. Paphlagonie, et origine des Vénètes.

La Galatie termine la Paphlagonie par derrière. La Paphlagonie, du cap de Carambis, regarde la Taurique; là s'élève, à une hauteur de soixante-trois mille pas, le mont Cytore; là est le pays des Hénètes, d'où, selon Cornelius Nepos, se sont rendus en Italie les Paphlagons, qui bientôt après prirent le nom de Vénètes. Les Milésiens ont fondé dans ce pays plusieurs villes; Mithridate y bâtit Eupatorie qui, après la défaite de ce prince par Pompée, prit le nom de Pompéiopolis.

XLVI. De la Cappadoce, et des chevaux de ce pays.

De toutes les nations qui avoisinent le Pont, la Cappadoce est celle qui s'étend le plus dans les terres. Du côté gauche, elle se prolonge au delà des deux Arménies et de la Comagène; du côté droit, elle est environnée d'un grand nombre de peuples de l'Asie. Elle s'élève vers le Taurus, à l'orient. Elle passe la Lycaonie, la Pisidie, la Cilicie; elle s'étend sur la Syrie Antiochienne, et d'un autre côté en Scythie. L'Euphrate la sépare de la grande Arménie, qui commence aux monts Parydres. Il y a en Cappadoce beaucoup de villes célèbres; nous en passons sous silence plusieurs : remarquons toutefois Archélaïde, sur le fleuve Halys, colonie fondée par l'empereur Claude; Néocésarée que baigne le Lycus; Mélite, bâtie par Sémiramis; Mazaque, regardée par les Cappadociens comme la reine des villes : elle est située au pied du mont Argée, dont le sommet est chargé de neiges, que les chaleurs mêmes de l'été ne font pas disparaître, et que les peuples voisins croient habitée par un dieu.

C'est dans cette contrée surtout qu'on élève les chevaux; et elle leur convient parfaitement. Nous entrerons

nium persequemur : nam equis inesse judicium documentis plurimis patefactum est, quum jam aliquot inventi sint, qui nonnisi primos dominos recognoscerent, obliti mansuetudinis, si quando mutassent consueta servitia. Inimicos partis suæ norunt adeo, ut inter prœlia hostes morsu petant. Sed illud majus est, quod rectoribus perditis, quos diligebant, arcessunt fame mortem. Verum hi mores in genere equorum præstantissimo reperiuntur : nam qui infra nobilitatem sati sunt, nulla documenta sui præbuerunt.

Sed ne quid videamur dicendi licentia contra fidem arrogasse, exemplum frequens dabimus.

Alexandri Magni equus Bucephalus dictus, sive de aspectus torvitate, seu ab insigni, quod taurinum caput armo inustum gerebat, seu quod de fronte ejus quædam corniculorum protuberabant minæ; quum ab equario suo alias etiam molliter sederetur, accepto regio stratu neminem unquam alium præter dominum vehere dignatus est. Documenta ejus in prœliis plura sunt, quibus Alexandrum e durissimis certaminibus sospitem ope sua extulit : quo merito effectum, ut defuncto in India exsequias rex duceret, et suprema ornaret sepulcro ; urbem etiam conderet, quam in nominis memoriam Bucephalam nominavit. Equus C. Cæsaris nullum præter Cæsarem dorso recepit. Cujus primores pedes facie vestigii humani tradunt fuisse [205], sicuti ante Veneris Genitricis ædem hac effigie locatus est. Regem Scytharum, quum singulari certamine interemptum adversarius victor spoliare vellet, ab equo ejus calcibus morsuque est lancinatus. Agrigentina etiam regio frequens est equorum sepulcris, quod manus supremorum meritis datum cre-

ici dans quelques détails sur le caractère de ces animaux. Une foule d'exemples prouvent leur intelligence. On en a vu qui ne reconnaissaient que leurs anciens maîtres, oubliant la condition qu'ils avaient subie depuis. Ils distinguent si bien les ennemis de leur parti, qu'au milieu du combat ils les attaquent et les mordent. Ce qui est plus remarquable encore, c'est qu'après avoir perdu les cavaliers qu'ils aimaient, ils se laissent mourir de faim. Mais c'est dans les chevaux de meilleure race que l'on trouve ce caractère : car ceux qui sont de race bâtarde n'ont rien présenté qui soit digne de remarque.

Pour ne paraître avancer rien de suspect, nous citerons des exemples.

Alexandre le Grand eut un cheval, nommé Bucéphale, soit à cause de son regard farouche, soit parce qu'il avait une tête de taureau marquée sur l'épaule, soit enfin que de son front, présentant une forme de corne, jaillît la menace. Il se laissait monter facilement par son palefrenier en toute circonstance ; mais paré du harnais royal, il ne daignait porter que son maître. Dans plusieurs combats, il sauva Alexandre des dangers les plus imminents ; ses services lui valurent, après sa mort dans l'Inde, des funérailles que le prince honora de sa présence; Alexandre éleva même, en souvenir de son nom, la ville de Bucéphale. Le cheval de C. César ne se laissait monter que par César lui-même. Il avait les pieds de devant semblables à ceux de l'homme : c'est ainsi qu'il est représenté devant le temple de Vénus Génitrix. Un roi des Scythes ayant été tué dans un combat singulier, son cheval écrasa sous ses pieds, et déchira de ses dents le vainqueur qui s'était approché pour dépouiller le mort. La contrée d'Agrigente a beaucoup de tombes élevées à des chevaux, en mémoire de leurs services. Ils aiment les spectacles du cirque, et sont animés à la course, soit

ditur. Voluptatem his inesse Circi spectacula prodiderunt : quidam enim equorum cantibus tibiarum, quidam saltationibus, quidam colorum varietate, nonnulli etiam accensis facibus ad cursus provocantur. Affectum equinum lacrymæ probant. Denique interfecto Nicomede rege, equus ejus vitam inedia expulit. Quum prœlio Antiochus Galatas subegisset [206], Cintareti nomine ducis, qui in acie ceciderat, equum insiluit ovaturus, isque adeo sprevit lupatos, ut de industria cernuatus, ruina pariter et se et equitem affligeret. Ingenia equorum etiam Claudii Cæsaris Circenses probaverunt, quum effuso rectore, quadrigæ currus æmulos non minus astu quam velocitate præverterent, et post decursa legitima spatia, ad locum palmæ sponte consisterent, velutque victoriæ præmium postularent. Excusso quoque auriga, quem Rutumannam nominabant, relicto certamine ad Capitolium quadriga prosiluit, nec ante substitit, quamlibet obviis occursibus impedita, quam Tarpeium Jovem terna dextratione lustraret.

In hujusce animalis genere ætas longior maribus: nam legimus equum ad usque annos septuaginta vixisse. Jam illud non venit in ambiguum, quod in annum tertium et tricesimum generant, utpote qui etiam post vicesimum mittatur [207] ad sobolem reficiendam. Notatum etiam advertimus, Opuntem nomine equum ad gregariam Venerem durasse in annos quadraginta. Equarum libido exstinguitur jubis tonsis.

In quarum partu amoris nascitur veneficium, quod frontibus præferunt recens editi, furvo colore, cicatricis simile, hippomanes [208] nominatum; quod si præreptum statim fuerit, nequaquam mater pullo ubera præbet felitanda [209].

par les sons de la flûte, soit par les danses, soit par la variété des couleurs ; quelques-uns enfin le sont par l'éclat des flambeaux. Ils expriment leurs sentiments par des larmes. Le roi Nicomède ayant été tué, son cheval se laissa mourir de faim. Antiochus, ayant dans une bataille vaincu les Galates, monta, pour triompher, sur le cheval d'un chef du nom de Cintarète, qui avait été tué en combattant ; le cheval se rendit tellement maître du frein, que, se laissant tomber à dessein, il écrasa son cavalier en succombant lui-même. Les jeux du Cirque, célébrés par l'empereur Claude, ont aussi prouvé l'intelligence de ces animaux. Un des concurrents ayant été renversé de son char, ses chevaux, par leur adresse comme par leur célérité, devancèrent tous ceux qui lui disputaient le prix, et, après avoir fourni la carrière voulue, ils s'arrêtèrent d'eux-mêmes au lieu où se donnait la palme, semblant réclamer le prix de la victoire. Un conducteur de char, nommé Rutumanna, s'étant laissé tomber, ses chevaux quittèrent la lice et se précipitèrent vers le Capitole : ils ne s'arrêtèrent, malgré les embarras de la voie publique, qu'après avoir trois fois fait le tour, de gauche à droite, du temple de Jupiter Tarpéien.

Chez les chevaux, les mâles vivent plus longtemps que les femelles : on lit qu'un cheval vécut soixante-dix ans. Il est certain que les chevaux engendrent jusqu'à trente-trois ans ; après vingt ans, on les retire du cirque pour les employer comme étalons. On cite même un cheval d'Oponte qui put être ainsi employé jusqu'à quarante ans. On apaise l'ardeur des cavales en leur tondant la crinière.

Les chevaux apportent en naissant le philtre qu'on nomme hippomanès : c'est un morceau de chair qui est attaché au front du poulain nouvellement né ; il est de couleur noire, et semblable à une cicatrice. Si on l'enlève sur le champ, la mère refuse ses mammelles à son petit.

Quo quis acrior fuerit, speique majoris, eo profundius nares mersitat in bibendo.

Mas ad bella nunquam producitur apud Scythas, eo quod feminæ exonerare vesicas etiam in fuga possint. Edunt equæ ex ventis conceptos : sed hi nunquam ultra triennium ævum trahunt.

XLVII. Assyria cum Media. In his de unguentorum origine, de arbore Medica.

Assyriorum initium Adiabene facit; in cujus parte Arbelitis regio est : quem locum victoria Alexandri Magni non sinit præteriri : nam ibi copias Darii fudit, ipsumque subegit, expugnatisque ejus castris in reliquo apparatu regis reperit scrinium unguentis refertum, unde primum Romana luxuria fecit ingressum ad odores peregrinos. Aliquantisper nos tamen virtute veterum ab hac vitiorum illecebra defensi sumus, atque adeo in censuram Publii Crassi, et Julii Cæsaris : qui edixerunt anno Urbis conditæ sexcentesimo sexagesimo quinto, ne quis unguenta inveheret peregrina [210]. Postmodum vicerunt nostra vitia, et senatui adeo placuit odorum delicia, ut ea etiam in pœnalibus tenebris uteretur : sicut L. Plotium, fratrem L. Planci bis consulis, proscriptum a triumviris, in Salernitana latebra unguenti odor prodidit.

Hos terrarum ductus excipit Media, cujus arbor inclaruit etiam carminibus Mantuanis [211] : ingens ipsa. cui tale ferme, quale unedonibus folium est; tantum eo differt, quod spinosis fastigiis hispida turgescat. Malum inimicum venenis, sapore aspero, et amaritudinis meræ;

Plus un cheval a d'ardeur et plus il promet, plus il enfonce dans l'eau ses naseaux pour boire.

Les Scythes n'emploient pas les mâles pour la guerre; ils préfèrent les juments, parce qu'elles peuvent rendre leur urine sans cesser de courir. Il y a des juments qui sont fécondées par les vents; mais leurs poulains ne vivent pas au delà de trois ans.

XLVII. De l'Assyrie et de la Médie, et, dans ces contrées, de l'origine des parfums, de l'arbre médique.

L'Adabiène ouvre l'Assyrie; c'est là que se trouve l'Arbalétide, que la victoire d'Alexandre le Grand ne nous permet pas de passer sous silence : là, il mit en fuite les troupes de Darius, fit ce prince prisonnier, et dans son camp, dont il s'était emparé, il trouva, parmi d'autres dépouilles, une boîte de parfums. Le goût des parfums étrangers s'est depuis répandu à Rome. La vertu de nos ancêtres nous a préservés quelque temps de leurs attraits pernicieux : ainsi, pendant leur censure, en l'an de Rome six cent soixante-cinq, Publius Crassus et Jules César prohibèrent l'entrée des parfums exotiques. Mais nos vices l'emportèrent bientôt, et ce genre de délices plut tellement aux sénateurs, que même dans l'exil ils ne s'en abstenaient pas. L. Plotius, frère de L. Plancus, deux fois consul, proscrit par les triumvirs, fut trahi, dans sa retraite de Salerne, par l'odeur de ses parfums.

Vient ensuite la Médie, qui produit un arbre illustré par le poëte de Mantoue : c'est un arbre élevé, dont la feuille ressemble à celle de l'arbousier; il n'en diffère d'ailleurs qu'en ce qu'il est hérissé de piquants. Le fruit, qui est un excellent antidote, a une saveur âpre, d'une amertume prononcée; mais rien n'est plus agréable que son

odoris autem fragrantia plus quam jucundum, longeque sensibile. Verum pomorum illi tanta ubertas inest, ut onere proventus semper gravetur : nam protinus atque poma ejus deciderunt maturitate, alia protuberant, eaque tantum est opimitati mora, fœtus ut decidant ante nati. Usurpare sibi nemora ista optaverunt et aliæ nationes per industriam tralati germinis, sed beneficium soli Mediæ datum, natura resistente terra alia non potuit mutuari.

XLVIII. Portæ Caspiæ.

Caspiæ portæ[212] panduntur itinere manu facto, longo octo millibus passuum; nam latitudo vix est plaustro permeabilis. In his angustiis etiam illud asperum, quod præcisorum laterum saxa liquentibus inter se salis venis, exundant humorem affluentissimum, qui constrictus vi caloris, velut in æstivam glaciem corporatur : ita labes invia accessum negat. Præterea octo et viginti millium passuum tractus omnis, quoquo inde pergitur, nullis puteis vel fontibus, sine præsidio sitit : tum serpentes undique gentium convenæ, a verno statim die illuc confluunt. Ita periculi ac difficultatis concordia, ad Caspios, nisi hieme, accessus negatur.

XLIX. Direum locus. Margiane regio, et in ea oppida.

A Caspiis ad orientem versus est locus, quod Direum[213] appellatur, cujus ubertati non est, quod uspiam comparari queat. Hunc circumsident Tapyri, Naricli, Hyrcani. Proximat ei Margiane regio, inclyta cœli ac soli commodis, adeo ut in toto illo latifundo vitibus

odeur, qui se répand au loin. Il donne une si grande abondance de fruits, que ses branches plient sous leur poids. Quand ils tombent de maturité, aussitôt d'autres se produisent, et cette fécondité n'éprouve de retard que parce qu'il faut que les fruits venus les premiers soient tombés. Des nations ont voulu s'approprier cet arbrisseau, et le propager chez elles par rejetons ; mais la Médie seule a pu jouir de ce bienfait : la nature l'a refusé à tout autre pays.

XLVIII. Portes Caspiennes.

Les portes Caspiennes sont formées par un passage pratiqué de main d'homme, et qui a huit mille pas de longueur ; quant à la largeur, à peine un chariot peut-il passer. Dans les aspérités de ces gorges s'élèvent des rochers escarpés, d'où s'échappent en très-grande abondance des courants d'eau salée, à laquelle la chaleur donne de la consistance, et qui forme une sorte de glace d'été, ce qui rend ce passage presque inaccessible. En outre, ce trajet qui en tout est de vingt-huit mille pas, n'offre sur aucun de ses points de puits ou de fontaines, où l'on puisse se désaltérer ; et puis des serpents y viennent en foule de toutes parts dès le printemps. Ainsi, soit à cause des dangers, soit à cause des difficultés de la route, on ne peut aborder ce pays qu'en hiver.

XLIX. La plaine Direum. De la Margiane et des villes de cette contrée.

A l'est de la mer Caspienne est une plaine nommée Direum, d'une extrême fertilité : elle est environnée par les Tapyres, les Naricles, les Hyrcaniens. Près de là est aussi la Margiane, dont le sol et le ciel sont si favorables, qu'elle seule, dans tout le pays, voit prospérer la

sola gaudeat. In faciem theatralem montibus clauditur, ambitu stadiorum mille quingentorum, pæne inaccessa ob incommodum arenosæ solitudinis, quæ per centum et viginti millia passuum undique versum circumfusa est. Regionis hujus amœnitatem Alexander Magnus usque adeo miratus est, ut ibi primum Alexandriam conderet: quam mox a barbaris excisam, Antiochus Seleuci filius reformavit, et de nuncupatione domus suæ dixit Seleuciam : cujus urbis circuitus diffunditur in stadia quinque et septuaginta. In hanc Orodes Romanos captos Crassiana clade deduxit. Et aliud in Caspiis Alexander oppidum excitavit, idque Heraclea dictum, dum manebat, sed hoc quoque ab iisdem eversum gentibus; deinde ab Antiocho restitutum, ut ille maluit, Achais postmodum nominatum est.

L. Gentes circum Oxum amnem. Terminus itinerum Liberi patris et Herculis. Item regiones cum gentibus. Simul de camelorum natura.

Oxus amnis oritur de lacu Oxo, cujus oras hinc inde Bateni et Oxistacæ accolunt; sed præcipuam partem Bactri tenent. Bactris præterea est proprius amnis Bactros; unde et oppidum, quod incolunt, Bactrum. Gentis hujus quæ pone sunt, Paropamisi jugis ambiuntur; quæ aversa, Indi fontibus terminantur; reliqua includit Oxus flumen.

Ultra hos Panda oppidum Sogdianorum, in quorum finibus Alexander Magnus tertiam Alexandriam condidit, ad contestandos itineris sui terminos. Hic enim locus est, in quo primum a Libero patre, post ab Hercule, deinde a Semiramide, postremo etiam a Cyro aræ sunt

vigue. Des montagnes forment autour d'elle un amphithéâtre de quinze cents stades, dont l'abord est rendu presque inaccessible par une solitude sablonneuse qui n'a pas moins de cent vingt mille pas en tout sens. Alexandre le Grand fut si charmé de la beauté de ce pays, qu'il y fonda Alexandrie, et qu'après la destruction de cette ville par les barbares, Antiochus, fils de Seleucus, la rebâtit, et, du nom de sa famille, l'appela Séleucie. La ville a soixante-dix stades de tour. C'est là qu'Orode conduisit les Romains faits prisonniers à la défaite de Crassus. Alexandre fonda aussi chez les Caspiens une autre ville, nommée Héraclée tant qu'elle subsista, mais qui, détruite par les barbares, fut rebâtie par Antiochus, qui préféra l'appeler Achaïs.

L. Nations des environs de l'Oxus. Limites des voyages de Bacchus et d'Hercule. Description de ces pays et de leurs peuples. De la nature des chameaux.

L'Oxus prend sa source dans un lac du même nom : ses bords sont habités des deux côtés par les Batènes et les Oxistaques ; mais les Bactres en occupent la plus grande partie. Les Bactres ont un fleuve du nom de Bactrus, d'où est venu le nom de Bactre, leur ville. Cette contrée a pour limites, par derrière la chaîne du Paropamise, par devant les sources de l'Indus ; le reste est embrassé par le fleuve Oxus.

Au delà est Panda, ville des Sogdiens, sur les frontières desquels Alexandre le Grand bâtit une troisième Alexandrie, pour y constater le terme de ses voyages. C'est le point où furent élevés des autels d'abord par Bacchus, puis par Hercule, ensuite par Sémiramis, et

constitutæ, quod proximum gloriæ omnes duxerint, illo usque promovisse itineris sui metas.

Universi ejus ductus duntaxat ab illa terrarum parte Iaxartes fluvius secat fines, quem tamen Iaxartem soli vocant Bactri : nam Scythæ Silin nominant. Hunc eumdem esse Tanain exercitus Alexandri Magni crediderunt; verum Demodamas, dux Seleuci, et Antiochi, satis idoneus vero auctor, transvectus amnem istum, titulos omnium supergressus est, aliumque esse, quam Tanain, deprehendit. Ob cujus gloriæ insigne dedit nomini suo, ut altaria ibi statueret Apollini Didymæo. Hoc est collimitium, in quo limes Persicus Scythis jungitur; quos Scythas Persæ lingua sua Sacas dicunt, et invicem Scythæ Persas Chorsacos nominant, montemque Caucasum Croucassim, id est nivibus candidantem. Densissima hic populorum frequentia, cum Parthis legem placiti ab exordio moris incorrupta custodit disciplina. E quibus celeberrimi sunt Massagetæ, Essedones[214], Satarchæ et Apalæi. Post quos, immanissimis barbaris interjacentibus, de ritu aliarum nationum pæne inconstanter definitum advertimus.

Bactri camelos fortissimos mittunt, licet et Arabia plurimos gignat. Verum hoc differunt[215], quod Arabici bina tubera in dorso habent, singula Bactriani. Hi nunquam pedes atterunt : sunt enim illis reciprocis quibusdam pulmunculis vestigia carnulenta. Unde et contraria est labes ambulantibus, nullo favente præsidio ad nisum insistendi. Habentur in duplex ministerium. Sunt alii oneri ferundo accommodati, alii perniciores; sed nec illi ultra justum pondera recipiunt, nec isti amplius qua solita spatia volunt egredi. Geniturae cupidine efferantur

enfin par Cyrus; tous ont tenu à honneur de s'être avancés jusque-là.

C'est là que sont les frontières du pays, déterminées par un fleuve que les Bactres seuls appellent Iaxarte : les Scythes le nomment Silis. L'armée d'Alexandre le Grand le prit pour le Tanaïs; mais Démodamas, général de Seleucus et d'Antiochus, que l'on doit regarder comme compétent en cette matière, ayant franchi ce fleuve, et surpassé ainsi la gloire de ses devanciers, se convainquit que c'était un autre fleuve que le Tanaïs. Pour consacrer sa gloire, il éleva en ces lieux des autels à Apollon Didyméen. Là se trouvent les limites de la Perse et la Scythie. Les Perses donnent aux Scythes le nom de Saces; de leur côté, les Scythes appellent les Perses Chorsaques, et le Caucase Croucasse, c'est-à-dire blanc de neige. Il y a là une foule de peuples qui observent inviolablement des lois qui, dès le principe, ont été adoptées d'un commun accord avec les Parthes. Les plus célèbres d'entre eux sont les Massagètes, les Essédons, les Satarques et les Apaléens. Après eux viennent, parmi les nations les plus barbares, des peuples sur les mœurs desquels on n'a rien dit qui nous ait paru avoir le caractère de la certitude.

On trouve dans la Bactriane les chameaux les plus forts, quoique l'Arabie en produise un grand nombre. Ils diffèrent toutefois des chameaux d'Arabie : ceux-ci ont deux bosses sur le dos, et ceux de la Bactriane n'en ont qu'une. Ils n'usent jamais le dessous de leurs pieds, car ils sont munis d'une sorte de semelle charnue qui se renouvelle; mais, en compensation, ils ont, dans la marche, à redouter un autre mal, leurs pieds n'ayant rien qui leur soit en aide quand ils s'appuient dessus pour faire effort. On les emploie à un double service. Les uns sont plus propres à porter des fardeaux, les

adeo, ut sæviant, quum Venerem requirunt. Oderunt equinum genus. Sitim etiam in quatriduum tolerant; verum quum occasio bibendi data est, tantum implentur, quantum et satiet desideria præterita, et in futurum diu prosit. Lutulentas aquas captant, puras refugiunt. Denique nisi cœnosior liquor fuerit, ipsi assidua proculcatione limum excitant, ut turbidetur. Durant in annos centum, nisi forte tralati in peregrina, insolentia mutati aeris morbos trahant. Ad bella feminæ præparantur, inventumque est ut desiderium ejus coitionis quadam castratione exsecaretur : putant enim fieri validiores, si a coitibus arceantur.

LI. Seres. Item Sericum vellus.

Qua ab Scythico Oceano, et mari Caspio in oceanum Eoum cursus inflectitur, ab exordio hujusce plagæ profundæ nives; mox longa deserta; post Anthropophagi, gens asperrima, dein spatia sævissimis bestiis efferata [216], ferme dimidiam itineris partem impenetrabilem reddiderunt. Quarum difficultatum terminum facit jugum mari imminens, quod Tabim [217] barbari dicunt; post quæ adhuc longinquæ solitudines. Sic in tractu ejus oræ, quæ spectat æstivum orientem, ultra inhumanos situs primos hominum Seres cognoscimus, qui aquarum aspergine inundatis frondibus, vellera arborum adminiculo depectunt liquoris, et lanuginis teneram subtilitatem humore domant ad obsequium. Hoc illud est Sericum,

autres plus convenables pour la course : mais les premiers ne veulent porter que des fardeaux en rapport avec leurs force; et les autres ne se soumettent qu'à parcourir une distance accoutumée. Ils sont tellement tourmentés du désir de la reproduction, qu'ils entrent en fureur quand ils veulent assouvir leur passion. Ils ont une aversion naturelle pour le cheval. Ils supportent la soif pendant quatre jours, et, quand ils en trouvent l'occasion, ils boivent pour la soif passée et pour la soif à venir. Ils recherchent l'eau trouble, évitent celle qui est claire. Si l'eau est trop limpide pour eux, ils piétinent pour la troubler, en délayant la vase. Ils vivent jusqu'à cent ans, à moins que le changement de climat ne leur cause des maladies. On destine les femelles à la guerre, et on a imaginé un genre de castration pour éteindre en elles le désir de l'accouplement : on croit leur donner plus de force en leur rendant l'approche du mâle impossible.

LI. Sères. Laine sérique.

En se dirigeant de l'Océan Scythique et de la mer Caspienne vers l'océan Oriental, on trouve d'abord dans ce pays des amas de neige, puis d'immenses solitudes, puis l'affreuse nation des Anthropophages, et enfin un pays infesté de bêtes féroces qui rendent près de la moitié de la route inaccessible. Tous ces obstacles ne disparaissent qu'à une montagne qui domine la mer, et que les barbares appellent Tabis; et puis viennent encore des déserts. Sur cette plage, du côté de l'orient d'été, les Sères sont le premier peuple que l'on connaisse; les feuilles de leurs forêts sont couvertes d'un duvet d'une grande délicatesse, qu'on ne peut employer qu'en l'imbibant d'eau, et dont on fait des tissus. C'est ce que l'on nomme le tissu sérique, admis à notre honte dans nos usages, et qui sert à montrer les corps plutôt

in usum publicum damno severitatis admissum, et quo ostendere potius corpora, quam vestire, primo feminis, nunc etiam viris luxuriæ persuasit libido.

Seres ipsi quidem mites, et inter se quietissimi, et qui reliquorum mortalium cœtus refugiant, adeo ut ceterarum gentium commercia abnuant. Primum eorum fluvium mercatores ipsi transeunt, in cujus ripis nullo inter partes linguæ commercio, sed depositarum rerum pretia oculis æstimantibus sua tradunt, nostra non emunt.

LII. Gens Attacorum.

Sequitur Attacenus sinus, et gens hominum Attacorum, quibus temperies prærogativa miram aeris clementiam subministrat. Arcent sane afflatum noxium colles, qui salubri apricitate undique secus objecti prohibent auras pestilentes; atque ideo, ut Amometus affirmat, par illis et Hyperboreis genus vitæ est. Inter hos et Indiam gnarissimi Ciconas locaverunt.

LIII. India.
In ea de ritu hominum et qualitate, de cœli clementia, de natura soli, de serpentibus Indicis, de leucrocotta bestia, de eale bestia, de tauris Indicis, de mantichora bestia, de bubus Indicis, de monocerote bestia, de anguillis Gangeticis, de Gangeticis vermibus, de balæna Indica, de physetere, de ave psittaco, de Indicis lucis, de ficu Indica, de Indicis arundinibus, de arboribus in insula Indiæ nascentibus, de piperis arbore, de ebeno, de adamante lapide, de lapide beryllo, de chrysoberyllo lapide, de chrysopraso lapide, de hyacinthizonte lapide.

Ab Emodis montibus auspicatur India, a Meridiano mari porrecta ad Eo, favonii spiritu saluberrima. In anno bis æstatem habet, bis legit frugem, vice hiemis etesias patitur auras. Hanc Posidonius adversam Galliæ statuit. Sane nec quidquam ex ea dubium: nam Alexan-

qu'à les vêtir; employé d'abord par les femmes, il a été ensuite adopté par les hommes : triste effet de coupables penchants !

Les Sères sont d'un caractère doux, très-pacifiques entre eux; mais ils fuient l'approche des autres hommes : ils se refusent à des rapports avec les autres peuples. Toutefois les marchands de cette nation traversent leur fleuve; et sur ses bords, sans qu'il y ait aucun commerce de langage entre les parties, ils livrent leurs richesses à ceux qui les apprécient, mais ils n'achètent rien qui vienne de nos contrées.

LII. Nation des Attaques.

Vient ensuite le golfe Attacénien, et la nation des Attaques, à qui le ciel le plus doux a départi un climat privilégié. Ils n'ont à craindre aucun vent nuisible, protégés qu'ils sont par des collines exposées au soleil, qui éloignent tout souffle pernicieux; et par cela même, à ce qu'assure Amomète, ils ont le même genre de vie que les Hyperboréens. Entre eux et les Indiens, les savants ont placé les Cicones.

LIII. De l'Inde; du caractère et des mœurs de ses habitants; de la douceur du ciel; de la nature du sol, des serpents indiens, de l'animal dit leucrocotte, de l'éale, des taureaux indiens, de la mantichore, des bœufs de l'Inde, du monocéros, des anguilles du Gange, des vers du Gange, de la baleine de l'Inde, du physétère, du perroquet, des bois, du figuier et des roseaux de l'Inde, des arbres insulaires de l'Inde, de l'arbre à poivre, de l'ébène, du diamant, des pierres dites béryl, chrysobéryl, chrysoprase, hyacinthizonte.

Aux monts Émodes commence l'Inde, qui s'étend de la mer du Midi à l'est, et dont la salubrité tient à l'influence du vent d'ouest. Deux fois l'année elle jouit de l'été; deux fois elle récolte des fruits, et, comme si c'était l'hiver, les vents étésiens y soufflent. Posidonius la croit

dri Magni armis comperta, et aliorum postmodum regum diligentia peragrata penitus cognitioni nostræ addicta est. Megasthenes sane apud Indicos reges aliquantisper moratus, res Indicas scripsit, ut fidem, quam oculis subjecerat, memoriæ daret. Dionysius quoque, qui et ipse a Philadelpho rege spectator missus est, gratia periclitandæ veritatis, paria prodidit. Tradunt ergo in India fuisse quinque millia oppidorum præcipua capacitate, populorum novem millia. Diu etiam credita est tertia pars esse terrarum. Nec mirum sit, vel de hominum, vel de urbium copia, quum soli Indi nunquam a natali solo recesserint.

Indiam Liber pater primus ingressus est, utpote qui Indis subactis omnium primus triumphavit [218]. Ab hoc ad Alexandrum Magnum numerantur annorum sex millia quadringenti quinquaginta unus, additis et amplius tribus mensibus, habita per reges computatione, qui centum quinquaginta tres tenuisse medium ævum deprehenduntur.

Maximi in ea amnes Ganges, et Indus: quorum Gangen quidam fontibus incertis nasci [219], et Nili modo exsultare contendunt; alii volunt a Scythicis montibus exoriri. Hypanis etiam ibi nobilissimus fluvius, qui Alexandri Magni iter terminavit, sicuti aræ in ripa ejus positæ probant. Minima Gangis latitudo per octo millia passuum, maxima per viginti patet; altitudo, ubi vadosissimus est, mensuram centum pedum devorat.

Gangarides extimus est Indiæ populus; cujus rex equites mille, elephantos septingentos, peditum sexaginta millia in apparatu belli habet.

Indorum quidam agros exercent, militiam plurimi, merces alii; optimi ditissimique rem publicam curant,

située vis-à-vis de la Gaule. Il ne peut certes y avoir rien de douteux sur ce pays : car révélé par les conquêtes d'Alexandre et par les excursions des rois ses successeurs, il nous est parfaitement connu. Megasthène, qui resta quelque temps auprès des rois de l'Inde, a écrit l'histoire de ce pays, pour transmettre à la postérité ce qu'il avait observé. Denys, qui de son côté fut envoyé par le roi Philadelphe dans le but d'éclaircir la vérité, a raconté les mêmes choses. Ils disent donc qu'il y avait dans l'Inde cinq mille villes importantes, et neuf mille peuples. Longtemps on l'a regardée comme une troisième partie du monde. Que l'on ne s'étonne pas du nombre des habitants ou des villes de l'Inde, puisque les indigènes de ce pays sont, parmi les nations, les seuls qui ne se sont jamais éloignés du sol où ils sont nés.

C'est Bacchus qui le premier entra dans l'Inde ; et c'est lui, en effet, qui le premier soumit les Indiens. De Bacchus à Alexandre, on compte six mille quatre cent cinquante et un ans et trois mois, d'après un calcul établi sur le nombre des cent cinquante-trois rois, qui, dans cet intervalle, ont occupé le trône.

Les fleuves les plus considérables de l'Inde sont le Gange et l'Indus. Le Gange, selon quelques auteurs, vient de sources incertaines et, sous ce rapport, ressemble au Nil ; d'autres le font venir des montagnes de Scythie. Là aussi se trouve un fleuve célèbre, l'Hypanis, où finit la marche d'Alexandre, comme le prouvent les autels élevés sur ses bords. La plus petite largeur du Gange est de huit mille pas ; la plus grande de vingt mille ; sa profondeur la moins considérable de cent pieds.

Les Gangarides sont le dernier peuple de l'Inde. Leur roi dispose pour la guerre de mille cavaliers, de sept cents éléphants, et de soixante mille fantassins.

Parmi les Indiens, quelques-uns s'adonnent à la culture, un grand nombre à la guerre, d'autres au com-

reddunt judicia, assident regibus. Quietum ibi eminentissimæ sapientiæ genus est [220], vita repletos incensis rogis mortem accersere. Qui vero ferociori sectæ se dediderunt, et silvestrem agunt vitam, elephantos venantur, quibus perdomitis ad mansuetudinem aut arant, aut vehuntur.

In Gange insula est populosissima, amplissimam continens gentem, quorum rex peditum quinquaginta millia, equitum quatuor millia in armis habet. Omnes sane, quicumque præditi sunt regia potestate, non sine maximo elephantorum, equitum, peditumque numero militarem agitant disciplinam.

Prasia gens validissima Palibotram urbem incolunt, unde quidem gentem ipsam Palibotros nominarunt. Quorum rex peditum sexaginta millia, equitum triginta millia, elephantorum octo millia omnibus diebus ad stipendium vocat. Ultra Palibotram mons Maleus, in quo umbræ hieme in septentriones, æstate in austros cadunt, vicissitudine hac durante mensibus senis. Septentriones in eo tractu in anno semel, nec ultra quindecim dies parent, sicut auctor est Beton, qui perhibet hoc in plurimis Indiæ locis evenire.

Indo flumini proximantes, versa ad meridiem plaga, ultra alios torrentur calore; denique vim sideris prodit hominum color. Montana Pygmæi tenent. At ii, quibus est vicinus Oceanus, sine regibus degunt. Pandæa gens a feminis regitur, cui reginam primam assignant Herculis filiam. Et Nysa urbs regioni isti datur. Mons etiam Jovi sacer, Meros nomine, in cujus specu nutritum

merce; les plus marquants et les plus riches veillent aux intérêts de l'État, rendent la justice, assistent au conseil des rois. En ce pays, la sagesse suprême consiste, quand on est rassasié de la vie, à périr volontairement sur un bûcher. Il y a des Indiens qui se sont choisis un genre de vie des plus rudes : ils habitent les bois, prennent et domptent les éléphants, qu'ils dressent au labourage et dont ils font leur monture.

Il y a dans le Gange une île très-populeuse, et qui contient une nation considérable, dont le roi a sous les armes cinquante mille fantassins et quatre mille cavaliers. Tous ceux qui sont revêtus du pouvoir royal ne s'occupent d'exercices militaires qu'avec un grand déploiement d'éléphants, de cavaliers, de fantassins.

Les Prasiens, peuple puissant, ont pour capitale Palibotra, ce qui leur a fait donner, par quelques auteurs, le nom de Palibotres. Le roi entretient continuellement une armée de soixante mille fantassins, de trente mille cavaliers et de huit mille éléphants. Au delà de Palibotra est le mont Malée, où l'ombre a tour à tour deux directions, l'une au nord pendant l'hiver, l'autre au sud pendant les six mois de l'été. La grande Ourse, en ce pays, ne paraît qu'une fois l'année, et pas plus de quinze jours, comme l'atteste Béton, qui ajoute que cela a lieu sur beaucoup d'autres points de l'Inde.

Les habitants des bords de l'Indus, du côté du midi, sont brûlés plus que les autres par la chaleur du soleil : leur teint en est la preuve. Les Pygmées occupent les montagnes. Les peuples qui avoisinent l'Océan n'ont point de rois. Les Pandes sont gouvernés par des femmes; leur première reine fut, dit-on, la fille d'Hercule. La ville de Nysa appartient aussi à cette contrée, ainsi qu'une montagne, consacrée à Jupiter, et du nom de Méros.

Liberum patrem veteres Indi affirmant : ex cujus vocabuli argumento lascivienti famæ creditur, Liberum patrem femine natum [221].

Extra Indi ostium sunt insulæ duæ, Chryse et Argyre, adeo fecundæ copia metallorum, ut plerique eas aurea sola prodiderint habere et argentea. Indis omnibus promissa cæsaries, non sine fuco cæruli aut crocei coloris. Cultus præcipuus in gemmis. Nullus funerum apparatus. Præterea, ut Jubæ et Archelai regum libris editum est [222], in quantum mores populorum dissonant, habitus quoque discrepantissimus est : alii lineis, alii laneis peplis vestiuntur, pars nudi, pars obscena tantum amiculati, plurimi etiam flexibilibus libris circumdati. Quidam populi adeo proceri, ut elephantos, velut equos, facillima insultatione transiliant. Plurimis placet, neque animal occidere, neque vesci carnibus. Plerique tantum piscibus aluntur, et e mari vivunt. Sunt qui proximos parentesque priusquam annis aut ægritudine in maciem eant, velut hostias cædunt; deinde peremptorum viscera epulas habent, quod ibi non sceleris sed pietatis loco numerant. Sunt etiam qui, quum incubuere morbi, procul a ceteris in secreta abeunt, nihil anxie mortem exspectantes.

Astacanorum gens laureis viret silvis, lucis buxeis ; vitium vero, et arborum universarum, quibus gratia dulcis est, proventibus copiosissima.

Philosophos habent Indi, gymnosophistas vocant [223], qui ab exortu ad usque solis occasum contentis oculis

C'est dans une grotte de cette montagne que fut élevé Bacchus, disent les anciens de l'Inde; c'est le nom de *Méros* qui a accrédité ce bruit fabuleux, que Bacchus était né de la cuisse de Jupiter.

Au delà de l'embouchure de l'Indus sont deux îles, Chrysé et Argyre, où abondent les mines, à tel point que quelques écrivains prétendent que le sol même est de l'or et de l'argent. Les Indiens ont une longue chevelure, qu'ils teignent d'une couleur d'azur ou de safran. Leur principal luxe est dans les pierres précieuses. Chez eux, point de funérailles pompeuses. En outre, d'après les livres des rois Juba et Archelaüs, autant diffèrent les mœurs de ces peuples, autant diffèrent leurs vêtements : les uns portent des habits tissus de lin; les autres, tissus de laine; les uns vont tout nus; les autres ne cachent que les parties sexuelles; d'autres s'enveloppent d'écorces flexibles. Quelques-uns sont d'une stature si haute, qu'ils montent des éléphants, comme on monte des chevaux. Pour les uns, c'est un devoir de ne point tuer l'animal, de s'abstenir de toute chair; pour d'autres le poisson est la seule nourriture, et ils ne vivent que de la mer. Il en est qui tuent leurs proches et leurs parents, comme on tue des victimes, avant que la vieillesse ou la maladie les aient fait maigrir; puis ils mangent la chair de ces victimes, ce qui, dans ce pays, au lieu d'être un crime, est un acte de piété. Il y en a qui, lorsque la maladie les surprend, s'isolent, et vont loin de la société des hommes attendre tranquillement la mort naturelle.

Le pays des Astacanes produit des forêts de lauriers, des bois de buis; il est fort abondant en vignes, et en toute sorte d'arbres gracieux.

Les Indiens ont des philosophes qu'ils nomment gymnosophistes, qui, du matin jusqu'au soir, regardent fixe-

orbem candentissimi sideris contuentur, in globo igneo rimantes secreta quædam, arenisque ferventibus perpetem diem alternis pedibus insistunt. Ad montem, qui Nulo dicitur [224], habitant quibus adversæ plantæ sunt, et octoni digiti in plantis singulis. Megasthenes per diversos Indiæ montes esse scribit nationes capitibus caninis, armatas unguibus, amictas vestitu tergorum, ad sermonem humanum nulla voce, sed latratibus tantum sonantes, asperis rictibus. Apud Ctesiam legitur quasdam feminas ibi semel parere, natosque canos illico fieri. Esse rursum gentem alteram, quæ in juventa cana sit, nigrescat in senectute, ultra ævi nostri terminos perennantem. Legimus monocolos quoque ibi nasci singulis cruribus, et singulari pernicitate; qui ubi defendi se velint a calore, resupinati plantarum suarum magnitudine inumbrentur. Gangis fontem qui accolunt, nullius ad escam opis indigi, odore vivunt pomorum silvestrium, longiusque pergentes eadem illa in præsidio gerunt, ut olfactu alantur. Quod si tetriorem spiritum forte traxerint, exanimari eos certum est.

Perhibent esse et gentem feminarum, quæ quinquennes concipiant, sed ultra octavum annum vivendi spatium non protrahunt. Sunt qui cervicibus carent [225], et in humeris habent oculos. Sunt qui silvestres, hirti corpora, caninis dentibus, stridore terrifico. Apud eos vero, quibus ad vivendi rationem exactior cura est, multæ uxores in ejusdem viri coeunt matrimonium, et, quum

ment le soleil, même lorsqu'il est le plus éclatant, cherchant à surprendre dans ce globe de feu quelques secrets, et qui se tiennent tout le jour tantôt sur un pied, tantôt sur l'autre dans des sables brûlants. Au mont Nulus sont des hommes qui ont les pieds tournés en arrière, et huit doigts à chaque pied. Megasthène dit que sur diverses montagnes de l'Inde les habitants ont des têtes de chien, qu'ils sont armés de griffes, vêtus de peaux de bêtes; qu'ils n'ont pas de langage humain, mais qu'ils font seulement entendre des aboiements, en ouvrant une gueule menaçante. On lit dans Ctésias, qu'il y a des femmes, en ce pays, qui n'accouchent qu'une seule fois, et que leurs enfants ont les cheveux blancs dès le moment de leur naissance; qu'il y a aussi un autre pays dont les habitants ont les cheveux blancs quand ils sont jeunes, noirs quand ils sont vieux, et qui vivent au delà de notre terme ordinaire. On lit encore que là naissent des hommes qui n'ont qu'une jambe, et qui pourtant sont fort agiles : quand ils veulent se protéger contre une chaleur trop vive, ils se couchent sur le dos et se donnent de l'ombre avec le pied, qu'ils ont énorme. Vers la source du Gange, il y a des hommes qui, pour se nourrir, n'ont besoin d'aucunes ressources : ils ne vivent que de l'odeur des fruits de leurs forêts, et s'ils poursuivent une longue route, ils les emportent pour se nourrir en les sentant. S'il leur arrive de respirer une odeur un peu forte, ils le payent toujours de la vie.

On rapporte aussi qu'il y a dans l'Inde des femmes qui conçoivent à cinq ans, mais qui ne vivent pas au delà de huit. Il y a des hommes sans tête, et qui ont les yeux aux épaules. D'autres, qui vivent dans les forêts, ont le corps velu, des dents de chien, et ne font entendre qu'un effroyable glapissement. Chez ceux de ces peuples où l'on adopte un genre de vie régulier, plusieurs femmes sont les épouses d'un seul homme; quand l'époux meurt,

maritus homine decesserit, apud gravissimos judices suam quæque de meritis agunt causam, et quæ officiosior ceteris sententia judicum vicerit, hoc palmæ refert præmium, ut arbitratu suo accendat rogum conjugis, et supremis ejus semetipsam det inferias; ceteræ in nota vivunt.

Enormitas in serpentibus tanta est, ut cervos et animantium alia ad parem molem tota hauriant; quin etiam oceanum Indicum, quantus est, penetrent, et insulas magno spatio a continenti separatas pabulandi petant gratia. Idque ipsum palam est, non qualibet magnitudine evenire, ut per tantam sali latitudinem ad loca permeent destinata. Sunt illic multæ ac mirabiles bestiæ, quarum partem persequemur.

Leucrocotta velocitate præcedit feras universas; ipsa asini feri magnitudine, cervi clunibus, pectore ac cruribus leoninis, capite melium, bisulca ungula, ore ad usque aures dehiscente, dentium locis osse perpetuo. Hæc quod ad formam; voce autem loquentium hominum sonos æmulatur [226].

Est et eale [227], ut equus cetera, cauda vero elephanti, nigro colore, maxillis aprugnis, præferens cornua ultra cubitalem modum longa, ad obsequium cujus velit motus accommodata : neque enim rigent, sed moventur, ut usus exigit prœliandi; quorum alterum quo cum pugnat, protendit, alterum replicat, ut si nisu aliquo fuerit alterius acumen obtusum, acies succedat alterius. Hippopotamis comparatur; et ipsa sane aquis fluminum gaudet.

Indicis tauris color fulvus est, volucris pernicitas, pilus in contrarium versus, hiatus omne quod caput. Hi

chacune établit ses droits auprès des juges les plus graves, et quand un arrêt a été rendu en faveur de l'une d'elles par les juges, celle qui a obtenu cet honneur peut allumer, comme elle l'entend, le bûcher du mort, et s'y offrir en sacrifice ; les autres vivent dans une sorte de déshonneur.

Les serpents de l'Inde parviennent à une telle grandeur qu'ils avalent tout entiers des cerfs et d'autres animaux de la même taille. Bien plus, ils pénètrent au milieu de l'océan Indien, et abordent, pour y chercher leur nourriture, des îles qu'un long espace sépare du continent. Il est évident qu'il leur faut une grandeur extraordinaire pour arriver, à travers une si vaste étendue, au but qu'ils veulent atteindre. Il y a dans ce pays une foule d'animaux remarquables, dont nous allons faire connaître une partie.

La leucrocotte l'emporte en agilité sur tous les autres animaux. Elle a la taille de l'âne sauvage, le derrière du cerf, la poitrine et les jambes du lion, la tête du blaireau, les pieds fourchus, la gueule fendue jusqu'aux oreilles, et, au lieu de dents, un os qui garnit toute la mâchoire. Voilà pour la forme ; quant à la voix, on prétend qu'elle ressemble à celle de l'homme.

Là aussi se trouve l'éale, qui, sous bien des rapports, ressemble au cheval, mais qui a la queue de l'éléphant, le poil noir, les mâchoires du sanglier, des cornes de plus d'une coudée de long et qui se prêtent aux mouvements que lui imprime l'animal : mais elles ne restent pas roides ; elles ont la mobilité nécessaire pour le combat ; quand l'éale se bat, il dirige l'une d'elles en avant, et replie l'autre, afin que si la pointe de la première vient à s'émousser, l'autre prenne sa place. On le compare à l'hippopotame ; et en effet il aime aussi l'eau des fleuves.

Les taureaux indiens sont de couleur fauve, leur agilité est extrême, ils ont le poil à contre-sens, la

quoque circumferunt cornua flexibilitate qua volunt, tergi duritia omne telum respuunt, et tam immiti ferocitate, ut capti animas projiciant furore.

Mantichora quoque nomine inter hæc nascitur, triplici dentium versu coeunte ordinibus alternis, facie hominis, glaucis oculis, sanguineo colore, corpore leonino, cauda veluti scorpionis aculeo spiculata, voce tam sibila, ut imitetur modulos fistularum, tubarumque concinentum. Humanas carnes avidissime affectat. Pedibus sic viget, saltu sic potest, ut morari eam nec extentissima spatia possint, nec obstacula altissima.

Sunt præterea boves unicornes et tricornes, solidis ungulis nec bifissis.

Sed atrocissimum est monoceros[228], monstrum mugitu horrido, equino corpore, elephanti pedibus, cauda suilla, capite cervino. Cornu e media fronte ejus protenditur, splendore mirifico, ad longitudinem pedum quatuor, ita acutum, ut quidquid impetat, facile ictu ejus perforetur. Vivus non venit in hominum potestatem : et interimi quidem potest, capi non potest.

Aquæ etiam gignunt miracula non minora. Anguillas ad tricenos pedes longas educat Ganges; quem Statius Sebosus inter miracula præcipua ait vermibus abundare, cæruleis nomine et colore. Hi bina habent brachia longitudinis cubitorum non minus senum[229], adeo robustis viribus, ut elephantos ad potum ventitantes, mordicus comprehensos ipsorum manu rapiant in profundum. Indica maria balænas habent ultra spatia quatuor jugerum ; sed et quos physeteras nuncupant,

bouche fendue jusqu'aux oreilles. Ils ont aussi les cornes mobiles à volonté, une peau dure, impénétrable à toute espèce d'armes, et tellement indomptables qu'une fois pris, ils meurent de rage.

Chez les mêmes peuples se trouve la mantichore, qui a une triple rangée de dents, s'engrénant les unes dans les autres, la face de l'homme, les yeux glauques, la couleur rouge de sang, le corps du lion, la queue armée d'un aiguillon, comme le scorpion, et dont la voix semble se composer des sons combinés de la flûte et de la trompette. Cet animal recherche la chair humaine avec beaucoup d'avidité. Il a dans les pieds tant de vigueur, il bondit avec tant de souplesse, qu'il n'est arrêté ni par l'espace, ni par la hauteur.

L'Inde produit aussi des bœufs qui n'ont qu'une corne et d'autres qui en ont trois; ils sont solipèdes, et non fissipèdes.

Mais le monstre le plus effroyable de ce pays est le monocéros, dont le mugissement est affreux, et qui a la forme du cheval, les pieds de l'éléphant, la queue du sanglier, la tête du cerf. Du milieu du front s'élève une seul corne, d'un éclat remarquable, qui est longue de quatre pieds, et tellement aiguë qu'elle perce facilement tout ce qu'elle frappe. Cet animal ne tombe pas vivant entre les mains de ses ennemis : on peut le tuer, mais non le prendre.

Les eaux de ce pays ne produisent pas moins d'animaux merveilleux. On trouve dans le Gange des anguilles de trente pieds; Statius Sebosus dit que dans ce fleuve, entre autres productions remarquables, on trouve des vers appelés bleus, et qui le sont en effet. Ils ont deux branchies de six coudées de long. Leur force est telle, que lorsqu'un éléphant vient boire, ils lui saisissent la trompe, et l'entraînent au fond de l'eau. Les mers de l'Inde ont des baleines offrant une étendue de plus de quatre jugères.

qui enormes supra molem ingentium columnarum, ultra antennas se navium extollunt, haustosque fistulis fluctus ita eructant, ut nimbosa alluvie plerumque deprimant alveos navigantium.

Sola India mittit avem psittacum, colore viridem, torque puniceo, cujus rostri tanta duritia est, ut quum e sublimi præcipitat in saxum, nisu se oris excipiat, et quodam quasi fundamento utatur extraordinariæ firmitatis; caput vero tam valens, ut si quando ad discendum plagis siet admonendus, nam studet, ut quod homines alloquatur, ferrea clavicula sit verberandus. Dum in pullo est, atque adeo intra alterum ætatis suæ annum, quæ monstrata sunt, et citius discit, et retinet tenacius; major pullo, est et obliviosus, et indocilis. Inter nobiles et ignobiles discretionem digitorum facit numerus; qui præstant, quinos in pedes habent digitos, ceteri ternos; lingua lata, multoque latior quam ceteris avibus: unde perficitur ut articulata verba penitus eloquatur. Quod ingenium ita Romæ deliciæ miratæ sunt, ut barbaris psittacos mercem fecerint.

Indorum nemora in tam proceram sublimantur excelsitatem, ut transjaci ne sagittis quidem possint. Pomaria ficus habent, quarum codices in orbem spatio sexaginta passuum extuberantur; ramorum umbræ ambitu bina stadia consumunt; foliorum latitudo formæ Amazonicæ peltæ comparatur; pomum eximiæ suavitatis. Quæ palustria sunt, arundinem creant ita crassam, ut fissis internodiis, lembi vice vectitet navigantes. E radicibus ejus exprimitur humor dulcis ad melleam suavitatem. Tylos Indiæ insula est; ea fert palmas, oleam creat, vinis abundat. Terras omnes hoc miraculo sola vincit,

Mais les animaux que l'on nomme physétères [1], plus hauts que les plus hautes colonnes, s'élèvent au-dessus même des vergues des vaisseaux, et jettent une si énorme quantité d'eau, que souvent, par cette inondation, ils coulent bas les navires.

C'est de l'Inde seulement que vient le perroquet; son plumage est vert; il a un collier rouge; son bec est si dur, que quand, du haut des airs, il se précipite sur un rocher, il tombe sur son bec, comme sur un appui d'une solidité extraordinaire; sa tête elle-même est d'ailleurs si forte, que lorsqu'on veut lui apprendre à parler, car il répète les mots qu'il entend, il faut, pour attirer son attention, le frapper avec une petite verge de fer. Tant qu'il est petit, et dans la première moitié de son âge, il apprend plus vite et retient mieux; plus tard, il oublie, il est indocile. Le nombre des doigts établit parmi ces oiseaux deux classes : l'une distinguée, l'autre vulgaire; les premiers ont cinq doigts aux pieds, les seconds n'en ont que trois. Ils ont une langue large, beaucoup plus large que les autres oiseaux, ce qui leur donne la facilité de prononcer distinctement les mots articulés. A Rome, on fut si charmé de cette habileté des perroquets, que pour s'en procurer, on fit commerce avec les barbares.

Les forêts des Indiens ont des arbres d'une telle hauteur qu'une flèche n'en peut atteindre le sommet. On trouve dans les vergers des figuiers dont le tronc présente une circonférence de soixante pas, et dont les branches couvrent deux stades de leur ombre. La largeur des feuilles peut se comparer à la pelte des Amazones; le fruit a une saveur exquise. Les marais produisent des roseaux d'une dimension telle, que de la partie comprise entre chaque nœud on peut former des canots. On exprime des racines une liqueur aussi douce que le miel. Tylos est une île de l'Inde; elle produit le palmier, cultive l'olivier, et

---

[1] Souffleurs.

quod quæcumque in ea arbos nascitur, nunquam caret folio. Mons Caucasus inde incipit, qui maximam orbis partem perpetuis jugis penetrat. Idem fronte, qua soli obversus est, arbores piperis ostentat, quas ad juniperi similitudinem diversos fructus edere asseverant. Eorum, qui primus erumpit, velut corylorum fimbria, dicitur piper longum; qui deinde caducus torretur fervido sole, vocamen trahit de colore; at qui ex ipsa arbore stringitur, ut est, album piper dicitur [230]. Sed, ut piper sola India, ita et ebenum sola mittit, nec tamen universa, verum exigua sui parte silvas hoc genus edit. Arbor est plerumque tenuis, et frequentior vimine, raro in crassitudinem caudicis extuberatur, hiulco cortice et admodum reticulato, dehiscentibus venis, adeo ut per ipsos sinus pars intima vix tenui libro contegatur; lignum omne atque mediale eadem ferme et facie et nitore, qui est in lapide gagate. Indi reges ex eo sceptra sumunt, et quascumque deorum imagines nonnisi ex ebeno habent. Idem ferunt, materia ista liquorem noxium non contineri, et quidquid maleficum fuerit, tactu ejus averti: hac gratia pocula ex ebeno habent. Ita nihil mirum, si peregre sit in pretio, quod etiam ipsi, quibus provenit, honorantur. Ebenum Romæ Mithridatico triumpho primum Magnus Pompeius exhibuit. Mittit India et calamos odoratos, potentes adversum intestinæ ægritudinis incommoda; dat et multa alia fragrantia mirifici spiritus suavitate.

Indicorum lapidum in adamantibus dignitas prima, utpote qui lymphationes abigunt, venenis resistunt, et

offre de nombreux vignobles. Elle a sur tous les pays cet avantage merveilleux qu'aucun arbre n'y perd ses feuilles. En ces contrées commence le mont Caucase, dont la chaîne pénètre au milieu d'une très-grande partie du globe. Du côté le plus exposé au soleil, se trouve l'arbre qui porte le poivre, et qui, dit-on, donne, comme le genévrier, plusieurs fruits : celui qui paraît le premier, semblable aux chatons du coudrier, se nomme poivre long ; celui qui lui succède et qui tombe brûlé par l'ardeur du soleil, tire son nom de sa couleur ; celui enfin que l'on cueille à l'arbre même, est appelé poivre blanc, comme il l'est en effet. Si l'Inde seule produit le poivre, seule aussi elle produit l'ébène : ce n'est pas pourtant dans toute son étendue, mais seulement dans une petite partie, qu'on voit des forêts d'ébeniers. Cet arbre, qui le plus souvent est mince, a beaucoup de branches ; sa souche prend rarement de la grosseur ; son écorce s'entr'ouvre facilement, et présente une espèce de réseau, dont les veines se divisent de telle sorte, que la partie intérieure est à peine couverte d'une pellicule. Le bois en entier, comme le cœur de l'arbre, a l'aspect et l'éclat du jais. Les rois indiens en tirent leurs sceptres, et dans l'Inde toutes les images des dieux sont en ébène. D'après les indigènes, ce bois ne contient aucun suc malfaisant, et détruit par son contact toute mauvaise influence : aussi se servent-ils de vases d'ébène. Il n'est donc pas étonnant que les étrangers l'estiment, puisqu'il est prisé dans le pays même qui le produit. Le grand Pompée fit voir l'ébène à Rome dans son triomphe, après la défaite de Mithridate. L'Inde produit aussi des roseaux, dont l'odeur est un spécifique contre les affections morales. Elle produit d'ailleurs une foule d'autres végétaux d'un parfum délicieux.

Parmi les pierres précieuses, les Indiens assignent le premier rang au diamant. Il dissipe les hallucinations,

pavitantium vanos metus pellunt. Hæc primum de iis prædicari oportuit, quæ respicere ad utilitatem videbamus; nunc reddemus quæ adamantum sint species, et quis colos cuique eximius. In quodam crystalli genere invenitur, materiæ in qua nascitur adæque similis splendore liquidissimo, in mucronem sexangulum utrinque secus leniter turbinatus [231], nec unquam ultra magnitudinem nuclei avellanæ repertus. Huic proximus in excellentissimo auro deprehenditur, pallidior, ac magis ad argenti colorem renitens. Tertius in venis cupri apparet, propior ad æream faciem. Quartus in metallis ferrariis legitur, pondere ceteros antecedens, non tamen et potestate: nam et hi, et qui in cupro deprehenduntur, frangi queunt, plerique etiam adamante altero perforantur; at illi, quos primos significavimus, nec ferro vincuntur, nec igne domantur [232]. Verum tamen si diu in sanguine hircino macerentur, non aliter, quam si calido vel recenti, malleis aliquot ante fractis, et incudibus dissipatis, aliquando cedunt, atque in particulas dissiliunt; quæ fragmenta scalptoribus in usum insigniendæ cujuscumque modi gemmæ expetuntur. Inter adamantem et magnetem est quædam naturæ occulta dissensio, adeo ut juxta positus non sinat magnetem capere ferrum; vel, si admotus magnes ferrum traxerit, quasi prædam quamdam adamas magneti rapiat, atque auferat.

Lychnitem perinde fert India, cujus lucis vigorem ardor excitat lucernarum: qua ex causa lychniten Græci vocaverunt. Duplex ei facies: aut enim purpurea emicat claritate, aut meracius suffunditur cocci rubore, per omne intimum sui, siquidem pura sit, inoffensam admittens perspicuitatem; at si excanduit radiis solis in-

neutralise l'effet du poison, et délivre des vaines frayeurs. Nous avons cru devoir nous occuper d'abord de ce qui regarde l'utilité; maintenant nous dirons quelles sont les diverses espèces de diamants, et quelle est pour chacune la couleur la plus estimée. Le diamant de l'Inde se trouve dans une espèce de cristal auquel il ressemble par sa brillante transparence; ses deux moitiés sont légèrement coniques et présentent six facettes. Jamais on n'en a rencontré de plus gros qu'une aveline. Celui que nous placerons au second rang, et qui se trouve dans l'or le plus pur, est plus pâle, et approche de la couleur de l'argent. Le troisième, que l'on rencontre dans les mines de cuivre, tire sur le ton du bronze. Le quatrième, qu'on recueille dans les mines de fer, l'emporte sur les autres en densité, mais non en dureté : car ainsi que celui de Cypre, il peut être brisé, et souvent même percé par d'autres diamants; tandis que ceux que nous avons désignés les premiers ne peuvent être attaqués ni par le fer, ni par le feu. Si cependant on les laisse tremper dans du sang de bouc, encore chaud, ou fraîchement versé, il arrive qu'après avoir brisé quelques marteaux, quelques enclumes, on parvient à les briser eux-mêmes; ils se divisent alors en parcelles que les graveurs recherchent pour travailler toute espèce de pierres précieuses. Le diamant a une sorte d'antipathie naturelle pour l'aimant : placé près de lui, il lui enlève la propriété d'attirer le fer, et si le fer est attaché à l'aimant, le diamant le lui enlève, et semble ravir une proie.

L'Inde produit aussi la lychnite, dont le feu des flambeaux fait ressortir l'éclat, ce qui lui a fait donner ce nom par les Grecs. On en distingue deux variétés : l'une couleur de pourpre éclatante, l'autre d'un rouge écarlate et qui, lorsqu'elle est pure, offre dans toutes ses parties une admirable transparence. La lychnite, échauffée par les rayons du soleil, ou par le contact des doigts, attire à elle

cita, vel ad calorem digitorum attritu excitata est, aut palearum cassa, aut chartarum fila ad se rapit, contumaciter scalpturis resistens; ac si quando insignita est, dum signa exprimit, quasi quodam animali morsu partem ceræ retentat. Beryllos in sexangulas formas Indi atterunt, ut hebetem coloris lenitatem angulorum repercussu excitent ad vigorem. Beryllorum genus dividitur in speciem multifariam [233]; eximii intervirente glauci et cæruli temperamento, quamdam præferunt puri maris gratiam. Infra hos sunt chrysoberylli, qui languidius micantes nube aurea circumfunduntur. Chrysoprasos quoque ex auro et porraceo mixtam lucem trahentes, æque beryllorum generi adjudicaverunt. Hyacinthizontas, scilicet qui hyacinthos prope referant, et ipsos probent; eos vero, qui crystallo similes, capillamentis intercurrentibus obscurantur (hoc enim vitio illorum nomen est) scientissimi lapidum plebi dederunt. Indici reges hoc genus gemmas in longissimos cylindros amant fingere, eosque perforatos elephantorum setis suspendunt, ac monilia habent, aut ex utroque capite inserunt aureos umbilicos, ut marcentem faciem ad nitelam incendant pinguiorem, quo per industriam metallo hinc inde addito fulgentiorem trahant lucem.

LIV. Taprobane. In ea de qualitate hominum, de sideribus, de natura maris, et nationis disciplina, de testudinum magnitudine, de margarito.

Taprobanem insulam [234], antequam temeritas humana exquisito penitus mari fidem panderet, diu orbem alterum putaverunt, et quidem eum, quem habitare anti-

des brins de paille, ou des filaments de papyrus. Elle résiste énergiquement aux efforts du graveur, et si l'on parvient à la décorer d'emblèmes, quand on veut les imprimer sur la cire, la pierre en retient une partie, comme le ferait un animal avec les dents. Les Indiens taillent les béryls en hexaèdre; car leur nuance terne ne prend d'éclat que par la réverbération de la lumière sur les angles. Il y a plusieurs espèces de béryls; les plus beaux, par un certain mélange de vert et de bleu, ont l'aspect agréable de la mer calme. Après eux viennent les chrysobéryls, un peu plus pâles, mais dont l'éclat semble voilé par un nuage d'or. On a également rangé parmi les béryls les chrysoparses, dont la couleur tient de celle de l'or et du poireau; puis entre les hyacinthizontes, celles qui rappellent l'hyacinthe. Quant à celles qui ont l'aspect du cristal, et que des filaments qui parcourent leur eau obscurcissent (car tel est le terme dont on se sert pour exprimer ce défaut), les connaisseurs les abandonnent au peuple. Les rois Indiens aiment à faire tailler les pierres de cette espèce en cylindres très-longs, qu'ils enfilent avec des crins d'éléphants, après les avoir percés, pour s'en faire des colliers; ou bien ils enchâssent les deux extrémités dans de petites bossettes d'or, pour donner à l'aspect de la pierre un éclat plus nourri, et pour qu'elle tire une lumière plus brillante du métal que l'art lui associe.

LIV. De Taprobane, et du caractère de ses habitants; des astres, de la nature de la mer, des mœurs du pays, de la grandeur des tortues, de la perle.

L'île de Taprobane, avant que les audacieuses investigations de l'homme au sein des mers les plus reculées n'eût dévoilé la vérité, passait pour un autre monde, habité

chthones crederentur. Verum Alexandri Magni virtus ignorantiam publici erroris exstinxit, dum in hæc usque secreta propagavit nominis sui gloriam. Missus igitur Onesicritos, præfectus classi Macedonicæ, terram istam, quanta esset, quid gigneret, quomodo haberetur, exquisitam notitiæ nostræ dedit. Patet in longitudinem stadium septem millia, in latitudinem quinque millia. Scinditur amni interfluo. Nam pars ejus bestiis et elephantis repleta est, majoribus multo, quam fert India; partem homines tenent. Margaritis scatet, et gemmis. Sita est inter ortum et occasum. Ab Eoo mari incipit, prætenta Indiæ. A Prasia Indorum gente, dierum viginti primo in eam fuit cursus, sed hoc cum papyraceis et Nili navibus illo pergeretur: mox navibus nostris septem dierum iter factum est. Mare vadosum interjacet altitudinis non amplius senum passuum, certis autem canalibus depressum adeo, ut nullæ unquam ancoræ ad profundi illius ima potuerint pervenire. Nulla in navigando siderum observatio: nam neque Septentriones illic conspiciuntur, nec Vergiliæ apparent. Lunam ab octava in sextam decimam tantum supra terram vident. Lucet ibi Canopos, sidus clarum et amplissimum. Solem orientem dextera habent, occidentem sinistra. Observatione itaque navigandi nulla suppetente, ut ad destinatum pergentes locum capiant, vehunt alites, quarum meatus terram petentium, magistros habent regendi cursus. Quaternis non amplius mensibus in anno navigatur.

Ad usque Claudii principatum de Taprobane hæc tantum noveramus: tunc enim fortuna patefecit scientiæ

par des Antipodes. Mais, grâce aux armes victorieuses d'Alexandre qui a porté la gloire de son nom jusque dans ces contrées mystérieuses, ce préjugé a été détruit. Onésicrite, amiral de la flotte macédonienne, chargé d'explorer le pays, nous a fait connaître cette terre, son étendue, ses productions, son état : elle a sept mille stades de long sur cinq mille de large. Un fleuve la traverse. Une partie de ce pays est pleine d'animaux de toute espèce et d'éléphants beaucoup plus gros que ceux de l'Inde; l'autre partie est occupée par les hommes. Elle abonde en perles et en pierreries. Située entre l'est et l'ouest, elle commence à la mer d'Orient, et se développe le long de l'Inde. De la nation indienne, dite Prasie, à cette contrée, on comptait d'abord vingt jours de traversée; aujourd'hui que nos vaisseaux ont remplacé les bâtiments de papyrus, bons pour la navigation du Nil, on a réduit ce nombre à sept. La mer qui la sépare du continent a beaucoup de bas-fonds; la hauteur des eaux n'est pas de plus de six pas, excepté dans de certains trous où il y a une telle profondeur que nulle ancre ne peut en mesurer l'étendue. Les navigateurs, pour se diriger, n'ont point recours à l'inspection des astres : car on n'y voit ni la grande Ourse, ni les Pléiades. La lune, chez eux, ne se montre à l'horizon que de la huitième à la sixième heure. L'astre majestueux et brillant de Canope les éclaire. Ils ont à droite le soleil levant, à gauche le soleil couchant. N'ayant donc aucune règle pour leur navigation, et rien qui puisse les guider, ils emportent des oiseaux auxquels ils donnent la volée, et comme ces oiseaux se dirigent vers la terre, ils les suivent. Ils ne naviguent que pendant quatre mois de l'année.

Voilà tout ce que nous savions de la Taprobane quand Claude parvint à l'empire. Mais alors nous dûmes à la

viam latiorem. Nam libertus Annii Plocami, qui tunc Rubri maris vectigal administrabat, Arabiam petens, aquilonibus præter Carmaniam raptus, quinto decimo demum die appulsus est ad hoc litus, portumque invectus, qui Hippuros nominatur. Sex deinde mensibus sermonem perdoctus, ductusque ad colloquia regis, quæ compererat, reportavit. Stupuisse scilicet regem, pecuniam, quæ capta cum ipso erat, quod tametsi signata disparibus foret vultibus, parem tamen haberet modum ponderis; cujus æqualitatis contemplatione, quum Romanam amicitiam flagrantius concupivisset, Rachia[235] principe legatos nos adusque transmisit, a quibus cognita sunt universa.

Ergo inde homines corporum magnitudine alios omnes antecedunt; crines fuco imbuunt, cæruleis oculis ac truci visu, terrifico sono vocis. Quibus immatura mors est, in annos centum ævum trahunt; aliis omnibus annosa ætas, et extenta pæne ultra humanam fragilitatem. Nullus aut ante diem, aut per diem somnus; noctis partem quieti destinant; lucis ortum vigilia antevertunt. Ædificia modica ab humo tollunt [236]. Annona pari semper tenore. Vites nesciunt; pomis abundant. Colunt Herculem. In regis electione [237] non nobilitas prævalet, sed suffragium universorum. Populus eligit spectatum moribus, et inveteratæ clementiæ, annis etiam gravem. Sed hoc in eo quæritur, cui liberi nulli sint: nam qui pater sit, etiamsi vita spectetur, non admittitur ad regendum; et si forte, dum regnat, sobolem velit edere, exuit potestatem. Idque eo maxime custoditur, ne fiat hereditarium regnum. Deinde etiamsi rex maximam præferat æquitatem, nolunt ei totum licere; quadraginta

fortune de pouvoir compléter nos notions : car l'affranchi d'Annius Plocamus, qui était chargé de percevoir les impôts des bords de la mer Rouge, se rendant en Arabie, et porté par les vents au delà de la Carmanie, aborda enfin le quinzième jour à un port nommé Hippures. Au bout de six mois il connut la langue, et, admis à s'entretenir avec le roi, il a pu rapporter ce qu'il avait vu. D'abord le roi s'étonna de ce que les effigies des pièces de monnaies que portait avec lui son captif ne fussent pas les mêmes, quoique leur poids ne présentât aucune différence ; cette égalité qui le frappa l'excita plus vivement à rechercher l'amitié des Romains, et il nous envoya des députés, dont le chef se nommait Rachias : ces étrangers nous firent connaître tout ce qui avait rapport à leur pays.

Les naturels de Taprobane ont une taille plus haute que celle des autres hommes; ils teignent leurs cheveux en rouge; ils ont les yeux bleus, le regard farouche, un son de voix effrayant. Ceux qui meurent avant l'âge vivent environ cent ans; les autres parviennent à une vieillesse fort avancée et qui semble dépasser les bornes assignées à la faiblesse humaine. Ils ne dorment ni avant ni pendant le jour : ils consacrent une partie de la nuit au repos; ils se lèvent avant le jour. Ils bâtissent de modestes maisons. Toute l'année chez eux n'est qu'une récolte perpétuelle. Ils ne connaissent pas la vigne; ils recueillent des fruits en abondance. Hercule est l'objet de leur culte. Chez eux ce n'est pas la naissance, mais le suffrage universel qui détermine le choix d'un roi. Le peuple élit un homme de mœurs irréprochables, d'une bonté reconnue, et même un peu âgé. On exige toutefois de lui qu'il n'ait pas d'enfants : quelque considéré qu'il soit, s'il est père, il ne peut régner; et si pendant son règne il songe à avoir de la famille, il abdique le pouvoir. C'est une précaution contre l'hérédité du trône. Quand même les actes du roi

ergo rectores accipit, ne in causis capitum solus judicet;
et sic quoque, si displicuerit judicatum, ad populum
provocatur : a quo datis judicibus septuaginta fertur
sententia, cui necessario acquiescitur. Cultu rex dissimilis a ceteris vestitur syrmate, ut est habitus, quo Liberum patrem amiciri videmus. Quod si etiam ipse in
peccato aliquo arguitur, morte multatur; non tamen ut
cujusquam attrectetur manu, sed consensu publico rerum omnium interdicitur ei facultas; etiam colloquii
potestas punito negatur [238]. Culturæ student universi.
Interdum venatibus indulgent, nec plebeias agunt prædas,
quippe quum tigres aut elephanti tantum requirantur.

Maria quoque sagacissime expiscantur : marinas testudines capere gaudent, quarum tanta est magnitudo,
ut superficies earum domum faciat, et numerosam familiam non arte receptet. Major pars hujus insulæ calore
ambusta est, et in vastas desinit solitudines. Latus ejus
mare alluit perviridi colore fruticosum, ita ut jubæ arborum plerumque gubernaculis atterantur. Cernunt latus
Sericum [239] de montium suorum jugis. Mirantur aurum,
et ad gratiam poculorum omnium gemmarum adhibent
apparatum. Secant marmora testudinea varietate.

Margaritas legunt plurimas, maximasque; conchæ
sunt, in quibus reperiuntur, quæ certo anni tempore,
luxuriante conceptu, sitiunt rorem velut maritum, cujus
desiderio hiant; et quum maxime lunares liquuntur aspergines, oscitatione quadam hauriunt humorem cupitum;
sic concipiunt, gravidæque fiunt, et de saginæ qualitate
reddunt habitus unionum : nam si purum fuit, quod
acceperant, candicant orbiculi lapillorum; si turbidum,
aut pallore languescunt, aut rufo innubilantur. Ita ma-

seraient tous empreints d'équité, on ne veut pas que tout lui soit permis; il a quarante conseillers, pour n'être pas seul juge dans les causes capitales, et du jugement même de ce conseil on peut faire appel au peuple, qui nomme soixante-dix juges, dont l'arrêt est alors définitif. Le roi se distingue du peuple par le costume : il a une robe traînante; il est vêtu à peu près comme on représente Bacchus. S'il commet quelque faute, on le punit de mort : nul toutefois ne peut porter la main sur lui; seulement, d'un consentement unanime, on lui interdit toute espèce d'affaires; on lui refuse même tout entretien. Les habitants de ces contrées s'adonnent tous à l'agriculture. Ils se livrent aussi à la chasse, mais ils dédaignent une proie vulgaire : il leur faut des tigres ou des éléphants.

Ils explorent les mers avec une grande sagacité; ils se plaisent à prendre des tortues marines, dont la dimention est telle qu'ils font avec leurs carapaces des cabanes qui peuvent servir d'abri à une famille entière. La plus grande partie de cette île est brûlée par le soleil, et ne présente que de vastes solitudes. La mer qui la baigne est ombragée par une telle quantité d'arbres, que souvent leurs feuillages sont froissés par le gouvernail des vaisseaux. Du haut de leurs montagnes ils découvrent les Sères. Ils estiment l'or, et ornent leurs vases de pierreries. Ils taillent des marbres qui ont la beauté de l'écaille.

Ils pêchent une quantité considérable de perles, et de fort remarquables par leur grosseur. Les coquilles où on les recueille s'entr'ouvrent à une certaine époque de l'année, pour cette sorte de conception; elles aspirent après la rosée comme après un époux, et écartent leurs valves pour la recevoir; et c'est surtout quand la lune préside à cette petite pluie du matin qu'elles absorbent le fluide désiré. C'est ainsi qu'elles conçoivent, et que les fruits de leur enfantement sont des perles, dont la qualité diffère selon la qualité de la rosée. Pure, la

gis de cœlo, quam de mari partus habent. Denique quoties excipiunt matutini aeris semen, fit clarior margarita; quoties vespere, fit obscurior; quantoque magis hauserit, tanto magis proficit lapidum magnitudo. Si repente micaverit coruscatio, intempestivo metu comprimuntur, clausæque subita formidine vitia contrahunt abortiva; aut enim perparvuli fiunt scrupuli, aut inanes. Conchis ipsis inest sensus : partus suos maculari timent; quumque flagrantioribus radiis excanduit dies, ne fucentur lapides solis calore, subsidunt in profundum, et se gurgitibus ab æstu vindicant. Huic tamen providentiæ ætas opitulatur [240] : nam candor senecta disperit, et grandescentibus conchis flavescunt margaritæ. Lapis iste in aqua mollis est, duratur evisceratus. Nunquam duo simul reperiuntur : unde unionibus nomen datum. Ultra semunciales inventos negant. Piscantium insidias timent conchæ : inde est, ut aut inter scopulos, aut inter marinos canes plurimum delitescant. Gregatim natant; certa examini dux est; illa si capta sit, etiam quæ evaserint, in plagas revertuntur. Dat et India margaritas, dat et litus Britannicum; sicut divus Julius thoracem, quem Veneri Genitrici in templum ejus dicavit, ex Britannicis margaritis factum, subjecta inscriptione testatus est. Lolliam Paullinam Caii principis conjugem vulgatum est habuisse tunicam ex margaritis, sestertio tunc quadringenties æstimatam : cujus parandæ avaritiæ pater ipsius M. Lollius, spoliatis orientis regionibus, offendi speravit [241] Caium Cæsarem Augusti filium, interdictaque amicitia principis, veneno interiit. Illud quoque expres-

rosée produit des perles très-blanches; trouble, elle produit des perles pâles ou rougeâtres. Ainsi les perles tiennent plus du ciel que de la mer. Elles sont claires, ou obscures, selon que la rosée est tombée le matin, ou le soir; plus la rosée est abondante, plus la perle sera grosse. Si l'éclair vient à briller, la coquille épouvantée se resserre avant le temps, et cette frayeur subite produit l'avortement : alors elle ne donne plus que de très-petites pierres, ou une vaine apparence. Les coquilles ne sont pas dépourvues de sentiment; elles craignent que leurs fruits ne soient souillés, et quand la chaleur du jour est trop forte, elles s'enfoncent dans la mer pour garantir les perles de l'atteinte du soleil, et y trouver elles-mêmes un abri. Mais cette précaution n'empêche pas l'action de la vieillesse, qui fait perdre aux perles leur blancheur : quand la coquille grandit, elles jaunissent. Les perles sont molles tant qu'elles restent dans l'eau; elles durcissent quand elles sont tirées du coquillage. On n'en trouve jamais deux ensemble, d'où leur vient le nom d'*unions*. On dit qu'on n'en trouve pas qui pèsent plus d'une demi-once. Les coquilles craignent les piéges des pêcheurs; de là vient qu'elles se cachent ou dans les rochers, ou au milieu des chiens de mer. Elles nagent en troupe, et cette espèce d'essaim a un chef; s'il est pris, celles même qui s'échappent viennent bientôt se jeter dans les filets. L'Inde et les côtes de la Bretagne fournissent des perles. J. César a fait connaître, par une inscription, que celles qui décoraient la cuirasse dont il orna le temple de Vénus Génitrix venaient de la Bretagne. On sait que l'épouse de Caligula, Lollia Paullina, porta une robe toute couverte de perles, estimée à quarante millions de sesterces : pour satisfaire la cupidité de sa fille, M. Lollius avait pillé tout l'Orient; par là, il déplut à Caïus César, fils d'Auguste, tomba dans la disgrâce de ce prince, et s'empoisonna. Les recherches des

sit vetus diligentia, quod Sullanis primum temporibus Romam illati sunt uniones.

LV. Itinerarium Indicum. Sinus Persicus et Arabicus. Azanium mare.

Ab insulensi, ut consequens est, ad continentem. Igitur a Taprobane in Indiam revertamur : convenit enim res Indicas videre. Sed si in his aut urbibus aut nationibus resistamus, egrediemur repromissæ concinnitatis modum. Proximam Indo flumini urbem habuere Caphusam, quam Cyrus diruit. Arachosiam Erumando amni impositam Semiramis condidit. Cadrusia oppidum ab Alexandro Magno ad Caucasum constitutum est, ubi et Alexandria, quæ patet amplitudinis stadia triginta. Multa et alia sunt, sed hæc cum eminentissimis.

Post Indos, montanas regiones Ichthyophagi tenent, quos subactos Alexander Magnus in reliquum abstinere jussit a piscibus : nam antea sic alebantur.

Ultra hos deserta Carmaniæ, Persis deinde, atque inde navigatio : in qua Solis insula rubens semper, et omni animantium generi inaccessa, quippe quæ nullum non animal illatum necet. Ex India revertentes ab Azario Carmaniæ flumine Septentriones primum vident. Achæmenides in hoc tractu sedes fecerunt. Inter Carmaniæ promontorium et Arabiam quinquaginta millia passuum interjacent; deinde tres insulæ, circa quas hydri marini egrediuntur vicenum cubitum longitudinem.

Dicendum hoc loco, quatenus ab Alexandria Ægypti pergatur in usque Indiam. Nilo vehente Copton usque

anciens nous ont appris que c'est vers le temps de Sylla que l'on apporta, pour la première fois, des perles à Rome.

LV. Itinéraire de l'Inde. Golfes Persique et Arabique. **Mer Azanienne.**

Il est à propos de revenir des îles au continent. Retournons donc de Taprobane à l'Inde : car il convient d'examiner ce pays. Mais si nous nous étendions trop longuement sur les villes et les peuples qu'elle contient, nous manquerions à cette loi de concision que nous nous sommes imposée. Près de l'Indus est la ville de Caphuse, détruite par Cyrus. Sémiramis bâtit Arachosie sur le fleuve Érumande La ville de Cadrusie fut fondée par Alexandre le Grand au pied du Caucase, où se trouve aussi Alexandrie, qui a trente stades d'étendue [1]. Il y a beaucoup d'autres villes; mais celles que nous venons de nommer sont des plus remarquables.

Après les Indiens, viennent les Ichthyophages, qui habitent un pays couvert de montagnes. Alexandre, après les avoir soumis, leur interdit l'usage du poisson : c'était auparavant leur seule nourriture.

Au delà, se trouvent les déserts de la Carmanie, ensuite la Perse, et après, la mer où se voit l'île du Soleil, dont la terre est toujours rouge, et que ne touche en vain aucune espèce d'animaux : tous ceux qu'on y transporte y périssent. En revenant de l'Inde vers l'Azarius, fleuve de la Carmanie, on commence à voir la grande Ourse. Là se sont établis les Achéménides. Du cap de la Carmanie à l'Arabie, il y a cinquante mille pas; viennent ensuite trois îles, dans les environs desquelles sont des hydres marines qui ont plus de vingt coudées de longueur.

Il faut dire ici comment de la ville d'Alexandrie en

[1] De l'E. à l'O.

etesiis flatibus cursus est; deinde terrestre iter Hydreum tenus; post, transactis aliquot mansionibus, Berenicen pervenitur, ubi Rubri maris portus est. Inde Ocelis Arabiæ portus tangitur. Proximum Indiæ emporium excipit Zmirim infame piraticis latronibus. Deinde per diversos portus Cottonare pervenitur, ad quam monoxylis lintribus piper convehunt. Petentes Indiam, ante exortum canis, aut protinus post exortum, navigia media æstate solvunt. Revertentes navigant decembri mense. Secundus ex India ventus est vulturnus; at quum ventum est in Rubrum mare, aut africus, aut auster vehunt. Spatium Indiæ decies septies quinquaginta millia passuum proditur; ac Carmaniæ centum millia, cujus pars non caret vitibus. Præterea habet genus hominum, qui non alia, quam testudinis carne vivunt, hirsuti omnia facie tenus, quæ sola lævis est. Idem coriis piscium vestiuntur, Chelonophagi cognominati.

Irrumpit hæc litora Rubrum mare, idque in duos sinus scinditur : quorum qui ab oriente est, **Persicus** appellatur [242], quandoquidem oram illam habitavere Persidis populi, vicies et sexagies [243] centena millia passuum circuitu patens; ex adverso, unde Arabia est, alter Arabicus vocatur; Oceanum vero, qui ibi influit, Azanium nominarunt.

Carmaniæ Persis annectitur, quæ incipit ab insula Aphrodisiæ variarum opum dives, translata quondam in Parthicum nomen, litore, quo occasui objacet, porrecta millia passuum quingenta quinquaginta. Oppidum ejus nobilissimum Susa, in quo templum Susiæ Dianæ. A Susis Babytace oppidum centum et triginta quinque millibus passuum distat, in quo mortales universi odio

Égypte, on va jusqu'à l'Inde. A l'époque des vents étésiens, on navigue sur le Nil jusqu'à Coptos; puis on va par terre jusqu'à Hydreum; ensuite, après quelques stations, on arrive à Bérénice, port sur la mer Rouge; enfin on atteint Océlis, port de l'Arabie. La première ville marchande de l'Inde est Zmiris, fameuse par ses pirates. Par divers ports on arrive à Cottonare, où des canots d'une seule pièce de bois portent des cargaisons de poivre. Ceux qui se rendent dans l'Inde, cessent de naviguer au milieu de l'été, avant le lever de la canicule, ou aussitôt après son coucher. Ceux qui reviennent de l'Inde font leur trajet au mois de décembre. Le vent favorable pour ce trajet est le vulturne, et quand on est entré dans la mer Rouge, l'africus ou l'auster. L'Inde a, dit-on, dix-sept cent cinquante mille pas d'étendue; la Carmanie, cent mille, dont une partie est en vignobles. Il y a dans la Carmanie des peuples qui ne mangent que de la chair de tortue, et dont tout le corps est velu, sauf la tête; ils se font un vêtement de peaux de poissons; on les nomme Chélonophages.

La mer Rouge pénètre dans ce pays et se partage en deux golfes : l'un, à l'est, est le golfe Persique, qui doit son nom à ce que les Perses ont habité cette côte; il a huit millions de pas de circonférence; vis-à-vis, du côté de l'Arabie, est le golfe Arabique. La mer qui baigne ce pays, s'appelle Azanienne.

A la Carmanie confine la Perse, dont l'île d'Aphrodisie est comme la tête. Cette île riche en biens de toute espèce, a pris jadis le nom de Parthie; ses côtes, dans leur direction occidentale, ont une étendue de cinq cent cinquante mille pas. La ville la plus remarquable est Suse, où se trouve un temple consacré à Diane Susienne. A cent trente-cinq mille pas de Suse est Babytacè, où tous les hommes, en haine de l'or, achètent ce métal pour

auri coemunt hoc genus metallum, et abjiciunt in terrarum profunda, ne polluti usu ejus avaritia corrumpant æquitatem. Hic inconstantissimus est mensurarum modus : nec immerito, quum aliæ circa Persidem nationes schœnis, aliæ parasangis, aliæ incomperta disciplina terras metiantur, et incertam fidem faciat mensuræ ratio discors.

LVI. Parthia et circa Parthiam regiones. Item Cyri sepulcrum.

Parthia quanta omnis est[244], a meridie Rubrum mare, a septentrione Hyrcanum salum claudit. In ea regna duodeviginti dividuntur in duas partes. Undecim, quæ vocantur superiora, incipiunt ab Armenico limite, et Caspio litore, porrecta ad terras Scytharum, quibuscum concorditer degunt ; reliqua septem inferiora, sic enim vocitant, habent ab ortu Arios Arianosque, Carmaniam a medio die, Medos ab occidui solis plaga, a septentrione Hyrcanos. Ipsa autem Media ab occasu transversa, utraque Parthiæ regna amplectitur ; a septentrione Armenia circumdatur ; ab ortu Caspios videt ; a meridie Persidem. Deinde tractus hic procedit usque ad castellum, quod Magi obtinent, Passargada nomine. Hic Cyri sepulcrum.

LVII. Babylon. Deinde recursus ad oceanum Atlanticum : in eo insulæ Gorgades, Hesperides, Fortunatæ.

Chaldææ genti caput Babylon[245], Semiramidi condita, tam nobilis, ut propter eam et Assyrii et Mesopotamia in Babyloniæ nomen transierint. Urbs est sexaginta millia passuum circuitu patens, muris circumdata, quorum

l'enfouir dans les profondeurs de la terre, et pour interdire ainsi à l'avarice le moyen d'altérer l'équité. La dimension des mesures varie extrêmement dans ce pays : et cela doit être : car parmi les nations qui limitent la Perse, les unes font usage du schène, les autres de la parasange, d'autres de dimensions inconnues pour déterminer les distances; il a dû résulter de cette discordance quelque chose d'irrégulier.

LVI. Parthie, et régions voisines. Tombeau de Cyrus.

La Parthie, dans toute son étendue, est bornée au midi par la mer Rouge, au nord par la mer Hyrcanienne. Elle contient dix-huit royaumes, rangés en deux classes. La première comprend onze royaumes, que l'on nomme supérieurs, qui commencent à l'Arménie et aux côtes de la mer Caspienne, et qui s'étendent jusqu'au pays des Scythes, auxquels ressemblent leurs habitants. Les sept autres, qu'on appelle inférieurs, sont limités à l'est par les Aries et les Ariens, au midi par la Carmanie, à l'ouest par la Médie, au nord par l'Hyrcanie. La Médie s'étend en biais à l'ouest, et embrasse les deux divisions du pays des Parthes; au nord elle est environnée par l'Arménie; à l'est elle touche aux Caspiens; au midi elle touche à la Perse. Puis elle s'avance jusqu'au fort de Passargade, occupé par les Mages. Là est le tombeau de Cyrus.

LVII. Babylone. Retour vers l'océan Atlantique; et, îles Gorgades, Hespérides, Fortunées, situées dans cette mer.

Babylone, capitale de la Chaldée, bâtie par Sémiramis, est si célèbre, qu'en son honneur le nom de Babylonie a été donné à l'Assyrie et à la Mésopotamie. Babylone a soixante mille pas de tour, des murailles de

altitudo ducentos pedes detinet, latitudo quinquaginta, in singulos pedes ternis digitis ultra quam mensura nostra est altioribus. Amni interluitur Euphrate. Beli ibi Jovis templum, quem inventorem cœlestis disciplinæ tradidit etiam ipsa religio, quæ deum credit. In æmulationem urbis hujus Ctesiphontem Parthi condiderunt.

Tempus est ad Oceani oras reverti, represso in Æthiopiam stilo : namque ut Atlanticos æstus occipere ab occidente et Hispania dudum dixeramus; ab his quoque partibus mundi, unde primum Atlantici nomen induat, exprimi par est. Pelagus Azanium usque ad Æthiopum litora promovetur. Æthiopicum ad Mossylicum promontorium ; inde rursus oceanus Atlanticus. Juba igitur universæ partis, quam plurimi propter solis ardorem perviam negaverunt, facta etiam, vel gentium, vel insularum commemoratione ad firmandæ fidei argumentum, omne illud mare ab India ad usque Gades voluit intelligi navigabile, cori tamen flatibus ; cujus spiritus **præter** Arabiam, Ægyptum, Mauritaniam, evehere **quamvis** queant classem, dummodo ab eo promontorio Indiæ cursus dirigatur, quod alii Lepten Acran, alii Drepanum nominaverunt. Addidit et loca stationum, et spatiorum modum : nam ab Indica prominentia ad Malichu insulam affirmat esse quindecies centena millia passuum ; a Malichu ad Sceneon ducenta et viginti quinque millia ; inde ad insulam Adanu centum quinquaginta millia : sic confici ad apertum mare decies octies centena et septuaginta quinque millia. Idem opinioni plurimorum, qui ob solis flagrantiam, maximam partis istius regionem ferunt humano generi inaccessam, sic reluctatur, ut mercantium ibi transitus infestari ex Arabicis insulis dicat : quas Ascitæ habent Arabes,

deux cents pieds de haut sur cinquante de large : or, le pied babylonien a trois doigts de plus que le nôtre. Elle est baignée par l'Euphrate. On y voit un temple de Jupiter Belus, inventeur de l'astrologie, comme l'atteste le culte qui en fait un dieu. Les Parthes ont fondé Ctésiphon, pour rivaliser avec cette ville.

Il est temps de revenir à l'Océan, de retourner vers l'Ethiopie : en effet, comme nous l'avons dit, il y a longtemps déjà que l'océan Atlantique commence à l'ouest et à l'Espagne, il convient d'aborder les parties du monde où il commence à prendre ce nom. La mer Azanienne s'étend jusqu'aux rivages de l'Éthiopie; l'Éthiopie va jusqu'au cap de Mossyle, et là reparaît l'océan Atlantique. La plupart des écrivains pensent que l'extrême ardeur du soleil rend ces parages inabordables; Juba, en faisant, à l'appui de son assertion, l'énumération des peuples et des îles, prétend que toute cette mer, de l'Inde à Gadès, est navigable, mais toutefois par le souffle du corus, qui peut pousser quelque flotte que ce soit au delà de l'Arabie, de l'Égypte, de la Mauritanie, pourvu que la navigation s'opère en partant du cap indien, nommé par les uns Lepté-Acra, par les autres Drepanum. Il a donné, de plus, et l'indication des lieux où l'on peut s'arrêter, et les distances qui les séparent. Des proéminences de l'Inde à l'île Malichu, il assure qu'il y a quinze cent mille pas; de l'île de Malichu à Scénéos, deux cent vingt-cinq mille; de là à l'île Adanu, cent cinquante mille : en tout, pour atteindre la mer libre, dix-huit cent soixante-quinze mille pas. Juba, pour réfuter l'opinion de ceux qui pensent que l'ardeur du soleil rend la plus grande partie de ce pays inaccessible, dit que le commerce, dans ces parages, est troublé par les Arabes, nommés Ascites, désignation prise des outres dont ils font usage : en effet, jetant un pont sur des outres ac-

quibus e re nata datum nomen : nam bubulis utribus contabulatas crates superponunt, vectatique hoc ratis genere praetereuntes infestant sagittis venenatis. Habitari etiam addit Æthiopiæ adusta Troglodytarum et Ichthyophagorum nationibus; quorum Troglodytæ tanta pernicitate pollent, ut feras, quas agitant, cursu pedum assequantur ; Ichthyophagi non secus, quam marinæ belluæ, nando in mari valent. Ita exquisito Atlantico mari usque in occasum, etiam Gorgadum meminit insularum.

Gorgades insulæ, ut accepimus, obversæ sunt promontorio, quod vocamus Hesperuceras. Has incoluerunt Gorgones monstra, et sane usque adhuc monstrosa gens habitat. Distant a continenti bidui navigatione. Prodidit denique Xenophon Lampsacenus, Hannonem Pœnorum regem in eas permeavisse, repertasque ibi feminas aliti pernicitate, atque ex omnibus, quæ apparuerant, duas captas tam hirto atque aspero corpore, ut ad argumentum spectandæ rei duarum cutes miraculi gratia inter donaria Junonis suspenderit ; quæ duravere usque in tempora excidii Carthaginiensis.

Ultra Gorgadas Hesperidum insulæ, sicut **Sebosus** affirmat, dierum quadraginta navigatione in intimos maris sinus recesserunt.

Fortunatas insulas certe contra lævam Mauritaniæ tradunt jacere, quas Juba sub meridie quidem sitas, sed proximas occasui dicit. De harum nominibus exspectari magna non miror, sed infra famam vocabuli res est. In prima earum, cui nomen Norion, ædificia nec sunt, nec fuerunt. Juga montium stagnis madescunt. Ferulæ ibi surgunt ad arboris magnitudinem : earum, quæ nigræ sunt, expressæ liquorem reddunt amarissimum; quæ

couplées deux à deux, ils lancent de cette embarcation des flèches empoisonnées. Il ajoute que les parties brûlantes de l'Éthiopie sont habitées par les Troglodytes et les Ichthyophages : les Troglodytes sont d'une agilité telle, qu'ils atteignent les bêtes à la course; les Ichthyophages nagent avec autant de facilité que les animaux marins. Après avoir ainsi parcouru la mer Atlantique jusqu'à l'ouest, il fait mention des îles Gorgades.

Les îles Gorgades sont situées, dit-on, en face du cap Hespérucéras. Les Gorgones les ont jadis habitées, et aujourd'hui encore un peuple monstrueux les occupe. Elles sont à deux jours de navigation du continent. Xénophon de Lampsaque dit qu'Hannon le Carthaginois pénétra dans ces îles, et qu'il y trouva des femmes d'une extrême agilité, et que parmi celles qui s'étaient montrées, on en prit deux qui avaient le corps tellement rude et velu que, soit comme preuve du fait, soit comme monument de cette merveille, on suspendit leurs peaux dans le temple de Junon, où elles restèrent jusqu'à la prise de Carthage.

Au delà des Gorgades sont les îles Hespérides, qui, selon Sébose, se prolongent dans la mer à une distance de quarante jours de navigation.

Il est certain, comme on le dit, que les îles Fortunées sont situées à gauche de la Mauritanie ; Juba les place au midi, mais toutefois se rapprochant beaucoup du couchant. Leur nom promet beaucoup; mais la réalité est loin de ce qu'il fait attendre. Dans la première, nommée Norion, il n'y a pas, et il n'y a jamais eu de maisons. Le sommet des montagnes se ressent de l'humidité des lacs. Les férules s'y élèvent à la hauteur des arbres : les noires donnent une liqueur très amère; les blanches une boisson

candidæ, aquas revomunt etiam potui accommodatas. Alteram insulam Junoniam appellari ferunt, in qua pauxilla ædes ignobiliter ad culmen fastigata. Tertia huic proximat eodem nomine, nuda omnia. Quarta Capraria appellatur, enormibus lacertis plus quam referta. Sequitur Nivaria nebuloso aere, et coacto, ac propterea semper nivalis. Deinde Canaria repleta canibus forma eminentissimis : inde etiam duo exhibiti Jubæ regi. In ea ædificiorum durant vestigia. Avium magna copia, nemora pomifera, palmeta caryotas feritantia, multa nux pinea, larga mellatio, amnes siluris piscibus abundantes. Perhibent etiam exspui in eam undoso mari belluas; deinde quum monstra illa putredine tabefacta sunt, omnia illic infici tetro odore; ideoque non penitus ad nuncupationem sui congruere insularum qualitatem [246].

agréable. La seconde des îles Fortunées, appelée Junonia, a un petit temple, d'une élévation bien modeste. La troisième, qui porté le même nom que la précédente, n'offre rien qui soit à remarquer. La quatrième s'appelle Capraria, et est infestée d'énormes lézards. Vient ensuite Nivaria, dans une atmosphère dense et nébuleuse, et par cela même toujours couverte de neiges ; puis enfin Canarie, où se trouvent par milliers des chiens magnifiques : on en amena deux au roi Juba. Canarie a quelques restes d'édifices. On y trouve aussi une multitude d'oiseaux, des vergers, des palmiers couverts de dattes, des pommes de pin en abondance, beaucoup de miel, des fleuves qui nourrissent une quantité innombrable de silures. On dit aussi que la mer rejette sur les côtes de cette île des monstres marins, et qu'une fois passés à l'état de putréfaction, ces animaux infectent toute la côte d'une odeur pestilentielle. Comme on le voit, la condition de ces îles ne répond pas complétement à leur dénomination.

NOTES

SUR LE POLYHISTOR[*] DE SOLIN.

1. — C. J. Solinus Advento suo s. d. Camers et Saumaise pensent que cette lettre n'est pas adressée au même personnage que celle qui la précède. La première, en effet, est ainsi terminée : « Collata igitur hac epistola cum ea quæ auspicium scriptionis facit, intelligis eodem te loco habitum, quo eum, cui laboris nostri summam dedicavimus. » Cette phrase leur paraît signifier que Solin met le personnage auquel est adressée la première lettre *au même rang* que celui à qui il avait dédié d'abord l'ensemble de son ouvrage. Mais Saumaise lui-même reconnaît que tous les anciens manuscrits portent pour les deux lettres le même nom. Nous pensons donc que *eodem te loco habitum* peut signifier *vous ne différez pas, vous êtes le même*, et c'est ainsi que nous avons traduit. Dans beaucoup d'éditions antérieures à celle de Saumaise, au lieu du nom d'*Adventus*, on trouve celui d'*Antius*, d'*Autius*. Saumaise soupçonne que l'une des lettres a pu être adressée à un certain *Avitus*, ou à quelque personnage d'un nom à peu près semblable, et que l'autre a été adressée à *Adventus*. La traduction que nous donnons pour la dernière phrase de la première lettre nous paraît trancher toute difficulté.

2. — *Valentiam dixerat juventus Latina.* En grec ἐρρῶσθαι, *valere*, être fort; Ῥώμη, *valentia*, puissance. Le nom de Romulus, fondateur de Rome, vient, si l'on suit les mêmes analogies, de ῥῶμος, homme fort; puis Ῥωμύλος, de ῥῶμος, comme ψεύδολος, menteur, de ψεῦδος, mensonge. On connaît le *Pseudolus* de Plaute.

3. — *Arces.* Cette étymologie d'*arces*, venant d'*Arcades*, n'est nullement probable. *Arces* vient évidemment du mot *arcere*, écarter, repousser, lequel paraît lui-même venir du mot grec ἕρκος, rempart.

[*] Le *Polyhistor* de Solin, traduit en français pour la première fois, devait présenter des difficultés, surtout pour certains détails scientifiques. Je me plais à rendre ici témoignage à l'érudition comme à l'obligeance de M. J. Chenu, traducteur de plusieurs ouvrages de la *Bibliothèque Latine-Française*. Je dois à ses utiles et savantes observations l'éclaircissement d'un grand nombre de passages, dont Saumaise lui-même n'avait pas réussi à dissiper l'obscurité.

4. — *Sed vetitum publicari.* — *Voyez* Pline, *Hist. Nat.*, liv. III, ch. 6, et liv. XXVIII, ch. 3. Rome n'était pas la seule ville qui cachât le nom de la déité protectrice ; Macrobe (*Saturn.*, liv. III, ch. 9) nous a conservé la formule par laquelle les Romains évoquèrent la divinité de Carthage. On voit par cette formule que les Romains ignoraient non-seulement le nom, mais encore le sexe de la divinité tutélaire de Carthage : « Si deus, si dea es, cui populus civitasque Carthaginiensis est in tutela. »

5. — *Aram.... Patri Inventori dicavit.* Tite-Live. au liv. I, ch. 7, et Virgile, au liv. VIII, v. 271 de l'*Énéide*, parlent de cet autel.

6. — *Myagrium deum dicitur imprecatus.* Ce dieu n'est guère connu que par ce passage de Solin, et par ce qu'en dit Pline (*Hist. Nat.*, liv. X, ch. 40) : « Les Égyptiens invoquent leurs ibis contre l'incursion des serpents, et les Éléens le dieu Myagre, lorsque la multitude des mouches apporte des maladies pestilentielles ; elles meurent aussitôt qu'on a sacrifié à ce dieu. »

7. — *Dicta est primum Roma Quadrata.* Plutarque (*Vie de Romulus*) dit que Rome, dans le principe, était appelée Τετράγωνος.

8. — *Jovi Feretrio primus suspendit.* — *Voyez* Florus, *Hist. rom.*, liv. I, ch. Ier.

9. — *Septima et vicesima olympiade.* — *Voyez* Velleius Paterculus, liv. II, ch. 8.

10. — *Ad Fagutalem lacum.* Au lieu de ces mots, Camers conjecture qu'il faut lire *ad Fagutalem lucum*. Cette conjecture nous paraît d'autant plus fondée que le hêtre, consacré à Jupiter, fit donner à ce dieu le nom de *Jupiter Fagutalis*, et que les mots *lucum*, bois sacré, et *Fagutalem*, planté de hêtres, s'appliqueraient parfaitement au culte du dieu, et au choix de la demeure de Tarquin le Superbe.

11. — *Iphitus Eleus.* Presque toutes les anciennes éditions portent *Iphiclus*.

12. — *Qui principatum ita ingressus est.* — *Voyez* Florus, *Hist. rom.*, liv. IV, ch. 3.

13. — *Græci ergo.... detrahebant.* Macrobe (*Saturn.*, liv. I, ch. 2) donne à cet égard quelques détails à peu près semblables. Il paraît même les avoir empruntés à Solin, ou bien ces deux auteurs ont puisé aux mêmes sources.

14. — *Hoc, et multa alia Augusti temporibus debeantur, qui pæne* *sine exemplo rerum potitus est.* Pline est admirable en peignant la vie d'Auguste. Nous aurons quelquefois occasion de montrer combien il est supérieur à son copiste. Ici d'abord, quelle différence ! « La fortune d'Auguste, dit Pline (*Hist. Nat.*, liv. VII, ch. 46), que tous les hommes s'accordent à porter sur la liste des heureux, présente aussi bien des fluctuations quand on examine attentivement les détails de sa vie ; la préférence donnée sur lui à Lepidus, pour la place de maître de la cavalerie, qu'il avait sollicitée auprès de son oncle ; la haine que lui attira la proscription ; le partage du triumvirat avec les plus scélérats des hommes, partage encore inégal, et où il se trouva écrasé par Antoine, etc. » Viennent ensuite d'autres détails reproduits par Solin, qui, dans ce passage, pille scandaleusement son prédécesseur. Pline termine ainsi : « Ce dieu (je n'examine point ici les titres de sa divinité), ce dieu mourut en laissant pour héritier le fils d'un homme qui lui avait fait la guerre. » Les expressions de Pline sont plus énergiques que les nôtres, à la fin du passage que nous citons : *Deus ille, cœlumque, nescio adeptus magis, an meritus.*

15. — *Fausta.* Pour ce fait et les deux suivants, *voyez* PLINE, *Hist. Nat.*, liv. VII, ch. 3.

16. — *Cnæum Pompeium.... in theatro, suo publicasse.* Saumaise remarque ici avec raison que Solin a dénaturé le fait dont il parle. Pline dit, en effet : « Parmi les décorations de son théâtre, Pompée le Grand plaça des *statues admirables, qui avaient été travaillées avec le plus grand soin par les plus habiles artistes.* On lisait sur une des inscriptions le nom d'Eutychis de Tralle, portée au bûcher par vingt de ses enfants : elle en avait eu trente. » Comme on le voit, il est question dans ce passage d'une statue, et non pas d'une femme. Dans les notes du livre VII de Pline, édition Panckoucke, G. Cuvier atteste qu'il a connu, au Jardin du roi, une portière qui avait eu trente enfants ; il ajoute qu'un de ses fils a eu deux fois de suite des enfants jumeaux.

17. — *Mulier solum animal menstruale est.* Dans ces mêmes notes, G. Cuvier dit que les singes de l'ancien continent ont des écoulements sanguins comme les femmes, mais non pas aussi abondants, ni aussi réguliers. Il ajoute que toutes les propriétés vénéneuses attribuées au sang menstruel par les anciens, sont fabuleuses.

18. — *Et de Proconensi ancilla.* Pline (*Hist. Nat.*, liv. VII, ch. 9) dit *Proconnesia.* Dans les anciens manuscrits, on trouve souvent *Peloponnensi* au lieu de *Peloponnesio.*

19. — *Utrumque patri suo similem.* Un fait semblable est raconté par Buffon, et cité par M. Gueroult dans sa traduction du septième livre de l'*Histoire Naturelle* de Pline : « Une femme de Charles-Town, dit Buffon, accoucha, en 1714, de deux jumeaux tout de suite, l'un après l'autre. Il se trouva que l'un était un enfant nègre, et l'autre un enfant blanc, ce qui surprit beaucoup les assistants. Ce témoignage évident de l'infidélité de cette femme à l'égard de son mari, la força d'avouer qu'un nègre qui la servait, était entré dans sa chambre, un jour que son mari venait de la quitter et de la laisser dans son lit ; elle ajouta, pour s'excuser, que ce nègre l'avait menacée de la tuer, et qu'elle avait été contrainte de le satisfaire. »

20. — *Plane si corpusculum in marem figuretur, melior est color gravidis.* Pour cette remarque, comme pour la plupart de celles qui suivent, on peut consulter l'*Histoire Naturelle* de Pline, liv. VII, ch. 5 et suivants.

21. — *Scipio Africanus.... Cæsar dictus est.* Pline ne dit pas que Scipion l'Africain fût le premier nommé César ; mais (liv. VII, ch. 7) il dit que le premier Scipion l'Africain et le premier des Césars ont en naissant donné la mort à leur mère. Il ajoute que le nom des Césons a la même origine.

22. — *Vopiscus.* La racine probable de ce mot est *vi adipisci*.

23. — *Ipsum dentium numerum discernit qualitas sexus.* « Le nombre normal des dents, dit G. Cuvier (notes du liv. VII de Pline, édit. Panckoucke, t. VI, p. 174), est le même dans les femmes que dans les hommes ; mais il arrive, en effet, à certaines femmes de ne jamais pousser les quatre dernières, celles que l'on nomme dents de sagesse. Cela arrive, au reste, aussi à quelques hommes, mais plus rarement. »

24. — *Novimus.... risisse.... Zoroastrem.* Zoroastre, l'auteur du *Zend-Avesta*, l'instituteur ou le restaurateur du culte du feu et de la religion des mages, a été contemporain de Darius Hystaspe, et naquit, suivant Anquetil, 589 ans avant J.-C.

25. — *Alectoria.* — *Voyez* PLINE, liv. XXXVII, ch. 54.

26. — *Rubrius histrio.* « Lorsque les jeux Scéniques furent célébrés pour la première fois à Rome, l'an 391, dit Gueroult (notes du liv. VII de Pline), les acteurs que l'on fit venir de l'Étrurie dansèrent, à la manière de leur pays, au son des flûtes, sur un simple échafaud de planches. Ils furent nommés histrions, parce que *hister*, en langage étrusque, signifiait *bateleur, bouffon.* Dans la suite, ce nom fut donné généralement à tous ceux qui paraissaient sur le théâtre. On voit cependant que ce mot se prenait souvent en mauvaise part, et servait à désigner un mauvais comédien, un plat bouffon. Cicéron, dans son plaidoyer *pour Q. Roscius*, dit, en parlant d'un homme qui avait pris des leçons de Roscius. « Qui ne in novissimis quidem erat histrionibus, ad primos pervenerat comœdos. »

27. — *Suræ*. Il faut évidemment, d'après le texte de Pline (liv. vii, ch. 10), lire ici *proconsuli Suræ*, et non *Syriæ*, comme le portent les éditions anciennes de Solin. Saumaise, qui pourtant conserve *Syriæ* dans son texte, adopte *Suræ* dans ses notes.

28. — *Decus veteris proceritudinis perdidisse*. Homère, dit Pline (*Hist. Nat.*, liv. vii, ch. 16), ce poëte divin, se plaignait déjà continuellement que les hommes étaient bien moins grands qu'autrefois. Vous trouverez plusieurs fois dans l'*Iliade* ces expressions : Οἷοι νῦν βροτοί εἰσιν, que Virgile (*Énéide*, liv. xii, v. 900) a rendues par ce vers :

>Qualia nunc hominum producit corpora tellus.

« Des hommes tels que la terre en produit aujourd'hui. »

On trouve dans Juvénal, *Sat.* xv, v. 69 :

>Nam genus hoc vivo jam decrescebat Homero.
>Terra malos homines nunc educat, atque pusillos.

« L'espèce humaine dégénérait déjà au temps d'Homère; aujourd'hui la terre ne porte plus que des hommes méchants et faibles. »

29. — *Pusionem*. Ce nom lui fut donné par ironie, sans doute.

30. — *Novem pedum et totidem unciarum*. C'est-à-dire $2^m,872$.

31. — *Cubitorum septem*. Solin diffère ici de Pline (liv. vii, ch. 16), qui donne à son colosse quarante-six coudées. Phlégon dit aussi qu'après un tremblement de terre, on trouva, dans une montagne du Bosphore Cimmérien, des ossements qui avaient appartenu à un corps humain de quarante pieds. G. Cuvier, dans ses *Recherches sur les ossements fossiles*, t. 1er, donne des extraits d'une multitude de relations de ce genre, faites ou adoptées par les anciens. Mais « on trouve, dit-il (notes du liv. vii de l'*Hist. Nat.* de Pline, édit. Panckoucke, t. vi, p. 174), dans les terrains meubles de toute l'Europe, de toute la Sibérie, de toute l'Amérique, et probablement aussi des autres parties du monde, des

ossements qui ont appartenu à de très-grands animaux, tels que des éléphants, des mastodontes et même des baleines, et chaque fois qu'il s'en est découvert, les gens du peuple, quelquefois même des anatomistes, les ont pris pour des os de géants. » Buffon cite les hommes de haute stature les plus connus dans les temps modernes. Ces hommes n'ont guère dépassé sept pieds. Cependant Gueroult cite dans ses notes un géant du nom de *Gilli*, et un garde du roi de Prusse, qui avaient plus de huit pieds.

32. — *Callicrates formicas ex ebore scalpsit*, etc. « Un horloger d'Angleterre, nommé Boverick, avait fait une chaise d'ivoire à quatre roues, dans laquelle un homme était assis; elle était si petite et si légère, qu'une mouche la traînait aisément. La chaise et la mouche ne pesaient qu'un grain. » (Savérien, p. 314.)

33. — *Bityæ.... eas in oculis pupillas geminas habere.* « J'ignore entièrement, dit G. Cuvier, à quoi peut tenir cette opinion sur les gens à double pupille; je doute même que de pareils yeux se soient vus dans l'espèce humaine. »

34. — *Prævaluisse fortitudine... L. Sicinium Dentatum.* Dans ce qui précède, comme dans ce qui suit, observation que nous avons déjà faite à la note 20, Solin emprunte presque toutes ses remarques, presque tous ses exemples au septième livre de Pline. Aussi ne nous arrêterons-nous désormais qu'à ce qui nous paraîtra, soit pour l'exactitude, soit pour des travaux importants, mériter un rapprochement entre les deux auteurs.

35. — *Quum oraculum moneret arcessi sacra deum Matris Pessinunte.* — Voyez Valère Maxime, liv. vii, ch. 15.

36. — *Pindarum.... Castor et Pollux vocarunt.* Solin attribue à Pindare ce que tous les auteurs attribuent à Simonide.

37. — *Cornelius Sylla.* « A quel titre Sylla s'est-il dit heureux, s'écrie éloquemment Pline (*Hist. Nat.*, liv. vii, ch. 44)? est-ce pour avoir eu le pouvoir de proscrire et de massacrer tant de milliers de citoyens? Fausse et barbare interprétation du bonheur, et dont les suites devaient être si déplorables! Ne sont-ils pas plus heureux que lui, ceux qui périrent alors? Ils inspirent aujourd'hui un touchant intérêt; Sylla n'excite que l'horreur. Mais voyez la fin de sa vie : ne fut-elle pas plus douloureuse que tous les maux réunis de ceux qu'il avait proscrits, quand sa chair se dévorait elle-même et enfantait son propre supplice? Qu'il ait dissimulé ses souffrances, et que nous croyions, d'après ce dernier songe auquel il survécut à peine, que lui seul a triomphé de

l'envie par sa gloire, il a cependant avoué que l'inauguration du Capitole avait manqué à son bonheur. » (Trad. de M. AJASSON DE GRANDSAGNE.)

38. — *In Italiam.* Pour tout ce qui concerne la géographie de l'Italie, nous invitons le lecteur à se reporter aux notes du troisième livre de l'édition de Pline, donnée par M. Panckoucke, p. 129-154, et 157, 158. On trouvera dans ces notes, outre les divisions de l'Italie, telles d'ailleurs que les donne Solin, d'après Pline, les noms latins francisés, les noms latins et la synonymie ancienne, grecque ou latine, enfin les noms modernes, ou positions correspondantes.

39. — *Umbrios Græce nominatos.* Racine ὄμβρος, en latin *imber*.

40. — *A tubicine Misenum.* — *Voyez* VIRGILE, liv. VI, v. 163 et suivants.

41. — *Veneri matri, quæ frutis dicitur.* Dans beaucoup d'éditions, et notamment dans celle de Camers, au lieu de *quæ frutis dicitur*, on lit : *quæ* Ἀφροδίτη *dicitur*. Peut-être le mot *frutis* n'est-il qu'une altération d'Ἀφροδίτη. Il nous semble venir plutôt du mot *frui*, comme les mots *fruges, fructus*. Saumaise disserte longuement là-dessus.

42. — *Anno septimo.* Nous avons indiqué dans notre traduction que ce doit être la septième année après la prise de Troie, quoique Solin ne le dise pas.

43. — *Calabria..., boam gignit.* Pline (liv. VIII, ch. 14) remarque que l'énormité de ces boas que l'on trouve en Italie rend vraisemblable ce que l'on a dit du serpent tué, sur les bords du Bagrada, dans les guerres puniques; c'est que Regulus dut l'attaquer avec des balistes et des machines de guerre, comme on le fait pour une citadelle. Ce serpent, ajoute Pline, avait cent vingt pieds : sa peau et ses mâchoires ont été conservées dans un temple de Rome jusqu'à la guerre de Numance.

44. — *Quos cervarios dicimus.* Le loup-cervier est, comme le loup commun, un animal de proie : il en approche encore par la grandeur du corps, quoique moins gros et plus bas sur ses jambes. Il a, comme lui, une espèce de hurlement ou de cri prolongé; mais, pour le reste, il en diffère. On l'a nommé cervier, soit qu'il attaque les cerfs; soit, suivant Buffon, parce que sa peau est variée de taches, à peu près comme celles des jeunes cerfs, lorsqu'ils ont la livrée.

45. — *Ubi quid casu respiciunt.* « Rarement cet animal retourne à sa première proie ; c'est ce qui a fait dire que, de tous les animaux, c'est celui qui a le moins de mémoire. » (Buffon, *Hist. Nat.*)

46. — *Ligusticum mare.* Aujourd'hui rivière de Gênes.

47. — *Zoroastres.* — *Voir,* sur Zoroastre, la note 24 ci-dessus. Pline dit (liv. xxxii, ch. 11) que, selon les prophètes et les aruspices des Indiens, il n'est point d'amulette aussi efficace que le corail pour conjurer les dangers. Le *Zend-Avesta,* attribué à Zoroastre, n'en parle pas. Le seul arbre sur lequel l'auteur revient à tout propos est l'arbre Hom, représentant et adéquate du prophète de ce nom, ou, pour mieux dire, le prophète sous forme d'arbre, le prophète arborescent. Dans tout sacrifice, on doit avoir du feu allumé avec le bois de l'arbre Hom ; aussi va-t-on en cérémonie le recueillir annuellement dans le Kerman. (Extrait des notes du liv. xxxii de l'*Histoire Naturelle* de Pline, édit. Panckoucke.)

48. — *A promontorio, quod Acran Iapygian vocant.* La pointe de l'Italie la plus saillante en mer, selon Pline (liv. iii, ch. 16).

49. — *Idem impositas manus detinet.* Pline paraît douter de la vertu attribuée à cette pierre ; car il dit (liv. xxxvii, ch. 56) : « Une particularité merveilleuse de cette pierre (supposé qu'on y croie), c'est que, comme de la gomme, elle retient captive la main qui se pose dessus. »

50. — *In Ætnæ vertice.* En rappelant aux lecteurs les descriptions de l'Etna, que nous ont laissées Virgile et Claudien, nous ne devons pas omettre de mentionner le poëme de Lucilius Junior, dont M. J. Chenu a donné, en 1843, pour la seconde série de la *Bibliothèque Latine-Française,* une version qui nous paraît réunir toutes les qualités qu'on est en droit d'attendre d'un traducteur habile et consciencieux.

51. — *Nebrodes.* De νεβρός, faon.

52. — *Qui juxta siderum disciplinam.* Saumaise, dans une note où il traite fort mal Solin, demande si, pour construire des machines, il est nécessaire de connaître les astres. Alors il donne à *juxta siderum disciplinam* ce sens : *d'après la connaissance des astres.* Pour moi, je pense que *juxta* signifie ici : *à côté de* ; par conséquent, *outre la connaissance des astres.*

53. — *Accommodatissimæ sunt in omnem sonum tibiarum.* Pline (liv. vii, ch. 57) attribue à Pan, fils de Mercure, le chalumeau et la flûte simple, à Midas la flûte recourbée, à Marsyas la flûte double.

54. — *Achatem lapidem Sicilia primum dedit.* Pline (liv. XXXVII, ch. 54) dit, en parlant de l'agate, que jadis très-estimée, elle ne l'était plus de son temps, et qu'observée primitivement en Sicile, sur les bords du fleuve Homonyme, on l'a depuis retrouvée en vingt endroits; il en distingue un grand nombre d'espèces. La synonymie des agates, connues parmi celles que mentionne Pline, a été établie t. XX, p. 474 de l'édit. Panckoucke.

55. — *Si procul.* — *Procul* ne signifie pas toujours *loin*, mais à quelque distance. Virgile (*Énéide*, liv. X) en offre deux exemples très-rapprochés :

> Illa volans, clypeo est excussa, proculque
> Egregium Antorem latus inter et ilia figit.

La flèche adressée à Énée par Mézence, glisse sur le bouclier du prince troyen, et *à quelques pas de là* va frapper Antor.

Plus bas, en parlant de Mézence, Virgile dit qu'il s'appuie contre un arbre, *aux rameaux duquel* est suspendu son casque :

> . . . . Procul ærea ramis
> Dependet galea.

56. — *Merula.... circa Cyllenem candidissima est.* — *Voyez* Pline, liv. X, ch. 45. Les anciens étaient persuadés qu'il n'existait de merles blancs que sur le mont Cyllène. Mais il n'y a guère de pays où il ne s'en rencontre : ils sont plus communs dans le nord que partout ailleurs. Lacépède, *Histoire des Poissons,* dit que ce passage du noir au blanc est irrégulier, fortuit, très-peu fréquent, et propre à quelques individus de la couvée, dans laquelle on compte d'autres individus qui ne présentent en rien cette sorte de métamorphose. Gueroult (notes du livre X de Pline) dit que le médecin Cosme, professeur d'histoire naturelle à l'École centrale du département d'Eure-et-Loir en 1802, possédait alors un merle blanc vivant, trouvé à Chavanne, petite commune peu éloignée de Chartres. G. Cuvier (notes du même livre de Pline, édit. Panckoucke) dit que les merles blancs sont une variété individuelle, rare partout, mais qui se rencontre quelquefois dans beaucoup de pays.

57. — *Asbesto nomen est, ferri colore.* Les anciens, en raison de son incombustibilité, croyaient l'asbeste propre à faire des lampes perpétuelles.

58. — *Amicula.... in ornatum feminarum.* Ces vêtements, dont parle Solin, étaient en soie. Un passage de Pline (liv. XI, ch. 27)

ne laisse aucun doute à cet égard. Il y dit que l'île de Cos produit des bombyces, qui forment des coques que l'on jette dans l'eau pour les amollir; puis on les file avec un fuseau de jonc. Il ajoute que l'on fait de ces tissus des vêtements pour les femmes. Solin semble n'attribuer qu'à l'île de Cos la confection de ces tissus. Pline, même livre, ch. 25, dit que Pamphila, fille de Latoüs, inventa, dans l'île de Céos, l'art de dévider la toile ourdie par les bombyces, et d'en faire des tissus.

59. — *Fiant prægnantes odore.* Solin ne fait que copier ici ce que dit Pline (liv. x, ch. 51), qui lui-même reproduit un passage d'Aristote (*Histoire de Animaux*, liv. iv, ch. 9). Buffon (*Histoire naturelle des Oiseaux*) s'exprime ainsi sur l'assertion d'Aristote : « Aristote dit que les perdrix femelles conçoivent et produisent des œufs, lorsqu'elles se trouvent sous le vent des mâles, ou lorsque ceux-ci passent au-dessus d'elles en volant, et même lorsqu'elles entendent leur voix ; et l'on a répandu du ridicule sur les paroles du philosophe grec, comme si elles eussent signifié qu'un courant d'air imprégné par les corpuscules fécondants du mâle, ou seulement mis en vibration par le son de sa voix, suffisait pour féconder réellement une femelle ; tandis qu'elles ne veulent dire autre chose, sinon que les perdrix femelles ayant le tempérament assez chaud pour produire des œufs d'elles-mêmes, et sans commerce avec le mâle, tout ce qui peut exciter leur tempérament doit augmenter encore cette puissance ; et l'on ne niera point que ce qui leur annonce la présence du mâle ne puisse et ne doive avoir cet effet. »

60. — *Jactu sagittæ.... nomine quem petebat.* Voici le vers grec tel que le cite Saumaise :

Ἀστὴν Φιλίππου ὄμμασιν πέμπει βέλος.

« Aster lance ce trait aux yeux du roi Philippe. »

61. — *Natum.... parvulum de Hermiona.* Cette tradition est loin de concorder avec celle qui sert de base à la tragédie d'*Andromaque* de notre grand Racine.

62. — *Militia mundi dimicatum cum gigantibus.* Solin, dans cette phrase, emploie évidemment *mundus* dans le sens du mot grec κόσμος.

63. — *Olympum ab Homero.... celebratum.* On sait qu'Homère a fait de l'Olympe le séjour des dieux ; il dit, au chant xi de l'*Iliade*, que chaque dieu y habite un palais magnifique.

64. — *Locum Doriscum illustrem reddidit Xerxis adventus.* La plaine de Dorisque, au rapport de Pline (liv. iv, ch. 18), pouvait contenir dix mille hommes ; mais il faut croire que ce nombre a été altéré : car l'immense armée, dont, selon Pline et Solin, Xerxès passa la revue dans cette plaine, était très-certainement de plus d'un million d'hommes, ou bien il faut rejeter le témoignage de tous les historiens de l'antiquité.

65. — *Minime certe a diris avibus impetuntur.* Pline (liv. x, ch. 35) explique très-naturellement cette espèce de phénomène : « L'hirondelle, dit-il, est le seul oiseau qui ait le vol flexueux et très-rapide ; ce qui la sauve des serres de l'oiseau de proie. »

66. — *A Crete nympha.* Il y a quelque différence ici entre Solin et Pline. Celui-ci dit (liv. iv, ch. 20) : « Son nom vient, selon Dosiade, de la nymphe Crète ; selon Anaximandre, d'une fille d'Hespéride ; d'un roi des Curètes, selon Philistides Mallotes. »

67. — *Pyrrho repertore.* « Pline (liv vii, ch. 57) parle de deux danses instituées en Crète : l'une *la danse armée*, établie par les Curètes ; l'autre la pyrrhique, par Pyrrhus. Les évolutions de la danse armée se faisaient à pied et avec des armes de buis : celles de la pyrrhique se faisaient au contraire à cheval ou sur des ânes. Des hommes, des femmes et des enfants prenaient part à ces jeux. » (Hardouin.)

68. — *Sphalangion.* Pline (liv. viii, ch. 41 ; liv. xi, ch. 24, etc.) écrit *phalangium*. Saumaise remarque avec raison que c'est par dialecte que les Grecs ont pu dire σφαλάγγιον, au lieu de φαλάγγιον : c'est le dialecte éolien. On dit de même σμῦς, au lieu de μῦς ; σμογερός, au lieu de μογερός, etc. La phalange, du reste, selon Pline, est une araignée dont la morsure est venimeuse, dont le corps est court, effilé, varié de plusieurs couleurs. Elle marche en sautant. Il en est dans cette espèce qui sont noires, et qui ont les jambes antérieures extrêmement longues.

69. — *Metuunt vim flatus tumidioris.* Pline dit *humido*. Ne devrait-on pas, dans Solin, lire *humidioris*, au lieu de *tumidioris?* Le mot *siccior*, qu'on voit plus bas, semble demander *humidioris* ; mais nous devons ajouter que le manuscrit de M. Panckoucke porte la leçon que nous avons adoptée.

70. — *Ortygometra.* L'ortygomètre, et autres oiseaux qui, selon Pline, accompagnent les cailles, tels que le glottis, le cychrame, n'ont pas encore été reconnus par les auteurs modernes.

Au surplus, tous s'accordent à regarder comme une fable l'histoire de ces oiseaux qui guident ou accompagnent les cailles dans leurs voyages. Quant au hibou, que Pline place parmi ces oiseaux, voici ce que Buffon observe à ce sujet : « Les cailles surchargées de graisse, lorsqu'elles partent en automne, ne volent guère que la nuit ; elles se reposent pendant le jour, à l'ombre, pour éviter la chaleur. On a pu, par cette raison, s'apercevoir que le hibou accompagnait ou précédait quelquefois ces troupes de cailles. »

71. — *Dat et Sardam lapidem.* Cette pierre est connue chez nous sous le nom de cornaline.

72. — *Quoquo eant, conjuges evagantur.* Le texte de Pline, cité ici par Camers, porte : *agunt vere conjugia.* Le texte de Solin a servi à recorriger celui de Pline, altéré par les copistes. On lit aujourd'hui dans Pline : *Vagantur fere conjugia.* Pline dit également des serpents : *Conjugæ ferme vagantur, nec nisi cum pari vita est.*

73. — *Simones.* L'étymologie assez curieuse de ce nom se trouve dans Pline (liv. ix, ch. 7) : « Rostrum simum, *dit-il*; qua de causa nomen simonis omnes miro modo agnoscunt, maluntque ita appellari. » Leur nez retroussé (*simus*) fait qu'on les appelle simons; et ce nom qu'ils reconnaissent leur plaît. Pline, même livre, ch. 9, dit que les dauphins s'associent avec l'homme pour la pêche, et que la multitude qui accourt au plaisir de cette pêche, fait, dès qu'on aperçoit les dauphins, retentir au loin l'appel de Simon.

74. — *Ut Arionem transeamus.* Voici comme Pline, en peu de mots, rappelle cette histoire (liv. ix, ch. 8) : « Arion était en pleine mer, et les matelots, pour s'emparer des richesses qu'il avait acquises par son talent, s'apprêtaient à le massacrer. Il obtint la permission de chanter une dernière fois sur sa lyre. Les dauphins étant accourus à ses doux accents, il se jeta dans les flots, où l'un d'eux le reçut, et le porta au rivage de Ténare. » Aulu-Gelle raconte aussi, d'après Apion, grammairien égyptien, qui vivait sous Caligula, cette histoire merveilleuse, au liv. vii, ch. 8 *des Nuits Attiques.*

75. — *Septem ostiis Pontum influit.* Pline et Tacite n'attribuent à l'Ister que six embouchures. Hérodote, Éphore, Claudien, Arrien, Avienus, Rhemnius n'en comptent que cinq. Ammien, liv. xxii, et Valerius Flaccus, dans son poëme des *Argonautes*, en reconnaissent huit. Pomponius Mela en compte sept, comme, après lui, Solin. (Camers.)

76. — *Testiculi.... in usum medelarum.* C'est de là, dit Pline (liv. VIII, ch. 47), que vient le *castoreum*. Le *castoreum*, matière dont on fait un grand usage en médecine, est contenu dans deux grosses vésicules, situées près des aines, et que les anciens avaient prises pour les testicules de l'animal.

77. — *In pristinam faciem revertuntur.* On lit à ce sujet, dans Pline (liv. VIII, ch. 34), un passage assez curieux, où il indique l'origine de la croyance aux loups-garoux chez les Grecs. « Que des hommes se changent en loups, dit-il, et qu'ensuite ils reprennent leur première forme, c'est un conte qu'il faut hardiment refuser de croire, ou bien il faut admettre tous les contes que l'expérience de tant de siècles a réfutés. J'indiquerai pourtant l'origine d'une opinion tellement enracinée, que le mot loup-garou est devenu une espèce d'anathème. Évanthe, auteur grec assez estimé, prétend avoir lu, dans les livres des Arcadiens, que, parmi les descendants d'un certain Anthus, on choisit au sort un homme que l'on mène au bord d'un étang; là, il suspend ses habits à un chêne, passe l'eau à la nage, gagne les déserts, où il est transformé en loup, et vit pendant neuf ans en société avec les autres loups. S'il passe tout ce temps sans voir un homme, il revient à l'étang, et dès qu'il l'a traversé à la nage, il reprend sa première forme; seulement il paraît vieilli de neuf ans. Fabius ajoute de plus qu'il retrouve ses mêmes habits. La crédulité des Grecs est vraiment un prodige! »

78. — *Deinde.... afflixit.* Le récit fait par Pline (liv. VIII, ch. 61) de ce combat d'un chien contre un éléphant est un tableau frappant d'intérêt. *Voyez* t. VI, p. 341 de l'édit. Panckoucke.

79. — *Funestantur.* Nous pensons qu'ici Solin prend le mot de *funestari* dans un sens tout à fait particulier. Nous avons remarqué, dans la Notice sur cet auteur, qu'il a des mots à lui. *Funestari*, verbe déponent, signifierait, selon nous, *funera celebrare*. Si l'on n'admet pas ce sens, il faudra traduire : « Qui se souillent aussi entre eux par d'exécrables festins. » Hérodote, dans *Melpomène*, Pomponius Mela, au commencement du second livre de sa *Géographie*, et Strabon, liv. XI, parlent de cette coutume des Essédons, comme ne s'appliquant qu'aux funérailles.

80. — *Non ut Essedones.* Ceci confirme le sens que nous venons de donner au mot *funestari*. C'était dans les crânes de leurs parents, dont ils célébraient les funérailles, que buvaient les Essédons.

81. — *Crescunt æstibus.* Saumaise, dans une longue note, rétablit le texte de Pline. *Siccari eas æstu recedente,* ce qui signifie que le détroit est à sec lors du reflux. Il dit que Solin avance ici une absurdité qui, de sa part, ne doit étonner personne. Nous nous sommes contenté de traduire le texte de notre auteur, pensant toutefois, comme Saumaise, que dans Pline, *æstu recedente,* signifie « le flux se retirant, » c'est-à-dire lors du reflux.

82. — *Grypes tenent universa.* « Cette fable des griffons et de leurs combats avec les Arimaspes, dit G. Cuvier dans ses notes sur l'*Histoire Naturelle* de Pline (liv. vii, ch. 2), est du nombre de celles qui avaient été inventées dans la vue de cacher le véritable siége du commerce de l'or, qui paraît s'être fait dès la haute antiquité avec le nord de l'Asie. »

83. — *Theophrastus dedit.* Pourquoi Solin cite-t-il ici Théophraste, et ne dit-il rien de Pline? C'est, selon Saumaise, pour déguiser son larcin. « Solinus, ut furtum celaret, fecit ut fures solent fere deprehensi : alium auctorem nominant, a quo sese illud accepisse dicant, quod alteri surripuerunt. » *Voir,* au sujet des plagiats de Solin, la page vij de notre Notice, et pour le passage dont il est question, le liv. xxxvii, ch. 16, de l'*Histoire Naturelle* de Pline.

84. — *Si quum globosi sunt,* etc. Nous devons à la bienveillance de M. J. Chenu, l'interprétation de ce passage obscur, dont les différents commentateurs de Solin ne nous ont pas paru avoir saisi le sens véritable.

85. — *Neque sole mutentur. Optimos tamen sortiuntur situs, quibus planities resupina est et extenta.* Au dire des commentateurs de Solin, ce passage paraît avoir été altéré. Dans quelques anciennes éditions, on lit *facies,* au lieu de *planities.* Le sens, que nous trouvons dans les commentaires, est que les émeraudes rendent mieux les objets, quand la plaine s'étend au-dessous du lieu où elles se trouvent. Un léger changement de ponctuation, en isolant cette phrase des précédentes, la rend très-claire. Ce changement d'ailleurs est autorisé par le manuscrit de M. Panckoucke, qui, comme nous, après *mutentur,* met un point au lieu de la virgule que donnent les éditions. C'est également à M. J. Chenu que nous devons l'explication de ce passage, d'après cette importante correction.

86. — *Crystallus.* Pline dit (liv. xxxvii, ch. 9) que la chaîne des Alpes en fournit de fort estimé, mais que celui de l'Inde a sur tous la prééminence. Remarquons en passant que Solin emploie *crystallus* comme substantif masculin, tandis que Pline le fait féminin ; Stace emploie *crystallum* au neutre.

87. — *Tum ne duritia.... faciat.* Il ne s'agit sans doute ici que du cristal sur lequel on gravait.

88. — *Fabula erat de Hyperboreis.* — *Voyez* PLINE, liv. VI, ch. 19, et surtout liv. IV, ch. 26.

89. — *Ubi deficiunt Riphæorum montium juga.* — *Voyez* PLINE, liv. VI, ch. 14.

90. — *Per Asiaticæ plagæ terga.* Ces mots, et la phrase en général, sont obscurs. Pline (liv. VI, ch. 15) est bien plus clair, et présente d'ailleurs, géographiquement parlant, plus d'exactitude. Voici ses propres paroles : *Irrumpit e Scythico oceano in aversa Asiæ.* « La mer Caspienne pénètre de l'océan Scythique au cœur de l'Asie. »

91. — *Quum catulorum insistunt raptoribus.* Pline (liv. VIII, ch. 25) remarque qu'il ne s'agit ici que de la femelle du tigre : *Maribus enim cura non est sobolis.* « Le mâle ne prend aucun soin de sa progéniture. »

92. — *Subvectis navibus* ne s'entend pas, comme le remarque Saumaise, qui, dans son indignation, s'écrie : *Prodigiose mirum est, quod hic legitur! monstranda stupiditas, et par utique monstro!* En effet, comment supposer qu'un voyage par terre se soit fait sur des vaisseaux ? D'après le texte de Pline, *subvectas merces*, je soupçonne qu'il faut lire *subvectis mercibus*; ce qui signifierait que dans un voyage terrestre de cinq jours, Pompée put faire transporter des marchandises du Cyrus au Phase.

93. — *Pæne similem continenti.* Saumaise et l'édition de Deux-Ponts portent *pæne similem continent*. Le manuscrit de M. Panckoucke et l'édition de Camers portent *continenti*. La première leçon n'a aucun sens ; nous avons adopté la deuxième.

94. — *Facilius obvios se præbent sagittantibus.* Le tableau que Pline présente ici est plein de charmes. « Le cerf, dit-il (liv. VIII, ch. 50), est un animal simple, et qui regarde tout avec une espèce d'admiration, au point que si un cheval ou une génisse s'approche de lui, il ne voit plus le chasseur qui va l'atteindre, ou, s'il le voit, il contemple son arc et ses flèches. »

95. — *Lassorum capita clunibus per vices sustinent.* « Les cerfs, dit Pline (liv. VIII, ch. 50), traversent les mers par troupes et sur une seule file, la tête de l'un posée sur la croupe de celui qui le précède, et revenant tour à tour se placer à la queue. »

96. — *Plurimos.... sine febribus longævos fuisse.* Pline (liv. VIII, ch. 50) cite surtout des impératrices, *principes feminæ*.

97. — *Ad dignoscendam vivacitatem.* Pline (liv. VII, ch. 49) regarde comme controuvé ce que l'on dit sur la durée de la vie de certains animaux. « Hésiode, dit-il, le premier qui ait traité cette matière, en rapportant un grand nombre de fables sur la vie de l'homme, attribue à la corneille une vie neuf fois aussi longue que la nôtre, au cerf, quatre fois la vie de la corneille, et trois fois la vie du cerf au corbeau. Ce qu'il dit du phénix et des nymphes est plus fabuleux encore. » Nous devons dire ici que les paroles prêtées par Pline à Hésiode appartenaient sans doute à un des nombreux poëmes qui ne nous sont pas parvenus. Un poëte latin a dit, après Hésiode :

> Hos novies superat vivendo garrula cornix,
> Et quater egreditur cornicis secula cervus.

98. — *Tragelaphos.* Les racines τράγος, ἔλαφος établissent que cet animal participe du bouc et du cerf. Suivant Linnée, le tragélaphe est le renne. Buffon veut que le tragélaphe de Pline (liv. VIII, ch. 50) soit le même animal que l'hippélaphe d'Aristote, et que ces deux noms désignent également et uniquement le cerf des Ardennes.

99. — *Mons Sevo ipse ingens.* Saumaise et l'édition de Deux-Ponts donnent : « Mons Sevo ipso ingens ; » leçon évidemment fautive. C'est *ipse* qu'il faut lire, comme le portent le manuscrit de M. Panckoucke et l'édition de Camers. L'édition de Saumaise est excellente sous le rapport des commentaires ; mais on doit à juste titre s'étonner de trouver des fautes de cette nature dans un livre qui passe pour lutter avec tout ce qui jusqu'alors avait été le plus exactement imprimé.

100. — *Est et alces.* Saumaise, en parlant de l'alcé et de l'achlis, qu'il appelle machlis, dit que Solin confond ici deux animaux bien distincts. Pline, en effet, dit positivement (liv. VIII, ch. 16) que l'achlis diffère de l'alcé, en ce que ses jambes n'ont point de jointures. Mais Buffon, dans sa description de l'élan, qui n'est autre que l'alcé, croit devoir conclure, d'après plusieurs passages de Pausanias et de César, que les deux noms alcé et achlis désignent un seul et même animal. « Au reste, on ne doit pas, dit-il, être surpris du silence des Grecs au sujet de l'élan et du renne, ni de l'incertitude avec laquelle les Latins en ont parlé, puisque les climats septentrionaux étaient absolument inconnus aux premiers, et n'étaient connus des seconds que par relation. » Ajoutons que si, en effet, Solin a confondu l'alcé et l'achlis, l'animal dont il va parler a beaucoup de rapport avec ce dernier.

101. — *Sed nihil in ea magnum, præter ipsam.* Ce jeu de mots est remarquable dans Solin, dont la gravité descend rarement à ces puérilités.

102. — *In Germaniæ continentibus callaica reperitur.* Pline (liv. xxxvii, ch. 33), en parlant de cette pierre, qu'il nomme callaïs, et non callaïque, ne la dit pas plus nette et plus belle en Germanie, mais bien en Carmanie. Solin a pu confondre; et, selon Saumaise, il n'y a rien d'étonnant : Solin, dit-il souvent, altère tout, confond tout, déraisonne. Pour justifier Solin, nous dirons que beaucoup de manuscrits de Pline portent *in Germania*, et non *in Carmania*.

103. — *Humanis litant hostiis.* Ces sacrifices avaient réellement lieu dans les Gaules. Dans les notes des *Martyrs*, par Chateaubriand, on trouve, à propos de la prêtresse Velléda, des textes qui ne laissent à cet égard aucun doute.

104. — *Apes non habent : advectum inde pulverem, etc.* Telle est la leçon du manuscrit de M. Panckoucke, qui présente un sens satisfaisant, qu'on chercherait en vain dans l'assemblage de mots que donnent les diverses éditions.

105. — *Navigantes escis abstinent.* Une partie de ce qui suit a été extrait de Pline (liv. iv, ch. 30), et se ressent de cette confusion où devait jeter l'ignorance des lieux, à l'époque où Pline écrivait. La Bretagne n'avait encore reçu que quelques visites des armes romaines : Agricola seul devait la soumettre à peu près définitivement. Une remarque à faire, c'est que Solin n'a pas profité de ce que Tacite peut nous apprendre sur l'état de la Bretagne au temps d'Agricola.

106. — *E quibus Thyle ultima.* — L'île de Thulé passait chez les anciens pour la dernière des contrées, pour la limite du monde. On connaît ces vers de Sénèque (*Médée*, acte ii, v. 375-379), où quelques-uns ont vu la prédiction, ou au moins la prévision de la découverte de l'Amérique :

> Venient annis secula seris,
> Quibus Oceanus vincula rerum
> Laxet, et ingens pateat tellus,
> Tethysque novos detegat orbes,
> Nec sit terris ultima Thule.

107. — *Diutina.* Nous avons traduit ce mot par *presque en tout temps*, pour qu'il n'y ait pas de contradiction avec ce qui suit : car, plus bas, Solin dit qu'ils font pour l'hiver une récolte de fruits.

108. — *Utuntur feminis vulgo.* Pline (liv. v, ch. 8) en dit autant des Garamantes, peuple d'Afrique.

109. — *Inscriptisque visceribus.... notæ crescunt.* Le tatouage est, comme on le sait, très-usité encore aujourd'hui chez les sauvages ; il est même, chez les nations civilisées, assez souvent pratiqué par la classe vulgaire.

110. — *Non coquunt ibi sales, sed effodiunt.* Pline (liv. xxxi, ch. 39) dit que le sel est factice ou natif. *Sal coquere*, c'est préparer le sel par le feu.

111. — *Ut ad ruborem merum deputent cocci venenum.* Nous donnons ce sens d'après Saumaise, qui lit *epotent* au lieu de *deputent*, qui n'a aucun sens. Peut-être même Solin, qui emploie souvent des mots qu'on ne trouve que chez lui, a-t-il écrit *depotent*.

112. — *Olysipponense.* Saumaise conjecture que ce mot est une abréviation ou altération de *Ulyssipolis*, Ὀλυσσέως πόλις, ville bâtie par Ulysse, et qui a donné son nom à ce cap. *Voyez* à la p. 14 de la *Germanie* de Tacite, traduite par C.-L.-F. Panckoucke, un passage de Malte-Brun, qui se réfère au nom de la ville d'*Olysippo*.

113. — *Olysippone.* Cet ablatif est assez commun aux écrivains du temps de Solin. Saumaise cite Vopiscus, l'un des auteurs de l'*Histoire d'Auguste*, qui, en parlant de la prise de Copte et de Ptolemaïs par Aurélien, dit : *Copto et Ptolemaide urbes cepit.*

114. — *Aspirante favonio vento concipiunt.* — *Voir*, à la note 59, l'explication par Buffon d'un fait analogue à celui que rapporte ici Solin, d'après Pline, liv. iv, ch. 35.

115. — *Bœtis.* Aujourd'hui Guadalquivir, dans l'Andalousie.

116. — *Gemma ceraunio.* Remarquons que Pline (liv. xxxvii, ch. 51) ne donne pas ici les détails que fournit Solin sur cette pierre. Il en donne d'autres, celui-ci par exemple, qu'elle ne se trouve que dans des lieux frappés de la foudre. Quoi qu'il en soit, elle tire sa dénomination du mot grec κεραυνός, foudre.

117. — *Cassiterides insulæ.* Nous ferons observer ici, que pour le livre iv de Pline, comme nous l'avons fait au second chapitre de Solin, pour le livre vii du grand naturaliste, nous n'indiquons pas toutes les sources où a puisé notre auteur. Ici, et depuis longtemps déjà, les détails géographiques sont tirés de Pline.

118. — *Erytrhœam.... Gadis.* Telle est la leçon du manuscrit de M. Panckoucke; l'édition de Deux-Ponts porte *Erythœam* et *Gardir.*

119. — *Sive quod.... sustollatur vi caloris.* Pline, auquel Solin a emprunté une partie de ce qui suit, dit (liv. ii, ch. 99), en parlant de l'influence exercée, selon lui, par le soleil, comme par la lune, sur le flux et le reflux de l'Océan : « Cet astre, ainsi que tout le monde planétaire, monte-t-il sur l'horizon, l'onde s'enfle pour redescendre à l'instant où la lune, arrivée au faîte du ciel, commence à descendre à l'occident : à peine y est-elle arrivée et tourne-t-elle vers des lieux inférieurs du ciel, lieux opposés à la partie australe, que la même intumescence recommence, et ne cesse que lorsque la planète reparaît. Notez que le flot ne revient jamais à la même heure que la veille : on dirait qu'il a pour esclave l'astre, dont l'avide influence attire l'onde à lui, astre qui chaque jour se lève ailleurs que la veille. »

120. — *Belone.* Aujourd'hui Brabata, selon Clusius; Tariffa, selon d'autres.

121. — *Africam.* Cette dénomination, selon Servius (*sur l'Énéide*, liv. vi), vient du mot latin *apricus*, exposé au soleil; étymologie plus que douteuse.

122. — *Libyam a Libye.* — *Voyez* Hérodote, liv. ii, ch. 152; Pausanias, liv. i, ch. 44; et sur les étymologies des mots *Afrique* et *Libye*, la savante note de M. L. Marcus, sur le ch. 1er du liv. v de Pline, édit. Panckoucke.

123. — *Flexuoso meatu œstuarium e mari fertur....* Cette partie de phrase, dont le sens est plus nettement expliqué dans la phrase suivante, signifie que là se trouve une île qui seule n'est jamais inondée par le flux de la mer, quoiqu'elle soit un peu plus basse que les terres circonvoisines, qui toutes sont couvertes par les eaux.

124. — *Vertex semper nivalis.* Saumaise ici voit une contradiction avec ce qui précède. Comment, dit-il, peut-on affirmer qu'il soit couvert de neige, puisque sa tête se perd dans les nues. Il faut avouer que cette observation est bien puérile. Saumaise devait alors également attaquer Pline, où on lit (liv. v, ch. 1) :

« Elati (Atlantis) super nubila ; » et plus bas : « Suetonius Paulinus.... prodidit.... verticem altis, etiam æstate, operiri nivibus. »

125. — *Hannonis Punici libri.* L'ouvrage attribué à ce fameux amiral carthaginois, est connu sous le nom de *Périple*, Περίπλους, ou *Circumnavigation*.

126. — *Suetonius quoque Paulinus.* Suétone Paulin fut consul la douzième année de l'empire de Néron (Tacite, *Ann.*, liv. vi). Il fit la guerre aux habitants de la Mauritanie, l'an 41 après J.-C. (Dion Cassius, liv. lx).

127. — *Tingitana.* La Mauritanie Tingitane prenait son nom de la ville de Tingi, aujourd'hui Tanger. Cette ville, selon Plutarque (*Vie de Sertorius*), doit son nom à Tinge, femme d'Antée.

128. — *Elephanti juxta sensum humanum intellectus habent.* Cette expression se trouve dans Pline, au commencement du huitième livre de l'*Histoire Naturelle*. Voici les réflexions que ce passage a suggérées à G. Cuvier : « On a fort exagéré l'intelligence de l'éléphant : elle n'est pas supérieure à celle du chien, et les seules des actions de ce grand quadrupède que des chiens et des chevaux ne pourraient apprendre à exécuter, sont celles pour lesquelles il emploie sa trompe, organe sensible, robuste, mobile dans tous les sens, et terminé par une espèce de pince propre à saisir les corps les plus déliés ; encore voyons-nous chaque jour des chiens et des chevaux en faire presque autant avec leurs lèvres. »

129. — *Ne quod obvium animal interimant.* « L'éléphant, comme le cheval, dit G. Cuvier, évite de marcher sur un homme ou sur un animal vivant. Il lui est arrivé souvent de placer doucement de côté avec sa trompe des enfants auxquels il aurait pu faire mal. »

130. — *Sed biennio.... utero gravescunt.* « Les éléphants, dit Buffon (*Suppl. à l'Hist. Nat.*), ne s'accouplent point lorsqu'ils ne sont pas libres. On enchaîne fortement les mâles quand ils sont en rut, pendant quatre à cinq semaines. Ils sont si furieux alors, que leurs cornacs ne peuvent les approcher sans danger. Il arrive quelquefois que la femelle qu'on garde à l'écurie dans ce temps, s'échappe et va joindre dans les bois les éléphants sauvages ; mais, quelques jours après, son cornac va la chercher, et l'appelle par son nom tant de fois, qu'à la fin elle arrive, se soumet avec docilité, et se laisse conduire et renfermer ; et c'est ainsi que l'on a vu que la femelle fait son petit à peu près au bout de neuf mois. »

131. — *Si quis casu chamæleontem devoraverit, vermem elephantis veneficum.* Solin dit plus loin (ch. xxvIII, p. 219) qu'on range les scorpions, les scinques et les lézards parmi les vers et non parmi les serpents; c'est ce qui nous a déterminé à traduire par *ver* le mot *vermem*, appliqué ici au caméléon. Cet animal est aujourd'hui rangé parmi les reptiles sauriens.

132. — *Frigidior inest sanguis.* G. Cuvier dit, à propos de cette assertion qu'on trouve aussi consignée dans Pline (liv. vIII, ch. 12) : « Le motif que Pline suppose aux serpents de se rafraîchir par le sang de l'éléphant, est absurde. C'est le serpent qui a le sang froid; celui de l'éléphant est aussi chaud que celui d'aucun autre quadrupède. »

133. — *Quod is tantum.... promuscide.* On lit dans Pline : « Quoniam is tantum locus defendi non possit manu. » Le *promuscide* et le *manu* sont ici évidemment synonymes. Voici la note de G. Cuvier sur le texte de Pline (liv. vIII, ch. 12), p. 411 du t. vI de l'*Hist. Nat.*, édit. Panckoucke : « J'aime assez la leçon proposée par Pélicier, *nisi manu*, quoique non autorisée par les manuscrits, ni par Solin : car il est clair que l'éléphant peut aussi bien défendre son oreille que le reste de son corps avec sa trompe; mais il a plus de peine à la défendre en se roulant, se frottant, etc. »

134. — *Velut humanis conjugationibus copulantur.* Quoique cette proposition soit prise d'Aristote (liv. vI, ch. 30), on ne doit pas pourtant y ajouter foi aveuglément, car on a vu des ours s'accoupler comme les autres animaux.

135. — *Trigesimus dies.* Buffon (*Suppl. à l'Hist. Nat.*) dit que des observations exactes, faites pendant plusieurs années, sur des ours nourris à Berne, ont constaté que la durée de la gestation de l'ours est de sept mois. Ils sont entrés en chaleur, ajoute-t-il, au mois de juin, et la femelle a toujours mis bas au mois de janvier.

136. — *Carnes.... quibus color candidus.* « Nous pouvons affirmer le contraire. Nous avons vu de petits oursons naissants, ou même en fœtus et déjà complétement formés. Aldrovande dit déjà en avoir possédé un semblable. Au reste ce passage n'est qu'une exagération de ce que dit Aristote (liv. vI, ch. 30), et qui est très-vrai, « que l'ourse produit un petit intermédiaire, pour la « grosseur, entre le chat et le rat, aveugle, nu (c'est-à-dire à poil « ras), et dont les membres sont mal formés. » (G. Cuvier.)

137. — *Domitius Ænobarbus.... ursos Numidicos centum.... edidit.* « Je suis étonné, dit Pine (liv. VIII, ch. 54), qu'on les ait dits de Numidie, puisqu'il est constant que l'Afrique ne produit point de ces animaux. » Mais Buffon (*Hist. Nat.*) dit que si les ours noirs n'habitent guère que les pays froids, les ours bruns ou roux se trouvent dans les climats froids et tempérés, et même dans les régions du midi; qu'il s'en trouve à la Chine, au Japon, en Arabie, en Égypte, et jusque dans l'île de Java.

138. — *Regium.* Silius Italicus (*Puniques*, liv. III, v. 259), dit, en parlant de cette ville :

.... Antiquis dilectus regibus Hippo.

139. — *At hi, quos creant pardi.* Les anciens donnaient le nom de léopard à un prétendu produit mélangé du *parde* ou panthère mâle, et de la lionne. « Cette opinion du mélange des différentes espèces rassemblées près des sources en Afrique est fabuleuse, dit G. Cuvier (notes sur le liv. VIII de l'*Hist. Nat.* de Pline). Elle fut probablement occasionnée par les espèces inconnues au reste du monde, que l'on amenait de temps en temps de ce pays-là, et dont on voulait ainsi expliquer la variété. »

140. — *Nec a misericordia separantur.* Tout le monde connaît l'histoire du lion de Florence. Cependant G. Cuvier (*ubi supra*) pense qu'il ne faut pas croire aveuglément à la générosité du lion. Les faits qu'on en rapporte se réduisent, selon lui, à ce que des lions qui n'avaient pas faim ont épargné leurs victimes, ou à ce que, surpris par quelque objet inaccoutumé, ils ont lâché leur proie; mais c'est ce qui peut arriver, ajoute-t-il, à tout animal, même au plus carnassier. Cuvier, certes, attaque ici une opinion bien répandue.

141. — *Cantus gallinaceorum,.... timent.... sed ignes magis.* G. Cuvier (*ubi supra*) : « Le feu effraye le lion comme les autres carnassiers; il se peut qu'il ait aussi quelquefois eu peur d'une roue tournant rapidement; mais pour le coq, loin de le craindre, il le mange. Néanmoins Lucrèce s'amuse à rechercher gravement la cause de cette prétendue antipathie. »

142. — *Cui cum spina riget collum continua unitate.* « L'hyène, dit G. Cuvier (*ubi supra*), est de tous les animaux que j'ai disséqués, celui où j'ai trouvé les muscles du cou les plus épais : aussi a-t-il une très-grande force dans le cou, comme dans les dents. On ne peut jamais lui arracher ce qu'il a une fois saisi. Les Arabes en font l'emblème de l'opiniâtreté ; et c'est probablement par allusion à l'hyène, que la Bible appelle les entêtés *gens de cou roide*. »

143. — *Eadem hyæna.... busta eruit*. Des habitudes de l'hyène rapportées par les anciens, celle-ci, selon G. Cuvier, est la seule vraie, et celle qui a fait imaginer toutes les autres. Un animal à figure aussi basse et aussi lugubre, qui ne va que la nuit, qui se nourrit de cadavres et viole les sépultures, qui remplit de ses hurlements nocturnes les bourgades et les villes mal policées du Levant, a dû inspirer des frayeurs, et donner lieu à des contes de toute espèce.

144. — *Crocottæ nomen est*. « C'est un animal fabuleux, comme la *léontocrotte* et le *catoblépas* : êtres imaginés par la superstition ou la manie du merveilleux, et qui n'ont de fondement dans la nature que l'hyène et le gnou, dont les descriptions avaient été diversement mêlées par des voyageurs ignorants qui en avaient entendu parler à des peuples encore plus ignorants qu'eux. » (G. Cuvier.)

145. — *Quadrigemina cornicula*. Lacépède (*Hist. Nat. des serpents*) dit que le céraste a réellement au-dessus de chaque œil un petit corps pointu et allongé, auquel paraît convenir le nom de corne. Il ajoute que l'on a comparé la forme de ces éminences à celles d'un grain d'orge, et que c'est apparemment cette ressemblance avec une graine dont se nourrissent quelques oiseaux, qui a fait penser que le céraste se cachait sous des feuilles, et ne laissait paraître que ses cornes qui servaient d'appât pour les petits oiseaux qu'il dévorait.

146. — *Plures diversæque aspidum species*. On voit par Élien (*des Animaux*, liv. x, ch. 31) que l'on comptait en Égypte jusqu'à seize espèces d'aspics.

147. — *Eum a quocumque gestabitur, subtrahat visibus obviorum*. Pline, en parlant de cette prétendue vertu de la pierre dite héliotrope (liv. xxxvii, ch. 60), ne peut s'empêcher de s'écrier : « Magorum impudentiæ manifestissimum exemplum! »

148. — *Lotophagos*. Peuple qui se nourrissait du lotus, λωτός, φάγω. Il y a peu de plantes ou d'arbres qui rappellent plus de souvenirs historiques, et qui soient dans l'antiquité plus célèbres que ce végétal. Une dissertation très-érudite se trouve à ce sujet dans les notes du liv. xiii du Pline de la *Biblioth. Lat.-Franç.*; contentons-nous de rappeler que le λωτός dont il est ici question est celui qu'Homère illustra, et dont le fruit, doux comme le miel, faisait oublier aux étrangers leur patrie.

149. — *Hammonis.... cornum.* C'est, dit Pline (liv. xxxvii, ch. 60), une des gemmes que l'Éthiopie révèle le plus. Les cornes d'Hammon sont d'ailleurs des mollusques fossiles qui se trouvent en prodigieuse quantité dans les terrains secondaires, et surtout dans les calcaires coquillier, jurassique, oolithique.

150. — *Laser.* Abréviation de *lac sirpicum.* Cette étymologie assez curieuse n'est pas donnée par Pline. Pline dit seulement le *laserpitium* que les Grecs ont appelé *silphion.* — *Voyez*, plus loin, la note 155.

151. — *Basiliscum creat.* « Rien de plus fabuleux que cet animal, au sujet duquel on a répandu tant de contes ridicules, qu'on a doué de tant de qualités merveilleuses, et dont la réputation sert encore à faire admirer entre les mains des charlatans, par un peuple ignorant et crédule, une peau de raie desséchée, contournée d'une manière bizarre, et que l'on décore du nom fameux de cet animal chimérique. » (LACÉPÈDE, *Hist. Nat. des quadrupèdes ovipares.*)

152. — *Berenicen.... Lethon amnis.* Pline (liv. v, ch. 5) dit que le promontoire sur lequel est bâtie la ville de Bérénice portait autrefois le nom de corne des Hespérides; il ajoute que non loin de cette ville est un bois sacré, autrefois, dit-on, jardin des Hespérides. Quant à la ville de Bérénice, c'est aujourd'hui *Bengasi*; quant au fleuve Lethon, ce n'est que le fameux Léthé, si connu dans la mythologie, et dont Lucain dit (*Pharsale*, liv. ix, v. 355) :

> .... Lethes tacitus.... amnis,
> Infernis, ut fama, trahens oblivia venis.

153. — *Plebes simiarum.* — *Voir*, sur les singes, PLINE, liv. viii, ch. 80, et liv. xi, ch. 100. Le singe est, du reste, défini par les naturalistes, animal anthropomorphe et quadrumane, d'espèces très-variées, et multipliées par leur mélange.

154. — *Immoderate fœtus amant,* etc. Ce passage présente une certaine obscurité que les commentateurs n'ont pas dissipée. Toutefois nous trouvons parmi les fables d'Avianus, dont M. J. Chenu a donné une élégante et fidèle traduction, l'apologue intitulé *la Guenon et ses Petits,* qui est tout à fait propre à donner l'explication de cette phrase. *Voyez* AVIANUS, fable xxxv.

155. — *Laser vivunt.* Le *laser*, dont Solin a parlé déjà (ch. xxvii), est une sorte de résine aromatique, suc d'une espèce de férule. *Voir* la note savante de M. Fée sur cette substance, t. XII, p. 300 du Pline de la *Biblioth. Lat.-Franç.*

156. — *Sed Vespasiano principe.* Ce passage surtout prouve évidemment que Solin n'est pas, comme quelques-uns l'ont prétendu, du siècle d'Auguste. *Voir* notre observation à cet égard au commencement de la Notice sur cet écrivain. Ce passage prouve aussi que Solin est postérieur à Pline : car Pline et Vespasien moururent la même année, l'an 79 de J.-C. Or, ici Solin parle évidemment de Vespasien comme n'existant plus. Pline, il est vrai (liv. v, ch. 5), parle également de Vespasien; mais il ne dit pas comme Solin, *Vespasiano principe*; il dit *initiis Vespasiani imperatoris*.

157. — *Sic papyro viret.* On ne trouve pas plus aujourd'hui le papyrus sur les bords du Niger que sur les bords du Nil. Le célèbre voyageur Forskal (*Voir* les notes du livre XIII de Pline, *Biblioth. Lat.-Franç.*) a vainement cherché le papyrus en Égypte; cette plante n'a pas été non plus observée par les savants naturalistes de l'expédition d'Égypte, et aucun voyageur n'a pu depuis l'y trouver. Savary (*Lettres sur l'Égypte*) dit pourtant : « C'est auprès de Damiette que j'ai vu des forêts de papyrus, avec lequel les anciens Égyptiens faisaient le papier. Mais il s'agit certainement ici de quelque grande espèce d'*arundo*; car on ne trouve plus le papyrus près du *Delta*, ni ailleurs, en Égypte du moins. Il abondait pourtant près du Delta, puisque dans les auteurs grecs, on trouve pour cette plante le nom de δελτός.

158. — *Ab Oceano œstu ad Meroen, etc.* Tout ce passage est pris de Pomponius Mela (liv. III, ch. 9).

159. — *Quam nabun vocant.* Le nabus n'est autre que la *girafe*. Cette description, dit G. Cuvier (notes sur le liv. VIII de Pline), est assez exacte; il est singulier cependant que l'auteur n'ait point remarqué la disproportion de son train de devant. Dion en donne une plus exacte encore (liv. XLIII). On en voit une figure dans la mosaïque de Palestrine, avec son nom νάβις.

160. — *Cepos appellant.* On ignore quel est cet animal. Brottier veut que ce soit le gibbon. Buffon dit que c'est la mone. Cuvier croit que ce nom de *cepus* désigne les guenons ou singes à queue, nommés en grec *cercopithèques* (κερκοπίθηκος, singe à longue queue). Gueroult et G. Cuvier pensent que Pline avance trop légèrement que cet animal n'avait pas été revu à Rome. Solin n'a eu garde de s'écarter de Pline.

161. — *Mittit et tarandum.* Le tarande est probablement le renne. G. Cuvier, contrairement à quelques opinions émises avant lui, dit que ce ne peut être l'élan ; l'élan est, selon lui, l'alcé des anciens. Gueroult, à propos du passage de Pline (liv viii, ch. 52), d'où celui de Solin est tiré, fait remarquer que le renne et l'élan ne se trouvent aujourd'hui que dans les pays les plus septentrionaux, l'élan en deçà et le renne au delà du cercle polaire.

162. — *Thoas vocant.* « Il n'y a guère de quadrupède, dit G. Cuvier, sur lequel les naturalistes aient autant disputé que sur le thos; mais Bochart paraît avoir très-bien prouvé que c'est le chacal.... Il est *innocuus homini*, parce qu'il est trop lâche pour l'attaquer. » (Notes de l'*Hist. Nat.* de Pline, liv. viii, ch. 52.)

163. — *Hyacinthus invenitur.* L'hyacinthe des modernes est rouge orangé. Ce n'est donc pas celle de Pline et de Solin ; ce n'est pas non plus celle de saint Épiphane, qui la qualifie d'ὑπερπορφυτίζων.

164. — *Chrysopastus.* La chrysolampis de Pline. C'est quelque phosphate, et probablement le phosphate jaune de plomb, qui, la nuit, brillait de lui-même par un temps orageux, ou dans le voisinage d'une source de naphte.

165. — *Oderunt deum lucis.* Tout le monde connaît ces beaux vers de Le Franc de Pompignan :

> Le Nil a vu sur ses rivages
> Les noirs habitants des déserts
> Insulter, par leurs cris sauvages,
> L'astre éclatant de l'univers....

166. — *Carnibus vivunt serpentium.* C'est bien ce que dit Pline (liv. v, ch. 8). Pourquoi donc Solin, qui se trouve ici en contradiction avec lui-même, dit-il plus haut que les Troglodytes s'abstiennent de toute chair d'animal, *ab animalibus universis?*

167. — *Pharsalico bello non fuerit egressus quinque ulnas.* « Dans la guerre de Pharsale, dit Pline (liv. v, ch. 10), la plus faible crue fut de cinq coudées; on eût dit que le fleuve, par un miracle, voulait prouver son horreur pour le meurtre futur du grand Pompée. »

168. — *In Nili statum gurgitem.* Pline dit (liv. viii, ch. 71) : « Un endroit du Nil, auquel sa forme a fait donner le nom de *phiala* (fiole). »

169. — *Linguam non habet, maxillam movet superiorem.* Le crocodile a une langue fort large et beaucoup plus considérable en proportion que celle du bœuf, mais qu'il ne peut allonger ni darder à l'extérieur, parce qu'elle est attachée aux deux bords de la mâchoire inférieure, par une membrane qui la couvre.

170. — *Scinci.* Pline fait mention du scinque au liv. VIII, ch. 38. Ce lézard vit dans l'eau ainsi qu'à terre. Dans un autre endroit (liv. XXVIII, ch. 30), Pline dit : « Scincus quem quidam terrestrem crocodilum esse dixerunt, etc. » Plusieurs modernes l'ont appelé de même crocodile terrestre. « C'est un grand abus des dénominations que l'application du nom de cet énorme animal à un petit lézard qui n'a que sept à huit pouces de longueur, » dit Lacépède, *Hist. Nat. des quadrup. ovipares.*

171. — *Ore pariunt.* Pline (liv. 10, ch. 12) le nie formellement, et cite Aristote à l'appui de cette dénégation.

172. — *Thebæ.* Thèbes, la plus ancienne capitale de l'Égypte, déchue lors de la fondation de Memphis, est remplacée aujourd'hui par des ruines immenses qui ont plus de huit lieues de tour.

173. — *Scenitæ.* Du grec σκηνή, tente. Ce sont les Bédouins d'aujourd'hui.

174. — *Arabia, id est sacra.* Pline (liv. XII, ch. 30) dit que le lieu où croît l'encens se nomme *Saba* ; ce qui, chez les Grecs, signifie *mystère.* Il y a, comme on le voit, une différence entre les deux auteurs.

175. — *Alii lentisco, alii terebintho.* Le lentisque est un arbre moyen, apétale ; il en découle une résine ou mastic aromatique. Il arrête les diarrhées ; il est bon pour la bouche et les dents. Le térébinthe, également résineux, est notre pistachier sauvage.

176. — *Odore cremati storacis.* Le storax ou styrax est l'alibousier, espèce de coignassier ou poirier à feuilles blanchâtres.

177. — *Phœnix.* « Cet oiseau fabuleux n'était, dit Bailly (*Hist. de l'Astron. anc.*), que l'emblème d'une révolution solaire qui renaît au moment qu'elle expire. Il signifiait la grande année caniculaire des Égyptiens. Unique comme le soleil, le phénix brille des couleurs de la lumière. Il vient de l'Arabie : c'était en effet la route que les connaissances astronomiques avaient suivie pour parvenir jusqu'en Égypte. Enfin cet oiseau périt et renaît sur l'autel du soleil, parce que c'est le soleil qui règle et constitue la période caniculaire, et que les meilleurs astronomes égyptiens faisaient leur séjour à Héliopolis, fameuse par la meilleure école des prêtres d'Égypte. »

178. — *Cinnamolgos.* Gueroult donne à l'oiseau qui construit son nid avec des branches de cannellier le nom même de cet arbrisseau. Ce que Solin et Pline disent de cet oiseau, d'après Hérodote (*Thalie*, ch. 11) et Aristote (liv. 1x, ch. 20), est regardé par G. Cuvier (notes sur le livre x de Pline) comme une de ces fables que les marchands des choses éloignées inventaient pour donner plus de prix à leurs marchandises. *Voyez* les notes sur le livre x de Pline, t. viii, p. 403 de l'édition Panckoucke.

179. — *Sardoniæ luxuriæ excitavit facem.* L'observation de Solin vient sans doute de ce passage de Pline (liv. xxxvii, ch. 23) : « Scipion l'Africain est le premier des Romains qui ait porté une sardoine ; dès lors cette pierre acquit du renom à Rome. »

180. — *Joppe oppidum.* Joppé, Japho ou Iapho de l'Ancien Testament (*Josué*, ch. xix ; ⁊ 46, *Paralip.*, liv. 11, ch. 2, ⁊ 16 ; *Jonas*, liv. iii), ἰόππη des Grecs, et aujourd'hui Jaffa.

181. — *Hiericus.* C'est le nom que Pline (liv. v, ch. 15) donne à la ville de Jéricho.

182. — *Gnomonici.* La gnomonique (γνωμονική) est l'art de construire des cadrans solaires. Γνώμων signifie aiguille, style (de cadran solaire).

183. — *Chalazias.* La chalazie, d'où vient peut-être le mot *caillou*, désignait, en général, la variété blanche ou grise des pierres siliceuses. Leur nom tiré de χάλαζα, grêle, indique leur forme.

184. — *Solis gemma.* Suivant les uns, c'est le girasol, sorte d'opale blanche, teinte de bleu et de jaune ; selon d'autres, c'est l'astérie. Mais comme Pline distingue parfaitement la pierre dite *solis gemma*, et la pierre dite *asteria*, nous préférons la première opinion. Remarquons que, pour cette pierre, comme pour beaucoup d'autres, il y a tant d'incertitude, qu'en vérité on ne peut le plus souvent émettre que des conjectures. Ici même, malgré la distinction que nous avons établie, on nous répondra que le *girasol* et l'*astérie* sont une seule et même pierre : car beaucoup de naturalistes donnent indifféremment le même nom aux deux pierres dont nous parlons.

185. — *Mare Issicum.* « Ce lieu, dit Pomponius Mela (liv. i, ch. 13), fut autrefois le théâtre d'une grande bataille.... Là florissait Issus, qui aujourd'hui n'est plus rien. Combien de lieux, où de grandes batailles se sont livrées, sont aujourd'hui ou ignorés, ou bien peu visités !

186. — *Tarson.* Patrie d'Antipater, d'Archelaüs, de Nestor, des deux Athénodores, dont l'un fut l'ami de Caton d'Utique, et l'autre le précepteur de César. Un plus grand nom que tous ceux-là est celui de l'apôtre saint Paul, qui, comme on le sait, était de Tarse.

187. — *Quidquid candidum.... cydnum dicunt.* Les mots κύκνος, *cygnus*, cygne, ont sans doute la même racine.

188. — *Et specus.* Pomponius Mela (liv. I, ch. 13) fait une admirable description de cet antre. Ce passage, très-peu connu, fait honneur non-seulement au géographe, mais à l'écrivain. La poésie de cette description est vraiment remarquable.

189. — *Heliopolis.... et diu solum.* Camers, quoique ayant trouvé dans presque tous les manuscrits *Heliopolis*, met dans son texte *Soloe*. Saumaise conserve *Heliopolis*. Il y a très-certainement dans les diverses leçons de ce passage quelque confusion, et l'on peut soupçonner que le texte de Solin a été altéré. Je pense qu'à la place du mot *solum*, très-difficile d'ailleurs à interpréter, on doit lire *Solis oppidum*. Ce dernier mot est dans le texte de Solin. Ce passage, où je crois que le mot d'*Heliopolis* doit être conservé, signifierait donc *la ville du Soleil*, comme on la nommait autrefois, mais à laquelle Pompée a fait donner le nom de *Pompeiopolis*. Je soumets cette conjecture aux érudits.

190. — *Hephæstiam vocant.* Ἥφαιστος, Vulcain. Les îles connues aujourd'hui sous le nom d'îles de Lipari, s'appelaient autrefois indifféremment Vulcaniennes, ou Héphestiennes.

191. — *Telmesso.* Telmesse, que les *Livres carthaginois* (*Périple* d'Hannon) nomment Théanisse et Télémense, n'existe plus; mais on sait qu'elle était aux lieux qu'occupe aujourd'hui Macri. Elle donnait son nom au golfe dit aujourd'hui de Macri.

192. — *Quem Dinocratem, etc.* — *Voyez* plus haut, ch. XXXII.

193. — *Eventum gestæ rei signat.* « Dans l'Aulocrène, dit Pline (liv. XVI, ch. 89), on montre un platane auquel fut pendu Marsyas, vaincu par Apollon. »

194. — *Per longitudinem trium jugerum.* « Qu'est-ce qu'une longueur de trois *jugera?* dit G. Cuvier (notes sur le passage de Pline, liv. VIII, ch. 16, correspondant à celui de Solin). Les *ju-*

gera étaient une mesure de surface et non pas de longueur. » Brottier propose de lire *trium passuum*. Le passage de Solin est d'ailleurs emprunté, ainsi que celui de Pline, au ch. 45 du liv. ix de l'*Histoire des Animaux* d'Aristote. Or, Aristote dit que l'animal nommé βόνασος (Pline, *bonasus;* Solin, *bonnacus*) lance ses excréments εἰς τέτταρας ὀργυιάς, à la distance de trois *brasses*, ou *pas;* car c'est ce que signifie le mot ὀργυιάς. Quant au *bonnacus* lui-même, la description d'Aristote répond à celle de l'aurochs, *urus*, déjà décrit par Solin, à l'exception des cornes recourbées sur elles-mêmes, et inutiles au combat.

195. — *Inter quem et Hesiodum.... centum triginta octo anni medii fuerunt.* Parmi les auteurs anciens, quelques-uns sont d'avis qu'Hésiode existait avant Homère; d'autres qu'il était son contemporain; d'autres enfin le font de cent ans et même de quatre cents ans postérieur à ce grand poëte, qui florissait au commencement du ixe siècle avant J.-C. Des nombreux ouvrages d'Hésiode, trois seulement sont venus jusqu'à nous : *les OEuvres et les Jours,* la *Théogonie* et *le Bouclier d'Hercule.* M. J. Chenu a donné, en 1844, du premier de ces poëmes, une traduction française dont nous laissons aux lecteurs le soin d'apprécier le mérite ; nous engagerons seulement ici M. J. Chenu à poursuivre sa tâche.

196. — *Chamæleon.* Cette description du caméléon, à part le style, est entièment tirée de Pline. « Elle est, dit G. Cuvier (notes sur le liv. viii de l'*Hist. Nat.* de Pline), assez exacte, mais bien moins que celle d'Aristote, dont elle est cependant en grande partie empruntée. »

197. — *Quam haustu aeris vivat.* G. Cuvier, et avant lui Valmont de Bomare et Lacépède, ont parfaitement établi que cette opinion des anciens est erronée. On a trouvé des mouches, des fourmis et d'autres petits insectes dans l'estomac du caméléon.

198. — *Pythonos Come.* Aujourd'hui canton de Serponouwtzi, par delà le fleuve Obi.

199. — *Galatiam primis seculis priscæ Gallorum gentes occupaverunt.* — *Voyez* sur la Galatie la note savante de M. Val. Parisot (liv. v de Pline, t. iv, p. 417 de l'édition Panckoucke).

200. — *A fontibus Sangarii fluminis.* Le Sangarius ou Sangaris des anciens est aujourd'hui l'Aïala, que par ressouvenir on appelle aussi Sakaria.

201. — *Deinde post Antiochum apud Thermopylas pugnantem mala pugna.* Telle est la leçon du manuscrit de M. Panckoucke,

qui nous paraît la véritable. Saumaise avait modifié celle des anciens manuscrits, qui portent *pugnam tam malam*, en lisant *pugnatam malam pugnam*, s'appuyant sur les exemples si connus de *vitam vivere, servitutem servire, furorem furere*, etc. Tout ingénieuse que paraisse cette correction, qui présente, du reste, le même sens que celle du manuscrit de M. Panckoucke, nous avons dû nous ranger à cette dernière autorité.

202. — *Acherusius specus.* C'était un antre ouvert dans le promontoire de l'Achéron. Ce promontoire s'avançait en forme de presqu'île et couvrait le golfe au fond duquel est située la ville d'Héraclée. C'est par cette caverne que, selon la fable, Hercule descendit aux enfers.

203. — *Archelaidem.... Halys prœterfluit.* Archélaïde, ou plutôt Archélaïs, était la capitale d'un prince cappadocien, nommé Archelaüs. Tibère joignit ses États à l'empire romain; Claude y envoya une colonie romaine. C'est dans cette ville que fut tué, en 218, l'empereur Macrin, successeur d'Héliobagale.

204. — *Mazacam sub Argœo sitam.* Mazaque, et depuis Césarée (PLINE, liv. VI, ch. 3), se nomme aujourd'hui Kêsaryeh. Cette ville était surtout remarquable par sa position au pied du mont Argée (Ἀργαῖον ὄρος). Ce nom qui signifie mont Blanc, indiquait les neiges éternelles qui hérissent cette haute cime, d'où, selon Strabon (liv. XII), on aperçoit la mer Noire et la Méditerranée.

205. — *Cujus primores pedes facie vestigii humani tradunt fuisse.* « La corne des pieds de devant de ce cheval était apparemment un peu échancrée par les bords, et le sculpteur aura exagéré cette conformation vicieuse pour les faire croire des doigts humains. » (G. CUVIER, notes sur le liv. VIII de l'*Hist. Nat.* de Pline.)

206. — *Quum prœlio Antiochus Galatas subegisset.* Pline (liv. VIII, ch. 64) dit positivement le contraire. Voici le passage du naturaliste : « Plutarque rapporte qu'un Galate, nommé Centarète, après avoir tué Antiochus dans un combat, saisit son cheval et le monta d'un air triomphant; mais l'animal indigné prit le mors aux dents, et se jeta dans des précipices, où ils périrent tous deux. »

207. — *Utpote qui etiam post vicesimum mittatur.* — *Mittatur* est excessivement obscur, si on ne lit pas, comme dans Pline (liv. VIII, ch. 65), *e circo*. Je soupçonne donc que *etiam* est ici,

par corruption de manuscrits, pour *e circo*; d'autant plus que *etiam* dans la phrase est complétement inutile.

208. — *Hippomanes.* — *Voyez* Virgile, *Géorg.*, liv. iii, v. 280. Ce que les anciens rapportent de l'hippomanès, comme philtre, est fabuleux. Solin dit ici *cicatricis simile.* Pline (liv. viii, ch. 66) dit *carice magnitudine (carica,* figue).

209. — *Quod si præreptum.... felitanda.* Pline ne dit pas cela; mais il prétend (*ubi supra*) que la mère dévore l'hippomanès aussitôt que le poulain est né, sans quoi elle refuse de le nourrir.

210. — *Peregrina.* Pline (liv. xiii, ch. 5) dit *exotica*, et fait remarquer que c'est le terme dont se servirent les censeurs : *Sic enim appellavere.*

211. — *Carminibus Mantuanis.* Virgile a décrit, en effet, en fort beaux vers (*Géorg.*, liv. ii) le *Medica arbor*, ou *citronnier*.

212. — *Caspiæ portæ.* Le nom de ces portes vient d'un passage étroit que laisse l'interruption d'une chaîne de montagnes. *Voyez* Pline, liv. v, ch. 27.

213. — *Direum.* Pline (liv. vi, ch. 18) nomme cette plaine *Dareium.* Ce mot, sur lequel discutent longuement les commentateurs, semble en résumé se rattacher au souvenir de Darius. Rien de plus fréquent d'ailleurs que ces transformations de noms, d'un peuple à l'autre, d'un idiome à l'autre, et par suite d'un écrivain à l'autre.

214. — *Massagetæ, Essedones.* Massagètes signifie grands Gètes; Essédons, hommes de chariots (*esseda*).

215. — *Hoc differunt.* Cette distinction de deux espèces de chameaux est très-juste, selon G. Cuvier; mais la haine qu'Aristote, Pline, et après eux Solin, leur prêtent pour les chevaux, n'existe pas. Cette opinion tient sans doute à quelque événement particulier, où des chameaux et des chevaux, s'étant rencontrés pour la première fois, se seront effrayés mutuellement. Aujourd'hui les caravanes offrent un mélange continuel des uns et des autres. On assure même qu'en Arabie les poulains tettent les femelles des chameaux.

216. — *Sævissimis bestiis efferata.* On regarde, en effet, cette partie de l'Asie comme un foyer d'où se sont répandus dans les contrées environnantes un grand nombre d'animaux : l'hermine, la zibeline, le *takia* ou cheval sauvage, l'*iack* ou bœuf grognant, l'ours brun, l'ours noir, l'*irgis* ou lynx blanc, et d'autres, parmi lesquels certains auteurs placent le tigre.

217. — *Quod Tabim barbari dicunt.* — *Tabis* paraît signifier montagne, en général; le mot mongol *Daba*, et le mot *Tibet*, qui n'en est que la transformation, semblent l'indiquer.

218. — *Triumphavit.* On sait que le triomphe était l'entrée solennelle d'un général vainqueur à Rome; il y aurait donc eu une sorte d'anachronisme à traduire *triumphavit* par *triompha*.

219. — *Gangen quidem fontibus incertis nasci.* La source du Gange n'a été fixée en effet qu'en 1808 par Webb, et en 1817 par Hudson, qui l'ont trouvée à quelques lieues au nord de Gangroute, sur le grand versant méridional de l'Himalaïa. C'est un lieu saint pour les naturels du pays.

220. — *Quietum.... genus est.* — *Quietum* est presque inintelligible. Il est probable, d'après le passage correspondant de Pline, qu'il faut lire *quintum.... genus.* Remarquons d'ailleurs que quatre classes ont été déterminées dans la phrase précédente.

221. — *Femine natum.* Le manuscrit de M. Panckoucke porte *femine*, qui est évidemment la leçon véritable, car μηρός, en grec, signifie *cuisse*. Il n'y a, du reste, aucun sens raisonnable à attacher au mot *femina* que donne l'édition de Deux-Ponts.

222. — *Ut Jubæ et Archelai regum libris editum est.* Que les livres de Juba et d'Archelaüs aient ou non donné ces détails, toujours est-il que Solin les reproduit presque textuellement d'après le liv. III de Pomponius Mela.

223. — *Philosophos habent Indi, gymnosophistas vocant, etc.* « Ces folies, qui ne sont rien moins que philosophiques, sont encore pratiquées aujourd'hui par les pénitents indous, qui paraissent être les successeurs des anciens *gymnosophistes*. On peut voir ce qu'en rapportent Bernier, Roger et les autres voyageurs qui sont allés aux Indes. » (G. CUVIER.)

224. — *Ad montem, qui Nulo dicitur.* Pline dit : *Cui nomen est Nulo.* — *Nulo*, rapporté à *cui*, indique le mot *Nulus*, d'après l'usage latin. Une observation d'une tout autre importance sur ce passage et sur les suivants, c'est que Pline, d'après Mégasthène et Ctésias, puis Solin, d'après Pline, n'ont fait qu'adopter ou paraître adopter des fables dont la plupart *ne sont pas*, dit G. Cuvier (notes sur le livre VII de Pline), *susceptibles d'explication : ce sont des fables pures et simples.*

225. — *Sunt qui cervicibus carent,* etc. « Raleigh, dit Buffon (*Hist. de l'homme*), parle des peuples indiens qui ont le cou si court et les épaules si élevées, que leurs yeux paraissent être sur les épaules, et leur bouche dans leur poitrine. Cette difformité si monstrueuse n'est sûrement pas naturelle; et il y a grande apparence que ces sauvages qui se plaisent tant à défigurer la nature en aplatissant, en arrondissant, en allongeant la tête de leurs enfants, auront aussi imaginé de leur faire rentrer le cou dans les épaules. Il ne faut pour donner naissance à toutes ces bizarreries, que l'idée de se rendre, par ces difformités, plus effroyables et plus terribles à leurs ennemis. »

226. — *Voce autem loquentium hominum sonos æmulatur.* Selon Élien, cet animal non-seulement imite la voix de l'homme, mais il écoute les bûcherons causer, apprend leurs noms, et les appelant ensuite, les entraîne à l'écart pour les dévorer.

227. — *Eale.* Selon G. Cuvier, cette description appartient au rhinocéros bicorne, dont les cornes jouissent de quelque mobilité, si l'on en croit Sparmann (*Voyage au Cap*).

228. — *Monoceros.* Rien de plus curieux et de plus savant que la note de G. Cuvier (notes du liv. VIII de Pline, t. VI, p. 430 de l'édit. Panckoucke) sur cet animal. On traduit ordinairement *monoceros* par licorne; mais, selon les naturalistes français, c'est à l'oryx des anciens que répond notre licorne de blason. La licorne n'existe pas dans la nature. « Les Anglais, dit G. Cuvier (*ubi supra*), qui paraissent plus curieux que d'autres de retrouver la licorne dans la nature, parce que c'est un support des armoiries de leur roi, ont prétendu récemment qu'il en existe dans l'intérieur de l'Afrique et dans les montagnes de l'Indostan; mais la première assertion ne repose que sur des dessins gravés, dit-on, sur des rochers par des sauvages; la seconde que sur des relations d'habitants de ces contrées éloignées, ou d'Indiens qui les avaient parcourues : elle n'a jusqu'à présent en sa faveur aucun Européen témoin oculaire. »

229. — *Cubitorum non minus senum.* Pline (liv. IX, ch. 17) dit soixante (*sexaginta*) au lieu de six. Nous pensons que Solin est ici plus exact que Pline.

230. — *Album piper dicitur.* C'est avec raison que Solin, d'après Pline, regarde le poivre blanc comme provenant du même arbrisseau que le poivre noir; mais la coloration des fruits de ce dernier tient uniquement, d'après les naturalistes modernes, à son intégrité : le poivre blanc n'en diffère que parce qu'il n'a plus sa première enveloppe.

231. — *Utrinque secus leniter turbinatus.* Pline (liv. XXXVIII, ch. 15) dit plus clairement : « Ut si duo turbines latissimis suis partibus jungantur; » c'est-à-dire, comme si deux cônes se joignaient par la base.

232. — *Nec ferro vincuntur, nec igne domantur.* Le diamant, *adamas*, ἀδάμας, a été ainsi nommé parce qu'il est le plus dur de tous les métaux (racine ἀ privatif, δαμᾶν, dompter). Quant au sang de bouc, auquel cède le diamant, c'est une fable. Cela n'empêche pas Pline, qui y ajoute foi, de s'écrier (liv. XXXVII, ch. 15) : « A quel génie, ou à quel hasard rapporter cette découverte ou cette trouvaille? Qui s'est avisé de tenter une expérience si bizarre et si mystérieuse sur un immonde animal? Reconnaissons un dieu pour l'auteur de ce bienfait. »

233. — *Beryllorum genus dividitur in speciem multifariam.* Le béryl ne diffère de l'émeraude que par sa couleur vert-pré, vert de montagne ou vert d'eau, parfois bleuâtre, et même tirant sur le jaune. Bleuâtre, on lui donne le nom d'aigue marine (eau de mer); jaunâtre, il garde celui de béryl.

234. — *Taprobanem insulam.... diu orbem alterum putaverunt.* C'est aujourd'hui l'île de Ceylan; et comme cette île est actuellement bien connue, on doit mettre au rang des fables, ou plutôt au nombre des choses mal comprises par ceux qui interrogeaient les ambassadeurs de Taprobane, les phénomènes rapportés sur le lever et le coucher du soleil, sur la direction des ombres, sur la disparition de la lune pendant les deux tiers de sa révolution, sur leur étonnement à la vue des Pléiades et de la grande Ourse.

235. — *Rachia.* Le mot *rachias*, donné comme nom propre du prince qui envoyait à Claude les ambassadeurs, n'est que le mot *radjah*, titre générique du souverain, et identique au mot *rex, regis* des Latins.

236. — *Ædificia modica ab humo tollunt.* Pline (liv. VI, ch. 24) dit *modice*, ce qui me semble signifier que *les édifices s'élèvent peu au-dessus du sol.* Peut-être est-ce ce qu'a voulu dire Solin.

237. — *In regis electione.* Ce passage est extrêmement curieux. Selon Solin, et Pline d'ailleurs qui donne une partie des mêmes détails, Taprobane aurait autrefois réalisé ce qu'ont bien souvent rêvé nos utopistes.

238. — *Etiam colloqui.... negatur.* Solin n'a pas achevé. Il n'a pas dit comment subissait sa peine ce roi frappé d'une sentence de mort. Pline nous l'apprend : on le laisse périr dans une grande et magnifique chasse contre les éléphants et les tigres.

239. — *Cernunt latus Sericum.* Cela n'est guère vraisemblable. De Ceylan à l'ancienne Sara, capitale du pays des Sères, il y a plus de quatre cent vingt lieues en ligne droite.

240. — *Opitulatur.* Ce mot présente un sens absolument contraire à l'intention, à la pensée de l'auteur. Saumaise conjecture *obstrigillatur*, vieux mot employé par Ennius et Varron. Nous avons traduit d'après cette hypothèse.

241. — *Offendi speravit.* Passage évidemment corrompu. Camers porte seulement *offendit*. Saumaise suppose que *speravit* est dans le sens de *metuit*, et l'on pourrait citer à l'appui de cette opinion ce vers d'Avianus :

Sed dominus cupidum sperans vanescere votum,
(*Anser et Rusticus*, v. 5.)

où *sperans* est employé pour *metuens*. Il propose aussi *asperavit* du verbe *asperare*, exaspérer. Si j'osais hasarder une conjecture, je serais porté à croire que Solin a écrit *offendit et asperavit*.

242. — *Persicus appellatur.* — *Voyez* dans les notes du liv. vi de la traduction de Pline (t. v, p. 305 de l'édit. Panckoucke) le tableau des lieux et positions principales du golfe Persique. On y trouvera la rectification de bien des erreurs géographiques commises par Pline, et, après Pline, par notre auteur.

243. — *Vicies et sexagies.* Cette manière d'exprimer 80 *fois* est inusitée, et le mot *octogies* nous paraîtrait plus convenable. Saumaise, de son côté, regarde comme plus vraisemblable le chiffre *vicies et sexies*; mais ne pourrait-on pas lui objecter qu'un copiste malavisé, voulant mettre son érudition en relief, a pu écrire en toutes lettres le nombre LXXXes, qui se trouvait dans son modèle? Cette distance, du reste, est diversement indiquée dans les manuscrits, et celui de M. Panckoucke porte l'indication x^{es} vii^{es} L^a *millium passuum*.

244. — *Parthia quanta omnis est.* L'ancienne Parthie, selon la plupart des géographes, comprend aujourd'hui la plus grande portion de l'Irac-Adjémi vers le levant, et une partie du Korassan vers le couchant.

245. — *Babylon.* Cette ville est tellement célèbre et si connue dans toutes les histoires, qu'il serait superflu d'en parler. Sa position toutefois n'a pas été nettement reconnue par tous les géographes. On est à peu près d'avis aujourd'hui que c'est la ville de Bélis sur l'Euphrate, fort au-dessus de sa jonction avec le Tigre.

246. — *Insularum qualitatem.* Telle est la fin un peu sèche du

Polyhistor. Saumaise déclare, à la fin de ses commentaires sur cet ouvrage, qu'il avait voulu, à propos de Solin, faire sur Pline une suite complète d'exercices, *Observationum Plinianarum*, ou comme le porte le titre même de ses commentaires, *Exercitationum Plinianarum*. « Mais, dit-il, puisque celui que nous avons pris pour guide ne veut pas aller plus loin sur cette mer immense de Pline que nous avions à parcourir, nous devons, aux lieux mêmes où il s'est arrêté, aborder le port, et y terminer le cours de notre longue navigation. » Certes, la navigation de Saumaise paraîtra bien longue à ceux qui auront le courage de lire les deux énormes volumes in-f° qu'il a consacrés à l'examen du *Polyhistor*.

Pour nous, quelque chose nous frappe dans la brusquerie inattendue avec laquelle l'imitateur de Pline termine son ouvrage.

Pline a couronné son *Histoire Naturelle* par un admirable tableau, où respire l'âme d'un intelligent et consciencieux écrivain, d'un homme ami de son pays, autant que dévoué aux intérêts de la science et de l'humanité.

« Après avoir traité en détail de toutes les productions de la nature, dit-il solennellement (liv. xxxvii, ch. 77), établissons entre elles, et entre les pays eux-mêmes, une distinction nécessaire. Eh bien, dans le monde entier, sous l'immense étendue de la voûte céleste, nulle contrée n'égale en beauté l'Italie, nulle contrée ne peut disputer l'empire à cette souveraine et seconde mère du monde, que recommandent à la fois ses hommes et ses femmes, ses généraux, ses soldats, ses esclaves, sa supériorité dans les arts, et la célébrité de ses grands génies : l'Italie au beau ciel, au doux climat, dont la température est si heureuse, l'accès si facile à toutes les nations, les côtes si riches en ports, les vents si propices et si favorables (car rien de si avantageux que cette direction de la péninsule, qui s'avance entre l'est et le sud), dont les eaux sont si abondantes, les forêts si fraîches, les monts si coupés par des vallées, les animaux sauvages si peu nuisibles, le sol si fertile, les herbages si féconds, etc.! »

Comment se fait-il que Solin n'ait pas senti le besoin de couronner son œuvre, sinon par un morceau d'éclat, au moins par une sorte de récapitulation? C'est que chez lui, comme on peut s'en convaincre par la lecture de son ouvrage, l'esprit de détail domine; mais que cet esprit de synthèse, qui rassemble et ordonne, lui manque à peu près aussi complétement que l'imagination qui crée ou féconde, et qui sait résumer à grands traits.

Dans la Notice littéraire sur Solin, donnée par l'édition de Deux-Ponts, on rappelle que l'auteur du *Polyhistor* s'est aussi exercé en vers dans un ouvrage intitulé Ποντικά, et que ce qui nous reste de ce poëme a été publié dans l'appendice de Virgile et parmi les fragments des poëtes anciens, donnés par P. Pithou. Saumaise, ajoute la Notice, a donné du fragment de Solin une édition plus correcte. Nous devons dire que celle de Janus Ulitius, dans son ouvrage intitulé *Venatio novantiqua* (Elzévir, petit in-12, 1645), est plus correcte encore, comme nous le faisons remarquer dans le peu de notes qui suivent la traduction de ce fragment. On ne sait si Solin a composé sous le titre de Ποντικά un ouvrage complet dans le genre des *Halieutica* d'Ovide. Barthius, écrivain allemand (*Adversariorum* pag. 1990), pense que Solin n'a fait que commencer ce poëme; Saumaise ne décide rien : il se borne à discuter assez longuement si l'ouvrage ne serait pas mieux intitulé Πόντια que Ποντικά.

FRAGMENTUM
EX PONTICIS
C. J. SOLINI.

Tethya marmoreo fecundam pandere ponto,
Et salis æquorei spirantes molle catervas [1],
Quæque sub æstifluis Thetis humida continet antris
Cœptantem, Venus alma, fove: quæ semine cœli,
Parturiente salo, divini germinis æstu,
Spumea purpureis dum sanguinat unda profundis,
Nasceris e pelago, placido dea prosata mundo.
Nam quum prima foret rebus natura creandis
In fœdus connexa suum, ne staret inerti
Machina mole vacans, tibi primum candidus æther
Astrigeram faciem nitido gemmavit Olympo.
Te fecunda sinu tellus amplexa resedit
Ponderibus librata suis. Elementaque jussa
Æternas servare vices [2]. Tu fœtibus auges
Cuncta suis: totus pariter tibi parturit orbis.
Quare, diva, precor, quoniam tua munera parvo
Ausus calle sequor, vitreo de gurgite vultus
Dextera prome pios, et lumine læta sereno
Pierias, age, pande vias. Da Nerea molli
Pacatum gaudere freto, votisque litata
Fac saltem primas pelagi libemus arenas.
Vos quoque qui resono colitis cava Tempea cœtu [3]
. . . .

FRAGMENT
DES PONTIQUES
DE C. J. SOLIN.

Je me propose de chanter la fécondité de Téthys au sein de la mer, et cette foule de poissons qui respirent doucement au milieu des flots, et tous les animaux que contiennent les grottes où bouillonne l'humide élément. Soutiens-moi dans mon entreprise, bienveillante Vénus, toi qui venue du ciel, engendrée par les flots, fruit d'un germe divin, sors de la mer, au milieu de l'écume pourprée dont se couvrent ses abîmes, déesse née de l'ordre du monde. Car, lorsque la nature, obéissant aux lois qu'elle s'est imposées, présidait à la création, et maintenait l'univers dans sa sphère d'activité, un ciel serein t'assigna une place brillante au milieu des astres dont il est parsemé. La terre féconde t'étreignit de ses embrassements, et se tint tranquille sur sa base, et les éléments furent forcés de rester à jamais dans les limites qui leur avaient été assignées. C'est toi qui produis tous les êtres; et c'est à toi que l'univers doit toute création. Je te prie donc, ô déesse, puisque par un humble sentier j'ose te suivre, aspirant à tes bienfaits, je te prie de m'être propice en me faisant voir, du fond de ton palais de cristal, ton visage sacré; et de m'indiquer d'un œil bienveillant et serein la route du Parnasse. Fais que Nérée repose mollement au sein d'une mer sans orages, et, après avoir exaucé mes vœux, permets-moi de te faire l'offrande des premiers sables de la mer. Et vous, dont les chœurs retentissent dans la vallée de Tempé....

NOTES

SUR LE FRAGMENT DES PONTIQUES DE SOLIN.

1. — *Et salis æquorei spirantes molle catervas.* On lit dans les prolégomènes de Saumaise : *salis æquoreas spirantis molle.* Janus Ulitius s'appuie de deux passages de Pline (liv. ix, ch. 6, et liv. x, ch. 97), pour rapporter l'idée de *respirer doucement* aux poissons plutôt qu'à la mer. Nous avons suivi cette leçon.

2. — *Æternas servare vices.* Saumaise donne *ætherias.* Janus Ulitius, d'après Barthius, donne *æternas,* que nous avons adopté.

3. — *Vos quoque qui resono colitis cava Tempea cœtu.* Telle est la leçon donnée par l'édition elzévirienne de 1645. Au lieu de *cœtu,* Saumaise donne la leçon *citu,* qui est inintelligible. La manière dont il ponctue le passage

> Fac saltem primas pelagi libemus arenas,
> Vos quoque, etc.

ne fait qu'ajouter à son obscurité.

TABLE ALPHABÉTIQUE

DES NOMS PROPRES CITÉS DANS LE POLYHISTOR DE SOLIN.

A

Abadiène, p. 303.
Abdèle, 139.
Abdère, 89, 127.
Abinna, 189.
Aborigènes, 29, 69.
Abydos, 131, 257.
Acarnanie, 105.
Acarnaniens, 35.
Achaïe, 87, 107.
Achaïs, 307.
Achate, 101.
Acheens, 209.
Achéloüs, 105.
Achéménides, 343.
Achéron, 295.
Achille, 167, 291.
Achillion, 291.
Acis, 99.
Acone, 295.
Acra Iopygia, 87.
Acrocérauniens (monts), 77.
Acron, 31.
Acrothon, 141.
Acté, 109.
Adam, 349.
Adderis, 197.
Adiabènes, 275.
Adriatique (mer), 75, 77, 95, 117, 129, 191.
Adrumète, 209.
Adtanatos, 183.
Æclée, 71.
Ægilon, 87.
Aéria, 133.
Afer, 195.
Afrique, 93, 105, 145, 175, 179, 189, 191, 193, 195, 207, 211, 215, 217, 219, 223, 231, 245, 283.
Aganippe, 111.
Agathocle, 25.
Agathyrses, 151.
Agélaste, 49.
Aglaüs, 67.
Agrigente, 99, 101, 299.
Agriophages, 233.
Agrippa Postumus, 41.
Agrippa Sylvius, 289.
Agylle, 71.
Ajax, 71, 291.
Alabande, 59.
Albains, 151.
Albanie, 123, 151, 153.

Albe, 73.
Albis, 175.
Alcée, 287.
Alexandre, 57, 115, 121, 123, 145, 151, 169, 173, 257, 285, 299, 303, 307, 309, 315, 335, 343.
Alexandrie, 257, 285, 307, 343.
Alpes, 75, 77, 87, 179.
Alphée, 97.
Alyatte, 155.
Amalchienne (mer), 169.
Amantes, 227, 229.
Amanus, 279.
Amazones, 163, 285, 327.
Ambitotes, 293.
Ammon, 223.
Amomète, 313.
Amphiaraüs, 71, 111.
Amphinomus, 97.
Amphion, 111.
Amphitus, 155.
Amsaga, 205.
Amuncle, 79.
Amycles, 79, 105.
Amyntas, 121.
Anacréon, 287.
Anapis, 97.
Anatis, 197.
Anaxagore, 287.
Anaximandre, 133.
Ancône, 61.
Ancus Martius, 31.
Andromède, 259, 267.
Angérone, 27.
Augitie, 79.
Annibal, 59, 77, 295.
Annius Plocamus, 337.
Antandre, 131.
Antemnates, 31.
Anténor, 71.
Anthia, 107.
Anthropophages, 151, 153, 233, 311.
Antimaque, 287.
Antiochie, 271.
Antiochus, 53, 295, 301, 307.
Antipodes, 335.
Antium, 73.
Antoine (M.), 41, 53, 55, 211.
Antonia, 19.

Anystis, 57.
Apaléens, 309.
Apamie, 287.
Apelle, 225.
Apennins (monts), 75.
Aphrodisie, 345.
Apis, 249, 251.
Apollinitaires, 167.
Apollodore, 33.
Apollon, 29, 63, 67, 77, 101, 121, 137, 163, 167, 207, 287, 289, 309.
Apollonide, 59.
Appius Junius, 153.
Apronius (P.), 263.
Apulie, 83.
Aquæ Sextiliæ, 87.
Arabes, 177, 257, 261, 263, 265, 349.
Arabie, 55, 177, 235, 255, 259, 261, 263, 265, 273, 275, 309, 337, 343, 345, 349.
Arabique (golfe), 345.
Arachosie, 343.
Aracynthe, 105.
Araxe, 155, 157.
Arbalétide, 303.
Arcadie, 67, 107.
Arcadiens, 25, 27, 29, 35, 69.
Archélaïs, 297.
Archélaüs, 121, 319.
Archésilas, 107.
Archiloque, 63, 73.
Archimède, 97.
Archippe, 69.
Ardée, 69.
Aréopage, 109.
Aréthise, 273.
Aréthuse, 95, 97, 111.
Argée, 297.
Argiens, 71, 95, 107.
Argolide, 105.
Argolique (mer), 191.
Argos, 73, 113.
Argyre, 319.
Aricie, 71.
Ariens, 347.
Aries, 347.
Arimaspes, 157.
Arimphéens, 163.
Arion, 105, 145.
Aristée, 89.
Aristote, 123, 201, 211.

TABLE ALPHABÉTIQUE

Arménie, 123, 169, 271, 273, 281, 297, 347.
Arméniens, 279.
Armentarius, 53.
Arpi, 71.
Arsinoë, 259.
Artabites, 233.
Artabrum, 187.
Artaxerxe, 267.
Artémon, 53.
Asana, 197.
Asbystes, 229.
Ascagne, 73.
Ascites, 349.
Asiatique (mer), 191.
Asie, 43, 53, 63, 123, 127, 131, 141, 143, 155, 157, 159, 161, 163, 191, 209, 285, 287, 289, 291, 293, 297.
Asie Scythique, 151.
Asphaltite (lac), 43, 267.
Aspis, 209.
Assyriens, 279, 303, 347.
Astabore, 247.
Astacanes, 319.
Astape, 245.
Aster, 115.
Astérie, 137.
Astosape, 247.
Astyage, 155.
Athamanie, 119.
Athènes, 57, 65, 109.
Athéniens, 71, 289.
Athos, 117, 141.
Atlantes, 243.
Atlantique, 187, 189, 191, 349, 351.
Atlas, 195, 197, 199, 243.
Atramites, 261.
Attacénien (golfe), 313.
Attaques, 313.
Attique, 109, 113, 135, 139.
Atymne, 135.
Atys, 63.
Auchètes, 149.
Auguste, 55, 71, 143, 261, 341.
Augyles, 243.
Aulide, 111.
Aulocrène, 287.
Aulu-Gelle, 27.
Auruncés, 69.
Ausonnienne (mer), 191.
Autololes, 195.
Axiaques, 155.
Axin, 191.
Azachéens, 233.
Azanienne (mer), 345, 349.
Azarius, 343.

B

Babylone, 123, 347.
Babylonie, 145, 273, 347.
Babylace, 345.
Bacchus, 65, 111, 123, 139, 271, 307, 315, 319, 339.
Bactre, 307.
Bactres (les), 307, 309.

Bactriane, 123, 309.
Bactrus, 307.
Baies, 69, 145.
Baléares, 189.
Baléarique (golfe), 191.
Baléarique (mer), 191.
Bambothe, 197.
Batènes, 307.
Battus, 221.
Bebrycie, 295.
Belone, 193.
Belus, 349.
Bénévent, 71.
Béotie, 111, 113, 139.
Béotiens, 111.
Bérénice, 225, 345.
Besses, 125.
Bétique, 189, 193.
Bétis, 189.
Béton, 347.
Bias, 71, 287.
Bistonien (lac), 127.
Bithynie, 49, 293, 295.
Bithynus, 295.
Blanc (cap), 207.
Blemmyes, 245.
Bocchoris, 189.
Bocchus, 57, 73, 75, 203.
Borion, 209.
Borionstome, 147.
Borysthène, 149, 167.
Bosphore, 191, 295.
Bretagne, 181, 183, 185, 341.
Briarée, 135.
Brilesse, 109.
Britomarte, 133.
Bruttium, 71, 75.
Brutus, 141.
Bucéphale, 299.
Buthrote, 79.
Byzacium, 209.
Byzance, 51, 129.
Byzie, 129.

C

Cacus, 27, 29.
Cadiste, 133.
Cadmus, 111, 289.
Cadrasie, 343
Caiète, 73.
Caique, 291.
Caïus, 257.
Caius Pansa, 35.
Caius Pompeius Gallus, 33.
Calabre, 73, 79.
Calchis, 135.
Calédonie, 181, 183.
Caligula, 341.
Callicrate, 59.
Callidème, 135.
Callimaque, 141, 223.
Callipides, 149.
Callirhoé, 109, 269.
Callisthène, 123.
Caloustome, 147.
Calpas, 295.
Calpe, 189.
Camerina, 97.

Campanie, 27, 69, 75, 143, 283.
Canarie, 353.
Cannes, 59.
Canope, 243, 335.
Canopique (bouche), 243, 257.
Capharée, 139.
Caphuse, 343.
Capitole, 75, 161, 167, 301.
Capitolin, 29.
Capoté, 273.
Capoue, 77.
Cappadoce, 123, 279, 297.
Cappadociens, 297.
Capraria, 87, 353.
Caprée, 31.
Caralis, 89.
Carambis, 129, 297.
Caranus, 121.
Cardamyle, 107.
Carie, 287, 289.
Carmanie, 337, 343, 345, 347.
Carmentale (porte), 29.
Carmente, 27, 29.
Carpathe, 141.
Carpathien (golfe), 285.
Carpathienne (mer), 141, 191.
Carthade, 209.
Carthage, 59, 189, 209, 211, 351.
Carthaginois, 189, 295.
Caryste, 135.
Carystiens, 135.
Casius, 259, 267, 271.
Caspien (golfe), 283.
Caspienne (mer), 155, 157, 163, 169, 305, 311, 347.
Caspiens, 307, 347.
Cassitérides, 189.
Cassius Severus, 53.
Castabales, 153.
Castalie, 105.
Castor, 65, 105, 155.
Catabanes, 259.
Catabathme, 207.
Catane, 97.
Cathize, 127.
Catilina, 61.
Catille, 71.
Caton, 45, 63, 65, 67, 71, 209.
Caucase, 123, 283, 309, 329, 343.
Caulon, 71.
Ceculus, 71.
Célène, 287.
Celius, 79.
Celtibérie, 189.
Cenée, 139.
Ceniniens, 31.
Cenique, 129.
Centorbe, 97, 99.
Céos, 109.
Cephise, 105, 111.
Cérauniens (monts), 103, 283.
Cercine, 231.
Cercius, 155.
Cérès, 97, 179.
César, 49.

DES NOMS PROPRES. 397

César Auguste, 35, 39, 41.
César (C.), 297, 341.
César (J.), 61, 237, 257, 261, 303, 341.
Césarée, 203.
Cévennes, 179.
Chalcidiens, 71.
Chaldée, 275, 347.
Chaldéens, 273, 275.
Chalybes, 151.
Chélidoine (cap), 281.
Chélonophages, 345.
Chersonèse, 131.
Chersonèse Taurique, 73.
Chimère (mont), 283.
Chio, 131.
Choaspe, 275, 279.
Choatras, 283.
Chorsaques, 309.
Chrysé, 319.
Chrysippe, 281.
Cicéron, 33, 59.
Cicones, 127, 313.
Cilice, 279.
Cilicie, 279, 281, 283, 297.
Cimbres, 87, 169.
Cimmériens, 163.
Chrysocéras, 129.
Chrysorrhoas, 287.
Chulles, 205.
Cincius, 33.
Cinéas, 61.
Cintarète, 301.
Circé, 79.
Circéiens, 79.
Cirta, 205.
Cithéron, 111.
Claude, 55, 79, 203, 263, 297, 301, 335.
Claudia, 67.
Clazoméniens, 127.
Cléanthe, 287.
Cléolas, 69.
Cléopâtre, 217.
Clypea, 209.
Colchide, 155.
Colombarie, 87.
Colophon, 289.
Colophoniens, 153.
Colubraria, 189.
Comagène, 273, 297.
Coptos, 345.
Cora, 71.
Corcyre, 131.
Corinthe, 131.
Corinthienne (mer), 191.
Corinthiens, 95, 109.
Cornélie, 47.
Cornelius Balbus, 231.
Cornelius Nepos, 297.
Cornelius Sylla, 67, 73.
Corpiles, 127.
Corse, 89.
Coryque, 281.
Cos, 109.
Cosconius, 73.
Cotonare, 345.
Crassus, 49, 307.
Cratéis, 75.
Cratès, 133.

Cremutius, 291.
Crès, 133.
Crésus, 63.
Crète, 55, 101, 109, 131, 133, 135, 139, 191, 207.
Crété, 133.
Crétique (mer), 133.
Crétois, 95, 133, 191.
Crétois (golfe), 207.
Crispus, 89.
Criton, 97.
Criu-Métopon, 129.
Cronienne (mer), 169.
Crotone, 51, 71.
Crotoniates, 71.
Croucasse, 309.
Crunèse, 109.
Ctésias, 321.
Ctesiphon, 349.
Cumes, 73, 75.
Curious, 63.
Curius (M.), 49.
Curètes, 133.
Curétis, 133.
Cybèle, 67.
Cyclades, 135, 137, 139.
Cyclopes, 97, 123.
Cydnus, 279.
Cydonée, 133.
Cylisse, 133.
Cyllène, 107.
Cynèthe, 137.
Cypre, 103, 161, 216, 331.
Cyprienne (mer), 191.
Cypselus, 109.
Cyrénaïque, 207, 223, 281.
Cyrène, 133, 221.
Cyrus, 61, 63, 169, 309, 343, 347.
Cythère, 131.
Cytore, 297.

D

Dactyles, 71.
Dahes, 151.
Dalmatie, 85.
Dalmatique (mer), 191.
Damas, 271.
Danaé, 69, 279.
Danube, 175.
Dardanie, 117.
Dardaniens, 71, 85.
Darius, 143, 303.
Dauniens, 69.
Débris, 229.
Dédale, 69, 95, 133.
Délos, 135, 137, 139, 163.
Delphes, 65, 75, 105, 111, 121.
Delta, 245.
Démocrite, 43, 89.
Denselates, 125.
Dentatus, 49.
Denys, 65, 315.
Deucalion, 137.
Diacecaumène, 257.
Diane, 73, 97, 107, 111, 133, 285, 345.
Dianium, 189.

Diarrhyte, 209.
Didyme, 103.
Dinocrate, 257, 285.
Diogène, 49, 61.
Diomède, 71, 73, 83, 85, 127.
Dionysie, 139.
Dioscorie, 155.
Dircé, 111.
Direum, 305.
Dodone, 105.
Dolabella, 211.
Dolonques, 127.
Domitius Enobarbus, 207.
Doriens, 71, 95.
Dorisque, 127.
Dorylée, 289.
Dosiade, 133.
Drave, 179.
Drepanum, 349.
Drusus, 49.
Dumnoniens, 183.
Dyctine, 133.
Dyrrachium, 129.

E

Eantium, 291.
Ebuse, 189.
Edones, 115.
Eeta, 79.
Egée (mer), 108, 131, 133, 285.
Egéenne (mer), 191.
Egéon, 135.
Egiale, 109.
Egypaus, 197, 243.
Egypte, 41, 123, 133, 153, 157, 191, 193, 207, 223, 225, 235, 243, 245, 247, 249, 255, 267, 259, 279, 281, 285, 345, 347.
Egyptiens, 35, 247.
Elée, 33.
Elégos, 273.
Elide, 121.
Elis, 57.
Elissa, 211.
Elisse, 209.
Emantias, 97.
Emathie, 115, 117, 119, 121.
Emathius, 119.
Emodes, 313.
Enarie, 89.
Enée, 25, 73.
Engadda, 271.
Enna, 97, 99.
Ennius (Q.), 65.
Enos, 127.
Eole, 103.
Eolie, 141.
Epaphos, 195.
Ephèse, 285, 289.
Ephésiens, 285.
Ephore, 287.
Epidaure, 107.
Epire, 103, 117, 153, 203.
Eratosthène, 33.
Ericuse, 103.
Eridan, 77.
Erix, 95.

Erumande, 343.
Erymanthe, 107.
Erythra, 259.
Erythrée, 75, 189, 259.
Esculape, 107.
Espagne, 69, 89, 179, 187, 189, 191, 193, 209, 349.
Esquilies, 31.
Essédons, 153, 155, 309.
Esséniens, 269, 271.
Ethiopie, 209, 215, 219, 225, 227, 231, 235, 237, 239, 241, 245, 249, 291, 349, 351.
Ethiopiens, 231, 233, 239.
Etna, 95, 97, 99, 103, 283.
Etolie, 105.
Euhée, 111, 135, 139.
Eubéens, 73.
Eulée, 259.
Eupatorie, 297.
Euphrate, 157, 271, 275, 297, 349.
Euripe, 143.
Euripide, 121.
Europe, 77, 87, 125, 131, 133, 141, 155, 159, 161, 189, 191.
Eurotas, 107.
Eutychis, 43.
Euthymène, 57.
Euxin, 191.
Evandre, 25, 27, 71, 107.
Evonyme, 103.
Exampée, 149.

F

Fabianus, 145.
Fabius Ambustus (M.), 285.
Fagutal (lac), 31.
Falerne, 177.
Falisques, 77.
Fausta, 41.
Faustulus, 29.
Fescennie, 71.
Fidène, 73.
Flaccus (L.), 55.
Flaminius (C.), 93.
Flavien, 145.
Flaviopolis, 129.
Fonteius, 57.
Formies, 77.
Fortunées (îles), 189, 351.
Fucin (lac), 69, 79.
Fulvius Flaccus (M.), 67.

G

Gabbara, 55.
Gabies, 71.
Gadès, 77, 167, 189, 197, 231, 349.
Gadis, 189.
Galate, 71.
Galates, 301.
Galatie, 287, 293, 297.
Gamphasantes, 243.
Gangarides, 315.
Gangarie, 175.

Gange, 315, 317, 321, 325.
Garama, 229.
Garamantes, 153, 221, 229, 231.
Gaule, 147, 179, 181, 315.
Gaule Transalpine, 53.
Gaules, 191.
Gauloé, 231.
Gaulois, 73, 191, 193.
Gella, 285.
Gelon, 99, 149, 151.
Génésara (lac), 267.
Géorgiens, 155.
Géranie, 127.
Gereste, 139.
Germains, 173.
Germanicus, 177, 251.
Germanie, 147, 173, 175, 177, 179.
Géryon, 189.
Geschithros, 157.
Gètes, 127.
Gétulie, 213.
Glésarie, 177.
Gnose, 133.
Gnossiens, 135.
Gomorrhe, 269.
Gorgades, 351.
Gorgones (îles), 351.
Gortyne, 133.
Gortyniens, 133.
Gracchus (C.), 211.
Gracques (les), 47.
Granius, 81.
Grèce, 69, 87, 105, 109, 133, 191.
Grecs, 25, 37, 65, 71, 73, 77, 79, 81, 85, 87, 95, 111, 133, 141, 189, 191, 209, 259, 331.
Guthale, 175.

H

Halèse, 99.
Halesus, 71.
Halys, 297.
Hannon, 199, 245, 351.
Haterius (A.), 59.
Hèbre, 127.
Hebudes, 183, 185.
Hécatee, 167, 287.
Hécube, 131.
Hégésidème, 145.
Helbèse, 97.
Hélène, 43.
Helicon, 111.
Héliopolis, 281.
Hellade, 109.
Hellen, 115.
Hellènes, 115.
Hellespont, 103, 131, 139, 141, 191.
Hellopies, 135.
Helvétie, 87.
Hemina, 73.
Héniochie, 157.
Hénioques, 155.
Hémus, 117, 127.
Hénètes, 297.

Hephestie, 141.
Héphestiennes (îles), 103.
Héra, 71.
Héraclée, 295, 307.
Heracleotique (bouche), 267.
Héraclide, 25.
Héraclides, 71.
Heraclite, 49, 297.
Hercule, 27, 29, 33, 45, 55, 69, 81, 89, 107, 111, 113, 189, 195, 197, 203, 245, 295, 307, 317, 337.
Hercynienne (forêt), 175.
Hérète, 71.
Hermias, 145.
Hermione, 117.
Hermus, 289.
Hérodote, 287.
Hérophile, 75.
Hérostrate, 285.
Hésiode, 289.
Hesperides, 195, 245, 351.
Hespérie, 133.
Hespéruceras, 351.
Heureux (îles des), 133.
Hibernie, 181.
Hiera, 103.
Hiérique, 267.
Himantopodes, 243.
Himère, 99.
Hippocrène, 111.
Hipponax, 287.
Hippone, 209.
Hippone Diarrhyte, 145.
Hippures, 337.
Hirpiens, 77, 79.
Hirtius, 35.
Homère, 59, 75, 89, 113, 119, 135, 289.
Hydreum, 345.
Hylas, 295.
Hymette, 109.
Hypanis, 149, 315.
Hyperborée, 29.
Hyperboréens, 161, 163, 313.
Hyrcanie, 165.
Hyrcanien (golfe), 283.
Hyrcaniens, 163, 165, 305.

I

Iapygiens, 69.
Iapyx, 69.
Iaxarte, 309.
Iberie, 123, 169.
Ibérique (golfe), 191.
Icare, 109, 139.
Icarienne (mer), 139, 191.
Ichnuse, 89.
Ichtbyophages, 343, 351.
Ida, 133.
Idumée, 267.
Ilia, 29.
Iliens, 91.
Ilion, 73, 291.
Illyrie, 41, 117, 177, 191.
Ilua, 87.
Imaüs, 283.
Inachus, 107.
Inarime, 89.

DES NOMS PROPRES. 399

Inde, 101, 123, 151, 169, 177, 189, 193, 201, 281, 313, 315, 317, 319, 321, 323, 325, 327, 329, 331, 335, 341, 343, 345, 349.
Indiens, 153, 257, 265, 313, 315, 317, 319, 327, 329, 343.
Indus, 307, 315, 317, 319, 343.
Ingévons, 173.
Ino, 109.
Iolas, 45.
Ioliens, 45.
Ione, 69.
Ionie, 69, 287, 289.
Ionien (golfe), 191.
Ionienne (mer), 75, 109.
Ioniens, 71.
Iphiclès, 45.
Iphitus, 33.
Ismène, 111.
Issus, 279.
Ister, 131, 147, 167.
Italie, 35, 41, 57, 67, 69, 73, 75, 77, 79, 85, 87, 95, 103, 141, 167, 179, 203, 297.
Italiens, 191.
Ithacesiens, 87.

J

Janicule, 31.
Janiculum, 69.
Janus, 69.
Japon, 209.
Jase, 145.
Jason, 69, 79, 151, 153.
Jérusalem, 267, 269.
Joppé, 267.
Jourdain, 267.
Juba, 199, 203, 213, 245, 261, 319, 349, 351, 353.
Judée, 43, 267, 269, 271.
Junon, 31, 71, 351.
Junon Argiva, 69.
Junonia, 211, 353.
Jupiter, 27, 31, 103, 119, 121, 133, 267, 279, 281, 301, 317, 319, 349.
Jura, 179.

L

Lacédémone, 57, 221.
Lacédémoniens, 105, 107.
Lacinium, 77.
Laconie, 105, 157, 207.
Ladas, 57.
Ladon, 107.
Lagia, 137.
Laïs, 97.
Lampsaque, 169, 351.
Lapithes, 115.
Larisse, 111, 115.
Latinus, 71, 73.
Latium, 69, 71, 75.
Latone, 137.
Laurente, 73.
Laurentins, 31.
Lavinie, 73.

Laviniens, 35.
Lavinium, 73.
Lélèges, 111.
Lemnos, 141.
Lépide, 51.
Lépidus, 41.
Lepté-Acra, 349.
Leptis, 209.
Lesbiens, 75.
Lestrigons, 77, 97.
Léthé, 133.
Léthon, 225.
Leucosie, 73.
Leuctres, 105.
Libethra, 115.
Liburnes, 85.
Libye, 89, 133, 191, 193, 195, 219, 225, 243, 245.
Licinianus, 73.
Ligée, 71.
Ligurie, 69, 77, 81.
Ligurien (golfe), 191.
Ligurienne (mer), 191.
Liguriens, 85, 89.
Lilybée, 59, 93, 95.
Lipara, 103.
Liparus, 103.
Liris, 75.
Livie, 161.
Lix, 195, 197.
Locres, 71, 77, 81.
Locriens, 73, 91.
Lollia Paullina, 341.
Lollius (M.), 341.
Lotophages, 221.
Lucanie, 83, 203.
Lucius Plancus, 53.
Lucrin (lac), 145.
Lusitanie, 187, 189.
Lutatius, 33.
Lybyssa, 295.
Lycabèthe, 109.
Lycaonie, 287, 297.
Lycée, 107.
Lycie, 153, 281, 283, 285.
Lyciens, 283.
Lyctiens, 71.
Lycus, 295, 297.
Lydie, 71, 155, 287.
Lydiens, 69, 279.
Lygdonis, 49.
Lygos, 129.
Lysandre, 65.
Lysimaque, 153.

M

Macedo, 121.
Macédoine, 115, 117, 121, 123.
Macédoniens, 115, 117, 121.
Macrobiens, 233.
Magnésie, 115.
Malée, 121, 317.
Malichu, 349.
Mantoue, 303.
Marathon, 109.
Marc Antoine, 73.
Marcellus (M.), 61.
Marcus Agrippa, 47.

Marcus Lucullus, 167.
Marcus Scaurus, 255.
Marcus Sergius, 59, 61.
Margiane, 305.
Marius (C.), 87, 89, 221.
Maronée, 127.
Mars, 29, 31, 149.
Marseille, 85.
Marses, 79.
Marsyas, 27, 69, 287.
Martius, 221.
Maryandinien (golfe), 295.
Masinissa, 45.
Massada, 271.
Massagètes, 169, 309.
Masturie, 131.
Mathumane, 45.
Maures, 197.
Mauritanie, 189, 193, 199, 201, 233, 245, 349, 351.
Mazaque, 297.
Méandre, 287.
Mécène, 145.
Médée, 79.
Mèdes, 123, 155, 275.
Médie, 157, 259, 273, 303, 305, 347.
Méditerranée, 189, 191, 199.
Mégale, 27.
Mégare, 107.
Mégasthène, 315, 321.
Melane Cardie, 131.
Mélès, 289.
Mélibée, 115.
Mélite, 297.
Mélos, 141.
Mémallide, 141.
Memnon, 257, 291.
Memphis, 249, 251.
Ménale, 107.
Ménélas, 243.
Méninx, 221.
Ménogène, 53.
Méonie, 289.
Méotide (lac), 283, 285.
Méotide (mer), 141.
Méotides, 191.
Méotis (lac). Voyez Méotide.
Mercure, 31, 89, 207.
Méroë, 233, 247.
Méros, 317.
Mésie, 179, 287.
Mésiens, 127, 191.
Mésopotamie, 273, 275, 347.
Messala, 207.
Messala Corvinus, 61.
Messala (Marcus), 53.
Messape, 73.
Messapie, 73.
Messine, 95.
Métaponte, 71, 73.
Métaure, 73.
Metellus, 55, 65.
Méthymne, 105.
Métrodore, 61, 83.
Milésiens, 297.
Milet, 57, 287, 289.
Milon, 51.
Mimas, 289.
Mimnerme, 287.

TABLE ALPHABÉTIQUE

Minerve, 71, 135, 139, 185.
Minoia, 139.
Minos, 69, 139.
Minturnes, 221.
Misène, 73.
Mithridate, 61, 65, 155, 169, 237, 329.
Mityléniens, 289.
Molosses, 103.
Moneta, 31.
Morimaruse (mer), 169.
Morte (mer), 169.
Moschie, 157.
Mossyle, 349.
Mothone, 115, 123.
Mugonia, 31.
Myiagrus, 29.
Mycellus, 71.
Mycènes, 117.
Mycone, 139.
Mygdonie, 115, 117, 287, 295.
Myrine, 141.
Myrtoënne (mer), 191.
Myrtos, 109.

N

Naples, 71.
Naracustome, 147.
Narbonnaise, 191.
Naricles, 305.
Naryce, 71.
Nasamons, 221, 227, 229.
Naulochus, 69.
Naxos, 95, 139.
Nébrode, 95, 97.
Néocésarée, 297.
Nepos, 33, 285.
Neptune, 95, 107, 145.
Neptunien, 95.
Néron, 41, 177.
Nestus, 125.
Neures, 149.
Nicomède, 301.
Nicomédie, 295.
Nicostrate, 27.
Niger, 209, 231, 237, 245, 247.
Nil, 41, 105, 153, 209, 231, 233, 245, 247, 249, 251, 253, 257, 273, 285, 315, 335, 345.
Nilide, 245.
Niobé, 289.
Niphate, 283.
Nivaria, 353.
Nole, 73.
Nomades, 155, 205, 233.
Nora, 89.
Norax, 89.
Norton, 351.
Norique, 179.
Nulus, 321.
Numa, 31, 37.
Numicus, 73.
Numidie, 205, 207.
Nysa, 317.

O

Océlis, 345.
Odryses, 127.
Œa, 209, 231.
Œdipodie, 111.
Œnotras, 73.
Oéones, 169.
Ogygès, 137.
Olbie, 45.
Olympe (mont), 115, 119, 283.
Olympias, 123.
Olysippo, 187.
Ombres, 73.
Ombriens, 73.
Onésicrite, 335.
Oponte, 111, 301.
Orcades, 185.
Oreste, 55, 73, 117.
Orestes (les), 117.
Orestide, 117.
Orode, 307.
Orphée, 127.
Osiris, 257.
Ossa, 115.
Ostracine, 267.
Othryade, 105.
Othrys, 115.
Oxistaques, 307.
Oxus, 163, 169, 307.

P

Pachyne, 93, 95, 99.
Pactole, 287.
Padoue, 71.
Pæstum, 71, 75.
Palante, 29.
Palatin, 29.
Palatium, 29, 107.
Palémon, 109.
Palès, 29.
Palibotra, 317.
Palibotres, 317.
Palinure, 73.
Palladium, 73.
Pallantée, 29, 107.
Pamphages, 233.
Pamphylie, 191, 269, 281.
Pan, 107.
Panchaie, 263.
Panda, 307.
Pandane, 29.
Pandatarie, 87.
Pandes, 317.
Panéade (fontaine), 267.
Pangée, 127.
Pannonie, 179.
Pannoniens, 177.
Paphlagonie, 129, 285, 297.
Paphlagons, 297.
Papirius Carbon (Cn.), 49.
Papyrius Spurius (L.), 257.
Parilies, 31.
Parnasse, 105.
Paropamise, 167, 283, 307.
Paros, 139.
Parthenius, 71.
Parthénope, 71.

Parthes, 49, 275, 283, 309, 347, 349.
Parthie, 345, 347.
Parydres, 297.
Passagarde, 347.
Paterculus, 67.
Patres, 105.
Pégase, 111.
Pélagonie, 117.
Pelasges, 69, 71.
Pélée, 115.
Pélion, 115.
Pélopides, 69.
Péloponnèse, 93, 107, 109.
Péloponnésiens, 121.
Pélops, 33, 109.
Pélore, 93, 95.
Pelusium, 255, 265, 267, 279.
Pénée, 115.
Péonie, 117.
Perdiccas, 121, 123.
Pergame, 225.
Pérouse, 41.
Perse, 275, 277, 279, 309, 343, 345, 347.
Persée, 197, 259, 279.
Perses, 85, 117, 123, 345.
Persique (golfe), 275.
Pessinonte, 63.
Pétilie, 71.
Pétilius, 257.
Pétra, 99.
Peucé, 147.
Peucète, 73.
Peucétie, 73.
Phalare, 131.
Phalérie, 71.
Phalerius, 71.
Phalisque, 71.
Phares, 257.
Pharsale, 115, 249.
Pharusiens, 245.
Phase, 157, 169, 173.
Phaunésiens, 169.
Phenicie, 283.
Phénicienne (mer), 191.
Phénicuse, 103.
Phénix, 279.
Phiale, 247.
Phidias, 111.
Philadelphe, 315.
Philadelphie, 271.
Philémon, 169.
Philènes, 209, 221.
Philippe, 115, 123.
Philippes, 41.
Philippide, 57.
Philoctète, 71, 115.
Philonide, 57.
Phlegra, 117.
Phlégréens, 75.
Phocéens, 71, 85.
Phrygie, 67, 285, 287, 289, 295.
Phthie, 115.
Phyconte (cap), 207.
Pictor, 33.
Piéric, 115.
Pierreux (champs appelés), 69.

Pindare, 65, 121.
Pinde, 105, 115.
Pise, 69.
Pisidie, 287, 297.
Pitane, 187.
Pittacus, 287.
Planasie, 87.
Plancus (L.), 53, 303.
Platon, 65.
Plautius Sextus, 263.
Plotius (L.), 303.
Pluton, 97.
Pô, 177.
Poliéon, 69.
Pollux, 65, 105, 155.
Polycrate, 265.
Polydore, 127.
Polymnestor, 57.
Pompée (Cn.), 41, 51, 53, 65, 169, 237, 267, 281, 297, 329.
Pompéies, 69.
Pompéiopolis, 281, 297.
Pomponius, 49.
Pomponius Atticus, 33.
Pont, 61, 127, 167, 169, 283, 293, 295, 297.
Pont-Euxin, 129, 131, 147, 149, 167.
Pontique, 179.
Porcia, 63.
Porphyris, 131.
Posidée, 259.
Posidonius, 65, 313.
Potitius, 27.
Pouzzol, 145.
Prasie, 335.
Prasiens, 317.
Préneste, 71.
Prétoria Augusta, 77.
Priantes, 127.
Priape, 143.
Priène, 287.
Prochyta, 87.
Proconèse, 45, 275.
Propontide, 129, 131, 143, 191.
Propontide Pactye, 131.
Proserpine, 97.
Protésilas, 131.
Pruse, 295.
Prusias, 49, 295.
Psamaté, 111.
Psambares, 233.
Pseudostome, 147.
Psylles, 221.
Ptérophore, 157, 161.
Ptolémée, 199.
Ptolémée III, 225.
Ptolémée Lathyre, 235.
Publius Crassus, 303.
Pullius (le tertre), 31.
Pusion, 55.
Pygmées, 127, 317.
Pyliens, 71.
Pyrénées, 179.
Pyrpile, 137.
Pyrrhus, 61, 101, 133.
Pythagore, 37, 141.
Pythonos Come, 293.

Q

Quadrata, 29.
Quirinal (mont), 31.

R

Rachias, 337.
Raphiane, 271.
Rauracum, 147.
Réate, 29, 77.
Regia, 31.
Regium, 71, 75, 77, 81, 85, 209.
Rhamne, 111.
Rhéa Silvia, 29.
Rhesus, 295.
Rhétée, 289.
Rhétie, 179.
Rhin, 175, 179.
Rhodes, 141.
Rhodiens, 291.
Rhodope, 117.
Rhône, 87.
Riphées (monts), 157, 163, 173, 283.
Romains, 35, 39, 49, 55, 59, 63, 69, 101, 109, 203, 295, 307, 337, 343.
Rome, 25, 29, 31, 33, 41, 61, 65, 67, 73, 77, 123, 203, 211, 213, 221, 237, 255, 263, 267, 285, 289, 295, 303, 327, 329.
Romé, 25.
Romulus, 27, 29, 31, 107.
Rouge (mer), 189, 259, 265, 337, 345, 347.
Rubées (cap), 169.
Rubrius, 53.
Rutumana, 301.

S

Sabéens, 261.
Sabins, 27.
Sabrate, 209.
Saces, 309.
Sagaris, 71, 295.
Sala, 195.
Salamine, 57, 109, 291.
Salente, 71.
Salerne, 303.
Saline, 27.
Salluste, 55.
Salonius, 45.
Samos, 139, 141.
Sandaliotis, 89.
Sangarius, 295.
Sapho, 287.
Sardaigne, 45, 89, 91, 93, 207.
Sardes, 63, 91.
Sardus, 89.
Sarmates, 127, 173.
Satarches ou Satarques, 155, 309.
Saturnales, 35.
Saturne, 29, 31, 69.
Saturnia, 29.
Saturnie, 69.
Saturnien, 29.
Satyre, 243.
Sauromates, 155.
Save, 179.
Scaurus (M.), 167.
Scénéos, 349.
Scénites, 259.
Scévola, 215.
Scioessa, 105.
Scipion (L.), 61.
Scipion l'Africain, 47.
Scipion Emilien, 63.
Scipion Nasica, 63.
Scipions, 189.
Scironiennes, 109.
Scylla, 75.
Scyllacée, 71, 75.
Scythes, 127, 173, 271, 299, 303, 309, 347.
Scythes Apaléens, 169.
Scythie, 59, 149, 153, 155, 157, 159, 167, 169, 171, 273, 297, 309, 315.
Scythopolis, 271.
Scythotaures, 155.
Sébose, 351.
Secundilla, 55.
Ségeste, 97.
Seleucie, 271, 307.
Seleucus, 307.
Sémiramis, 297, 307, 343, 347.
Sempronius (C.), 221.
Sept-Frères (montagnes appelées les), 199.
Sères, 151, 311, 313, 339.
Servilius (Cn.), 221.
Servius Tullius, 31.
Sestos, 131.
Sévon, 173.
Sextius, 71.
Sicanie, 95.
Sicaniens, 71.
Sicanus, 95.
Sicile, 41, 53, 191, 207, 281, 283.
Sicilien (golfe), 191.
Siciliens, 69, 71, 209.
Sicinius (P.), 153.
Sicinius Dentatus (L.), 59, 61.
Siculus, 95.
Sicyone, 57.
Siga, 203.
Sigée, 131.
Silenus, 29.
Silis, 309.
Silure, 183.
Sithoniens, 127.
Smyrne, 289.
Socrate, 49, 65, 77.
Sodome, 269.
Sogdiens, 307.
Sophocle, 65.
Sotacus, 237.
Sparte, 105.
Spartiates, 55.
Sperchius, 127.
Sporades, 139.
Spurius, 257.

Solin.

TABLE DES NOMS PROPRES.

Statius Sebosus, 325.
Strabon, 59.
Stenonstome, 147.
Strongyle, 103, 139.
Sirymon, 117, 125.
Sucron, 189.
Suétone Paulin, 199.
Sulpitia, 67.
Sunium, 109.
Sora, 53.
Suse, 345.
Sybaris, 71.
Syène, 249.
Sylla, 89, 341.
Syphax, 203.
Sypile, 289.
Syracusains, 97.
Syracuse, 95, 97.
Syrbotes, 233.
Syrie, 53, 123, 297.

T

Tabis, 151, 311.
Tage, 187.
Tanaïs, 285, 309.
Tantalis, 289.
Taprobane, 331, 335, 337, 343.
Tapyres, 305.
Tarcon, 27.
Tarente, 71, 75, 87.
Tarpeius, 59.
Tarquin l'Ancien, 31, 51.
Tarquin le Superbe, 75.
Tarragonaise, 189.
Tarragone, 189.
Tarruntius (L.), 31.
Tarse, 279.
Tartesse, 89.
Tatius, 31.
Taurique, 129, 297.
Tauronium, 95.
Taurus, 123, 259, 273, 279, 281, 283, 297.
Taygète, 107.
Tégane, 259.
Tégée, 55.
Telmesse, 285.
Tempé, 115.
Ténare, 105, 207.
Ténédos, 131.
Tensa, 71.
Térée, 129.
Terine, 71.
Terracine, 75.
Tésin, 59.

Teutranie, 291.
Thalès, 287.
Thalles, 155.
Thébaïde, 257.
Thèbes, 71, 111, 115, 129, 257.
Théophraste, 81, 157.
Théopompe, 103, 287.
Thérapné, 107, 133.
Thermes, 99, 155.
Thermopyles, 295.
Thésée, 109.
Thessalie, 113, 115, 117.
Thétis, 115.
Thoranius, 53.
Thrace, 117, 125, 131, 143, 167, 179, 293.
Thrasymène, 59.
Thulé, 183, 185.
Thynes, 127.
Thyré, 107.
Thyrrénien (golfe), 191.
Tibère, 41, 287.
Tibériade, 267.
Tibre, 25, 29, 75, 153.
Tibur, 71.
Tiburte, 71.
Tigrane, 281.
Tigre, 259, 273.
Timée, 89.
Tingis, 193.
Tingitane, 199.
Tiresias, 123.
Tirida, 127.
Titus Quintius Capitolinus, 285, 295.
Tmolus, 287.
Tolistobogues, 293.
Tomare, 103, 105.
Toscan, 191.
Toscane, 75, 95, 191.
Toscans, 27.
Transpadane, 117.
Trébie, 59.
Trézéniens, 71.
Triballes, 117.
Trigemina (porte), 27.
Tripoli, 209.
Triton, 221.
Trittanus, 51.
Troade, 287, 291.
Trogue, 41.
Troglodytes, 227, 243, 351.
Troie, 25, 33, 73, 75, 95, 111, 139, 155, 223, 289.
Troyens, 85, 96.
Tullus Hostilius, 31.

Tyberinus, 289.
Tylos, 327.
Typhon, 281.
Tyr, 205.
Tyrienne (mer), 191.
Tyriens, 73, 189, 209.
Tyrrhène, 71.
Tyrrhéniens, 69.

U

Ulysse, 71, 87, 131, 181, 187.
Utique, 45, 65.

V

Valentia, 25.
Valerius, 27, 93.
Varron, 29, 51, 59, 77, 107, 109, 111, 133, 141, 169, 259.
Vatican, 79.
Véiens, 31.
Vélie (mont), 31.
Vénérie, 209.
Vénètes, 297.
Vénus, 31, 67, 95, 209, 277, 299, 341.
Vénus Frutis, 73.
Verannius (Q.), 33
Vespasien, 229.
Vesta, 31, 35.
Vésule, 77.
Vésuve, 65, 283.
Vétures, 293.
Vibius (Cn.), 53.
Vibo, 77.
Vipsanius, 57.
Vistule, 175.
Vopiscus, 49.
Vulcain, 95, 101, 103, 141, 283.
Vulcaniennes (îles), 103.
Vulturne, 27.

X

Xanthus, 287.
Xénophon, 169, 351.
Xerxès, 127, 141, 285.

Z

Zanclé, 73.
Zénodote, 71.
Zmiris, 345.

FIN.

SECONDE SÉRIE DE LA BIBLIOTHÈQUE LATINE-FRANÇAISE.

Chaque volume, contenant un seul ou plusieurs Auteurs, se vend séparément.

Les volumes, de 25 à 30 feuilles in-8°, sont en tout semblables à ceux de la Première Série de la *Bibliothèque Latine-Française*.

Le prix de chaque volume est de 7 francs, *franc de port* pour Paris et la Province.

Les Auteurs désignés par un ★ sont traduits POUR LA PREMIÈRE FOIS *en français.*

Auteurs publiés :	Nombre de vol.
Aulu-Gelle, 3 vol., trad. de MM. E. DE CHAUMONT, Félix FLAMBART, prof. au collège royal d'Angoulême, et E. BUISSON.	3
Aurelius Victor, trad. de M. N.-A. DUBOIS, prof.	1
Ausone, trad. de M. E.-F. CORPET.	2
Avienus★ (R. Festus), Cl. **Rutilius Numatianus**, etc., trad. de MM. Eug. DESPOIS et Ed. SAVIOT, anciens élèves de l'École normale.	1
Capitolinus (Julius), trad. de M. VALTON, prof. au collège royal de Charlemagne.	1
Censorinus★, trad. de M. MANGEART, ancien prof. de philosophie; — **Julius Obsequens**, **Lucilius Ampelius**★, trad. de M. VERGER, de la Bibliothèque royale.	1
Columelle, 3 vol., *Econ. rur.*, trad. de M. Louis DU BOIS, auteur de plusieurs ouvrages d'agriculture, de littérature et d'histoire.	3
Eutrope, Messala Corvinus★, **Sextus Rufus**, trad. de M. N.-A. DUBOIS, prof.	1
Festus★ (Sextus Pompeius), trad. de M. SAVAGNER.	2
Jornandès, trad. de M. SAVAGNER, prof. d'hist. en l'Université.	1
Lucilius★ (C.), trad. de M. E.-F. CORPET; — **Lucilius Junior, Saleius Bassus, Cornelius Severus, Avianus**★, **Dionysius Caton**, trad. de M. Jules CHENU.	1
Macrobe, tomes I et II (*Les Saturnales*, 2 vol.), trad. de MM. UBICINI MARTELLI et MACÉ DESCAMPS.	2
Mela (P.), **Vibius Sequester**★, **Éthicus Ister**★, **P. Victor**★, trad. de M. Louis BAUDET, prof.	1
Palladius, *Econ. rur.*, trad. de M. CABARET-DUPATY, prof.	1
Poetæ Minores : Arborius★, Calpurnius, Eucheria★, Gratius Faliscus, Lupercus Servastus★, Nemesianus, Pentadius★, Sabinus★, Valerius Cato★, Vestritius Spurinna★ et le *Pervigilium Veneris*, trad. de M. CABARET-DUPATY, prof. au coll. royal de Grenoble.	1
Priscianus★, trad. de M. CORPET; — **Serenus Sammonicus**★, **Macer**★, **Marcellus**★, trad. de M. BAUDET.	1
Solin★, 1 vol., trad. de M. A. AGNANT, ancien élève de l'École normale.	1
Spartianus, Vulcatius Gallicanus, Trebellius Pollion, trad. de M. Fl. LECAY, prof. au collège Rollin.	4
Varron, *Econ. rur.*, trad. de M. ROUSSELOT, prof.	1

Sous presse :

LAMPRIDIUS, trad. de M. LAASS D'AGUEN; **FLAVIUS VOPISCUS**, trad. de M. TAILLEFERT, censeur des études au collège royal de Mâcon. = 1 vol.

Monuments gravés de la langue latine. — ENNIUS, trad. de M. V. PARISOT, prof. de littérature étrangère à la Faculté des lettres de Rennes. = 1 vol.

MACROBE, tome 3, trad. de MM. N.-A. DUBOIS et LAASS D'AGUEN.

VARRON, *De la Langue latine*★, 1 vol., trad. de M. CATTANT, prof. au collège royal de Reims.

VITRUVE, 2 vol. de 30 à 35 feuilles, *avec de nombreuses figures pour l'intelligence du texte*, trad. de M. Ch.-L. MAUFRAS, prof. au collège Rollin.

www.ingramcontent.com/pod-product-compliance
Lightning Source LLC
Chambersburg PA
CBHW071910230426
43671CB00010B/1548